国家社科基金
GUOJIA SHEKE JIJIN HOUQI ZIZHU XIANGMU
后期资助项目

文本秩序：桓谭与两汉之际阐释思想的定型

Order of Texts and Formation of Huan Tan's Explanatory Thought

孙少华　著

中华书局
ZHONGHUA BOOK COMPANY

图书在版编目(CIP)数据

文本秩序:桓谭与两汉之际阐释思想的定型/孙少华著. —北京:中华书局,2019.4
(国家社科基金后期资助项目)
ISBN 978-7-101-13805-4

Ⅰ.文…　Ⅱ.孙…　Ⅲ.桓谭(约前20~56)-思想评论
Ⅳ.B234.7

中国版本图书馆 CIP 数据核字(2019)第 042464 号

书　　名	文本秩序:桓谭与两汉之际阐释思想的定型
著　　者	孙少华
丛 书 名	国家社科基金后期资助项目
责任编辑	葛洪春
出版发行	中华书局
	(北京市丰台区太平桥西里38号　100073)
	http://www.zhbc.com.cn
	E-mail:zhbc@zhbc.com.cn
印　　刷	北京市白帆印务有限公司
版　　次	2019 年 4 月北京第 1 版
	2019 年 4 月北京第 1 次印刷
规　　格	开本/710×1000 毫米　1/16
	印张 22¼　插页 2　字数 360 千字
印　　数	1-1500 册
国际书号	ISBN 978-7-101-13805-4
定　　价	80.00 元

国家社科基金后期资助项目出版说明

　　后期资助项目是国家社科基金设立的一类重要项目,旨在鼓励广大社科研究者潜心治学,支持基础研究多出优秀成果。它是经过严格评审,从接近完成的科研成果中遴选立项的。为扩大后期资助项目的影响,更好地推动学术发展,促进成果转化,全国哲学社会科学工作办公室按照"统一设计、统一标识、统一版式、形成系列"的总体要求,组织出版国家社科基金后期资助项目成果。

全国哲学社会科学工作办公室

目　录

序

郑杰文

　　2010 年,少华从中国社科院文学所到山东大学从我做博士后研究,确定的题目是《桓谭及其〈新论〉的研究》,属于两汉诸子研究范畴。2014 年,少华以博士后出站报告为基础,申报国家社科基金后期资助项目,并成功入选。后来他又经过四年的打磨、补充,最后以《文本秩序:桓谭与两汉之际阐释思想的定型》为题,最终定稿,并计划在中华书局出版。这是一件好事。

　　正如少华在该书后记中所说,我初识少华是 2003 年,当时我在曲阜师范大学兼职,为中文专业研究生教授"先秦诸子研究"与"文史研究方法论"。少华在职攻读硕士学位,在同学中年龄较大,但勤奋好学不输同窗,三年中读了不少专业典籍,在古典文献学方面打下了坚实基础。期间,他对诸子研究比较感兴趣,并且选择以《孔丛子》作为硕士论文题目,运用文献学方法考察该书真伪、产生时代等问题,经受了初步的文献学训练。后来他到北京攻读博士学位,继续从事《孔丛子》的研究,最终完成了几十万字的《孔丛子研究》书稿,现已出版。

　　2010 年少华到山东大学跟我学习的时候,我原来想让他研究七十子后学,他觉得自己的知识储备不足,仍然选择了一个看似较小的题目,即《桓谭及其〈新论〉的研究》。桓谭在两汉之际有较为特殊的学术地位和思想影响。他与扬雄、刘歆、王莽同时,经学(包括古文经学)、文学、史学乃至谶纬、天文、历算、阴阳五行、神仙方术等无所不通,且对当时的政治、军事、经济也颇多关注而被王充称作"素丞相"。加之,桓谭代表著作《新论》久已散佚,对桓谭的了解,只能借助《后汉书·桓谭传》与后人辑佚的《新论》。所以说,在有限的资料内去研究桓谭的思想影响、经学成就乃至学术地位,其难度之大是可想而知的。

　　该书选择"文本秩序"这个切入点,将桓谭与两汉之际对经典文本的阐释方式揭示出来,甚具典型意义。从古籍整理的角度而言,历代王朝对其前典籍的整理或禁毁,其实都是文本秩序对特定社会政治、文化秩序的反映。正如作者所言,文本秩序与社会秩序具有密切的联系,甚至一定程度上说,文本秩序是社会稳定程度的反映。由此出发,作者考察了文本秩序下桓谭与两汉之际的学术背景、目前可见桓谭著述情况;对于古今文经学的争辩,该书认为属于"文本微澜";桓谭的史学思想,是文本秩序形成的体现;桓谭对音乐文本的解读,是文本的"另一种秩序";桓谭的政治、军事思想,则是子书文本定型的体现;桓谭文学文本中体现出来的"尚新"思想,则体现了文本秩序演变中的"新"、"旧"之争,这一点很有学术启发意义;对于两汉之际的文本而言,主流的文本秩序的确立,需要的是经学、史学、文学甚至政治、军事思想的参与,而阴阳五行、谶纬、神仙方术等思想,则是文本秩序的"边缘"力量;至于桓谭对魏晋南北朝的影响,该书则归结为一种"文本余波"加以解释。从总体上看,全书总结出来的文本的"新"与"旧"、"主流"与边缘"的辩证关系,对当下的文本研究具有一定的启发性。

当然,作者提出的"文本秩序",不过是一种方法,是否真正成立,尚需学界讨论、验证。作者提出的这个概念,是文本研究大背景下的产物,其"新"的一面,可能会引起质疑;但从其对文献的使用与解读看,方法上仍然属于"旧传统"。从这里说,与其说作者是借用"新题目"抓眼球,不如说是尝试使用新方法在旧题目上做新文章,努力探索一条重新认识两汉之际学术状况的新路子。

当下的文本研究,引起了学界的关注,提出的很多问题,值得引起我们的思考。但毋庸置疑,文本研究的泛化,也引起了一些争议甚至是批评。从学术发展的大势上看,这未必是坏事。一个时代有一个时代的学术特征,一个人有一个人的学术特色。但任何一个时代,都不可能否定前一个时代的学术成就,更不可能完全规定后一个时代的发展道路。因此,百花齐放、百家争鸣,是有其学术道理、符合学术发展规律的。从历史的潮流看,任何个人都不可能颠覆一种文化,或者消灭一种文明。一个学科的存亡,是由学科自身决定的。一种文化、文明的存亡,并不决定于外来力量,而是决定于它自身是否能够保持着与时俱进的积极心态。新理论、新方法的出现,是一个好事,我们应该以乐观、谨慎的心态看待它,并推助这种新理论、新方法为研究所用,成为推进文史研究的正能量。

全书是以桓谭为切入点,联系同时代扬雄、刘歆、王莽等人,开展的对两汉之际这个特殊的历史时期学术、文学发展及变化的综合性研究。从某种意义上说,两汉之际是一个文化大融合的特殊时期,古文经学所代表的传统学术与今文学所代表的孔子"变新学术"之争,以"纬书"的形式将谶纬、符应所代表的"南方文化"与五经典籍所承载的"北方文化"初步融合起来。受此影响,南北天文历算的互补互融,音乐理论与文学理论的新变,神仙方术思想对人生理念的影响,包括李约瑟所说的某些科学技术的应用,都在两汉之际呈现出新面貌而对后世具有深远影响。东汉以后对先秦、西汉的理解,基本上是在扬雄、刘歆、桓谭等人确立的阐释思想基础上展开的。从某种意义上说,了解两汉之际思想学术,基本上就把握了中国古代学术的大致走向。具体到文学研究方面,后世文学史上的复古思潮,其成熟的思想源头,也应该与这个时段的学术思想有关。

总体上看,本书有以下三个方面的特色:

第一,该书具有一定的学术前沿意义与创新价值。之所以这样说,主要有两个方面的考虑:其一,两汉之际是中国古代历史上非常重要的时期,长期以来,由于各种原因,对这个阶段尤其是对新莽时期的学术与文学状况的研究较为薄弱,该书以"两汉之际"为限,无疑具有很高的学术选择意义;其二,桓谭与扬雄、刘歆都是两汉之际重要的大学者,他们在经学、文学、天文、历算等各方面的认识与判断,都具有时代先导意义。然而由于资料匮乏,桓谭研究长期以来较为冷寂。目前所见,台湾学者董彦斌有《桓谭研究》一部,而大陆尚无综合性研究专著出版。该书能以"桓谭"为研究对象,抓住了两汉之际学术与文学发展、变化的"主动脉",是大陆桓谭综合研究的一个突破。

第二,该书综合考察了这个历史大变动时期的经学、史学、哲学、文学、天文、历算、军事、音乐、方术等各种思想与学术的变化情况,以及对后世的多样化影响。两汉之际诸多思想与学术,都成为后世思想与学术的先导。例如,桓谭与刘歆等人对古文《易》、《书》、《礼记》、《孝经》、《论语》的讨论,为东汉古文经学的发展开辟了道路;桓谭与刘歆等人对仙道、养生的认识,也影响了魏晋南北朝时期的神仙思想和养生之学;桓谭本人"非谶"的思想,被后来的王充、尹敏、张衡接受与继承;桓谭的音乐、天文、历算、水利等论说,颇具时代先进性。这都说明了两汉之际是中国古代思想、学术、科技发展的重要时期,对后世具有深远的影响。

　　第三，该书能够结合桓谭《新论》的记载，将两汉之际的文学理论、文体新变、文风变化等揭示出来，无疑具有文学启发意义。例如，通过桓谭《新论·本造》的记载，结合汉代诸子著作如《新语》、《新书》、《新序》等，揭示出那个时代诸子文学中的"尚新"传统；结合刘勰所言桓谭"不及丽文"，考察了同时期两汉文学的总体风貌与文风变化，揭示出谶纬进入辞赋作品后产生的消极作用，同时又展示了两汉之际散文的兴起；通过桓谭《新论·道赋》的记载，揭示出西汉文人学赋、作赋、拟赋、评赋的情形，以及汉赋作品中蕴含的"讽谏"传统。诸如此类的研究，既有以点带面的学术效果，又有一定的创新认识，对于把握两汉尤其是两汉之际的文学变化，具有一定的参考意义。

　　当然，两汉之际是一个非常重要而又复杂的时期，有些问题由于资料匮乏，可能很难说得清楚。例如，该书中所论桓谭反对立《左传》博士问题，"四时五行"与"四声五色"的关系问题，谶纬与"黄白之术"问题，星象与"平城之围"的解释问题，虽然作者或者做了较多的推论，或者提出了有益的思考，但是还有继续讨论的必要。相信作者在以后更为深入的研究基础上，会有更好的研究成果呈现。

　　长江后浪推前浪，少华侪辈已成为学术研究的中坚。年富力强的他们，定能取得超迈前贤的创新成果，为我国学术事业的发展做出新贡献。

2018 年国庆于泉城

绪论:文本秩序与两汉之际的桓谭研究

经学、礼制与方术,既是汉代社会最主要的知识内容,同时又是维系汉家政治生命的三大基本元素。汉代学术,就包括这三个方面。其中,史学、哲学、政治、军事、天文、历算、阴阳五行、谶纬、符命等思想,分别是经学、礼制、方术的分支。汉代文学,包括政论散文、诗歌、辞赋、乐府等,就好像"汉代学术"这块锦缎上的华丽镶边,为大汉王朝的盛世学术起到了很好的点缀作用。从另一种角度看,它们形成并所在的"文本秩序",汇聚成一种主流的"思想",支撑着整个"社会秩序"。

本书题名"文本秩序:桓谭与两汉之际阐释思想的定型",其中有几个概念需要作出说明。

从"秩序"的角度看,任何社会的稳定程度,首先与"文本秩序"有关。从古籍整理的角度看,文本秩序是存在的。历代对古书的整理或禁毁,其实都是文本秩序对特定社会政治、文化秩序的直接反映。从这个意义上说,文本秩序与社会秩序、文化秩序具有密切的联系。可以说,人们在破坏一种"文本秩序"之时,必然在努力建设一种新的"文本秩序"。然而,当旧的文本秩序被破坏,却不能或无法顺利建立新的文本秩序之时,也就是思想大动乱、社会不稳定之时。汉代学术与文学,至两汉之际发生重要变化,就集中体现了"文本秩序"与社会稳定之间的关系。因此,两汉之际的这种学术状态,在体现汉代学术与文学的鼎盛局面的同时,也昭示了中国古代学术与文学,将以崭新的思想体系去指引中华文明的继续发展与走向。

所谓"阐释",即借用西方阐释学中的一个概念,研究两汉之际各类文本解释思想的确立问题。"阐释",又可称为"解释"、"诠释",其对象就是文本本身。

所谓"定型",指的是经学内容(如古文经学、今文经学以及与其相关的谶纬文献)、文学的形式与内容(如文体、文论)、史学的观念、子学的持续发展,以及其他思想(如阴阳五行、方术、神仙、天文、历法、军事等)基本确定之后,两汉之际的文人对此类文本基本上形成了对后世有学术规定意义的理解与诠释。

两汉之际,是中国传统学术、文化的大裂变、大发展时期。中国古代各门学科,都得到了极大发展与演进:经学上的复古主义,目录学的产生,哲学思想大交融(神仙、阴阳五行、谶纬),史学思想进一步发展,舆地之学萌芽,语言文字学相对发达,文学批评理论促进了文学本质的理解,科学技术如数学、天文学、医药学、农学等水平得到了极大发展。从更深的层面分析,经学、史学为人们理性思考人类社会打开了思路,天文、历算、阴阳五行、谶纬、神仙思想则为人们将思维触角无限探入到未知世界提供了可能。对于汉人而言,这在解放他们的思想的同时,也大大提高了各种学术思想的创新能力,甚至促进了当今意义上的"科学技术"的发展。在这种背景下,扬雄、刘歆、桓谭、王充等人的一系列学说,都是对此前文化的大反思。一个迥异于先秦、汉初的崭新的学术思想体系,逐步建立起来,奠定了后来中国封建社会发展的基本方向。同时,我们在研究过程中可以看到,两汉之际的文人,对上述各种文本的解释,已经到了几乎完美的程度。后世对此类文本思想的研究,基本上未超越两汉之际文人达到的高度。

研究两汉之际的学术与文学,可以为我们深入了解中国传统学术与文学的产生、发展与创新转换,提供有益的借鉴。为了研究的方便,我们对"两汉之际"的时间段的界定,大致以王莽新朝(8—23)为中心,上限在汉成帝薨年之绥和二年(前7),下限在汉光武帝幸鲁祠孔之建武五年(29),大致两汉之交的三十余年时间段内。

一、"文本秩序"的提出

"两汉之际"谈什么? 在此,有三个重要话题需要引起我们的注意:第一,如何理解和评价王莽新朝? 第二,如何理解西汉、东汉之交的学术与文学? 第三,如何理解两汉之际的"文本"情况?

毫无疑问,因为封建正统思想的影响,历史上对王莽"新朝"是屏蔽的,但却无法掩盖王莽曾经统治十余年的这个历史事实。这个时期,是中国古代学术、文学大发展的时期——甚至按照李约瑟等人的观点,也是科技大发展的时期。而经过两汉之际文人如刘向、刘歆、扬雄、王莽、桓谭等人的推动,这个时期的学术、文学产生了一些新变化,尤其是思想上的大变动,导致了东汉与西汉产生了重要不同。此后,中国古代学术与文学思想,基本走上了一个看似"正规"的轨道，与西汉乃至先秦截然不同。对这一点，如何揭示、认识它，关系着我们的研究如何展开，以及展开的程度与方向。

这种"正规的轨道"，从文本角度看，可以解释为"秩序"。先秦的文献、文本，经过西汉司马迁的认定与确立，尤其是刘向、刘歆父子为首的学者对西汉乃至此前文本、文献的重新校订、整理与规范，西汉末期的文本大致稳定下来，文本思想基本统一起来。这个时期，文本出现了一种"秩序"：汉人对此前文献、思想的认识或解读，基本处于刘向、刘歆等人整理之后的规范之下。换句话说，汉代自刘向、刘歆、扬雄、桓谭之流的学者开始，他们对此前学术、文学认识，具有总结性意义；对此后如何认识学术、文学，具有一定的典范意义。甚至可以说，自此以后，我们对西汉以前学术与文学的认识，就处于这种"秩序"的控制之下，很少超越司马迁、刘向等人划定的"文本认识藩篱"。

司马迁、刘向之后，文人进入"文本秩序"的自觉时代。这种"自觉"，体现在两个方面：

第一，刘向校书之后，虽有整齐各家、定于一本的考虑，然亦保留了各家异说。如《汉书·儒林传》称：

> 京房受《易》梁人焦延寿。延寿云尝从孟喜问《易》。会喜死，房以为延寿《易》即孟氏学，翟牧、白生不肯，皆曰非也。至成帝时，刘向校书，考《易》说，以为诸《易》家说皆祖田何、杨叔元、丁将军，大谊略同，唯京氏为异，党焦延寿独得隐士之说，托之孟氏，不相与同。[1]

由此处分析，刘向校书，以为京氏《易》与各家不同，而诸家说《易》多祖田何、杨叔元、丁将军三家。田何，丁宽从其受《易》，《汉书·艺文志》无田氏说。丁将军即丁宽，即《汉书·艺文志》所称："《丁氏》八篇。"颜师古注："名宽，字子襄，梁人也。"杨叔元即杨何，即《汉书·艺文志》所称："《杨氏》二篇。"颜师古注："名何，字叔元，蓄川人。"京氏《易》，《汉书·艺文志》称有"《孟氏京房》十一篇"。由此可知，刘向校书之后，将说《易》者异、同各家皆予以保留。这就是说，西汉的"文本秩序"，并非独尊一家、废黜其他诸家，而是将不同文本统御于一种"秩序"之下，有时俗喜爱"大兴"之书，亦有个

---

① 《汉书》卷八八《儒林传》，中华书局 1962 年版，第 11 册，第 3601 页。

别独传"异文"之书。"秩序",其实就是一种"和而不同"。

第二,刘向同时或之后,学者亦不断整齐、校雠各家,定于一本。如张禹曾从琅邪王阳、胶东庸生学《论语》。王阳即王吉,而王吉、庸生皆为齐人,所传为《齐论语》,知张禹曾学《齐论》①。后来张禹整理齐、鲁二《论》,独传《鲁论》②。《汉书》称张禹所传《论语》"最后而行于世",岂刘向最后整理之《鲁论》,所据为张禹之《鲁论》乎?然张禹已有定本,刘向如何再有新定本?张禹与刘向同时人,后著录张禹《论语》者,或为刘歆。再参照扬雄后来个人校书天禄阁看,当时既有官方主动实施的"文本秩序"制造行为,也有社会、学者内部主动的"文本秩序"选择。

西汉"文本秩序"的产生,是官方校书与"士人圈"自觉选择的合力作用的结果。

可以说,西汉刘向等人校书,只是当时的一个古书整理活动,并非说明他们的整理成果一定成为后世之典范,或者说今天我们看到的古书皆出刘向等人之手。刘向、刘歆之后,西汉扬雄校书天禄阁,东汉兰台、东观皆为校书场所。这些校书活动,未必对西汉、先秦古书毫无校改。这种古书整理活动,其实就是一种"文本秩序"的自觉体现。

我们之所以承认这种"文本秩序"的存在,有一个哲学意义上的原因,即我们借以开展学术研究的文本,全部属于人类对自然、社会、人生理性思考之后的精神产品,都是经过了人们理性批判之后的结果。而人们理性批判的背后,皆有一定的逻辑、规律可以遵循。这是"文本秩序"存在的哲学前提。

"文本秩序"的存在,也有其历史前提。从殷商、两周以来的所有的经典文本,都为人们的精神生产提供了物质前提。春秋、战国诸子对自然、社会、政治、人性、道德的批判性争论,又为"文本秩序"开辟了新的道路。秦汉以来的几次文本整理,最终为"文本秩序"的确立奠定了坚实的基础。

所以说,自秦汉以来的学者,无不是在特定的"文本秩序"之内开展研究的。尤其是,当我们面对的研究对象的内容,主要是与人类精神有关的

---

① 《汉书·艺文志》称:"汉兴,有齐、鲁之说。传《齐论》者,昌邑中尉王吉、少府宋畸、御史大夫贡禹、尚书令五鹿充宗、胶东庸生,唯王阳名家。"(《汉书》卷三〇《艺文志》,第6册,第1717页)

② 《汉书·艺文志》称:"传《鲁论语》者,常山都尉龚奋、长信少府夏侯胜、丞相韦贤、鲁扶卿、前将军萧望之、安昌侯张禹,皆名家。张氏最后而行于世。"(《汉书》卷三〇《艺文志》,第6册,第1717页)

时候，这种"秩序"就更加明显和稳固。

因此，在这种"文本秩序"之下，后人所有的文本研究，就基本上处于一种较为稳定的规范、规定之中。这种"稳定"，不仅表现在文本自身的固化，而且还表现在研究者对文本统一、稳定的阐释上。这种学术现象，是刘向等人文献整理之后的大事。对这种文本秩序与学术秩序的研究，有助于我们了解汉代以后中国学术思想与文本阐释思想的变化规律。

二、"两汉之际"与桓谭的出场

"文本秩序"的形成，包含三个方面的内容：整理文献、著书立说、诠释文本。这三个内容，也是文人开展学术活动的主要方式。本书主要结合两汉之际文人的"诠释"活动，开展对"秩序"的解读。

经过了汉武帝时期学术的繁荣与积淀，以及汉宣、元、成三代学术的进一步发展，尤其是汉成帝末年刘向为首的学者对古书的大整理，两汉之际的文本大体稳定下来，文人对文本的解读、阐释，也基本上形成了较为统一的思想。即使存在今、古文之争，但也属于经学内部的事情，并不妨碍儒学的主流发展以及儒学对国家政治思想的指导与统治。在这种情况下，出身皇室的刘歆与外戚王莽联手从上层建筑上对此时的学术提出了顶层设计，出身低级官吏家庭的桓谭虽然积极参与政治，并著书立说，但并未进入王莽新朝的权力核心；出身底层的扬雄，则逐渐被新政权排斥在外，只能潜心校书，甚至因政治迫害而"投阁"。在这种情况下，王莽、刘歆的学术"复古"，只能是政治的工具，不可能有真正的学术复古事实。在文人与社会中占据主导地位的，仍然是刘向等人以来整理的古书文本。对文本的阐释，也是汉武帝甚至刘向等人以来特别强调的，符合汉王朝政治需要的"大汉"、"宣汉"思想。

在这种学术、政治背景下，文人遵循的就是利用已经整理过的古书文本，解读两汉之际的学术、政治问题；并结合汉人的阐释思想，解读两汉之际的学术、政治大事。对此，生活在这个时代的重要学者，如扬雄、刘歆、桓谭等人，会格外关注汉成帝以来的各种重大事件；甚至对于进入东汉后仍然活跃的桓谭而言，他还会关注到王莽新朝、更始时期的各种事件。由此看来，两汉之际无论政治局势如何变动，文人的阅读文本与阐释思想基本上是稳定的。这为我们研究这个时代的文本及其阐释思想，提供了可能。

从研究方法上说，我们的学术研究，如果仅仅从一个宏大的场景中，观察那个时代整体的学术风貌，当然可以得出一个大致的研究结论。但这种结论到底多大程度上符合事实，则需要更为深入的个案研究来验证。就"两汉之际"这个话题来说，如果仅仅从时间段上看，似乎不能产生多少成绩，甚至有可能是中国古代学术发展的滞缓期；从这个时间段内的学术、文学著述数量看，似乎确实如此。这有可能给我们一个错觉：两汉之际的学术与文学发展，基本上裹足不前。但是，要真正说清楚这个时期的学术与文学思想的变化，说清楚学术与文学在这种"冰冻"层面之下的暗流涌动，则必须深入到某具体个案的文本内部，洞烛幽隐，揭示这个时间段内学术与文学发展、演变的真实轨迹。本此，我们拟选择这个时间段内的一个学者及其著述为例，开展研究。

两汉之际重要的学者颇多，如扬雄、刘歆、桓谭、王莽等（甚至还可以将刘向纳入进来），都是那个时代学术思想演变的见证者与参与者。扬雄、刘歆、王莽、桓谭四人，基本上共同见证了汉成帝以后至王莽覆亡前的全部历史，而桓谭曾经历王莽之后的更始、汉光武时期，较前三人所经历的历史更久。从时代意义上说，桓谭历仕多朝，与刘歆、扬雄、王莽多有交往，更具有代表性和典型性。更重要的是，桓谭的《新论》对两汉之际历史的记载，要比其他人的著作更为细致、全面。

当然，从"文本秩序"的角度考虑，扬雄、刘歆、桓谭、王莽等人，都是尝试在旧秩序基础上，努力探索建立新秩序的可能性。虽然这种新秩序的建设并未成功，但他们在这个关键历史时期的见证意义，则具有非同寻常的历史价值。在此数人中，桓谭经历的王朝最多，生活的时代最晚，完全可以将其作为研究对象，并作为串连其他学者的关键，以理清两汉之际这个特殊时代的人、文以及与之相关的主流思想与秩序。

三、桓谭研究综述

桓谭，字君山，是两汉之际著名的思想家、文学家，沛国相（今安徽省淮北市濉溪县西北）人，一度与扬雄、刘歆齐名，并且熟知当时的经学、天文、历算、谶纬、音乐、辞赋、治水、神仙等各方面的知识。桓谭今存作品不多，其《新论》一书，久已亡佚，赖唐宋类书得以保存，晚清民国有多种辑本。

20世纪以来，关于桓谭研究的论文很多，但主要以桓谭生卒考证为主,其他较为深入的研究性论文不多。专门的研究专著,传记性质的著作有钟肇鹏与周桂钿《桓谭王充评传》(南京大学出版社 1993 年版)、苏诚鉴《桓谭》(黄山书社 1986 年版)、孙少华《桓谭年谱》(社会科学文献出版社 2012 年版);桓谭《新论》辑本,有严可均与朱谦之、吴则虞的辑本;桓谭《新论》的综合性学术专著,有董俊彦《桓谭研究》(文史哲出版社 1986 年版),又名《桓子新论研究(增订版)》(文津出版社 1989 年版)。大陆综合性桓谭研究,目前尚未见到相关专著出版。从内容上看,桓谭研究主要集中在以下几个方面:

第一,桓谭与《新论》综合性介绍研究。

由于桓谭资料缺乏,对其人、其文的概括性介绍之作,为数不少,较早的有日本武内义雄的《桓谭的新论》(《支那学》1921 年第 2 卷第 4 号)、容肇祖《东汉几个政治家(桓谭、王符、崔寔、仲长统)》(《中山大学语言历史学研究所周刊》1927 年 11 月第 1 卷第 2 期)、钟肇鹏《桓谭和王充》(《江海学刊》1963 年第 5 期)、日本狩野直喜《桓谭新论》(《两汉文学考》,筑摩书房 1964 年版)、陈玉璟《关于桓谭思想的几个问题》(《安徽师范大学学报》1982 年第 1 期)、田可文《桓谭其人》(《乐府新声:沈阳音乐学院学报》1991 年第 4 期)等。此类研究,多属介绍性文字,缺乏较为深入的考证。

其他相关研究,还有钟肇鹏《〈新论·形神〉的作者应断归桓谭》(《人文杂志》1959 年第 2 期)、汪廷奎、邱耐久《桓谭〈新论·求辅〉厘正》(《淮北煤师院学报》1984 年第 12 期)、谢明仁《雍门周为孟尝君鼓琴不为桓谭所著——读刘向〈说苑〉札记一则》(《广西大学学报》1988 年第 3 期)、郭茵《桓谭及其〈新论〉考辨》(《淮阴师专学报》1996 年第 3 期)、工菱《严可均辑桓谭〈新论〉佚文商议》(《四川师范大学学报》2001 年第 4 期)。

桓谭《新论》文献整理与研究,主要有孙冯翼《桓子新论》(《问经堂丛书》)、严可均《桓子新论》(《全上古三代秦汉三国六朝文·全后汉文》)、佚名辑《桓子新论》(《守山阁丛书》)、朱谦之《新辑本桓谭新论》(中华书局 2009 年版)、董俊彦《桓谭新论校补》(《桓谭研究》附录)、吴则虞辑校《桓谭〈新论〉》(社会科学文献出版社 2014 年版)等十五种[①]。安徽大学中文系"桓谭《新论》校注小组"编纂的《桓谭及其〈新论〉》,既有对《新论》的选注、

[①] 尹玉珊:《汉魏子书研究》,中国社会科学出版社 2018 年版,第 336—348 页。

校点，也有对桓谭作品的考证。在该书基础上，2017 年 12 月，黄山书社出版了白兆麟校注的《桓谭新论校注》。据该书作者介绍，他对《新论》修订工作如下：在原来第二、三部分《新论选注》与校点以及第四部分《后汉书·桓谭传》的基础上，重新予以修订整理：一是对先前的辑本及其校勘进行了补正；二是对标点重新予以了订正；三是对全书字词给予了注释；四是为《新论》每篇撰写了简明的提要①。

第二，桓谭哲学思想研究。

20 世纪上半期，西方哲学思潮的涌入，使得对中国古代思想家的哲学研究成为风潮，如日本人成田衡夫《桓谭的哲学》（《汉学会杂志》1937 年 10 月），其他还有哲学专著中的章节介绍，如赵纪彬在《中国哲学思想》中的《从桓谭到王充的异端哲学思想》（中华书局 1948 年版）、张岱年的《中国唯物主义思想简史》中的《扬雄的"自然"观念与桓谭的无神论思想》（中国青年出版社 1957 年版）、任继愈《中国哲学史》中的《扬雄、桓谭反对谶纬、神仙迷信的无神论思想》（北京人民出版社 1963 年版）、日本大久保隆郎《桓谭の贤者论》（《集刊东洋学》1971 年 5 月第 25 期）等。其他方面，有对桓谭无神论思想、政治思想、唯物主义形神论思想、反谶纬思想、人才思想、美学思想、心理观等思想的研究。此类研究，具有鲜明的时代局限性，无助于对桓谭进行历史唯物主义的客观研究。

台湾董俊彦对桓谭有专门研究，著有《桓谭研究》（文史哲出版社 1986 年版），又名《桓子新论研究（增订版）》（文津出版社 1989 年版）。这是一部从哲学思想层面对桓谭及其《新论》进行深入分析的专著。据其《桓谭研究》所见，主要考查的是桓谭生平事迹、时代背景、基本态度、政治主张、教育观点、军事思想、论乐之理、对当代人物的品评、对王充的影响。附录中对桓谭《新论》进行了校补工作。该专著是对桓谭较为深入、全面的研究，但也有明显的不足，如对桓谭文学与学术思想的考察、对《新论》体现出来的桓谭的政治思想与治国理念，尚无全面分析。

第三，桓谭生卒年考证。

桓谭生卒年说法不一，研究成果主要有如下几种说法：

1. 汉元帝建昭三年（前 36）至汉光武帝建武十二年（36）说。汪廷奎、

邱耐久认为,建武十二年之前,天下未定,光武又崇尚节俭,不可能有兴建明堂、灵台等大型建筑的举动。建武十二年,军阀割据的情形结束在望,天下行将实现统一,故桓谭因议灵台地址被贬而死的时间应在建武十二年,即公元36年。参照"年十七为奉车郎中"、"少时"随帝出祠、卒时"年七十余"等史料,桓谭的相对生年应在公元前36年①。

2.汉成帝建始二年(前31)至汉光武帝建武二十二年(46)说。姜亮夫在《桓谭疑年的讨论》中认为,桓谭极有可能是永始四年(前13)随汉成帝出祠,如此,其生当于成帝建始二年庚寅,其卒在建武二十二年以前②。

3.汉成帝阳朔元年(前24)至汉光武帝建武中元元年(56)说。姜亮夫《历代人物年里碑传综表》等采此说。姜亮夫认定,绥和二年(前7),桓谭随汉成帝出祠,上推17年即为阳朔元年(前24);其卒在汉光武帝建武中元元年(56)。

4.汉成帝阳朔二年(前23)至汉光武帝建武中元元年(56)说。刘汝霖《汉晋学术编年》卷三据汉成帝绥和二年(前7)祠甘泉、河东,又据《续汉书·礼志》立明堂乃中元元年事,考证桓谭当生于此年。陆侃如《中古文学系年》从之。今人多从此说。

5.汉元帝永光元年(前43)至汉光武帝建武四年(28)说。前捷克学者鲍格洛在其《桓谭的年代》和《再谈桓谭的年代》中提出了这一说法。他根据六安郡省并于建武十三年的史实,推断谭不会卒于该年之后。他根据《后汉纪》建武四年条下记述了桓谭受宋弘举荐、罢给事中以及他两次上疏等事,认为这一年极有可能就是桓谭的卒年;他又根据桓谭享年有"70"和"70余"两种历史记载,认为"桓谭的年龄为69岁至72岁",照此推算,其生卒年当以"公元前43年到公元28年为最可能"。董治安先生主编的《两汉全书》采纳此说。

6.生年在汉成帝阳朔二年(前23)之前,卒年存疑说。曹道衡《桓谭生卒年问题志疑》认为,桓谭的年龄恐怕比刘汝霖推测的要大,他出仕的时间也比绥和二年为早。他的生年应早于阳朔二年③。

7.汉成帝永始元年(前16)至汉光武帝建武中元元年(56)说。臧知非

①汪廷奎、邱耐久《桓谭生卒年代考》,《广东社会科学》1985年第3期。
②姜亮夫、陶秋英:《桓谭疑年的讨论》,《杭州大学学报》1962年第1期。
③曹道衡:《桓谭生卒年问题志疑》,《辽宁大学学报》1990年第3期。

《桓谭生卒年考》认为,据《后汉书·光武帝纪》中元元年"初起明堂、灵台、辟雍",桓谭因选灵台地址对奏不合上意被贬而死,其卒年"当在是年"。又按其卒时享年 70 余,其生年应在公元前 16 年前后①。

8. 日本人大久保隆郎《桓谭年谱考》将桓谭生卒年定于汉元帝永光四年(前 40)与汉光武帝建武七年(31),年七十一②。

9. 钱穆先生认为桓谭生年在汉元帝永光元年(前 43)之前,卒年在汉光武帝建武初年。钱穆《刘向歆父子年谱》称:"《后汉书·桓谭传》:'谭哀、平间,位不过郎。傅皇后父孔乡侯晏深善谭。时高安侯董贤宠幸,女弟为昭仪,皇后日疏。谭说晏谢远宾客,并诫后勿使医巫方技,傅氏得全。'按:谭卒在建武初年,年七十余,则其生年,盖与歆、莽略同时,及是当逾四十矣。"③钱穆先生认为桓谭卒在"建武初年,年七十余",其生年"与歆、莽略同时,及是当逾四十矣",这个"是",指的是汉哀帝建平四年(前 3),如此算来,桓谭则必生于汉元帝永光元年(前 43)之前。

10. 笔者《桓谭年谱》考证,桓谭生年在汉元帝建昭三年(前 36),卒年在汉光武帝建武十一年(35)。汉成帝出祠甘泉、河东凡四次:永始四年(前 13)、元延二年(前 11)、元延四年(前 9)、绥和二年(前 7),结合桓谭从汉成帝"年十七"之说,以及范晔《后汉书》称其"出为六安郡丞,意忽忽不乐,道病卒,时年七十余",刘珍《东观汉记》、袁宏《后汉纪》称其"七十余"卒,明陈禹谟补注《北堂书钞》称"案谭时年七十余"等说法,以及谢承《后汉书》"桓谭年七十,喜非毁俗诸儒,出为六安郡丞,感而作赋,因思大道,遂发病卒"与以上诸说的矛盾说法,我们认为:桓谭七十岁时出为六安郡丞,"发病卒"时实际上已逾七十。综合其他信息,笔者曾考证上文所说的那四个汉成帝出祠的时间,都不符合桓谭任奉车郎的条件。本此,特将桓谭生年考定在汉元帝建昭三年(前 36),卒年定于建武十一年(35)④。

另外,还有汉成帝鸿嘉元年左右(约前 20)至汉光武帝建武中元元年(56)说、汉元帝竟宁元年(前 33)至汉光武帝建武十五年(39)说、汉元帝永光四年(前 40)至汉光武帝建武八年(32)说、存疑说,等等。

---

① 臧知非:《桓谭生卒年考》,《徐州师院学报》1987 年第 4 期。
② 大久保隆郎:《桓谭年谱考》,《福岛大学教育学部论集》(人文科学)第 21 之 2,1969 年 11 月。
③ 钱穆:《两汉经学今古文平议》,商务印书馆 2001 年版,第 88 页。
④ 详考见孙少华《桓谭年谱》整理说明,中国社会科学文献出版社 2012 年版,第 8—9 页。

第四,桓谭学术与文学思想研究。

桓谭在文学方面,有精彩论述,此类研究,多集中在对其政论文、汉赋的研究,如大久保隆郎《桓谭の上奏文——〈陈时政疏〉考》(福岛大学教育学部论集第 22 号之 2,1970 年 11 月)、伏俊琏《也说〈辨骚篇〉中的"博徒"》(《古汉语研究》2007 年第 4 期)等;拙著《桓谭论赋与汉赋的"讽谏"传统》(《复旦学报》2012 年第 3 期)主要结合桓谭《新论·道赋》,考察了汉赋存在的"讽谏"思想,文章认为,关于汉赋文体渊源与发展的研究,已经取得了不错的成绩,但是对汉人如何学赋、作赋、论赋的考察,还不是很充分。由桓谭《新论·道赋》可以看出,汉赋的学习、创作与评价,都有一定的规范与标准。屈原《离骚》中的"从容辞令"与"直谏"两个特点,自战国末期开始,就只有前者被继承下来。汉赋"讽谏"、"劝百讽一"的传统,至扬雄时代已经式微。但汉赋提出的"讽谏"思想,对后世文学却有深远的影响。

其他还有桓谭对后世文学批评影响的研究,如郭鹏《桓谭对〈文心雕龙〉的影响》(《南都学坛》2003 年第 5 期);桓谭艺术与文艺思想研究,如王征《桓谭〈新论〉艺术论》(《淮北煤炭师范学院学报》2008 年第 2 期)、殷晓燕、陈丹《论汉代思想家桓谭〈新论〉的文艺观》(《成都电子机械高等专科学校学报》2010 年第 4 期)、郭世轩《标新立异　旷世逸响——桓谭文艺思想综论》(《文化与诗学》2011 年第 1 期);桓谭的小说观念,如袁文春《汉代短书:先秦两汉小说概念的联结点》(《大连理工大学学报》2011 年第 2 期)、袁文春《桓谭小说思想的新变》(《文艺评论》2011 年第 4 期)、孙少华《诸子"短书"与汉代小说的生成》(《吉林大学社会科学学报》2013 年第 3 期);关于桓谭学术思想,有拙著《西汉诸子的"尚新"传统与"新学"渊源》(《文学评论》2012 年第 2 期),主要分析的是桓谭《新论》之"新",与汉代著述中"新学"思想的关系问题。

桓谭《新论·琴道》,有对音乐文献的详细记载。后世对桓谭音乐思想与贡献的研究,主要有孟凡玉《桓谭音乐活动探析》(《淮北煤炭师范学院学报》2006 年第 5 期)和《桓谭乐事考略》(《音乐艺术[上海音乐学院学报]》2007 年第 2 期)、王瑜《读〈雍门周为孟尝君鼓琴〉有感》(《黄河之声》2010 年第 4 期)、陈功文《"琴德最优"论探析——兼论汉魏文人的琴结》(《江苏广播电视大学学报》2011 年第 1 期)。曹莉芳的硕士论文《桓谭〈新论〉音乐美学思想内在矛盾及原因》,则是对桓谭艺术与音乐思想的系统研究,论文认为：桓谭音乐审美上，他表现出"崇雅与爱俗"的双面性，他继承了儒家传统"平和"音乐思想和重修身的艺术化人格理想，明确了"天人感应"论对《新论》音乐美学思想的影响，附和了其时音乐的主流思想，同时又不墨守成规，突破儒家传统音乐美学思想上的局限，肯定了俗乐的"不平"之美，显示出其音乐理论与自身实践的冲突，具体表现在审美趣味、音乐功能、音乐情感、音乐形态等方面。桓谭是两汉音乐审美趣味转换的关节点，为两汉音乐艺术走向自觉做出了贡献①。作者的研究虽有推进意义，但将桓谭音乐成就总结为"是两汉音乐审美趣味转换的关节点，为两汉音乐艺术走向自觉做出了贡献"，明显有夸大之嫌。毕竟，桓谭仅仅是最早将音乐文献与史实系统记载于个人著作的学者，他也仅仅是转录、转述，而非首创，最多属于音乐文献的最好保存者。

第五，桓谭生平事迹研究。

对桓谭生平事迹的研究，开始较早，主要研究成果有孙叔平《桓谭》（《中国哲学史稿》，上海人民出版社 1980 年版）、方立天、于首奎《桓谭》（《中国古代著名哲学家评传》，齐鲁书社 1980 年版）、周干溁《桓谭简论》（《秦汉史论丛》，陕西人民出版社 1981 年版）、董俊彦《桓谭生平事迹考》（《国文学报》1986 年第 15 期）、王遽常《桓谭》（《中国历代思想家传记汇诠》，复旦大学出版社 1989 年版）。

较为系统的专著，主要有苏诚鉴《桓谭》（黄山书社 1986 年版）、钟肇鹏、周桂钿《桓谭王充评传》（南京大学出版社 1993 年版）和拙著《桓谭年谱》（社会科学文献出版社 2012 年版）。

苏诚鉴《桓谭》，成书时间与董俊彦《桓谭研究》相同，主要从"风云变幻的动乱年代"、"初入仕途"、"郎官任上"、"佐命新朝"、"建武朝际遇"、"思想战线上的不屈斗士"和"一生思想的结晶——《新论》"几个方面，介绍了桓谭的一生，考证较为细致。该书后附录"桓谭年表"与"《新论》辑本补佚"。

钟肇鹏等《桓谭评传》，主要从"桓谭的生平和著作"、"桓谭的形神论"、"桓谭反对谶纬和迷信"、"桓谭的政治思想"、"桓谭的美学思想"和"桓谭和王充"六个方面，对桓谭生平进行了简要介绍，其中还附录"桓谭

---

① 曹莉芳：《桓谭〈新论〉音乐美学思想内在矛盾及原因》，南京艺术学院 2010 年硕士论文。

年表"一篇。该书对桓谭著作的考述，虽较概括，但有些材料还是第一次得以辨析。

笔者《桓谭年谱》，除了结合《汉书》、《后汉书》、《新论》以及唐宋类书辑录的桓谭作品资料，对桓谭一生进行了系统整理，书后附录"桓谭及其《新论》相关研究论著目录"、"桓谭传记与《新论》序跋题识"和"桓谭及其《新论》评价与引用资料"三部分，对 20 世纪以来的桓谭研究情况、各种版本的题记、王充《论衡》与唐宋以下桓谭评价资料进行了系统搜集。

最近，对桓谭命运的研究，有杨晓君《两汉之际政治转折与桓谭历史命运》（苏州大学 2016 年硕士论文）。这是从古代史角度，考察桓谭在两汉之际政治变化中的个人命运与国家命运的关系研究。

第六，桓谭及其作品影响研究。

桓谭对后世学术与文学影响很大。东汉王充《论衡》，已经对桓谭给予了很高评价。20 世纪以来的研究成果，主要集中在桓谭与其他学者的比较上：

扬雄与桓谭比较研究，有日本石田秀宝《扬雄与桓谭》（《文化》1981 年 2 月第 44 卷第 3、4 号合刊）、许时珍《桓谭、扬雄的反谶纬思想》（台湾政治大学 1994 年 6 月中文系硕士论文）、张岂之《扬雄、桓谭对谶纬迷信的评说》（《新中国思想史》，水牛出版社 1992 年版）等。

王充与桓谭比较研究，有日本大久保隆郎《桓谭和王充——神仙思想批判的继承》（《福岛大学教育学部论集》1978 年 11 月第 30 卷第 2 号）、《桓谭和王充Ⅱ——死生观的继承和发展》（《福岛大学教育学部论集》1979 年 11 月第 31 卷第 2 号）、《桓谭和王充Ⅲ——祭祀观的继承和展开》（《福岛大学教育学部论集》1980 年 12 月第 32 卷第 2 号）、周琼《试论桓谭、王充和范缜无神论思想的相承与发展》（《楚雄师专学报》1993 年第 1 期）。在这种研究中，还有桓谭对王充的影响、王充对桓谭的评价的成果，如韦政通《影响王充的人物——桓谭》（《中国思想史》，水牛出版社 1994 年版）、周桂钿《"千石之官"和"狗顿之财"——王充论扬雄、桓谭》（《浙江学刊》1994 年第 6 期）、余洁平《从王充论桓谭看二人思想上的渊源关系》（《淮北煤师院学报》2000 年第 2 期）等。

扬雄、王充与桓谭综合比较研究，有日本边土名朝邦《扬雄、桓谭、王充——关于三者思想继承的问题》（西南学院大学国际文化论集 2－2）和

《扬雄、桓谭、王充——三者的圣贤论和本性论的发展》(西南学院大学国际文化论集3-2)、张岂之《司马迁、扬雄、桓谭、王充及汉末社会思潮史料》(《中国思想史》,水牛出版社1992年版)、姜书阁《扬雄、桓谭、王充间的思想承传关系》(《湘潭大学学报1994年第3期》)。

王莽与桓谭比较研究,有苏诚鉴《桓谭与王莽》(《安徽师大学报》1986年第1期)、曲利丽《"知大体"——论桓谭对王莽新政的反思》(《励耘学刊》2011年第1期)。

张衡与桓谭比较研究,有刘修明《桓谭与张衡》(《秦汉史论丛》,法律出版社1992年版)和《桓谭与张衡——独立意识和依附身份》(《秦汉史论丛》,陕西人民出版社1992年版)。

其他还有蔡邕与桓谭比较研究,如吉联抗《桓谭和蔡邕》(《中国音乐》1983年第1期)、叶晨晖《刘勰与桓谭》(《山西大学学报》1981年第3期)。

通过以上研究成果可以看出,虽然桓谭保存的文献资料不多,《新论》文字也不多,但20世纪以来的桓谭研究,还是较为深入的,研究成果也为数不少。但从具体内容看,对桓谭与两汉之际学术与文学的关系研究,还有值得深入探讨的空间。尤其是桓谭的文学思想,大有发掘必要。

更为主要的是,桓谭的成果虽然不多,但是,他与当时最著名的学者扬雄、刘歆多有交往;他为官多朝,一直处在学术与文学思想发展的前沿,比较熟悉当时的学术潮流;他生活在两汉之际,他的思想,基本上可以代表那个时代的最高水平。因此,研究桓谭与《新论》,不仅可以考察桓谭本人的学术与文学思想,而且,还可以围绕桓谭与《新论》,去考察那个时代的学术发展。本此,桓谭研究,又具有一定的代表性与普遍性。

本书涉及的桓谭的经学、史学、文学、音乐、谶纬、阴阳五行、军事、水利、天文、神仙等思想,都是西汉文本确立之后的成果;他对各种思想的解说与使用,也是在汉代确立的"秩序"之下展开的。本书以"秩序"为题,意义即在此。

最后,需要说明的是,传统的观点,都以为桓谭曾经"附逆",并且王莽新朝也被认为是"篡汉"之朝,有无必要研究这段历史?客观上说,王莽新朝,在当时得到了众多士人(如扬雄)、皇室(如刘歆)、权臣的支持,不能从东汉王朝的立场,简单将"新朝"从中国古代史上抹去。所谓的桓谭"附逆",也是东汉所谓的"正统"认识。今天我们来看待桓谭与王莽新朝,则应用客观发展的眼光，给予他们以公正的评价。

　　本书使用的桓谭《新论》，主要采用了朱谦之的《新辑本桓谭新论》[①]，其中虽然也有误收情况，然其分篇、注释等较严可均、吴则虞等本可取，故书中引文多据朱谦之本。

[①] 桓谭撰，朱谦之校辑：《新辑本桓谭新论》，中华书局 2009 年版。本书文字多用此本。

第一章　文本秩序下的桓谭与两汉之际的文本背景

　　桓谭生活的时代,是刘向、刘歆等人对古代文献大整理之后,文本秩序基本稳定的时代。虽然刘歆、王莽等人有复古之举,但并未根本动摇当时已经稳定的文本及其阐释思想的秩序。在两汉之际的动乱时期,桓谭等人对文本的阐释,基本上是稳定的。

　　桓谭是一个非常复杂的历史人物。他身处政治与权力的顶层,虽然适当参与了一些政治活动,却在人格与操守上与王室、权臣、外戚保持着适当的距离;他生逢乱世,却能依赖学术在政治、战乱之外保持了一颗宁静的心。在他的世界里,没有"出"与"处"之矛盾,没有"迁"与"贬"之纠结。对学术的坚守,对真理的坚持,使他具有一个强大的精神世界,足以无惧于因"非谶"而险被诛或终被贬的厄运。正如因"独守"不能而"投阁"的扬雄,桓谭身上,也具有汉代士大夫真正的人格操守。后世有人指责他与扬雄"附莽"、"附逆",其实是将他们的学术地位与政治选择混为一谈了(但在当时的情况下,他们都不可能有自由选择政治立场的机会)。作为纯粹的学者,在那个时代,扬雄、桓谭根本不可能有左右王莽的政治决策或国家管理的话语权。某种程度上看,扬雄、桓谭基本上是被排斥在政治权力核心之外的。政治本来就是如此,文人只是政治人物争权夺利、粉饰太平的工具,不可能真正进入统治者治理天下、管理国家的决策层。但是,政治上的被边缘化,不能扼杀扬雄、桓谭之流的学术热情,也不可能阻止他们对国家命运、人类未来的关注与思考。这种人格精神,正是传统儒家的最高规定与追求,值得我们深入研究。

　　桓谭生卒说法不一。他曾经学赋于扬雄,并且与扬雄、刘歆"辩析疑异",年齿与扬雄相差不致过多。据笔者《桓谭年谱》的研究,桓谭应当生于汉元帝建昭三年(前36),卒于汉光武帝建武十一年(35),时年71岁。据此而言,桓谭至少经历了西汉、王莽新朝、刘玄更始、刘盆子建世(赤眉)和东汉光武帝五个朝代或政权。西汉又包括汉元帝、汉成帝、汉哀帝、汉平帝、汉孺子刘婴五个皇帝。桓谭历仕各朝,汉成帝时期任奉车郎中、太乐令、天文郎,汉孺子刘婴时为司空掾、谏大夫、明告里附城,王莽时为典乐大夫(掌教大夫)、讲乐祭酒,更始帝时为太中大夫,光武帝时期为议郎、给事中、六安郡丞。

这个历史时期,正是中国历史上大变动、大变革的时期:学术上古文经学的兴起,文学上汉赋的式微、政论文的兴起,科学技术上天文、历法、星算等思想的变化,思想领域神仙、谶纬、符命、长生久视观念的流行,政治格局的剧烈变化、社会矛盾的急剧增加、经济冲突的不断尖锐,都代表了那个时代的复杂性。科学与迷信,衰亡与新生,毁灭与重建,困惑与探索,失望与希望,无不相伴共生,赋予了那个时代的文人更多的社会责任与政治际遇。

桓谭生活的时代,正是西汉历史上底层民众与上层社会,都存在矛盾重重的特殊时期。

汉高祖刘邦时期开始实行的"三选"徙陵政策[1],至汉元帝时期被废除。这个政策,直接给汉成、哀、平三世成了严重的社会后果:官吏、豪强更加肆无忌惮兼并土地、买卖奴婢,进一步造成了大量农民的流亡。汉元帝时期的奴婢数量已经达到了非常惊人的地步,并且带来了严重的社会问题:"诸官奴婢十万余人戏游亡事,税良民以给之,岁费五六巨万。""诸侯妻妾或至数百人,豪富吏民畜歌者至数十人,是以内多怨女,外多旷夫。"[2]汉成帝师傅张禹更是广置田地:

> 禹为人谨厚,内殖货财,家以田为业。及富贵,多买田至四百顷,皆泾、渭溉灌,极膏腴上贾。它财物称是。[3]

汉成帝、哀帝时期,豪杰、官吏疯狂地购买田宅、广蓄奴婢:

> 公卿列侯亲属近臣,四方所则,未闻修身遵礼,同心忧国者也。或乃奢侈逸豫,务广第宅,治园池,多畜奴婢,被服绮縠,设钟鼓,备女乐,车服嫁娶葬埋过制。吏民慕效,浸以成俗,而欲望百姓俭节,家给人足,岂不难哉![4]

---

[1] 汉元帝之前的西汉皇帝,大多在皇陵附近建置陵邑,规定了三种迁徙对象:二千石以上的官吏、富人和豪杰并兼之家。

[2]《汉书》卷七二《贡禹传》,第 10 册,第 3076、3071 页。

[3]《汉书》卷八一《张禹传》,第 10 册,第 3349 页。

[4]《汉书》卷一〇《成帝纪》,第 1 册,第 324—325 页。

> 诸侯王、列侯、公主、吏二千石及豪富民多畜奴婢，田宅亡限，与民
> 争利，百姓失职，重困不足。①

据此，虽然有司提出了纠正措施，明确规定："诸王、列侯得名田国中，列侯
在长安及公主名田县道，关内侯、吏民名田，皆无得过三十顷。诸侯王奴婢
二百人，列侯、公主百人，关内侯、吏民三十人。年六十以上，十岁以下，不
在数中。贾人皆不得名田、为吏，犯者以律论。诸名田畜奴婢过品，皆没入
县官。"②但正所谓积重难返，已经很难收到成效。并且，自汉初已经出现
的上层联姻现象，至汉末更加突出，并成为一种普遍的社会意识为人们所
接受。桓谭曾言："使周相赵，不如使取吕后家女为妃，令戚夫人善事吕后，
则如意无毙也。"③据此，有人考证说："这种'势利之言'，出自'尤好古学'
的宿儒笔下，说明联姻观念的普遍化。"④这种联姻制度，无疑会扩大汉代
社会的贫富差距，造成更多的社会问题。

汉元帝之后，流民四起。汉成帝时，出现了《汉书·谷永传》所言"百姓
财竭力尽，愁恨感天，灾异屡降，饥馑仍臻。流散冗食，馁死于道，以百万
数"的社会问题。汉哀帝时期，更是出现了《汉书·孔光传》所称"天下空
虚，百姓饥馑，父子分散，流离道路，以十万数"的社会现象。

在这种严峻的社会形势下，各地流民起义层出不穷，汉成帝河平三年
（前 26），东郡茌平侯毋辟五兄弟起事；阳朔三年（前 22），颍川铁官徒申屠
圣起义；鸿嘉三年（前 18），广汉郑躬起义；永始三年（前 14），尉氏樊并起义
与铁官徒苏令起义，等等。

在底层民众的苦难生活与反抗中，上层统治者仍然无视来自底层的社会
矛盾，皇权旁落、外戚专权、互相斗争的局面，越来越严重。汉元帝皇后王政
君，与其四个兄弟王凤、王音、王商、王根，加上其侄子王莽相继专权用事；王
氏子弟王谭、王商、王立、王根、王逢时五人同日封侯，外戚与皇权，形成了《汉
书·刘向传》所言"事势不两大，王氏与刘氏，亦且不并立"的局面。其中，王
氏独大之时，也夹杂着与外戚丁氏、傅氏、卫氏、董氏激烈的夺权斗争。

---

① 《汉书》卷一一《哀帝纪》，第 1 册，第 336 页。
② 《汉书》卷一一《哀帝纪》，第 1 册，第 336 页。
③ 《史记正义·周昌列传》引桓谭《世论》，此《世论》当即《新论》。
④ 彭卫：《汉代婚姻形态》第一章《汉代人婚姻关系中的等级状况》，三秦出版社 1988 年版，第
　27 页。

底层的社会苦难，上层的政治混乱，仍然没有阻挡西汉学术的繁荣与文学的发展。在刘歆等人的推动下，古文经学逐渐兴起；在扬雄等人的带动下，汉赋撰写进入了另一个境地，赋作甚至达千篇，部分程度上推动了赋学理论的发展；在桓谭等人倡导下，政论文、杂记体兴起，他提出的"论世间事，辨照然否，虚妄之言，伪饰之辞，莫不证定"的学风，成为后来王充"为世用"观的先导；通谶纬、符命、逸经、古记、钟律、小学、《史篇》、方术、《本草》及以《五经》、《论语》、《孝经》、《尔雅》之学的人才辈出，部分程度上推动了中国古代科学技术的发展，被李约瑟称为"中国历史上第一次科学专家会议"的时代①。

正是在这种社会矛盾集中、迷信与科学并存、学术与文学不断拓展新空间的情况下，桓谭开始了他的一生。

第一节　桓谭青年时代与汉元、成之际的学术状况

本节所论，主要考察桓谭三十岁之前的事迹。

桓谭生于汉元帝建昭三年（前36），本年，刘向四十四岁。后来与桓谭在政治、学术上相伴终生的三个关键人物，扬雄十八岁，刘歆十五岁，王莽十岁。据《后汉书·桓谭传》，其父"成帝时为太乐令"，太乐乃太常之属官，苏诚鉴认为属于"掌宗庙鼓乐之官"，官职不大。由此而言，桓谭当生于沛国相地，其父为太乐令前，可能一直生活在相。另外，桓谭《新论·琴道》记载："余兄弟颇好音，尝至洛，听音终日而心足。由是察之，夫深其旨则欲罢不能，不入其意故过已。"②据此，他还有一兄或弟。

桓谭幼时，西汉社会已经开始流传大量谶言。汉成帝建始五年（前32），出现了谶纬类文献。谶、纬逐渐结合，并得到了发展。在桓谭九岁左右的时候，社会上开始使用谶纬解释灾异。各种异象、怪异之事，被大量载入正史。在这种历史背景下，刘向上《洪范五行传论》、《新序》，扬雄作《反

---

① 李约瑟认为："科学史家对王莽似乎有一种偏爱，因为除了他的似乎合理的改革以外，王莽无疑对技术和科学很感兴趣，假使当时可以称之为科学技术的话。正是在他的倡议下，召开了中国历史上第一次科学专家会议。那是在公元4年，当时他是汉平帝的丞相。遗憾的是，他们讨论发言的记录没有流传下来。"（李约瑟：《中国科学技术史》第一卷《导论》，科学出版社、上海古籍出版社1990年版，第112—113页）
② 《新辑本桓谭新论》，第71页。

离骚》、《广骚》、《畔牢愁》、《天问解》，张霸上百篇《尚书》。

在这种学术环境中，年幼的桓谭对一些历史掌故、诸子传说或天文奇闻产生了兴趣，这为他以后天文知识的科学理解，奠定了基础。《法苑珠林》卷七引桓谭《新论》称"予小时闻闾巷言孔子东游，见两小儿辩斗"云云，可知桓谭幼时，曾闻两小儿辩日故事。及其长成，又闻"长水校尉关子阳，以为天去人上远而四傍近，以星宿昏时出东方，其间甚疏，相去丈余"，故提出了"子阳之言，岂其然乎"的质疑。

桓谭十七岁时，开始初入仕途。汉成帝鸿嘉元年（前20），桓谭以父任为郎，任奉车郎中，随汉成帝出祠甘泉、河东，作《仙赋》。据《桓谭年谱》分析，这次汉成帝出祠，可能是托辞，其本意则是微服私行赴甘泉①。也是在这一年，桓谭可能与同时郎官游览了扶风夜市，并在夜市上参观并评论卖玉之事②。这个时期，正是桓谭学习各种学术知识的年龄。他与同时郎官交游论学③，与冷喜论神仙和黄白术④，与同伴论小玉检⑤，等等。显示了他对各种知识的兴趣。

与此同时，刘向陆续上《说苑》、《列女传》、《关尹子》、《列子》。古文经学开始兴起。汉成帝永始三年（前14），桓谭约二十三岁，扬雄至京师待诏，任王音门下吏。次年，扬雄陆续上《甘泉赋》、《河东赋》、《羽猎赋》，影响很大。大概受其影响，桓谭对汉大赋产生了浓厚兴趣，并萌生了向扬雄学赋的念头。他尝试撰写小赋，不想竟然引发疾病⑥。

---

① 孙少华：《桓谭年谱》，第49页。
② 桓谭《新论》关于夜市的记载，见引于明代彭大翼《山堂肆考》；相似记载又见引于南宋谢维新《古今合璧事类备要别集》，故《山堂肆考》的记载还是可信的。汉代的集市发展已经较为成熟，今所见四川邛崃、德阳出土的汉画像砖，关于集市的图画有不少，且已用门房售卖货物（《中国巴蜀新发现汉代画像砖》，四川美术出版社2016年版，第6—9页）。桓谭所言"夜市"，不知具体情形如何，尤其是如何解决照明问题，是一个疑问。
③《新论·闵友》："余同时佐郎官有梁子初、杨子林，好学，所写万卷，至于白首。常有所不晓百许寄余，余观其事，皆略可见。"（《新辑本桓谭新论》，第64页）
④《新论·辨惑》："余尝与郎冷喜出，见一老翁粪上拾食，头面垢丑，不可忍视。喜曰：'安知此非神仙？'余曰：'道必形体如此，无以道焉。'"（《新辑本桓谭新论》，第55页）《抱朴子内篇·黄白》称"桓君山言汉黄门郎程伟好黄白术"云云。
⑤《新论·启寤》："雒阳季幼宾有小玉检。谒卫者文子伯素好玉器，见而奇之，使余报以三万钱，请买焉。幼宾曰：'我与好事长者传之，已雇十万，非三万钱玉也。'余惊骇云：'我若于路见此，千钱亦不市也。故知之与不知，相去甚远。'"（《新辑本桓谭新论》，第31页）
⑥《新论·道赋》："余少时见扬子丽文高论，不量年少，猥欲迨及，尝激一事而作小赋，用思太剧，而立感动致疾病。"（《新辑本桓谭新论》，第52页）

桓谭年轻时候即好音律,擅长鼓琴,曾听成少伯言张禹论琴事①。桓谭父为太乐令,为桓谭知音创造了条件。他此时与很多熟知音律之人交往,是可能的。这也为其学习音律与后来担任太乐令奠定了基础。汉成帝绥和元年(前8),桓谭父卒,桓谭为太乐令,喜与黄门工善鼓琴者交往②。他对俗乐的喜好,受到了扬雄的批评③。扬雄批评桓谭不爱《雅》《颂》而"好郑声",是有根据的。据桓谭自己的记载,他确实对所谓的"郑声"有特殊爱好,如他曾经认为:"夫不翦之屋,不如阿房之宫,不琢之椽,不如磨砻之桷;玄酒不如苍梧之醇,控揭不如流郑之乐。"另外,他还曾与其兄弟赴洛阳听音乐,所听大概也是"郑声"④。

但如果说桓谭仅仅爱好"郑声",不懂"雅乐",则是不准确的。这个时期,桓谭阅读并记载了大量的音乐文献,对各种乐器与琴音有特殊的感悟,有些认识,皆合儒家正统思想,说明他接触了不少雅乐,如《新论·琴道》记载:"琴,神农造也。琴之言禁也,君子守以自禁也。""八音之中,惟弦为最,而琴为之首。""大声不震哗而流漫,细声不湮灭而无闻。""八音广博,琴音最优。""昔神农氏继宓羲而王天下,上观法于天,下取法于地,近取诸身,远取诸物,于是始削桐为琴,练丝为弦,以通神明之德,合天地之和焉。梧桐作琴,三尺六寸有六分,象朞之数;厚寸有八,象三六数;广六寸,象六律。上圆而敛,法天;下方而平,法地;上广下狭,法尊卑之体。琴隐长四十五分,隐以前长八分。五弦第一弦为宫,其次商、角、徵、羽,文王、武王各加一弦,以为少宫、少商,说者不同。下徵七弦,总会枢极。琴七铉,足以通万物而考治乱也。"⑤

笔者《桓谭年谱》曾考证:

①《新论·琴道》:"成少伯工吹竽,见安昌侯张子夏,鼓琴谓曰:'音不通千曲以上,不足以为知音。'"(《新辑本桓谭新论》,第70页)张子夏,实张子文之误,即张禹。张禹"性习知音声",善音、好音。

②《新论·琴道》:"黄门工鼓琴者,有任真卿、虞长倩,能传其度数,妙曲遗声。"(《新辑本桓谭新论》,第70页)

③《新论·闵友》:"扬子云大才而不晓音。余颇离雅乐而更为新弄,子云曰:'事浅易善,深者难识。卿不好雅颂而悦郑声,宜也。'"(《新辑本桓谭新论》,第61页)

④《新论·琴道》:"余兄弟颇好音,尝与至洛,听音终日而心足。由是察之,夫深其旨则欲罢不能,不入其意故过已也。"(《新辑本桓谭新论》,第71页)

⑤《新辑本桓谭新论》,第64—65页。

　　此处桓谭论琴音，涉及神农、伏羲、文王、武王等儒家人物，并且其中的"大声不震哗而流漫，细声不湮灭而无闻"、"琴七铉，足以通万物而考治乱也"，皆儒家思想。这说明，桓谭的音乐思想亦多涉及雅乐，与宗庙之乐多有关系。桓谭在其父任太乐令时即对雅乐多有接触。①

由此可见，桓谭对很多前代音乐非常熟悉。这些资料亦皆雅乐与宗庙之乐，如《新论·琴道》记载："古者圣贤，玩琴以养心，夫遭遇异时，穷则独善其身，而不失其操，故谓之'操'。达则兼善天下，无不通畅，故谓之'畅'。《尧畅经》，逸不存。《舜操》，其声清以微。《舜操》者，昔虞舜圣德玄远，遂升天子，喟然念亲，巍巍上帝之位不足保，援琴作操。《禹操》者，昔夏之时，洪水襄陵沉丘，禹乃援琴作操，其声清以溢，潺潺溪溪，志在深河。《微子操》，微子伤殷之将亡，终不可奈何，见鸿鹄高飞，援琴作操，操似鸿雁咏之声。"

　　"《微子操》，其声清以淳；《箕子操》，其声清以激。《伯夷操》，似鸿雁之音。《文王操》者，文王之时，纣无道，烂金为格，溢酒为池，宫中相残，骨肉成泥，璇室瑶台，蔼云翳风，钟声雷起，疾动天地。文王躬被法度，阴行仁义，援琴作操，故其声纷以扰，骇角震商。"

　　"晋师旷善知音。卫灵公将之晋，宿于濮水之上，夜闻新声，召师涓告之曰：'为我听写之。'曰：'臣得之矣。'遂之晋。晋平公飨之，酒酣，灵公曰：'有新声，愿奏之。'乃令师涓鼓琴。未终，师旷止之曰：'此亡国之声也。'"

　　"汉之三王，内置黄门工倡。"

　　"宣帝元康、神爵之间，丞相奏能鼓雅琴者，渤海赵定、梁国龙德，召见温室，拜为侍郎。"②

　　桓谭能熟悉这些雅乐与宗庙之乐，说明与其父任太乐令时他的个人学习有关，更与他此后任乐府令直接接触到雅乐文献有关。他的《乐元起》、《琴操》③，大约成于此时。

　　除了音乐上的突出成就，桓谭三十岁左右的时候，还与扬雄、刘歆广泛交往，"辩析疑异"④，在学术与文学上多有讨论。

---

① 孙少华：《桓谭年谱》，第103页。
② 《新辑本桓谭新论》，第65—66、70页。
③ 这两部著作，虽然有争议，但在没有直接证据情况下，暂将二书归桓谭。
④ 《后汉书·桓谭传》："(桓谭)能文章，尤好古学，数从刘歆、扬雄辩析疑异。"（《后汉书》卷二八《桓谭传》，中华书局1965年版，第4册，第955页）

在汉赋撰作上,扬雄作《长杨赋》《赵充国颂》《酒箴》;刘歆作《甘泉宫赋》;桓谭汉赋作品虽然极少,但他曾与扬雄、刘歆论文学之事,对二人文学作品非常欣赏,并能从中获益颇多①;同时,他还回忆起自己少年时的两篇小赋②。这个时期,桓谭开始形成了自己的文学认识。他对西汉文学风格,有着自己独特的理解,提出了"文家各有所慕,或好浮华,而不知实核;或美众多,而不知要约"的判断;并认为司马相如之文,"其言恻怆,读者叹息,及平章要切断而能悲"。他们三人这种文学交流,大致在元延四年(前9)由于扬雄送二子归葬于蜀而中断了。

在历史掌故与典章制度方面,桓谭与扬雄、刘歆也多有讨论。桓谭非常喜欢历史掌故与内宫秘闻,他曾经向扬雄问及宫中舆辇、华盖之事③;曾经与刘歆讨论平城之围,并以陈平送美女脱困解释,得到了刘歆的认同④。桓谭一度还评论马,如曾经论卫后园中马⑤,又论骏马事⑥。

汉成帝绥和元年,刘向上《说成帝定礼乐》,绥和二年(前7)三月,汉成帝薨;四月,汉哀帝刘欣即位,六月下《罢乐府官诏》,罢乐府。其后,丞相孔光、大司空何武奏减乐人员,桓谭被罢乐府令,复为郎,典漏刻⑦。青年时期的桓谭,在学术与文学上都得到了极大发展。

从政治观念上说,这个时期,桓谭很可能也依附于王氏。因为与桓谭交好的扬雄、刘歆,与王氏家族过从甚密,扬雄即因王氏为黄门郎。桓谭曾

---

① 《新论·道赋》:"予见新进丽文,美而无采,又见刘、扬言辞,常辄有得。"(《新辑本桓谭新论》,第53页)

② 《新论·道赋》:"观吾小时二赋,亦足以揳其能否。"(《新辑本桓谭新论》,第53页)

③ 《新论·离事》:"谭谓扬子曰:'君之为黄门郎,居殿中,数见舆辇、玉瑝、华芝及凤凰、三盖之属,皆玄黄五色,饰以金玉翠羽珠络茵席者也。'"(《新辑本桓谭新论》,第50页)

④ 《新论·述策》:"或云:'陈平为高帝解平城之围,则言"其事秘,世莫得而闻也。"此以工妙踔善,故藏隐不传焉。子能权知斯事否?'吾应之曰:'此策乃反薄陋拙恶,故隐而不泄。高帝见围七日,而陈平往说阏氏。阏氏言于单于而出之,以是知其所用说之事矣。彼陈平必言:汉有好丽美女,为道其容貌天下无有,今困急,已驰使归迎取,欲进与单于。单于见此人,必大好爱之;爱之则阏氏日以远疏,不如及其未到,令汉得脱去,去亦不持女来矣。阏氏妇女,有妒媢之性,必憎恶而事去之。此说简而要,及得其用,则欲使神怪,故隐匿不泄也。'刘子骏闻吾言,乃立称善焉。"(《新辑本桓谭新论》,第59—60页)

⑤ 《新论·祛蔽》:"卫后园有送葬时乘舆马十匹,吏卒养视,善饮不能乘,而马皆六十岁乃死。"(《新辑本桓谭新论》,第37页)

⑥ 桓谭《新论·启寤》:"夫畜生贱也,然有尤善者,皆见记识。故马称骅骝骥骒,牛誉郭椒丁栎。"(《新辑本桓谭新论》,第27页)

⑦ 桓谭《新论·离事》:"余为郎,典漏刻,澡湿寒温辄异度,故有昏明昼夜。昼日参以晷景,夜分参以星宿,则得其正。"(《新辑本桓谭新论》,第46页)

与王根论养生之事,知桓谭与王氏家族曾有深入交往。

从桓谭、扬雄、刘歆三人关系看,桓谭对扬雄的赋学水平非常钦佩;对刘歆的历史知识也极为欣赏。他们在学术与文学上平等交往,建立了深厚的友情。但随着刘歆对方术、谶纬的过度迷信,桓谭对他也提出了批评。这是汉哀帝时期的事情。

第二节　桓谭在汉哀、平时期的学术与文学活动

本节主要考察桓谭三十一岁至四十五岁期间,也就是汉哀帝至汉孺子刘婴时期的主要活动。

汉成帝元延三年(前 10),刘向恶王氏把持朝政,宗室见逐,上书言灾异。绥和元年(前 8),刘向上《说成帝定礼乐》,本年卒;次年,汉成帝薨。

汉哀帝建平元年(前 6),刘歆为侍中太中大夫、骑都尉、奉车光禄大夫,复领五经,集六艺群书,著《七略》;本年,刘歆改名刘秀,请建立《左氏春秋》、《毛诗》、《逸礼》、《古文尚书》,作《移让太常博士书》。这极大推动了古文经学的兴起。

在此学术背景下,桓谭积极接触古文经学,对古文《易》、《书》、《礼》、《论语》、《孝经》的发现与流传,多有论述。他尝试以《古文尚书》解释"大麓",论秦近君说古文经《尧典》事①。他这种对古文经学的喜好与倡导,必然受到俗儒排斥。《后汉书·桓谭传》记载他"性嗜倡乐,简易不修威仪,而喜非毁俗儒,由是多见排抵",当为事实。但是,桓谭对刘向、刘歆一家过于痴迷《左传》也有不同意见。刘向、刘歆、刘伯玉祖孙三人教授子孙诵读《左传》,甚至鼓动妇女也参与进来,对此桓谭批评他们有点"通人之蔽"的味道②。

这个时期,谶纬之学得到了极大发展,开始兴起并形成社会潮流。建平二年(前 5)六月,汉哀帝下《大赦改元诏》,首次在诏书中提到"谶"字。很少谈论谶纬的扬雄,也参与进来,讨论"鼓妖"之事。但谶纬也是有危险

---

① 《新论·正经》:"秦近君能说《尧典》,篇目两字之说,至十余万言,但说'曰若稽古'三万言。"(《新辑本桓谭新论》,第 38 页)

② 《新论·正经》:"刘子政、子骏、子骏兄子伯玉,俱是通人,尤珍重《左氏》,教授子孙,下至妇女,无不读诵。"(《新辑本桓谭新论》,第 39 页)

性的，解释不准确，就有杀头危险。本年八月，汉哀帝诛夏贺良，李寻、解光罪徙敦煌。甘忠可、夏贺良的谶书，被收藏于兰台。汉哀帝建平三年（前4），陆续出现木怪、星孛、鱼怪、男子化为妇女等事。桓谭对这些异变怪事发表见解，提出了"异变怪者，天下所常有，无世而不然"的观点。建平四年（前3）正月，关东地区祠西王母；四月，出现了血雨、婴儿在母腹中啼哭后又死而复生的怪事。至汉平帝时期，此类记载不断增多，如元始元年神衣自出柙、朔方广牧女子赵春死而复生、长安女子生两头儿等等，显示谶纬的社会影响不断增大。

桓谭反对神仙与养性之说。当时，神仙与长生方术流行，桓谭《新论》记载的史子心为傅太后制作延年药，以及范兰自称三百岁的事情，皆属此类。从现存桓谭《新论》记载的材料看，当时很多人对神仙、养性感兴趣，并且可能是社会上热议的话题。这种风气，与汉武帝的好神仙之影响有关，《新论·辨惑》就曾经记载了桓谭论李少君为汉武帝致神仙事。《祛蔽》记桓谭还与刘歆、歆兄弟子刘伯玉讨论过养性有益无益的问题。刘伯玉认为"天生杀人药，必有生人药"，桓谭则以"钩吻不与人相宜，故食则死，非为杀人生也。譬若巴豆毒鱼，矾石贼鼠，桂害獭，杏核杀猪，粉鳅畏椒，吴蚣畏油，天非故为作也"表示反对。

桓谭对方术也非常不屑，他曾经对刘歆做土龙之事发表问难。《新论·辨惑》记载："刘歆致雨具，作土龙、吹律及诸方术无不备设。谭问：'求雨所以为土龙，何也？'曰：'龙见者辄有风雨兴起，以迎送之，故缘其象类而为之。'"桓谭"难以顿牟磁石，不能真是，何能掇针取芥，子骏穷无以应"[1]。从这里分析，桓谭似乎在学术上保持着自己的独立见解，并且对前代流传的很多方术，产生了质疑。

但桓谭对方术中的幻术非常感兴趣，他曾经议论过董仲君死而复活的幻术[2]。由于《法苑珠林》与《广弘明集》皆曾引用过这则故事，故我们怀疑此幻术可能与后来的佛教思想有关。因为，《出三藏记集》卷一二《世界记目录序》有"桓谭拒问，率五藏以为喻"之言，似乎亦与佛教思想相关。由于

---

[1]《新辑本桓谭新论》，第57页。
[2]《新论·祛蔽》："近哀、平间方士临淮董仲君，尝犯事坐重罪系狱，佯病死。数日目陷生虫，吏捐弃之，出而复活，然后竟死。故知幻术靡所不有。又能鼻吹口歌，吐舌舐，耸眉动目。荆州有鼻饮之蛮，南城有头飞之夷，非为幻也。"（《新辑本桓谭新论》，第36页）

一般认为佛教至东汉才传入中国，故后传入之佛教，有引用前代之桓谭论述的可能。

对于那些对社会有用的贤能之士，桓谭也十分推崇。汉平帝元始五年①，王莽征天下贤能之士，至者千人。《汉书·王莽传》记载："征天下通一艺教授十一人以上，及有逸《礼》、古《书》、《毛诗》、《周官》、《尔雅》、天文、图谶、钟律、月令、兵法、《史篇》文字，通知其意者，皆诣公车。"②《汉书·平帝纪》的记载则是："征天下通知逸经、古记、天文、历算、钟律、小学、《史篇》、方术、《本草》及以《五经》、《论语》、《孝经》、《尔雅》教授者，在所为驾一封轺传，遣诣京师。至者数千人。"③综合这两种说法，可知"贤能之士"的范围很广。李约瑟将这次会议称为"中国历史上第一次科学专家会议"。李约瑟这个说法或者有点言过其实，但是，当时异能之士云集京师，则是蔚为壮观的事情。

桓谭对此也有关注，他在《新论》中对"贤能之士"有自己的标准："贤有五品：谨敕于家事，顺悌于伦党，乡里之士也；作健晓惠，文史无害，县廷之士也；信诚笃行，廉平公（当有脱）理下务上者，州郡之士也；通经术，名行高，能达于从政，宽和有固守者，公辅之士也；才高卓绝，竦峙于众，多筹大略，能图世建功者，天下之士也。"④他还提出了"善士"的标准，故萧统《文选》注称："居家循理，乡里和顺，出入恭敬，言语谨逊，谓之善士。"朱谦之认为此即出于桓谭《新论》⑤。桓谭的这种言论，应该与这次征召异能之士有关。

社会复古思想逐渐浓厚，桓谭也参与了一些讨论。在社会制度与学术方面，王莽与刘歆实行了一系列复古措施。元始三年，王莽请定车服、田宅、养生、送终、学校制度，奏立官稷；元始四年，王莽立《乐经》博士，改宗正为宗伯，遣八人观风俗，并请立明堂、辟雍。桓谭对明堂、辟雍有个人解释，他认为："天称明故命曰明堂，为四面堂，各从其色，以仿四方。上圆法天，下方法地，八窗法八风，四达法四时，九室法九州，十二坐法十二月，三十六

①征异能之士的时间，《汉书·平帝纪》在元始五年，《汉书·王莽传》在四年。有可能的是，王莽于元始四年开始征召，五年陆续至千人。

②《汉书》卷九九《王莽传》，第12册，第4069页。

③《汉书》卷一二《平帝纪》，第1册，第359页。

④《新辑本桓谭新论》，第7页。

⑤《新辑本桓谭新论》，第7页。

户法三十六雨,七十二牖法七十二风。""王者作圆池,如璧形,实水其中,以环壅之,名曰辟雍,言其上承天地,以班教令,流转王道,周而复始。"①在明堂、辟雍制度不明的情况下,桓谭的解释还是很有参考意义的。

在这种复古思想影响下,桓谭在历史掌故与典章制度方面,表现出了极大兴趣。他曾经对夏商周"路寝"提出自己的看法:"商人谓路寝为重屋,商于虞、夏稍文,加以重檐四阿,故取名。"②对楚庄王的"楚车"、对"古路车"、对宓牺制杵臼皆有论述。

文学方面,桓谭似乎没有什么作品,但刘歆、扬雄却有大量作品问世。桓谭在阅读这些作品的时候,与他们也有一些回应。汉哀帝建平三年(前4),刘歆作《遂初赋》。建平四年(前3),扬雄作《太玄经》、《解嘲》、《解难》、《太玄赋》。桓谭称《太玄》为《玄书》、《玄经》,并对该书给予了高度评价,认为"《玄经》三篇,以纪天地人之道,立三体,有上中下,如《禹贡》之陈三品"③。汉平帝时期,扬雄著述颇丰,但他在学术上的一大变化,是逐渐转向经学研究:汉平帝元始二年(2),扬雄作《法言》并《自序》;元始四年(4),作《琴清英》;元始五年(5),作《训纂》;汉孺子刘婴居摄元年(6),续《史记》;居摄三年(8),作《州箴》、《官箴》。对于自己为何没有赋作,桓谭有自己的解释,他在《新论》中说:"茂陵周智孙曰:'胡不为赋颂?'余应之曰:'久为大司空掾,见使兼领众事,典定大议,汲汲不暇,以夜继昼,安能复作赋颂耶?'"④可见,这个时期的桓谭,政治活动非常繁忙,根本无暇顾及文学之事。

在长期的外戚权力争夺战中,桓谭基本上采取了中立立场,同时得到了不同外戚的信任。这种情况,与他年少为郎,早年和外戚或权臣建立的亲密关系有关。这个时期的外戚之争也是非常激烈的。建平二年,师丹、孔光相继被免,王莽则以新都侯迁就国。王氏暂时退出权力争夺,外戚丁氏、傅氏则与董贤进行了激烈的政治斗争。此时的刘歆,与王莽一样,政治上很不得意。汉哀帝建平三年(前4),刘歆"以宗室不宜典三河"的名义,被赶出京师,任五原太守;建平四年,又转任涿郡太守。后以病免,复为安定属国都尉。安定属国都尉是汉代管理内附匈奴人的军事长官,地在今甘

---

①《新辑本桓谭新论》,第46—47页。
②《新辑本桓谭新论》,第47页。
③《新辑本桓谭新论》,第40页。
④《新辑本桓谭新论》,第62页。

肃固原一带。

在这种权力真空中，董贤逐渐走上政治前台。建平四年，董贤妹为昭仪，居椒风，与后妃椒房相对①。董贤贵幸日盛，丁、傅受到冷落。孔乡侯傅晏与息夫躬谋欲求居位辅政，幸而得到了桓谭的劝诫而免祸。桓谭之所以敢为傅晏建言，很大程度上与桓谭曾经与董贤共事有关，他知道董贤不会加害自己。早在建平三年，董贤传漏殿下②，此时桓谭典漏刻③，两人共事，很可能皆为天文郎。这种特殊的社会经历，为桓谭积累了广泛的政治资本与人脉。从这里看，不能简单地将桓谭自由周旋于外戚之间理解为他本人的政治投机。他少年为郎，混迹内宫的经历，才是他身处历朝而不败，并且得到不同外戚集团信任的主要原因。

汉哀帝元寿元年（前2），汉哀帝征还王莽。本年，董贤在与傅晏的斗争中占据上风，傅晏被免，傅太后崩。五月，被免的孔光被重新起用，任御史大夫，七月为丞相；何武任御史大夫。九月，大司马票骑将军丁明免，丁氏家族也在与董贤的斗争中败下阵来。十二月，董贤为大司马卫将军。此时是一个非常敏感的政治时机：被免的王莽刚刚被征还，外戚傅氏、丁氏的政治光环逐渐黯淡，董贤正如日中天。但从背后的力量对比看，董贤妹为昭仪，王莽的姑姑为太皇太后，董贤显然不如王莽。长期在内宫中见惯了各种政治斗争与惊涛骇浪的桓谭，当然非常明白这种格局。所以，当曾经与桓谭共事的董贤，意图拉拢他的时候，被桓谭拒绝。但桓谭亦以"辅国保身之术"劝董贤，董贤不能用，二人遂绝④。桓谭所言此事，不幸应验。汉哀帝元寿二年（前1）六月，哀帝崩，董贤立即被免，王莽拜大司马，很快采取了一系列政治措施：王皇后下《册罢董贤》；七月，王莽迎立汉平帝，罢退外戚赵氏、丁氏、傅氏，籍没董贤父子的家产；王莽拔擢亲信，刘歆迁中垒校尉；八月，王莽废孝成赵皇后、孝哀傅皇后，二人皆自杀。这一连串政治行

①《后汉书·班固传》李贤注："桓谭《新论》曰：'董贤女弟为昭仪，居舍号曰椒风。'"（《后汉书》卷四〇《班固传》，第5册，第1343页）《汉书·佞幸传》："又召贤女弟以为昭仪，位次皇后，更名其舍为椒风，以配椒房云。"（《汉书》卷九三《佞幸传》，第11册，第3733页）

②《汉书·佞幸传》："董贤字圣卿，云阳人也。父恭，为御史，任贤为太子舍人。哀帝立，贤随太子官为郎。二岁余，贤传漏在殿下。"（《汉书》卷九三《佞幸传》，第11册，第3733页）时桓谭由乐府令复为郎，典漏刻，与董贤共事。（孙少华：《桓谭年谱》，第107、134页）

③孙少华：《桓谭年谱》，第134页。

④《后汉书·桓谭传》："及董贤为大司马，闻谭名，欲与之交。谭先奏书于贤，说以辅国保身之术，贤不能用，遂不与通。"（《后汉书》卷二八《桓谭传》，第4册，第956页）

动,是在短短的两个月内完成的,令人目不暇接、惊心动魄。外戚之间的权力斗争,真正算得上是你死我活,非常残酷。相应地,王皇后于汉平帝元始元年(1)正月下《令王莽勿辞安汉公诏》《策王莽为安汉公》,随后封孔光为太师、王莽为太傅、王舜为太保。王莽一反汉哀帝政策,拜刘歆为羲和、京兆尹,封孔子后孔均为褒成侯,封汉哀帝母卫氏为中山孝王后,弟舅、帝女弟三人皆留中山,不得至京师。诸如此类,大大巩固了王氏子孙尤其是王莽的政治地位与权力。其后,王莽陆续加号"宰衡",加九锡,行天子事,自称"假皇帝",逐渐走上了篡汉之路。

在这场历时弥久的外戚权力争夺战中,桓谭周旋于王氏、傅氏、董氏之间,能够独善其身,是非常不容易的。随着王莽与刘歆重新回到权力核心,桓谭的政治生命也掀开了新的篇章。

王莽自称"假皇帝"之后不久,元始二年,桓谭任司空掾,与大司空甄丰讨论治河之事[1]。甄丰,西汉平帝时以定策功拜少傅,封广阳侯,与刘歆、王舜同为王莽心腹,倡导居摄。桓谭在王莽心腹甄丰手下任职,可见他深得王莽信任。

桓谭有多方面才能,并且一直想做些实事。他在司空掾任上,有很多关于治河的良好建议,可见其聪敏过人。当时王莽曾经征召治河贤能之士一百余人,关并、张戎、韩牧,都曾提出很好的治河建议。桓谭认为:"凡此数者,必有一是。宜详考验,皆可豫见,计定然后举事,费不过数亿万,亦可以事诸浮食无产业民。空居与行役,同当衣食;衣食县官,而为之作,乃两便,可以上继禹功,下除民疾。"[2]另外,桓谭对治河,也有自己的研究,很多资料记载了他的言论:

《新论·离事》称:

"四渎之源,河最高而长,从高注下,水流激峻,故其流急。"

"夏禹之时,鸿水浡潏。"

"王平仲云:'《周谱》言:"定王五年,河徙故道,今所行处,非禹所穿。"'"

"大司马张仲议曰:'河水浊,一石水,六斗泥,而民竞决河溉田,令河道不通利。至三月桃花水至,则决,以其隘不泄也,可禁民勿复引河。'"[3]

---

① 孙少华:《桓谭年谱》,第 181 页。

② 《汉书》卷二九《沟洫志》,第 6 册,第 1697 页。

③ 《新辑本桓谭新论》,第 47—48 页。

由此可见,桓谭对于治河,是有自己的见解的。他曾经对治河有较为深入的研究,并和很多治河良才有深入讨论。可惜,"王莽时,但崇空语,无施行者",桓谭的这些抱负根本无法实现。由此可见,桓谭也是一个非常想在政治上有所作为的人。

居摄二年,王莽变汉制,桓谭由司空掾转为谏大夫,受王莽命,班告《大诰》于天下。居摄三年,桓谭班告返回京师,被王莽封为明告里附城,相当于"关内侯",次于"列侯"的第十九级;但"明告里附城"并非实有其地。本年十一月,王莽改居摄三年为初始元年,臣民大量献王莽代汉的符命。桓谭逐渐看清了王莽意图篡汉的野心,开始主动远离王莽。《后汉书·桓谭传》记载:"当王莽居摄篡弑之际,天下之士,莫不竞褒称德美,作符命以求容媚,谭独自守,默然无言。"①由此处材料分析,此前桓谭很可能没有觉察王莽的篡汉之心。至王莽改元,改正朔,暴露野心,桓谭立即嗅到了政治危险。在这种情况下,他与扬雄一样,选择了沉默和逃避。

第三节　桓谭后期学术与文学思想的变化
——以王莽新朝与汉光武帝时期为中心

桓谭在王莽篡汉之际,开始对符命之事转向"独自守,默然无言"。始建国元年(9),王莽受命,去汉号,封刘歆为国师,王邑为大司空,甄丰为更始将军。王兴、王盛以符命封郎。此时,扬雄为中散大夫,作《剧秦美新》。

桓谭对符命采取了回避态度,但由于其职官所在,还是承担了很多工作。对于桓谭来说,很有意思的是,本年他由谏大夫迁典乐大夫。典乐大夫,《太平御览》引桓谭《新论》,皆作"典乐大夫",《后汉书·桓谭传》作"掌乐大夫",《意林》卷三引《新论》作"掌教大夫",大久保隆郎认为皆同职异名。桓谭这次迁职,书面记载首先是与本年王莽封诸刘为谏大夫有关。其中是否与他早年曾任太乐令有关,不得而知。但有一点可以肯定,此时的"掌教大夫"、"典乐大夫",已经较此前的太乐令职责范围更大。根据《新论·谴非》记载的一则故事,桓谭的"掌教大夫",除了负责音乐,可能还掌管风俗教化之事,如其中记载:

①《后汉书》卷二八《桓谭传》,第4册,第956页。

余前作王翁掌教大夫,有男子毕康杀其母,有诏燔烧其子尸,暴其罪于天下。余谓此事不宜宣布,上封章(一本作事)云:"昔宣帝时,公卿大夫朝会廷中,丞相语次云:'闻枭生子,子长食其母,乃能飞,宁然耶?'时有贤者应曰:'但闻乌子反哺其母耳。'丞相大惭,自悔其言之非也。人皆少丞相而多彼贤人,贤人之言有益于德化也。是故君子掩恶扬善,鸟兽尚与之讳,况于人乎? 不宜发扬也。"①

桓谭针对"毕康杀其母",认为"此事不宜宣布",若此事属于他职责所在,则掌教大夫可能不仅仅负责音乐。

但桓谭此时还是具体负责音乐之事,则是肯定的。《新论》记载:"余前为王翁典乐大夫,得乐家书记言:文帝时,得魏文侯时乐人窦公,年百八十岁,两目皆盲。文帝奇之,问曰:'何所服食而能至此耶?'对曰:'臣年十三失明,父母哀其不及众技,教臣为乐,使鼓琴,日讲习以为常事,臣不导引,无所服饵也,不知寿得若何?'谭以为窦公少盲,专一内视,精不外鉴,恒逸乐,所以益性命也,故有此寿。"②从这里知道,桓谭"得乐家书记言",确曾为"典乐大夫";桓谭从这一故事中,还得出"专一内视,精不外鉴,恒逸乐,所以益性命"的认识,即认为音乐对养生有特殊作用。

由于王莽实行古制,更改了不少官职名称,"掌教大夫"或"典乐大夫",近似于太常的职责范围,负责各方面事务。从桓谭《新论》涉及到的事物性质看,桓谭的这个"掌教大夫",除了掌管音乐和教化,还承担了王莽政治事务中其他方面的咨询工作。如王莽立九庙、实行井田制后,桓谭对战国时期的"授田制"进行了研究,他认为:

魏三月上祀,农官读《法》,《法》曰:"耒无十其羽,锄无泥其涂。春田如布平以直;夏田如鸷;秋田惕惕,如寇来不可测;冬田吴、越视。上上之田收下下,女则有罚;下下之田收上上,女则有赏。"③

"井田制"去古已远,很难说得清楚。但战国去汉未远,文献还在,故桓谭所论"授田制",或即就王莽实行的"井田制"而发④。钱穆认为,桓谭所

①《新辑本桓谭新论》,第25页。
②《新辑本桓谭新论》,第35页。
③《新辑本桓谭新论》,第49页。
④孙少华:《桓谭年谱》,第199页。

说的"农官读法"，就是督促农事，"尽地力之意"。这种制度，大概始于李悝①。但据袁林《两周土地制度新论》的研究，"井田制"与战国"授田制"还是有很大不同。但无论如何，桓谭对王莽的"井田制"有所调查，当为事实。

此时，王莽更加迷信符命。始建国元年，王莽作《总说符命》，颁布四十二篇《符命》于天下。后来他又大兴神仙之事，"以方士苏乐言，起八风台于宫中"。扬雄与桓谭采取了逃避态度：扬雄隐于天禄阁校书，桓谭非常赞同扬雄之举，后来对扬雄的态度还有所称赞②。桓谭则对王莽的迷信鬼神提出了批评：

> 昔楚灵王骄逸轻下，简贤务鬼，信巫祝之道，斋戒洁鲜，以祀上帝，礼群神。躬执羽绂，起舞坛前。吴人来攻，其国人告急，而灵王鼓舞自若，顾应之曰："寡人方祭上帝，乐明神，当蒙福佑焉。"不敢赴救，而吴兵遂至，俘获其太子及后姬以下，甚可伤。③

不知是否是听从了桓谭进谏的原因，或者也有符命泛滥威胁到新朝政权的原因，王莽很快实行了禁止符命的措施④，并造成了一个很大的冤案：刘歆之子刘棻因符命获罪被杀；扬雄因为曾教授刘棻奇字受株连，投天禄阁自残；王莽借机滥杀无辜，甄丰父子被杀。

这个时候，桓谭可能从史实证据方面，还协助刘歆参与了王莽设立"五均官"的工作。始建国二年（10），王莽剥夺了刘姓王公的玺绶，除了广阳王刘嘉、鲁王刘闵、中山王刘成都因献符命被封列侯，其他刘姓王公皆被废为民。王莽为了管理市场，设五均官、六管令，皆用商贾。据《汉书·食货志》记载，"五均六斡"，又称"五均六筦（管）"，是王莽利用权力控制市场，平稳物价，限制工商主的过分盘剥的经济措施：即在长安设市令，在洛阳、邯郸、临淄、宛、成都等大城市设五均司市师，在各郡县设司市，管理市场，征税，调节物价，收发贷款；将盐、铁、酒、铸钱、税收以及五均赊贷共六项，由政府调节、控制和管理。但是，市令常常与大商贾勾结，贱买贵卖，巧取豪夺，正

---

① 钱穆：《先秦诸子系年》，《钱宾四先生全集》，联经出版事业公司1998年版，第263页。
② 《汉书·扬雄传》："（扬雄）用心于内，不求于外，于时人皆曶之；唯刘歆及范逡敬焉，而桓谭以为绝伦。"（《汉书》卷八七《扬雄传》，第11册，第3583页）
③ 《新辑本桓谭新论》，第54页。
④ 《汉书·王莽传》："是时争为符命封侯，其不为者相戏曰：'独无天帝除书乎？'司命陈崇白莽曰：'此开奸臣作福之路而乱天命，宜绝其原。'莽亦厌之，遂使尚书大夫赵并验治，非五威将率所班，皆下狱。"（《汉书》卷九九《王莽传》，第12册，第4122页）

所谓"乘传求利,交错天下,因与郡县通奸,多张空簿,府臧不实,百姓俞病",以至于"奸吏猾民并侵,众庶各不安生",造成了很大的社会混乱,同时带来了严重的奢靡之风。此时的桓谭,对此事也有关注,他曾经对这种侈靡风气有所批评,也提出了一些解决办法。《新论·述策篇》记载:"贾人多通侈靡之物,罗纨绮绣、杂彩玩好以淫人耳目,而竭尽其财,是为下树奢媒而置贫本也。求人之俭约富足,何可得乎?夫俗难卒变而人不可暴化,宜抑其路,使之稍自衰焉。"①这条材料,当是《东观汉记》改编自《后汉书·桓谭传》中桓谭上疏的材料。但我们据此推测,桓谭著《乐元起》,当在此时。

这是因为,"五均官"的设立,与当年刘德所献《乐元语》有关。《汉书》颜师古注:"邓展曰:'《乐语》、《乐元语》,河间献王所传,道五均事。'臣瓒曰:'其文云:"天子取诸侯之土以立五均,则市无二贾,四民常均,强者不得困弱,富者不得要贫,则公家有余,恩及小民矣。"'"②此知王莽设"五均官",乃依《周礼》、《乐语》、《乐元语》记载。新、旧《唐书》记载桓谭有《乐元起》,依据王莽依《乐元语》设"五均官"的事实,可知桓谭著《乐元起》或确有其事。该书除了涉及音乐方面的知识,可能与《乐元语》一样,还记载了古代市场管理方面的情况。

始建国三年(11),王莽设讲《乐》祭酒;次年,王莽迁桓谭任此职,同时兼典乐大夫。在严酷的政治形势下,扬雄与桓谭还保持着密切联系,二人还有互相问学之事。投阁未死的扬雄,贫病交加,作《逐贫赋》自嘲。同时,他开始将所著《太玄》《法言》教授给弟子侯芭等人。桓谭与扬雄二人,对王莽之举,以及当初他们对王莽的支持产生了怀疑。他们二人私下评论"后世圣人"之事。桓谭认为"如后世复有圣人,徒知其材能之胜己,多不能知其圣与非圣也"③;扬雄对此深表赞同。二人所论"徒知其材能之胜己,多不能知其圣与非圣",似乎暗指王莽。

客观上说,王莽的一些措施,确实有有利的一面,如他以洛阳为东都、常安为西都,促进了城市的发展,桓谭叹楚国郢都"车毂击,民肩摩,市路相排突,号为朝衣新而暮衣弊",就与这两个城市的繁荣有关。但王莽的复古政策,给社会各方面带来的不利影响,还是比较广泛而深刻的。如果说,上

---

①《新辑本桓谭新论》,第60—61页。
②《汉书》卷二四《食货志》,第4册,第1180页。
③《新辑本桓谭新论》,第62页。

面所说的"五均六筦"带来的市场混乱是城市层面的，乡村层面也一样受到了很大影响。《新论·辨惑篇》记载："太原郡民以隆冬不火食五日，虽有疾病缓急犹不敢触犯，为介子推故也。王者宜应改易。"①这是社会风俗节日给人民带来的不便。本年四月多阴霜，天气尤其寒冷，故桓谭提出"王者宜应改易"的建议。然而据《后汉书·周举传》记载，此事至东汉才稍有改变②。

　　大概从这个时候开始，桓谭逐渐批评王莽的很多政策。由于王莽继续采用古制，以《周官》《王制》制官，并且改官名、郡县名以应符命，烧杀陈良，桓谭批评他"不识大体"：

> 王翁嘉慕前圣之治，而简薄汉家法令，故多所变更，欲事事效古，美先圣制度，而不知己之不能行其事。释近趋远，所尚非务，故以高义退致废乱，此不知大体者也。

> 王翁刑杀人，又复加毒害焉，至生烧人，以醯五毒灌死者肌肉，及埋之，复荐覆以荆棘。……王翁以亡，知大体与不知者远矣。③

这样的话，扬雄、刘歆、桓谭，曾经与王莽同为郎官的三个人，皆遭受了大致相同的处境：刘歆子被杀，扬雄投阁，桓谭虽未经受像刘、扬二人的遭遇，但一直不受重用。他们三人皆对王莽的行为变得失望。为免祸，他们三人开始重新从事学术研究。天凤二年（15），刘歆著《三统历谱》，桓谭亦论历算④，著《太初历法》⑤；扬雄作《答刘歆书》，与刘歆论《方言》；桓谭亦或见扬雄《方言》⑥；扬雄通晓天文，言浑天说，桓谭与扬雄论盖天说；桓谭向班嗣借读《庄子》，班嗣作《报桓谭书》。在京师期间，桓谭见都尉孟孙，论泰山刻

---

① 《新辑本桓谭新论》，第 56 页。
② 《后汉书·周举传》："举稍迁并州刺史。太原一郡，旧俗以介子推焚骸，有龙忌之禁。至其亡月，咸言神灵不乐举火，由是士民每冬中辄一月寒食，莫敢烟爨，老小不堪，岁多死者。举既到州，乃作吊书以置子推之庙，言盛冬去火，残损民命，非贤者之意，以宣示愚民，使还温食。于是众惑稍解，风俗颇革。"（《后汉书》卷六一《周举传》，第 7 册，第 2024 页）
③ 《新辑本桓谭新论》，第 13、14 页。
④ 桓谭《新论·离事》曰："通历数家算法推考其纪，从上古天元已来，讫十一月甲子夜半朔冬至，日月若连璧。"（《新辑本桓谭新论》，第 46 页）
⑤ 《江南通志》卷一九二：《太初历法》三卷，沛国桓谭。"（《景印文渊阁四库全书》，台湾商务印书馆 1986 年版，第 512 册，第 614 页）
⑥ 桓谭《新论·离事》："排斥曰'批抵'，斥无益客曰'罢遣常客'，负喧曰'偃曝'。"（《新辑本桓谭新论》，第 51 页）此数语或朱谦之误辑，但并不能否定桓谭见《方言》事。

石,可能与扬雄一起还接见过班彪①;天凤五年(18),扬雄卒,桓谭为其起祠堂,与王邑、严尤称善扬雄。他还和刘歆一起,对扬雄评价甚高。桓谭更是将扬雄称作"西道孔子"、"东道孔子",称扬雄"汉兴以来,未有此人"。

王莽末年,越来越重视符命,各地献上来的怪异、符命为数不少。此时的桓谭,生活在此思想环境中,自然也免不了发出自己的议论,例如他曾经论三辅杀鹳鸟起雷、论形解仙去、讥讽王莽以符命择良将等。王莽起九庙,桓谭借机论前代图画功臣事。对九庙中的豪华,桓谭《新论·离事》记载:"王莽起九庙,以铜为柱蔂,带金银错镂其上。"②九庙从始建国元年(9)开始讨论、筹备,到地皇三年(22)最后完成,前后费时十余年时间。

为了挽救败亡命运,王莽立《周官》,废井田、奴婢、山泽、六管禁令,采取了一系列有利于社会稳定的事情,但为时已晚。赤眉军风起云涌、势如破竹,很快打垮了王莽的精兵。此时,桓谭恰好因为与典乐谢侯争斗,两人皆被免去。桓谭回到沛郡,与同郡杜房、刘伯师等往来,谈论修身养性与形神问题。刘玄更始元年(23),刘歆自杀,王莽死。四个曾经互相问学、长期为官的除了桓谭保全性命回到家乡,其他三人扬雄、刘歆、王莽皆死于长安。至此,两汉之际在学术一时具有引领作用的四个人物,逐渐退出西汉末年与王莽新朝的历史舞台③。

但桓谭的政治与学术生命并未就此终结。大约在更始二年(24),桓谭赴长安投奔刘玄,被封为太中大夫,掌论议,职责与王莽时期的掌教大夫相似。在长安,桓谭见宫室被大肆毁坏,深为痛惜。在这种情况下,即使桓谭有所建议,可兵乱之时,有谁能够听一位王莽旧臣的建议呢?《新论》记载了桓谭讥刺这种行为的言论:"更始帝恶诸王假号无义之人,而不能去,令各心恨而仇之。是以王翁见攻而身死,宫室烧尽;更始帝为诸王假号而出走,令城郭残。二王皆有善善恶恶之费,故不免于祸难大灾,卒使长安大都,坏败为墟,此大非之行也。"④由此分析,桓谭对这种破坏行为,只能眼

---

① 孙少华:《桓谭年谱》,第223、226页。
② 《新辑本桓谭新论》,第50页。
③ 从某种意义上说,自汉成帝以降,直至王莽新朝的学术思想的发展,刘向、刘歆、扬雄、王莽、桓谭等人起到了非常重要的作用。尤其是后四者,直接参与、制定了两汉之际的学术规范,确立了规范后世的思想秩序。要了解西汉末年至东汉初立这段时间内,甚至东汉建立之后整个中国古代学术思想的发展情况,绝对绕不开对这四个人政治、学术活动的关注。
④ 《新辑本桓谭新论》,第20页。

睁睁叹息，根本束手无力。

对于刘玄手下的荒唐之举，桓谭也予以嘲笑。《新论·言体》记载："更始帝到长安，其大臣辟除东宫之事，为下所非笑。但为小卫楼，半城而居之。以是知其将相非萧、曹之俦也。"①而对于刘玄不听从谋士们的建议，导致赤眉围城、近臣谋反，桓谭也表示了对更始帝的失望之情。桓谭曾称："更始帝见王翁以失百姓心亡天下，既西到京师，恃民悦喜则自安乐，不听纳谏臣谋士，赤眉围其外，而近臣反，城遂以破败。由是观之，夫患害奇邪不一，何可胜为设防量备哉？防备之善者，则唯量贤智大材，然后先见豫图，遏将救之耳。"②王莽、更始易代之际，民心往往向往新起者，并对后兴之政权寄予极大的希望。然若不能收拾民心、顺势而为，则可能导致失败。更始政权之败，即为此故，

更始帝被杀后，光武帝刘秀征桓谭待诏。他大概将王莽、更始帝时期的所见所闻进谏于刘秀遭到拒绝，被弃用。《后汉书·桓谭传》称其"上书失旨，不用"。在这正逢乱世用人之际，桓谭自许甚高反而被弃用，其糟糕的心情可想而知。他内心郁结，战战兢兢，有很多不祥之感，故听到的都是不好的谶兆，如他听说韩生有恶梦最后应梦被杀，听说景子春预测自己被杀后终于应验等等。本来不相信谶纬、符命的桓谭，似乎开始迷信起来。但他也有满腹牢骚，从汉高祖到更始帝时期的张竦，桓谭反复评论人物，议论"通人"问题。此时的刘秀十分迷信谶纬，所用亦多凭谶文，桓谭的牢骚根本不可能引起他的注意。由此看来，桓谭与扬雄一样，皆属本色学者，不擅长经营政治。

汉光武帝二年（26），刘秀封功臣为列侯，征通《内谶》者，诏薛汉、尹敏等校图谶，谶纬逐渐进入东汉官学系统，成为"内学"。本年二月，宋弘为大司空。或者与桓谭曾在王莽时任司空掾的经历有关，宋弘推荐桓谭为议郎、给事中。

《后汉书·百官志二》记载，光禄勋之下有"光禄大夫，比二千石。太中大夫，千石。中散大夫，六百石。谏议大夫，六百石。议郎，六百石"，皆无员。本注曰："凡大夫、议郎皆掌顾问应对，无常事，唯诏令所使。"③这个职位，和他在更始帝时期的等级、职责相仿，皆负责顾问应对，"无常事"，较清

---

① 《新辑本桓谭新论》，第15页。
② 《新辑本桓谭新论》，第9页。
③ 《后汉书》志二五《百官志二》，第12册，第3577页。

闲。三月份,光武帝下"省刑法"诏,桓谭即上《陈时政疏》,言"任辅佐"、"申法令,禁仇杀"、"举本业"、"定科比"等事。桓谭对于光武帝的很多政策是心怀不满的,故在各个方面提出了自己的看法。除了在《陈时政疏》的意见,他还多次论"辅佐之才"的重要性与选拔问题、论"治国之道"、谏卜筮与祭祀、论封建与"建本"问题等等。桓谭的这些政治建议,都没有受到光武帝的重视。相反,光武帝对桓谭的音乐才能,却非常欣赏[1]。

据《后汉书·宋弘传》的记载,光武帝每次宴会,都要桓谭鼓琴助兴,并且所奏皆"繁声",即浮靡的音乐,非儒家正统"雅乐"。这使得推荐桓谭的宋弘大为光火,曾对桓谭不重儒家道德而献郑声于光武帝的行为加以申斥。这使得桓谭再为光武帝鼓琴时有失水准,引起了光武帝的怀疑。宋弘借此进谏,免去了桓谭的给事中。

此后,桓谭可能埋首于经学,与陈元、杜林、郑兴等成为当时学者之宗。他还和卫宏一起,反对立《左传》为博士。大概在这个时期,桓谭开始了《新论》一书的写作。在系统地总结前代掌故基础上,桓谭对其时代思想进行了反思。这个时候,他曾以五行论人之"精灵",论东方朔、淳于髡之智,光武帝幸鲁祠孔子后他又论孔子及其门弟子事,论"大体"和"大非"问题,以围棋论用兵之道。

此后不久,宋弘被免大司空。郑兴反对光武帝以谶决事,桓谭亦上《抑谶重赏疏》,引起了光武帝的不快。汉光武帝九年,桓谭上《新论》。次年,光武帝以谶决灵台所处,桓谭再次提出反对意见,差点被杀。最终,桓谭被赶出京城,出为六安郡丞。一年之后,桓谭病卒,归葬于沛。桓谭郁郁而终,有人以为是桓谭后悔自己直言获罪("忽忽不乐,道病卒,盖是悔其言之不直也"),并批评桓谭:"不得其言则去,亦是常理,何至忧戚殒生?"[2]然无论如何,此时的光武帝,深信谶纬,与王莽一样已经很难听得进士人的直谏直言。反对谶纬者,往往被视作是"乖忤"之人,"桓谭、尹敏以乖忤沦败"[3],即是此故。汉章帝时期,曾经至沛,令使者祠桓谭冢[4]。这充分证明

---

① 光武帝好郑声,似乎将桓谭视作"倡优"之类人物。

② 朱翌:《猗觉寮杂记》卷下,《景印文渊阁四库全书》,第 850 册,第 485 页。

③ 徐天麟:《东汉会要》卷一三,中华书局 1955 年版,第 137 页。

④《太平御览》卷五二六引《东观汉记》:"桓谭,字君山,沛人。章帝元和中,行巡狩,至沛,令使者祠谭冢,乡里以为荣。"(李昉:《太平御览》卷五二六,中华书局 1960 年版,第 3 册,第 3387 页)

了此时的官方开始对桓谭有重新的认识。

第四节　文本"秩序性"与两汉之际的文本概貌

客观上说，两汉之际的文本，大多数经过了刘向、刘歆的整理，但也不是说此时学者看到的文本，全部是刘向、刘歆父子整理确立的文本。毕竟，此时扬雄也在校书，多大程度上流入民间，值得讨论；而民间又不时出现先秦古书，从不同程度上影响着当时的学者对古文经的认识。因此，可以确信，两汉之际的文本，有刘向、刘歆、扬雄整理过的"新书"，也有当时出现的古书（如《左传》、杜林所传《古文尚书》），还有当时学者的新撰述。可以说，即使在王朝易代较为频繁的时期，中国古代学术仍然保持着持续的发展态势。这说明，中国古代学术，自有其独立于政治之外的发展"秩序"，并不因政治、军事等外界的影响发生重大变化。这种古代文本发展的"秩序性"，是一个具有悠久历史的民族独有的文化特点。中华文明一以贯之的"传统"、"精神"、"思想"等，即与此有关。

就此而言，可以肯定的是，文本的"秩序性"，不仅仅反映的是文本自身发展的规律性与稳定性，而且直接决定了一种文化发展的长期的、自律性的稳定走向。一方面，旧文本在保持大致稳定的情况下，不断被重新整理、诠释；另一方面，在旧文本的影响下，新文本不断被创造出来。即如人类生命的进程一样，文本以"生命"的形式，遵循着特定的"秩序"不断繁衍发展。在文本秩序的周围，则是大致稳定的文人，二者结合，不断产生新的思想，从而延续着基本一致的"文化传统"与"文化精神"。民族、国家、人类的命运与精神生产，就得以在其中繁衍、进化、延续。

这种文本的"秩序性"，在两汉之际的文本世界中第一次得以完整体现，从而决定了整个中国古代文本发展的基本趋势。这一点，我们可以从两汉之际的文本概貌中得以验证。

对新莽时期的学术与文学，饶宗颐先生曾有《新莽艺文考》发表，但主要揭示的还是两汉之际的情况。新莽历史时间很短，很多人物横跨两汉，他们的著作也不易明确安排在新莽。我们以"两汉之际"概括之，将新莽划在这个时间段内，研究上稍微方便一点。

一般常识，这个时期重要的文人，以扬雄、刘歆、桓谭为中心。目前所见扬雄作品,多收录在《扬雄集》中,今人张震泽有校注本。桓谭作品,今有各家所辑《新论》,严可均《全后汉文》还辑有桓谭其他作品残篇佚文。饶宗颐先生以为《新论》成于王莽败后,不宜在新莽朝。然据其生活时代,将其放在"两汉之际"当无问题。刘歆作品,亦见辑于严可均《全汉文》。

这仅仅是一个大概的描述,据饶宗颐《新莽艺文志》,这个时期的主要作品有[①]:

《易》:洼丹《易通论》七篇、崔篆《周易林》六十四篇。

按:洼丹《易通论》,世称《洼君通》,与班固《白虎通》、应劭《风俗通》、刘知几《史通》、韩滉《春秋通》并称汉唐"五通",对后世影响很大。洼丹此书虽已亡佚,然作为"五通"之首,《易通论》对班固《白虎通》、应劭《风俗通》的意义,值得重视。

《书》:朱普《尚书欧阳章句》、秦恭《小夏侯章句》[②]、杜林所传漆书古文《尚书》一卷、刘歆《洪范·五行传记》、王莽《大诰》一篇。

按:两汉之际的《尚书》学,以欧阳、夏侯为主,然杜林《古文尚书》被卫宏、徐巡接受并传播,遂使杜林《古文尚书》得以流行[③]。两汉之际是王朝易代频繁的时期,也是《尚书》学(甚至包括其他经学)"新"、"旧"思想交替的时期。

《诗》:伏黯《齐诗解说》(九篇)与《齐诗章句》、侯苞《韩诗翼要》十卷、谢曼卿《毛诗训》。

按:此时治齐、韩、毛《诗》者多,而治鲁《诗》者少。

《礼》:杜子春《周官注》。

按:此时治《周官》者少。

乐类:阳城衡《乐经》[④]、桓谭《乐元起》二卷[⑤]、刘歆《钟律书》五篇、扬雄

---

①《饶宗颐二十世纪学术文集·史学》,中国人民大学出版社 2009 年版,第 486—500 页。

②饶宗颐以为,其字"延君",即桓谭《新论》所言"秦近君"。

③《后汉书》卷二七《杜林传》称:"林前于西州得漆书《古文尚书》一卷,常宝爱之,虽遭难困,握持不离身。出以示宏等曰:'林流离兵乱,常恐斯经将绝。何意东海卫子、济南徐生复能传之,是道竟不坠于地也。古文虽不合时务,然愿诸生无悔所学。'宏、巡益重之,于是古文遂行。"(《后汉书》卷二七《杜林传》,第 4 册,第 937 页)

④此见于桓谭《新论》。

⑤饶宗颐认为"此书必是时作也"。

《琴清英》。

按：此时重乐者多。

《春秋》：陈钦《陈氏春秋》、刘歆《春秋左氏章句》与二十卷《春秋左氏条例》、郑兴《春秋左氏条例训诂》与《章句训诂》、贾徽《春秋左氏条例》二十一篇、扬雄《续太史公书》、刘歆等《续太史公书》。

按：此时治《左传》者多。

群经：《省定五经章句》。

按：两汉之际，经学文字与说经主旨有所差异，故开始出现统五经现象。

小学：刘歆《尔雅注》、甄丰《校定六书》、扬雄《训纂》（一篇三十四章）与《仓颉训纂》（一篇五十五章）、扬雄《辎轩使者绝代语释别国方言》十五篇。

按：秦汉之际，在秦统一六国文字之后，出现了对小学之总结与研究，如李斯、司马相如皆有小学著述。两汉之际，在继续对"雅言"开展研究基础上，对"方言"的研究成为一个新现象。这是汉王朝统一日久，藩国方言进入宫廷文化的表现。

诸子：1. 儒家：刘歆《列女传颂》一卷、扬雄《法言》十三篇、侯芭《法言注》与《太玄经注》、王莽《诫子孙书》八篇。2. 兵家：庄尤《三将军论》三篇。3. 杂家：室中周书十篇、王莽《自本》、扬雄《自序》与《家谍志录》、刘歆《七略》七卷。

按：两汉之际子学不甚发达，这是经学突出、子学衰落的体现。

诗赋：1. 楚辞：扬雄《天问解》。2. 总集：陈崇《歌谣三万言》。3. 别集：《中散大夫扬雄集》（五卷）、扬雄《十二州箴》、《国师刘歆集》五卷、《保成师友祭酒唐林集》一卷、薛方《诗赋》数十篇、《建新大尹崔篆集》一卷、《中谒者史岑集》二卷、《代郡中尉苏竟集》（有《记悔篇》）。

按：此时期的学者多有著述，这与当时文人接受的较好的教育有关。据《后汉书》，如冯衍、朱博等人，皆少时即或通经学，或"善属文"，这是此时期文人著述繁盛的主要原因。

数术：1. 图谶：《符命》四十二篇、王况《谶书》十余万言、崔发《图谶》。2. 天文：刘歆《七曜历》。3. 历法：刘歆《三统历谱》、《三万六千岁历》。4. 地理类：地理图簿、扬雄《蜀王本纪》、桓谭《治河议》。

按：两汉之际谶纬、符命发达，此所存著述不多，或大多亡佚。

以上纯粹是王莽新朝十五年间的作品。如果要研究"两汉之际"这个时间段,并且将两汉之交的三十年作为标准的话,扬雄、刘歆、桓谭的很多作品,还可以划进来[①]:

扬雄:《解嘲》、《解难》、《太玄赋》、《剧秦美新》、《元后诔》、《答刘歆书》。

刘歆:《移让太常博士书》、《遂初赋》。

桓谭:《琴操》、《太初历法》、《陈时政疏》、《抑谶重赏疏》。

班嗣:《报桓谭书》。

班彪:《王命论》、《北征赋》。

窦融:《与隗嚣书》。

结合钱大昭《补续汉书艺文志》、顾怀三《补后汉书艺文志》、侯康《补后汉书艺文志》、陶宪曾《侯康补后汉书艺文志补》、姚振宗《后汉艺文志》的记载[②],还有如下著作宜归入此时:

《易》:景鸾《易说》。

《书》:桓荣《桓君欧阳尚书大小太常章句》、牟长《尚书章句》。

《诗》:景鸾《诗解文句》、伏恭《减定齐诗章句》、薛汉《韩诗章句》。

《礼》:景鸾《礼略》(《礼内外记》)与《月令章句》、郑兴《周礼解诂》。

《春秋》:许淑《春秋左氏传注》、陈钦《春秋说》、陈元《春秋训诂》与《春秋左氏同异》、孔奇《春秋左氏删》三十一卷、范升《条上左氏及太史公违戾四十五事》。

职官:王隆《小学汉官篇》。

谶纬:杨统《家法章句》与《内谶二卷解说》、景鸾《河洛交集》。

诸子:儒家:邹伯奇《玄思》与《检论》、桓谭《新论》。

诗赋:别集:《冯衍集》五卷、《陈元集》一卷、《王隆集》二卷、《夏恭集》二十卷。

沈展如《新莽全史》附录《人物志》,其中"励学人物"条,还有部分书目著录[③]:

诸子:道家:安丘望之:《老子章句》。

---

①孙少华:《桓谭年谱》,第95—280页。

②王承略、刘心明主编:《二十五史艺文经籍志考补萃编》(第六卷、第七卷),清华大学出版社2012年版。

③沈展如:《新莽全史》,台湾正中书局1977年版,第532—535页。

数术：许商：《五行论》。

集部：夏恭：有赋、颂、诗、《励学》凡二十篇；史岑：有颂、诔、《复神》、《说疾》四篇；王隆：有诗、赋、铭、书凡二十六篇。

这当然也是一个大概的统计，然而总计各家所载，可知这个时期《易》有三种、《书》有七种、《诗》有七种①、《礼》四种、《春秋》有十二种②、《太史公书》三种（范升《条上左氏及太史公违戾四十五事》计入）、小学五种、谶纬六种，诸子儒家七种、兵家一种，其他集部著作总共有十四种。

纵览两汉之际的学者，著名者为数不少，刘歆、桓谭、扬雄著述皆为人所熟悉，其他学者情况如下③：

夏恭：梁国蒙人，字敬公，习《韩诗》、《孟氏易》。

许商：长安人，字长伯，受《尚书》于齐人周堪，唐林、吴章、王吉、炔钦从其受学。

索庐放：字君阳，以《尚书》教授千余人。

杜林：繁阳人，字伯山，于西州得漆书《古文尚书》。

满昌：颍川人，字君都，受《齐诗》于匡衡。

杜子春：缑氏人，受《周礼》于刘歆。

贾护：黎阳人，字季君，以《左氏春秋》授翟方进、胡常。

贾徽：贾谊后，平陵人，从刘歆受《左传》，受《古文尚书》于涂恽，学《毛诗》于谢曼卿。兼习《国语》、《周官》。

左咸：琅琊人，受《公羊春秋》于冷丰。

郑兴：河南开封人，字少赣，少学《公羊传》，晚学《左传》。

史岑：沛国人，字子孝。

苏竟：扶风平陵人，字伯况，善图谶、百家之言。

范升：代郡人，字辩卿，九岁通《论语》、《孝经》，习《梁丘易》、《老子》。

伏湛：琅琊东武人，王莽时为绣衣执法。

安丘望之：长陵人，字仲都，茂陵耿况、王莽弟王伋从其学《老子》，为道家所宗。

王隆：云阳人，字文山。

---

① 这个时期的《诗经》学，齐、韩《诗》著作有三种，《毛诗》一种。
② 主要以《春秋左氏传》为主，计有十种（范升《条上左氏及太史公违戾四十五事》计入）。
③ 沈展如：《新莽全史》，第532—535页。

陈钦:苍梧广信人,字子佚,事贾护习《左传》,与刘歆齐名。

陈元:陈钦子,字长孙,少从陈钦受《左传》,与桓谭、杜林、郑兴俱为学者所宗。

综上可知,两汉之际的重要学者,大多由西汉历新莽入东汉,显示此时并不缺乏著名学者。由此,我们可以有如下几个认识:

第一,总体上六艺典籍较为零碎,成体系的研究不多。这种现象,与王莽提倡古学而古学人才未备不无关系。六艺之中,《左传》研究著作最多,与这个时期《左传》被立博士并逐渐兴盛有关,也与刘歆等人对《左传》的认识有关。符命、谶纬之作的数量,与此时谶纬盛行的情形不符,这可能与王莽、刘秀的禁符命或谶纬有关。

第二,无史类作品。

第三,诸子作品中,除了桓谭《新论》①,基本上看不出结构较为完整、理论色彩较为鲜明、文章气势较为磅礴的作品。而与汉初诸子著作相比,《新论》"论"有余而"辩"不足、"记旧事"有余而"献新论"不足。由此可以看出,两汉之际的社会形势与政治环境,根本无法为诸子著作提供适宜的写作条件;同时也可以看出,这个时期的扬雄、桓谭、刘歆甚至其他士人,已经没有了汉初诸子的政治抱负或社会理想,更没有了政治清明、社会稳定时期士人的著述热情。这大概是两汉之际大多数士人共同的心理状况。这是两汉之际学术与文学不甚发达(与两汉社会稳定时期相比)的主要原因。

第四,这个时期的学术与文学著作,无论是质量还是数量,都无法与两汉太平盛世时期相比。尤其文学作品,数量极少。文学作品中,最明显的一个特征就是赋作极少,这一方面与汉成帝之后的文学风气有关,另一方面也是因为两汉之际动荡的社会形势,大大减少了汉大赋创制的政治与社会条件。这种情形,直至东汉建立之后,社会完全稳定下来才有所改善。班固、张衡大赋作品的出现,已经是东汉建立后很晚的事情。

第五,本时期作品不多,但并不缺乏知名的学者。社会秩序的混乱,是导致此时学者少著述的主要原因。

这是我们从两汉之际的著作数量大致得出的结论,但是,如果深入到

_____

① 该书最后成书并献于汉光武帝时期。

每一部作品的内部，并结合当时的学术风气来考虑，可能发现这个时期的学术与文学，仍然具有其勃勃生机。这还是文本的"秩序性"所起的作用。下面，我们将以桓谭及其作品为中心，观察两汉之际学术与文学发展、演变的实际情形。

第二章　"文本秩序"与桓谭著述

"著述",是在一定的"秩序"下进行的,同时也是制造"文本秩序"的手段。我们看桓谭的著述,一方面是对此前(先秦、西汉中期以前)主流学术观点的总结,另一方面是对他所在时代学术状况的总结。这都是"文本秩序"的典型表现。同时,桓谭的"著述",处于两汉之际的特殊时代,必然是对刚刚形成的"文本秩序"的强化,对东汉文人"文本秩序"的认识,必然具有非常重要的影响作用。

桓谭著述,史书记载不详,根据相关文献记载,我们可以对其著述进行深入研究。同时,桓谭《新论》中还有很多材料,涉及桓谭神仙、历史与篇卷分类等问题。有些文献,由于仅见于《新论》,后世莫能言明。辨析异义,考镜源流,对于深入了解桓谭思想与两汉之际的学术关系,不无裨益。

第一节　桓谭著述文献考证

桓谭,字君山,历仕成、哀、平、王莽新朝、更始帝刘玄与汉光武帝刘秀。笔者《桓谭年谱》曾考证,其生年可能要早在汉元帝时期。桓谭在王莽时任掌教大夫(典乐大夫),更始帝时任太中大夫,光武帝时任给事中,皆掌管论议。对于桓谭来说,这些职位,倒适合他著书论说。据范晔《后汉书·桓谭传》:"谭著书言当世行事二十九篇,号曰《新论》,上书献之,世祖善焉。《琴道》一篇未成,肃宗使班固续成之。所著赋、诔、书、奏,凡二十六篇。"[1]据此而言,至少在南朝宋代的范晔所见,桓谭当时有《新论》二十九篇,赋、诔、书、奏二十六篇。《隋书》著录《桓谭集》五卷,《旧唐书》与《新唐书》著录桓谭《乐元起》、《琴操》各二卷,清《江南通志》著录桓谭《太初历法》三卷。

桓谭《新论》成书之后,篇卷屡有变化,后世竟至亡佚,今所见本为后人辑录。《桓谭集》篇卷数目,自《隋书》后,也有差异。《乐元起》、《琴操》、《太

---

① 《后汉书》卷二八《桓谭传》,第 4 册,第 961 页。

初历法》，则由于出现较晚，后世多疑为伪作。桓谭著述较为全面之研究，所知主要有钟肇鹏《桓谭评传》中的相关章节、周大任《桓谭见知著述探考》。桓谭著述中的相关文献问题，还有深入清理之必要。

一、《新论》的篇卷问题

《新论》之名，首见于《后汉书·桓谭传》"谭著书言当世行事二十九篇，号曰《新论》"。此时，距桓谭生年虽已有三百年之久，然刘宋时期范晔《后汉书》主要参考当时流传之七部后汉史料著作而成，也是今天所见最早的记载。其他《史记正义》引作"桓谭《世论》"、《七国考》引作"桓谭《新书》"，皆《新论》之误。

周大任据孙从添《上善堂宋元板精钞旧钞书目》"《桓子新论》十七卷，赵清常校宋本"①之说，认为《新论》亡于清乾隆中叶。

《新论》"二十九篇"具体篇目，见南宋重刊淳化监本与南宋绍兴刊本《后汉书·桓谭传》李贤注："《新论》，一曰《本造》，二《王霸》，三《求辅》，四《言体》，五《见征》，六《谴非》，七《启寤》，八《祛蔽》，九《正经》，十《识通》，十一《离事》，十二《道赋》，十三《辨惑》，十四《述策》，十五《闵友》，十六《琴道》。《本造》、《述策》、《闵友》、《琴道》各一篇，余并有上下。《东观记》曰：'光武读之，敕言卷大，令皆别为上、下，凡二十九篇。'《东观记》曰：'《琴道》未毕，但有发首一章。'"②唐李贤时代，《新论》仍存，李贤对《新论》篇目的说法，当为可信。"《本造》、《述策》、《闵友》、《琴道》各一篇，余并有上下"之说，又见于宋王应麟《玉海》卷六二"汉桓谭《新论》"条："《本造》、《述策》、《闵友》、《琴道》各一篇，余并有上下。"③可知王应麟所见《后汉书》李贤注亦当如是。但是，按照此本"《本造》、《述策》、《闵友》、《琴道》各一篇，余并有上下"的说法，十六篇中排除此四篇，还有十二篇分为上、下者，则《新论》当为二十八篇，这就与本传所言"二十九篇"矛盾。

《钦定四库全书》武英殿聚珍本《后汉书》与王先谦《后汉书集解》李贤注，皆作"《本造》、《闵友》、《琴道》各一篇，余并有上下"，独无"《述策》"一

① 林夕主编，煮雨山房辑：《中国著名藏书家书目汇刻（明清卷）》，商务印书馆 2005 年版，第 431 页。
② 《后汉书》卷二八《桓谭传》，第 4 册，第 961 页。
③ 王应麟：《玉海》卷六二，广陵书局 2016 年版，第 2 册，第 1205 页。

篇。其他清人记述,亦皆如此,如清曾朴《补后汉书艺文志并考》称:"《本造》、《闵友》、《琴道》各一篇,余有上下。"①清孙冯翼即认为:"谭书本十六篇,光武敕言卷大,令别为上下,故自《王霸》至《辨惑》,皆分二篇,惟《本造》、《闵友》、《琴道》各一篇,以成二十九篇。"清严可均辑《新论》称"《本造》、《闵友》、《琴道》各一篇,余并有上下"②。黄以周亦称:"后汉桓谭字君山,沛国相人,著《新论》十六篇,《本造》、《闵友》、《琴道》各一篇,余皆分上下,故亦称二十九篇,其标题篇目,具见范史本传及章怀注。"今人朱谦之、吴则虞辑本皆从之③。由此可见,清人与今人皆以"《本造》、《闵友》、《琴道》各一篇,余皆分上下"为是。这样的话,就解决了上述矛盾:十三篇分为上、下篇,凡二十六篇,加上《本造》、《闵友》、《琴道》三篇各一篇,恰好为二十九篇。

　　这种情况,是南宋二本李贤注有误、清人所见本为是,还是二宋本就是如此、清人本故意删削? 由于中华书局本《后汉书》未有校记,我们不敢妄断。今人周大任认为南宋二本所载有误:"桓谭文分上下篇者十二而未分者四,总数乃廿八,非廿九。唐世桓《论》犹在,倘其已有亡失而与本传所言不符,李贤注文必当有说,故余以为此南宋二刊本所载有误。"④吴树平也认为:"大概在《新论》原本中,《本造》、《述策》、《闵友》三目中有一目分为上下两篇。"⑤如果据此推断,按照李贤注所言《新论》篇目次序,《本造》为《新论》首篇,《述策》、《闵友》、《琴道》为《新论》末三篇,从篇章顺序上看,《本造》当不致误入;《琴道》未完成,则无必要分两篇,本此,《述策》、《闵友》中或有一误入。清人以为《述策》误入李贤注,其说不知由何而来。然据常识判断,南宋二本与工应麟所见《后汉书》,皆早于清人,本应以宋人所见为是,然而考虑到宋明雕刻古书有据己意故意增益、删削文字的情况⑥,我们无法轻易否定清人所言。在尚无其他证据前提下,姑存疑俟考。

　　隋唐时期的《新论》,已经由"二十九篇"变为"十七卷"。《隋书·经籍

①曾朴:《补后汉书艺文志并考》,王承略、刘心明主编《二十五史艺文经籍志考补萃编》(第八卷),清华大学出版社2011年版,第240页。

②商务印书馆1999年新出《全后汉文》误补《述策》,注曰:"原脱《述策》,据《后汉书》注补。"实误。

③吴则虞:《桓谭〈新论〉》,社会科学文献出版社2014年版,第146页。

④周大任:《桓谭见知著述探考》,《台大中文学报》2011年第34期。

⑤刘珍等撰,吴树平校注:《东观汉记校注》,中华书局2008年版,第550页。

⑥如尤袤本《文选》,即曾据他书记载多改底本文字。

志》："《桓子新论》十七卷。后汉六安丞桓谭撰。"《旧唐书·经籍志》："《桓子新论》十七卷。桓谭撰。"《新唐书·艺文志》："《桓子新论》十七卷。桓谭。"《通志》卷六六："《桓子新论》十七卷。后汉六安丞桓谭撰。"这种变化，清人多以为是除了《后汉书》桓谭本传所言十六篇各为一卷外，还附"目录"一卷。如清孙冯翼："隋、唐《经籍志》及《新唐书》俱称十七卷，盖仍依十六篇为卷，并目录为十七耳。"严可均："案二十九篇而十七卷者，上、下篇仍合卷为十六卷，疑复有录一卷，故十七卷。"①今人吴则虞则以为《隋书·经籍志》将"自序"计入，得十七卷②。这种说法，皆属推测，当时《新论》究竟如何分卷，因未见旧本，不敢妄断。

孙冯翼辑本定为一卷，不分篇。严可均辑本，将《新论》分为上、中、下三卷，详细分法为："其书宋时不著录。《群书治要》所载十五事，当是《求辅》、《言体》、《见征》、《谴非》四篇。《意林》所载三十六事，当是十三篇，惟少《本造》、《述策》、《闵友》三篇。各书所载，又三百许事，合并复重，联属断散，凡百七十二事，依《治要》、《意林》次第，以类相从，定为三卷。"③朱谦之分为十六卷。吴则虞未遵李贤注说，而是按照辑文性质分为天文、形神、政制、人物、学术、音乐、杂事、自叙和附编九卷。

根据桓谭《新论·本造》"谭见刘向《新序》、陆贾《新语》，乃为《新论》"所言，该书所造，当仿刘向《新序》、陆贾《新语》。《晋书·陆喜传》亦称"刘向省《新语》而作《新序》，桓谭咏《新序》而作《新论》"，此说当可信。

《隋书·经籍志》杂家，有《桓子》一卷："《时务论》十二卷杨伟撰。梁有《古世论》十七卷，《桓子》一卷；《秦子》三卷，吴秦菁撰；《刘子》十卷，《何子》五卷。亡。"据此处《桓子》在众作品中所处时代位置，以及属"杂家"看，此《桓子》与儒家《新论》并非同书，当非桓谭之作。

二、《桓谭集》文献辨析

《桓谭集》五卷，隋唐时已经亡佚，见于《隋书·经籍志》记载："《桓谭集》五卷。亡。"该书不见于《后汉书·桓谭传》，则其当为后人搜集、整理。

---

①此处所引资料，转引自笔者《桓谭年谱》附录二《桓谭传记与〈新论〉序跋题识》。严可均部分资料，据中华书局1958年版《全上古三代秦汉三国六朝文》改。
②吴则虞：《桓谭〈新论〉》，第188页。
③严可均：《全上古三代秦汉三国六朝文》，中华书局1958年版，第1册，第537页。

又该书与《桓子新论》同列《隋书·经籍志》，则《新论》与《桓谭集》当无雷同。周大任以为："前引《桓谭传》曾言桓谭'所著赋诔书奏凡二十六篇'，则《隋志》此录，或即后人收录此诸'赋诔书奏'者。"①如果此推测不误，《桓谭集》之被整理，当是文体概念相对清晰之后的事情。由于隋唐时期，五卷本《桓谭集》已经亡佚，则其被整理成帙，亦不宜过晚。

北宋时期，《桓谭集》存二卷。《旧唐书》卷四七《经籍志》："后汉《桓谭集》二卷。"《新唐书》卷六〇《艺文志》："《桓谭集》二卷。"宋郑樵《通志》卷六九："《桓谭集》二卷。"宋王应麟《玉海》卷五五："《桓谭集》五卷。唐二卷。"周大任据两唐《志》以为："两《唐志》俱录'《桓谭集》二卷'，是以其书北宋犹存，惟轶失过半，《宋志》以降，则不见著录。"说《桓谭集》部分材料北宋犹存尚可，说其"轶失过半"，似乎证明此本即两唐《志》所载本，恐非其实。唐宋目录书著录之二卷本《桓谭集》，很可能是后人的重新辑佚、整理本。

《桓谭集》虽然亡佚，但《后汉书》桓谭本传称其"所著赋诔书奏凡二十六篇"，其中有些残篇，还可以从古代类书中搜检得到。顾怀三推测《桓谭集》内容有：《大道赋》、《集仙宫赋》并序、《奏书董贤》；同见于《新论》记载的"与扬子雄辨盖天"、"与刘子骏论方士养生及土龙求雨"、"顿牟磁石"、"陈平解平城之围"；《待诏上书》、《时政疏》、《谏用谶薄赏疏》、《上便宜事》、(《东京赋》注引桓谭《上便宜事》、《太平御览》引桓谭《上事》)、《答扬雄事》(见《文选·班孟坚〈答宾戏〉注引》)、《奏言南郊事》(见《前汉书》)、《上章言男子毕康杀母事》(见《新论》)、《上书献〈新论〉》②。结合严可均《全后汉文》辑录的《桓谭集》资料，我们可以对此类文献进行简要辨析。

1. 桓谭赋

根据现存文献与桓谭自述，桓谭赋作有现存《仙赋并序》一篇；桓谭《新论》中所言"观吾小时二赋"中的亡佚赋二篇③；谢承《后汉书》称桓谭出为六安郡丞时作赋一篇。

《仙赋》早已亡佚，现存于《北堂书钞》、《艺文类聚》与《太平御览》等唐

①周大任：《桓谭见知著述探考》，《台大中文学报》2011年第34期。
②顾怀三：《补后汉书艺文志》，王承略、刘心明主编《二十五史艺文经籍志考补萃编》(第六卷)，第396页。
③由于《仙赋》是桓谭为郎时随成帝"出祠甘泉河东"所作，故暂以此处所言"小时二赋"不包括《仙赋》在内。

宋类书，是桓谭十七岁为奉车郎中时所作。《仙赋序》所言"集灵宫"、"望仙门"、"存仙门"，为研究汉武帝时期的建筑提供了文献资料。欧阳修《集古录》、赵明诚《金石录》等对此多有引用。

《文心雕龙·才略》有桓谭"《集灵》诸赋"之说，《玉海》、《古文苑》与《陕西通志》收录桓谭《集灵宫赋》，如王应麟《玉海》卷一〇〇引《艺文类聚》称"后汉桓君山有《集灵宫赋》"，宋章樵《古文苑》卷一八称"后汉桓君山有《集灵宫赋》，见《艺文类聚》"，《陕西通志》卷七二有"华阴集灵宫，武帝所造，欲怀集仙者王乔、赤松子，故名殿为存仙。端门南向，署曰望仙门"，称引自"后汉桓君山《集灵宫赋序》"。但《艺文类聚》无桓谭《集灵宫赋》，只有桓谭《仙赋》，且《陕西通志》所引《集灵宫赋序》，文字与《艺文类聚》中桓谭《仙赋序》同。如此说来，桓谭《集灵宫赋》与《仙赋》实际上是同赋异名。但由刘勰所言"《集灵》诸赋"而言，《仙赋》或与其他类似赋作，一起被统称为《集灵宫赋》；此又证桓谭早年赴甘泉所作赋，当不止《仙赋》一篇。

桓谭另有赋作两篇，见于《太平御览》卷四九六："桓子《新论》曰：'关东谚语曰：人闻长安乐，则出门而西向笑。知肉味美，则对屠门而大嚼。又谚曰：侏儒见一节而长短可知，孔子言举一隅足以三隅反，观吾小时二赋，亦足以揆其能否。'"①从这里分析，桓谭"小时"曾作"二赋"。然朱谦之《新辑本桓谭新论·道赋》："余少时为奉车郎，孝成帝出祠甘泉河东郡，先置华阴集灵宫，武帝所造门曰望仙，殿曰存仙，欲书壁为之赋，以颂美二仙之行。余戶此焉，窃有乐高眇之志，即书壁为小赋。谚曰：'侏儒见一节，而长短可知。'孔子言：'举一隅足以三隅反。'观吾小时二赋，亦足以揆其能否。"②朱谦之将"观吾小时二赋"与《仙赋序》放置一处，显然他认为桓谭"小时二赋"就包括《仙赋》在内。结合上文所言"《集灵》诸赋"，以及《仙赋序》所言"余少时为郎，从孝成帝出祠甘泉河东"分析，不能排除桓谭所言"小时二赋"包括《仙赋》的可能。

另外，桓谭卒前，还有赋作一篇，此据《北堂书钞》卷一〇二"因思大道"条：

　　谢承《后汉书》云："桓谭年七十，喜非毁俗诸儒，出为六安郡丞。

---

① 李昉：《太平御览》卷四九六，第 3 册，第 2268 页。
② 《新辑本桓谭新论》，第 52—53 页。

感而作赋,因思大道,遂发病卒。"

明陈禹谟补注:

> 案谭时年七十余,初著书言当世行事二十九篇,号曰《新论》,上书献之,世祖善焉。《琴道》一篇未成,肃宗使班固续成之。所著赋诔书奏,凡二十六篇。①

根据此段材料,桓谭卒时,曾作赋一篇。据谢承记载,似可暂定其名为《思道赋》。清人顾怀三则将其称为《大道赋》。

2. 书奏诔

桓谭书类作品,主要是针对扬雄《与桓谭书》、《答桓谭书》所作《答扬雄书》,今存一句:"子云勤昧道腴者也。"见于《文选》李善注的班固《答宾戏》注、潘岳《杨荆州诔》注与明梅鼎祚《西汉文纪》。南朝王融《为竟陵王与隐士刘虬书》"勤昧道腴,幸遵雅尚"、韩愈《雨中寄孟刑部几道联句》"美君知道腴",典出即此。可知桓谭《答扬雄书》,自南朝至唐,一直流传不辍。

汉哀、平间,桓谭可能还有一书,可题名为《与董贤书》。顾怀三题名《奏书董贤》。此见于《后汉书》"谭先奏书于贤,说以辅国保身之术,贤不能用,遂不与通"之言,可知此时桓谭尚有书信之作。王莽时期,"天下之士,莫不竞褒称德美,作符命以求容媚,谭独自守,默然无言"②,知此时桓谭大概没有作品。

奏疏之文,今所见有光武帝时期的《陈时政疏》与《抑谶重赏疏》,见《后汉书·桓谭传》。建武二年(26)三月,光武帝下诏议"省刑法"事,桓谭《陈时政疏》言"任辅佐"、"申法令,禁仇杀"、"举本业"、"定科比"等事,则其上疏当在此时。苏诚鉴《桓谭年表》即系于本年三月,钟肇鹏、周桂钿《桓谭年表》将桓谭上《陈时政疏》与《抑谶重赏疏》皆系于建武七年,大久保隆郎《桓谭年谱考》据《后汉纪》系桓谭上二疏于建武四年。结合《后汉书》与《后汉纪》的记载,桓谭上《陈时政疏》与《抑谶重赏疏》时间,不在同一年。另外,桓谭《新论》记其有"上封章(事)",与"毕康杀母"有关,可称为《上封事》。顾怀三题为《上章言男子毕康杀母事》。

建武七年(31),有日食,郑兴上疏反对谶言,桓谭上《抑谶重赏疏》当在

---

①虞世南:《北堂书钞》卷一〇二,《景印文渊阁四库全书》,第889册,第497页。
②《后汉书》卷二八《桓谭传》,第4册,第956页。

本年。袁宏《汉纪》系此事于建武四年,钟肇鹏系于建武七年,《后汉书·桓谭传》称"是时,帝方信谶,多以决定嫌疑。又酬赏少薄,天下不时安定。谭复上疏"云云,说明桓谭上疏的原因在于:第一,"帝方信谶,多以决定嫌疑";第二,"又酬赏少薄,天下不时安定"。这与《后汉书·郑兴传》中刘秀"吾欲以谶断之"之说颇相合,桓谭上《抑谶重赏疏》当在该年为是①。

严可均《全上古三代秦汉三国六朝文》还搜集桓谭《上便宜》、《陈便宜》、《启事》。《上便宜》:"管仲,桓公之指南。"见《文选·东京赋》注。宋李壁《王荆公诗注》卷三十六、任渊《山谷内集诗注》卷三引此条,亦称出"桓谭《上便宜》"。"桓公指南"语,出《洪范五行传》:"若晋献公,虽与指南车,终不觉矣。齐桓公中才矣,指南得悟,失之则惑。管仲,桓公指南车也。"②李善注称引自桓谭《上便宜》。由于此条资料在《太平御览》称出自《洪范五行传》,从时代上来说,李善注不致有误。桓谭之语,或亦引自《洪范五行传》。确实如此的话,桓谭《上便宜》在唐代仍存,并且是《桓谭集》中的文字。

桓谭《陈便宜》:"所谓霸功者,法度明正,百官修治,威令流行者也。"见《文选》卷三〇《和伏武昌登孙权故城一首》注、卷五十六《王仲宣诔》注。李善注两次引用,皆称出桓谭《陈便宜》,当不误。此材料不见于他书记载,属于桓谭之作可能性很大。结合《上便宜》分析,李善注所引桓谭《上便宜》、《陈便宜》,确属桓谭之作。

桓谭《启事》:"官吏二千石,布襦羊裘,以白木杯饮食,饰虚诈,欲以求名干誉。"严可均未注明此条出自何处。《太平御览》卷七五九引班彪上《启事》曰:"官吏二千石,布襦羊裘,以白木杯饮食,饰虚,欲以求名干誉。"③明梅鼎祚《东汉文纪》、《御定渊鉴类函》卷三八四亦系于班彪。如此说来,该条《启事》,并非桓谭佚文,当归班彪。另饶宗颐《新莽艺文考》收桓谭《治河议》一篇,原文见于《汉书·沟洫志》。

桓谭"诔",未见佚文,姑且存疑待考。

三、《乐元起》的书名与性质

《乐元起》二卷,见于两唐《志》乐部,署名桓谭撰。《旧唐书·经籍志》:

---

① 孙少华:《桓谭年谱》,第263—264、285—287页。
② 李昉:《太平御览》卷七七五,第4册,第3435页。
③ 李昉:《太平御览》卷七五九,第4册,第3371页。

“《乐元起》二卷,桓谭撰。《琴操》二卷,桓谭撰。”《新唐书·艺文志》:“桓谭《乐元起》二卷。又《琴操》一卷。”《通志》卷六四、《玉海》卷一〇四著录同。清曾朴以《乐元起》归桓谭,其《补后汉书艺文志并考》云:“案《白虎通德论》引有《乐元语》,盖河间献王所撰。此书名《乐元起》者,或起发《乐元语》之枇谬,故以为名。”①在没有其他更明确的证据之前,我们暂且相信两《唐志》与曾朴的说法,将《乐元起》断归桓谭。

《乐元起》,不见于《隋志》,《汉书·食货志》“《乐语》有五均”,颜师古称即《乐元语》,乃河间献王所传:

> 邓展曰:“《乐语》、《乐元语》,河间献王所传,道五均事。”臣瓒曰:“其文云:‘天子取诸侯之士以立五均,则市无二贾,四民常均,强者不得困弱,富者不得要贫,则公家有余,恩及小民矣。’”②

根据《乐元语》佚文,该书属于乐律之书,自无可疑。班固《白虎通义·礼乐》引两条《乐元语》佚文:

> 《乐元语》曰:“受命而六乐,乐先王之乐,明有法也。兴其所自作,明有制。兴四夷之乐,明德广及之也。故东夷之乐曰《朝离》,南夷之乐曰《南》,西夷之乐曰《昧》,北夷之乐曰《禁》。合欢之乐舞于堂,四夷之乐陈于右,先王所以得之顺命重始也。”
>
> 《乐元语》曰:“东夷之乐持矛舞,助时生也。南夷之乐持羽舞,助时养也。西夷之乐持戟舞,助时煞也。”③

此处《乐元语》所言,皆先秦四方古乐。但《乐元语》也涉及古代“五均”之事。宋王应麟《汉艺文志考证》考证:

> 《食货志》:《乐语》有五均。邓展曰:“《乐元语》,河间献王所传,道五均事。”瓒曰:“其文云:‘天子取诸侯之士以立五均,则市无二贾,四民常均。’”《白虎通》引《乐元语》曰:“东夷之乐曰《朝离》,南夷乐曰《南》,西夷乐曰《昧》,北夷乐曰《禁》。”又云:“受命而六乐,乐先王之

---

①曾朴:《补后汉书艺文志并考》,王承略、刘心明主编:《二十五史艺文经籍志考补萃编》(第八卷),第98页。
②《汉书》卷二四《食货志》,第4册,第1180页。
③陈立撰,吴则虞点校:《白虎通疏证》,中华书局1994年版,第107—109页。

乐，明有法也。"①

由此推测，《乐元语》主要记载的是先王之乐。

《乐元起》之名，可能起于《乐元语》，故曾朴《补后汉书艺文志并考》称"其或起发《乐元语》之粃谬，故以为名"。钟肇鹏先生《桓谭评传》据曾朴之说，以为《乐元起》"盖推考乐之元起"。王应麟认为当属"乐律之书"，其《玉海》卷一〇五称：

> 《艺文志》乐类三十一家，三十八部，二百五十七卷，始于桓谭《乐元起》，终于赵邪利《琴叙谱》、失姓名九家。若《乐元起》，信都芳删注《乐书》，梁武帝《乐社大义》、《乐论》，沈重《钟律》，释智匠《古今乐录》，李玄楚《乐经》，元殷《乐略》、《声律指归》及《论乐事》、《推七音》、《律谱义》，李守真《古今乐记》，萧吉《乐谱集解》，武后《乐书要录》，则乐律之书也。②

两唐《志》，将《乐元起》与《琴操》并列于"乐部"，王应麟的这种认识大致没有错误。

钟肇鹏等《桓谭评传》称"《乐元起》佚文无存"③，周大任因"佚文无存"，考论存疑。但明冯复京《六家诗名物疏》卷四〇却引用了《乐元起》的资料：

> 《乐元起》曰："南夷之乐曰《兆》，西夷之乐曰《禁》，北夷之乐曰《昧》，东夷之乐曰《离》。东夷持矛舞，南夷持羽舞，西夷持戟舞，北夷持干舞。"④

此处的记载，与《白虎通》引《乐元语》十分相似，是否是冯复京误以《乐元语》为《乐元起》呢？班固《白虎通》所记为"东夷之乐曰《朝离》，南夷之乐曰《南》，西夷之乐曰《昧》，北夷之乐曰《禁》"，从方位看，《乐元起》为南、西、北、东，《白虎通》为东、南、西、北；从名称看，《乐元起》相应方位的乐名，在《白虎通》分别为：《兆》、《南》、《禁》、《昧》、《昧》、《禁》、《离》、《朝离》。这种

---

① 王应麟著，张三夕、杨毅点校：《汉制考　汉艺文志考证》，中华书局 2001 年版，第 167 页。
② 王应麟：《玉海》卷一〇五，第 4 册，第 1943 页。
③ 钟肇鹏、周桂钿：《桓谭王充评传》，南京大学出版社 1993 年版，上册，第 7 页。
④ 冯复京：《六家诗名物疏》卷四〇，《景印文渊阁四库全书》，第 80 册，第 441 页。

差别,说明《乐元起》与《乐元语》并非同书。冯复京《六家诗名物疏》所引《乐元起》上,紧接着引用了《孝经钩命决》的资料:

> 《孝经钩命决》云:"东夷之乐曰《昧》,持矛助时生。南夷之乐曰《任》,持弓助时养。西夷之乐曰《侏离》,持钺助时杀。北夷之乐曰《禁》,持盾助时藏。皆于四门之外右辟。"①

这个材料,与冯复京引《乐元起》、班固引《乐元语》皆有不同,但却与宋陈旸《乐书》卷六引用《乐元语》的材料十分接近:

> 《乐元语》:先儒谓:东夷之乐曰《昧》,持干助时生。南夷之乐曰《任》,持弓助时养。西夷之乐曰《株离》,持钺助时杀。北狄之乐曰《禁》,持楯助时藏。皆于四门之外右辟。②

从这里分析,冯复京《六家诗名物疏》引《乐元起》的材料,并非误引《乐元语》。《乐元起》当与《乐元语》一样,记载的多是与礼乐有关的古文献,且二书文献,很可能大部雷同。

冯复京(1573—1622),字嗣宗,明常熟人,四库馆臣称其《六家诗名物疏》是"因宋蔡元度《诗名物疏》而广之"。蔡卞为北宋人,这说明冯复京书中所引桓谭《乐元起》,未必是其亲见。但这也说明,桓谭《乐元起》,至少在北宋时真实存在过。

四、《琴操》作者及相关材料辨析

《隋书·经籍志》与新、旧《唐书》著录桓谭、孔衍各有《琴操》,《文选》注与唐宋类书,又见有蔡邕《琴操》,这成了学术界一个公案:是同一书被误系三人名下,还是三人各有同名《琴操》者著作?

根据笔者目前所见,不外乎有以下几说:

第一,《琴操》桓谭著说。两《唐志》与唐宋类书,收录桓谭《琴操》,显然认为桓谭有《琴操》书。钟肇鹏认为:"同名之书,古今颇多,焉知桓谭必无此作,两《唐志》并有著录,原书久佚,未可轻于否定。"③

第二,《琴操》蔡邕著说。清孙星衍校补《琴操》,即题名蔡邕。马瑞辰

---

① 冯复京:《六家诗名物疏》卷四〇,《景印文渊阁四库全书》,第80册,第441页。
② 陈旸:《乐书》,《景印文渊阁四库全书》,第211册,第54页。
③ 钟肇鹏、周桂钿:《桓谭王充评传》,上册,第8页。

为该书作序,亦认同孙说,认为"桓谭《琴操》实《琴道》之误"。阮元称:"今《文选》注引《琴道》甚多,俱与此不合,则非谭书可知。"莫友芝《邵亭知见传本书目》附和阮说,亦称"今《文选》注引甚多,均与此不合"。孙星衍的校补与说法影响很大,清代其他目录书收录《琴操》,一般沿袭孙星衍说,如邵懿辰《增订四库简明目录标注》,即是。

第三,存疑说。侯康认同马瑞辰说,但也指出:"马说甚辨,然《唐志》所有,未敢轻删。"[①]周大任认为:"倘桓谭果撰是书,则其亡佚日久,又乏史料,本无可述;若桓谭实无是作,则史志所载,必有错谬,然亦无从校订其说,只得阙疑。是则仅知今传《琴操》必非桓谭所著,如此而已。"[②]

以上三说,各有道理,但其中也有一些问题值得讨论:

首先,"《琴操》即《琴道》"说最大的矛盾,就是二者卷数不合。据《旧唐书·经籍志》:"《琴操》二卷,桓谭撰。《琴操》三卷,孔衍撰。"《新唐书·艺文志》:"桓谭《乐元起》二卷。又《琴操》一卷。孔衍《琴操》二卷。"今两《唐志》有的版本作"《琴操》二卷",有的作一卷。《后汉书·桓谭传》称"《琴道》一篇"。即使后世桓谭《琴操》,真的就是《新论》中的《琴道》,并被分为了两卷,但依照古书单篇刊行之例,其篇名、书名不可能轻易改变[③]。

其次,"桓谭《琴操》即蔡邕《琴操》之误"说,最大的矛盾就是:桓谭《琴操》见于两《唐志》,蔡邕《琴操》不见于《隋志》、两《唐志》。古书通例,鲜有以后志著录否定前书记载者。何况,两《唐志》中,桓谭《琴操》,与《隋志》已有著录之孔衍《琴操》同列,难道孔衍《琴操》亦属误题?

再次,周大任说法看似折衷,且少有定论,但其所下"今传《琴操》必非桓谭所著"之论,实际上还是有武断之虞。很简单,唐宋类书与其他书籍,有大量"桓谭《琴操》"、"蔡邕《琴操》"、"孔衍《琴操》"引文资料,不加深入分析,断其出自同一部、同一人之《琴操》,是否合适,值得考虑。

孔衍《琴操》,后世屡有称述。《隋书·经籍志》:"《琴操》三卷,晋广陵相孔衍撰。《琴操钞》二卷。《琴操钞》一卷。"郑樵《通志》卷六四有《琴操》三卷,未题著者。宋王尧臣《崇文总目》卷一、元马端临《文献通考》卷一八

---

① 姚振宗:《后汉艺文志》,王承略、刘心明主编:《二十五史艺文经籍志考补萃编》(第七卷),第55页。

② 周大任:《桓谭见知著述探考》,《台大中文学报》2011年第34期。

③ 如《孔丛子》第十一篇《小尔雅》被单列后,其名依旧。

六有《琴操》三卷,皆云:"晋广陵相孔衍撰,述诗曲之所从,总五十九章。"南宋陈振孙《直斋书录解题》卷一四录《琴操》一卷,云:"不著名氏。《中兴书目》云:'晋广陵守孔衍以琴调《周诗》五篇、古操、引共五十篇,述所以命题之意。'今《周诗》篇同而操、引财二十一篇,似非全书也。"①可见陈振孙疑所见《琴操》一卷即为孔衍《琴操》。王应麟《玉海》卷一一〇称:

> 《书目》、《琴操引》三卷(《隋志》同,《唐志》孔衍《琴操》二卷),晋孔衍撰,以琴声调中周诗五篇,古操、引曲共五十五篇,述所以命题之意。《宋书》戴颙及兄勃受琴于父,各造新弄,勃五部,颙十五部,颙又制长弄一部。②

由王应麟"《隋志》同,《唐志》孔衍《琴操》二卷"分析,王应麟以孔衍《琴操引》与《隋志》之孔衍《琴操》为同书。《宋史》卷二〇二有《琴操引》三卷,题孔衍撰,此说或即来源于王应麟。孔衍《琴操》的具体内容,见于《初学记》卷一六"霍歌"条:

> 钮滔母孙氏有《箜篌赋》,文具下。孔衍《琴操》曰:《箜篌引》者,朝鲜津卒霍里子高所作也。有一征夫,被发提壶,涉河而渡。其妻追止之不及,坠河而死,乃号天嘘唏,鼓箜篌而歌曰:"公无渡河,公竟渡河,公渡河而死当奈何?"曲终,投河死。子高援琴作歌,故曰《箜篌引》。操曰朝鲜里子高尔。③

元刘履《风雅翼》引孔衍《琴操》两次,其中卷一三"《猗兰操》,孔子伤不逢时作"条:

> 孔衍《琴操》云:"孔子历聘诸侯,不能任,自卫反鲁,隐谷中,见兰独茂,喟然叹曰:'夫兰当为王者香,今乃与众草为伍。'乃止车,援琴鼓之。"④

此操亦见于《艺文类聚》、《初学记》、《太平御览》等唐宋类书,仅题引自《琴操》,并未云出自何人之《琴操》。刘履生活在元末明初,其说当有所据,因

---

①陈振孙:《直斋书录解题》,上海古籍出版社2015年版,下册,第401页。
②王应麟:《玉海》,第4册,第2044页。
③徐坚:《初学记》,中华书局1962年版,第394页。
④刘履:《风雅翼》,《景印文渊阁四库全书》,第1370册,第207页。

为后世文献，还有引用孔衍《琴操》的情况，如明陈耀文《天中记》卷四三亦引孔衍《琴操》文字：

> 《箜篌引》者，朝鲜津卒霍里子高妻丽玉所作也。子高晨起刺船，有一白首狂夫，被发提壶，乱流而渡，其妻随而止之，不及，遂堕河而死。于是援箜篌而歌曰："公无渡河，公竟渡河，堕河而死，其奈公何"声甚凄怆，曲终亦投河而死。子高还，以语丽玉。丽玉伤之，乃引箜篌而写其声，闻者莫不堕泪饮泣。丽玉以其曲传邻女丽容，名曰《箜篌引》。（《古今注》及孔衍《琴操》）。①

陈耀文引此段材料，并注"《古今注》及孔衍《琴操》"，证明他同时看到了《古今注》与孔衍《琴操》二书，说明孔衍《琴操》的材料应该在晋代其他著作多有记载②。另外，清代《湖广通志》卷六二也引用了孔衍的《琴操》：

> 晋孔衍《琴操》：吉甫听后妻之言，疑其孝子伯奇，遂逐之。伯奇编衣，采楟花而食之。晨朝履霜，自伤无罪，乃援琴而鼓之，作《履霜操》。其词曰：朝履霜兮采晨寒，考不明其心兮信谗言。孤恩离别兮摧肺肝。何辜皇天兮遭斯愆，痛殁不同兮恩有偏，谁流顾兮知此冤。③

唐宋类书引《履霜操》，也是未注明作者。这似乎只有一个情况：这些材料属于何人之《琴操》，当时人比较熟悉，没有注明的必要。结合刘履、陈耀文与《湖广通志》的说法，三个人都自作主张，将不同操归孔衍的可能性不大。笔者推断：此三处注明为孔衍《琴操》者，当为可信。进一步分析，唐宋类书引《琴操》未注明作者之文献，元代刘履断为孔衍《琴操》，这是否有一种可能：唐宋类书仅题名《琴操》者，皆属孔衍之作？观《初学记》卷一六引《琴操》有："《琴操》曰：伏羲作琴，以修身理性，反其天真也。"最可注意的是后面的注释："又案：《世本》、《说文》、桓谭《新论》，并云神农作琴，二说不同。"由《初学记》称"桓谭《新论》并云神农作琴"看，此处所言，显然指的是《新论·琴道》。《初学记》并未言《琴操》的原因，或者就是桓谭《琴道》与《琴操》并不相同，即《琴道》并非被抽出于《新论》之《琴操》。

进一步分析，朱谦之《新辑本桓谭新论》之《琴道篇》作："琴，神农造

---

①陈耀文：《天中记》，《景印文渊阁四库全书》，第967册，第81—82页。
②新书出而旧书亡，这是否也是孔衍《琴操》亡佚的原因，值得考虑。
③《湖广通志》，《景印文渊阁四库全书》，第533册，第449页。

也。"西汉刘安《淮南子》、扬雄《琴清英》，东汉应劭《风俗通义》、傅玄《琴赋》皆承此说。"伏羲作琴"，是东汉以后的说法，如班固《白虎通》"琴始自伏羲所作"、马融《长笛赋》作"庖牺作琴，神农造瑟"。蔡邕亦持此说，如王应麟《玉海》卷一一〇记载，《演连珠》注蔡邕《琴操》曰："伏羲氏作琴。"蔡邕《论琴》"羲削桐为琴"。如此说来，《初学记》卷一六引"伏羲作琴"之《琴操》，当非桓谭《新论·琴道》之言，亦非桓谭《琴操》之文。《初学记》卷一六引《琴操》，就是孔衍之书①。

蔡邕《琴操》，唐、宋类书引，多明确注明"蔡邕"之名，如《初学记》卷一七"推衣"条、卷一八"援琴击筑"条、卷二七"帝瑞"条、卷三〇"紫庭"条，宋吴淑《事类赋》卷一八"道光"条，皆明确注明"蔡邕《琴操》"字样。其他《文选》注、《太平御览》已见引蔡邕《琴操》。这说明，蔡邕《琴操》与孔衍《琴操》，当为不同的两种书。只不过蔡邕《琴操》，亡佚较早，至宋代或已不传。王应麟《玉海》一一〇称："张衡赋注引蔡邕《琴操》，隋、唐《志》有孔衍《琴操》，《唐志》有桓谭《琴操》，并无蔡邕。"②即可为证。

桓谭《琴操》，后世也有征引，如元梁益《诗传旁通》卷一、卷一三两次引桓谭《琴操》之"文王初为岐侯"句；《路史》卷二六引"文王初为岐侯"，虽然仅仅注明是引自《琴操》，但此材料不见于他书，很可能是桓谭《琴操》之佚文。结合元代刘履引孔衍《琴操》分析，元代桓谭《琴操》仍存。

综上，桓谭、蔡邕、孔衍当各有《琴操》书。元梁益《诗传旁通》引桓谭《琴操》佚文，说明至晚在元代，还能看到署名桓谭的《琴操》。《江南通志》卷一九二称："汉《琴操》二卷，沛国桓谭。"是相信桓谭《琴操》的真实性。两《唐志》分别著录"桓谭《琴操》"、"孔衍《琴操》"，是相信桓、孔二书并存之证；清曾朴《补后汉书艺文志并考》、姚振宗《后汉艺文志》分别著录"桓谭《琴操》"、"蔡邕《琴操》"，是学者相信桓、蔡二书并存之证。以此类推，唐宋当有一批学者相信三人皆有《琴操》。

桓谭《琴操》，不知其内容究竟如何，但根据《乐元起》与《乐元语》之雷同文献看，今题蔡邕《琴操》，很可能与桓谭《琴操》、孔衍《琴操》大部雷同。此或桓谭《琴操》前期不彰、后世亡佚的主要原因。

①不可能是蔡邕《琴操》的原因，就在于其书史志未著录，亡佚较早，唐宋已无完书。
②王应麟：《玉海》卷一一〇，第4册，第2042页。

研究《琴操》，不能简单将该书笼统归之于某人名下，应当根据史书著录情况与类书保存的《琴操》文献资料，分门别类进行深入分析，哪些可能属于孔衍、桓谭，哪些属于后世认同的蔡邕，都要认真分析。本文仅仅做了一个简单尝试，要全面考察《琴操》，还要做更为深入的文献整理与考证。

五、《太初历法》考辨

《太初历法》，见于清代文献《江南通志》卷一九二："《太初历法》三卷，沛国桓谭。"清顾怀三《补后汉书艺文志》卷四："桓谭《太初历法》三卷。"钟肇鹏认为："顾氏盖本于此。肇鹏案桓谭《太初历法》，历代史志均无著录，《江南通志》亦不言出处，疑为误记。"①周大任认同此说："成孺（1816—1883）之《汉太初历考》，详考太初历律，倘桓谭有《太初历法》一书，成孺应有所闻。今观其书，屡言桓谭同时之刘歆（？—23）、贾逵（30—101）、班固诸人，至于桓谭则无一字述及。是则《江南通志》此录之果足采信否？实不能无疑。倘确有属名桓谭之《太初历法》，则其或如钟肇鹏所疑为'误记'，抑或为后人伪托，宜非桓谭之作也。"②周大任之说，有两处未必合适：第一，"桓谭有《太初历法》一书，成孺应有所闻"，而根据常识判断，成孺未必一定"应有所闻"；第二，"抑或为后人伪托"，显然有自相矛盾之处：如果该书确为后人伪托，并署名"桓谭"，当时学者及其著作，当有流传，成孺"有所闻"就是最有可能的事情。

《江南通志》曾著录桓谭《琴操》，应当不会出现"误记"的情况。笔者怀疑，其说应非虚造，当有所据。但确如钟肇鹏、周大任二位先生所言，由于资料缺乏，究竟该书如何出现，与桓谭有多少关系，确实不易考察。

据朱谦之《新辑本桓谭新论》，桓谭曾论历法，如《初学记》卷四"璧月"条："桓谭《新论》曰：日从天元已来，讫十一月朔朝冬至，日月若连璧。""推元"条："桓谭《新论》曰：通历数家算法，推考其纪，从上古天元已来，讫十一月甲子夜半朔冬至。"这就是说，桓谭精通历法。汉《太初历法》，施行时间由汉武帝太初元年夏五月至后汉章帝元和二年二月，共存在了一百八十九年，恰好是桓谭生活的时段。尤其是，与桓谭同时的刘歆、扬雄，对太初历

①钟肇鹏、周桂钿：《桓谭王充评传》，上册，第7页。
②周大任：《桓谭见知著述探考》，《台大中文学报》2011年第34期。

法多有论述,三人皆曾"辩析疑异",桓谭有编撰《太初历法》的条件。但客观说来,上述资料,不足以成为断《江南通志》著录之《太初历法》为桓谭所著的关键证据。

观《江南通志》,桓谭《太初历法》,其上列西汉刘向《九章重差》一卷、刘歆《三统历法》三卷、翼奉《风角要经》十一卷与《风角鸟情》一卷;桓谭下,则为三国吴陆绩《三国浑天图说》一卷。从时代上说,没有什么错误。刘向《九章重差》至两《唐志》始有著录,四库馆臣以为是将刘徽《九章重差图》讹为刘向《九章重差》,一书三出所致:

> 《隋志》、《唐志》又皆有刘徽《九章重差图》一卷,盖其书亦另本单行,故别著于录,一书两出。至《唐志》兼列刘向《九章重差》一卷,则徽之《重差》既自为卷,因遂讹刘徽为刘向,而一书三出耳。①

此说虽不无道理,但究属推测,尚无实证。桓谭《太初历法》,与之尚有不同,因为该书向无著录,亦无相似著作。

桓谭的《仙赋》,在王应麟《玉海》与清代《陕西通志》中,被称为《集灵宫赋》,后者之名是王应麟以后的讹传。这给我们一个启示:《江南通志》中的桓谭《太初历法》,是否也是后人辑录桓谭有关历法文献而成?其书名如《集灵宫赋》一样,属于后人所题。当然,笔者也不否定钟肇鹏与周大任先生的说法,只是结合所见资料,提供一个思考的方向而已。

第二节　《新论》亡佚时间考

《新论》亡佚时间,所知有如下几种说法:

1. 亡于唐末。严可均称:"其书宋时不著录。"②

2. 亡于南宋。孙冯翼《桓子新论序》认为亡佚在南宋:"隋、唐《经籍志》及《新唐志》俱称十七卷,盖仍依十六篇为卷,并目录为十七耳。《宋史·艺文志》不载谭书,晁公武、陈振孙亦皆不言及,则其亡佚当在南宋时。裴松之补注《蜀志》引《琴道篇》语,而不著《琴道》之名,以《文选注》所引《琴道》

---

①《钦定四库全书总目·海岛算经》卷一〇七,中华书局1997年版,第1403页。

②严可均:《全上古三代秦汉三国六朝文》,第1册,第537页。

证之,故确然可据也。"①郭茵认为北宋以后的著作已经没有著录,可能亡于金兵南下时期②。

3. 亡于宋世。梁玉绳《瞥记》笼统称为"宋世":"桓谭《新论》二十九篇,凡十七卷,其书盖亡于宋世,故《宋史·志》、《文献通考》皆无之。"③董俊彦《桓谭研究》亦认为:"《隋志》云为十七卷,但宋书已不著录,可知《新论》在宋时久已佚失。"④

4. 亡于清。全祖望《扬子云生卒考》称:"常熟钱尚书谓《新论》在明季尚有完书,惜无从得一见之。"⑤据此而言,桓谭《新论》当亡于清代。

《新论》亡于唐、宋之说,并无实证。至于全祖望之言,由于未见该书,故严可均认为:"全谢山《外集》卷四十称常熟钱尚书谓《新论》在明季尚有完书,恐非其实。"⑥然而,清孙从添《上善堂宋元板精钞旧钞书目》,著录"《桓子新论》十七卷,赵清常校宋本"⑦。这个问题,早已由日本学者守屋美都雄在其《关于李悝〈法经〉的一个问题》中指出。周大任据此考证:"赵清常者,即赵琦美(字玄度,号清常道人,1563—1642),乃晚明著名之藏书家,《脉望馆书目》即其藏书目录也。孙《目》既录'《桓子新论》十七卷',又言彼为'清常校宋本',可知是书原属赵琦美所有,其后或归钱谦益;又或钱谦益自赵琦美处得知是书,凡此今难详知。然依此条资料所显见,钱谦益所谓'明季《新论》尚有完书'之说,并非无所本而不可信。今倘以孙从添在世之日,为桓《论》尚存全帙时间之下限,则至乾隆三十七年(1772),是书犹见完本。特其书虽犹在人间,为数必稀,知之者尟,故世谓此书亡失久矣。"⑧此以目录学方法,考察桓谭《新论》亡佚时间,确有说服力。但此乃孤证,后世仍有质疑。如杨宽《战国史料编年辑证》就认为,孙从添《目》"有很多疑问"、赵琦美之《桓子新论》校宋本"也是个谜"。周大任对此有详细的反驳意见,坚持桓谭《新论》在乾隆中叶尚见完书说。

①桓谭:《桓子新论》,《丛书集成初编》,商务印书馆1939年版,页码不详。
②郭茵:《桓谭及其〈新论〉考辨》,《淮阴师专学报》1996年第3期。
③梁玉绳:《清白士集·瞥记》《续修四库全书》,上海古籍出版社2002年版,第1157册,第14页。
④董俊彦:《桓谭研究》,文史哲出版社1986年版,第157页。
⑤全祖望著,朱铸禹汇校集注:《全祖望集汇校汇注》,上海古籍出版社2000年版,第1581页。
⑥严可均:《桓子新论序》,吴则虞:《桓谭〈新论〉》,第162页。
⑦林夕主编,煮雨山房辑:《中国著名藏书家书目汇刊》(明清卷),第431页。
⑧周大任:《桓谭见知著述探考》,《台大中文学报》2011年第34期。

周大任的辩驳意见，多为间接证据，不足以释学者之疑。从明代引《新论》资料看，可以说明一点问题。

明彭大翼《山堂肆考》卷二七引《新论》："扶风邠亭，本太王所居，有夜市。古词'铁马牙旗穿夜市'。"按：末句出自苏轼《上元夜》"牙旗穿夜市，铁马响春冰"，当为《山堂肆考》编者之言，朱谦之将其误入《新论·离事》。《山堂肆考》是明万历年间彭大翼编纂的大型类书，其记载不见于他书，但相似文献见于南宋谢维新《古今合璧事类备要别集》"邠亭太王所居，有夜市（桓谭《新论》）"，故《山堂肆考》的记载还是有其来源的。二书所记，文字有所差异，尤其引古词"铁马牙旗穿夜市"，为谢维新书所无，知《山堂肆考》并非直接抄自《古今合璧事类备要》。

又梁剡令刘昭补并注《后汉书》卷二九《郡国志》亦有相似文献："《新论》曰：邠在漆县，其民有会日，以相与夜中市，奴不为，则有灾咎。"这说明，谢维新、彭大翼的记载确实可靠。但明代彭大翼引《新论》所言"太王所居"，不见于刘昭注语，可知谢维新、彭大翼亦非抄自刘昭。如此，谢维新、彭大翼皆曾见桓谭《新论》，证该书之亡佚，不在南宋或有明。

全祖望（1705—1755）、严可均（1762—1843）皆未见《新论》，结合上文孙从添（1692—1767）的记载，桓谭《新论》或至乾隆（1735—1795 年在位）初年仍然存在，其亡佚亦当距此不远。

综上所述，《新论》或在清代乾隆中期之前尚有完书，《桓谭集》至晚在唐代仍然存在。严可均收录桓谭《启事》，实误收班彪之文。《乐元起》与《琴操》虽然著录较晚，可根据相关史料分析，不能轻易否定二者与桓谭的关系。明冯复京《六家诗名物疏》引桓谭《乐元起》，说明该书真实存在过；元梁益《诗传旁通》引桓谭《琴操》，说明该书元代仍存。《太初历法》一书，出现最晚，且仅见一次记载，可以肯定并非桓谭撰作，但后人辑录桓谭语以成书的可能性也不能排除。

第三章　文本"微澜"：桓谭与两汉之际古文经学的文本诠释

经学的主要架构，在两汉之际基本确定下来。刘歆推崇的《左传》、杜林的《古文尚书》，虽然属于一种"新学"，但其学术意图，还是想将《左传》、《古文尚书》纳入"主流经学"的行列，也是对学术秩序、文本秩序的进一步充实与规范。同时，从"文本秩序"的角度看，以刘向、刘歆为首的整理者，在对先秦、西汉的典籍整理之后，刘歆、王莽等人提出的"古文经学"，似乎是"秩序"之下的"微澜"。桓谭是"文本秩序"中稳定文本的诠释者，同时也是这个"文本微澜"的见证者与参与者。

作为处于两汉之际的重要学者，桓谭非常熟悉当时经学的发展动态。尤其是，他与扬雄、刘歆保持着密切的学术联系，这使得他能够了解西汉末年经学典籍出现、流传的历程。桓谭《新论·正经》，记载了古文经学典籍的卷帙、流传情况，与后世说法有所出入。本章即将桓谭之说与《汉书·艺文志》比较，探讨桓谭说法的可靠程度；同时，通过考察桓谭反对立《左传》为博士的原因，分析当时谶纬思想对经学的浸染，从而揭示两汉之际经学发展状况及其思想背景。

第一节　桓谭所见经学文献辨析

桓谭《新论·正经》，记载了古文《易》、《书》、《礼记》、《孝经》、《论语》的卷帙与文字差异情况，还记载了《左传》的发现与流传过程，以及《左传》与《春秋》的关系。这是较早记载古文经学的发现与传播的文献，也是较早记载《左传》的资料。根据《汉书·艺文志》、《隋书·经籍志》以及《汉书》中其他对古文经学的记载，我们可以对桓谭的说法进行深入梳理，从而考察古文典籍以及《左传》在当时的发现与流传情况。

《新论·正经》称：

> 《易》，一曰《连山》，二曰《归藏》，三曰《周易》。《连山》八万言，《归

藏》四千三百言。夏《易》烦而殷《易》简,《连山》藏于兰台,《归藏》藏于太卜。古文《尚书》旧有四十五卷,为五十八篇。古帙《礼记》有五十六卷。古《论语》二十一卷,与齐、鲁文异四百余字。古《孝经》一卷二十章,千八百七十二字,今异者四百余字。嘉论之林薮,文义之渊海也。①

此处,桓谭提及《易》、《书》、《礼记》、古《论语》、古《孝经》书名、卷数、与传世本异同情况。《汉书·楚元王传》称"及歆亲近,欲建立《左氏春秋》及《毛诗》、《逸礼》、《古文尚书》皆列于学官",与桓谭说颇有相合之处。

今结合其他资料,详细分析桓谭所见文献资料。

《易》

桓谭云:"《易》,一曰《连山》,二曰《归藏》,三曰《周易》。《连山》八万言,《归藏》四千三百言。夏《易》烦而殷《易》简,《连山》藏于兰台,《归藏》藏于太卜。"

《连山》、《归藏》与《周易》三《易》之说,又见《周礼·春官·大卜》:"(大卜)掌三《易》之法:一曰《连山》,二曰《归藏》,三曰《周易》。其经卦皆八,其别皆六十有四。"《春官·筮人》又云:"筮人掌三《易》,以辨九筮之名:一曰《连山》,二曰《归藏》,三曰《周易》。"②《汉书·艺文志》录《易》十三家,二百九十四篇,无《连山》、《归藏》二《易》。王应麟《汉艺文志考证》引桓谭语称"汉世盖有二《易》",顾实《汉书艺文志讲疏》以为《连山》、《归藏》盖"西京中秘所不藏"③。后世多以《连山》、《归藏》为刘歆伪造。

桓谭与刘歆同时而稍后,如果《连山》、《归藏》出刘歆伪造,桓谭应有所知。然据此处桓谭将《连山》、《归藏》与古文《尚书》、《论语》、《孝经》放在一处比较分析来看,《连山》、《归藏》很可能与古《尚书》、《论语》、《孝经》一样,是被当时人同时发现的古书。说刘歆曾经见知,当有可能;说出于刘歆伪造,则言过其实。据桓谭"《连山》藏于兰台,《归藏》藏于太卜"之说,二《易》很可能是从民间搜集而来藏于中宫的古书。

《连山》、《归藏》之名,《周礼注疏》卷二四有详细解释:"名曰《连山》,似

---

①《新辑本桓谭新论》,第 38 页。

②《周礼注疏》,阮元校刻:《十三经注疏》,中华书局 1980 年版,第 802—803、805 页。

③顾实:《汉书艺文志讲疏》,王承略、刘心明主编:《二十五史艺文经籍志考补萃编》(第四卷),清华大学出版社 2011 年版,第 25 页。

山出内气也者。此《连山易》，其卦以纯艮为首，艮为山，山上山下，是名《连山》。云气出内于山，故名《易》为《连山》。《归藏》者，万物莫不归而藏于其中者。此《归藏易》，以纯坤为首。坤为地，故万物莫不归而藏于中。故名为《归藏》也。"①桓谭称"《连山》藏于兰台"，汉焦赣《易林·巽之明夷》："典策法书，藏兰台，虽遭溃乱，独不逢灾。"据此知《连山》属"典策"一类。"《连山》八万言"，内容可见他书引用，如《水经注》引《连山易》："有崇伯鲧伏于羽山之野。"《帝王世纪》引《连山易》："禹娶涂山氏之子，名曰攸，生余。"又："禹娶涂山之子，名曰攸女，生启。"此类"典策"，有"史书"与帝系性质。

"《归藏》藏于太卜"，秦时已有太卜，掌三兆之法、三《易》之法、三梦之法，知《归藏》乃卜筮之书。

由于《后汉书》称桓谭"博学多通，遍习《五经》"，故他对三《易》有所了解，并且从他所言"《连山》八万言，《归藏》四千三百言"分析，他可能曾熟读《连山》、《归藏》。

正史记载三《易》较晚。《史记》、《汉书》、《后汉书》皆不记《连山》、《归藏》。史书最早记载，见《三国志》卷四《魏书·三少帝纪》：

> 丙辰，帝幸太学，问诸儒曰："圣人幽赞神明，仰观俯察，始作八卦，后圣重之为六十四，立爻以极数，凡斯大义，罔有不备，而夏有《连山》，殷有《归藏》，周曰《周易》，《易》之书，其故何也？"《易》博士淳于俊对曰："包羲因燧皇之图而制八卦，神农演之为六十四，黄帝、尧、舜通其变，三代随时，质文各繇其事。故《易》者，变易也，名曰《连山》，似山出内气，连天地也；《归藏》者，万事莫不归藏于其中也。"②

此处"夏有《连山》，殷有《归藏》，周曰《周易》"之说，即同桓谭"《连山》八万言，《归藏》四千三百言，夏《易》烦而殷《易》简"。《隋书·经籍志》的记载，已经较为详细："昔宓羲氏始画八卦，以通神明之德，以类万物之情，盖因而重之，为六十四卦。及乎三代，实为三《易》，夏曰《连山》；殷曰《归藏》；周文王作卦辞，谓之《周易》。"③尤其是，《隋书·经籍志》已有针对《归藏》所作

---

①《周礼注疏》，阮元校刻：《十三经注疏》，第803页。
②《三国志》卷四《魏书·少帝纪》，中华书局1959年版，第1册，第135—136页。
③《隋书》卷三四《经籍志》，中华书局1973年版，第4册，第912页。

的注："《归藏》十三卷,晋太尉参军薛贞注。"①《隋志》将《归藏》列于《易》类之首,知唐人视其为先秦古书。这似乎证明,晋代已经见到了完整的《归藏》。然《隋志》又称："《归藏》,汉初已亡,案《晋中经》有之,惟载卜筮,不似圣人之旨。"②

《连山》少见史书记载。《晋书·郭璞传》郭璞《客傲》有"摹《洞林》乎《连山》",意即摹仿古易《连山》而作《洞林》。《洞林》亦称《易洞林》,记郭璞筮验六十余事。据此而言,郭璞应该看到过《连山》。但也有人指出："在郭璞《客傲》一文中,'连山'一词并非实指古易《连山》,它仅仅是出于修辞上的需要,即为了与下文的'洞林'对仗而临时被派上用场的。"③这种说法,似乎过于保守了。

《易洞林》见《太平御览》的记载：

> 《易洞林》曰："郭璞为左尉周恭卜云：'君堕马伤头,尉后乘马行,黄昏,坂下有犊车触马,马惊,头打石上,流血殆死。'"(卷三百六十四)④

> 郭璞《易洞林》曰："殷洪乔令吾作卦,得《大壮》之《夬》,语之云：'慎勿与许姓者共事田作也,必斗相伤。'殷还宣城,遂与许姓共田。田熟有所争,此人举杖欲撞之。乔退思中间之戒,辞谢,仅乃得休。"(卷四百九十六)

> 《易洞林》曰："太子洗马荀子骥家中以龙铜魁作食歘鸣。"(卷七百五十八)

> 《易洞林》曰："吴兴太守袁玄瑛当之官,筮卦吉凶,曰：'至官,当主赤蛇为妖,不可杀。'全,果有赤蛇在铜虎符石函上翊,玄瑛挝杀之。其后果为贼徐馥所害。"(卷八百八十五)⑤

根据《易洞林》的相关记载分析,桓谭所言八万言之《连山》,应该是多如此

---

①《隋书》卷三四《经籍志》,第 4 册,第 909 页。
②《隋书》卷三四《经籍志》,第 4 册,第 913 页。
③连镇标：《郭璞易学渊源考》,《周易研究》1999 年第 3 期。
④此材料又见于《艺文类聚》卷一七《洞林》曰："郭璞为左尉周恭卜云：'君且堕马伤头。'尉后乘马行,黄昏,坂下有犊车触马,马惊,头打石上,流血殆死。"(欧阳询：《艺文类聚》卷一七,董治安主编：《唐代四大类书》,清华大学出版社 2003 年版,第 880 页)
⑤李昉：《太平御览》,第 2 册、第 3 册、第 4 册,第 1677、2271、3365、3931 页。

类之卜筮、预言文献。这种文献，多属本时代生活类事迹，后世不熟悉其中的人物掌故，最易亡佚。《隋书·经籍志》著录"《连山》三十卷，梁元帝撰"[①]，在占书之类，当是梁元帝萧绎（508 — 554）仿夏《连山》而新造之书。

古《尚书》

《新论》："古文《尚书》旧有四十五卷，为十八篇。"[②]此说与《汉书·艺文志》说不同："《尚书古文经》四十六卷，为五十七篇。……《古文尚书》者，出孔子壁中。武帝末，鲁共王怀孔子宅，欲以广其宫。而得《古文尚书》及《礼记》、《论语》、《孝经》凡数十篇，皆古字也。"[③]阎若璩《尚书古文疏证》卷二以为桓谭《新论》"四十五"当为"四十六"之误，"十八"上脱"五"。

古《礼记》

桓谭称："古帙《礼记》有五十六卷。"《汉书·艺文志》："《礼古经》五十六卷，《经》十七篇。后氏、戴氏。《记》百三十一篇。七十子后学者所记也。"[④]据此可知桓谭所见古《礼记》卷数，同《汉书》所记。

古《论语》

桓谭称："古《论语》二十一卷，与齐、鲁文异音四百余字。"[⑤]《经典释文》卷一则称：

> 古《论语》者，出自孔氏壁中，凡二十一篇，有两《子张》，如淳云："分《尧曰》篇后'子张问何如可以从政'以下为篇名，曰《从政》。"篇次不与齐、鲁《论》同。《新论》云："文异音四百余字。"[⑥]

《经典释文》"二十一篇"，即桓谭《新论》所言"二十一卷"；桓谭称古《论语》"与齐、鲁文异音四百余字"，《经典释文》则称"有两《子张》，篇次不与齐、鲁《论》同"。朱谦之本此处所言"与齐、鲁文异四百余字"，即本诸《经典

---

①《隋书》卷三四《经籍志》，第 4 册，第 1034 页。
②《新辑本桓谭新论》，第 38 页。
③《汉书》卷三〇《艺文志》，第 6 册，第 1705—1706 页。本节引文多用此书，不赘注。
④《汉书》卷三〇《艺文志》，第 6 册，第 1709 页。
⑤严可均辑本误为"六百四十余字"。
⑥陆德明：《经典释文》卷一，《四部丛刊初编》，商务印书馆 1919 年版，第 15 页。

释文》。

《汉书·艺文志》:"《论语》古二十一篇。出孔子壁中,两《子张》。《齐》二十二篇。多《问王》、《知道》。"①此"二十一篇",如淳称:"分《尧曰》篇后子张问'何如可以从政'已下为篇,名曰《从政》。"此处所言"篇"即"卷",同桓谭说。《汉书·艺文志》"《齐》二十二篇。多《问王》、《知道》",今刘贺墓出土《论语》,文字与今传本有异,人皆以为即世传之《知道》篇。桓谭又称古《论语》与"齐、鲁文异音四百余字",此"音"不知如何确定有异。但由桓谭之说可以看出,两汉之际古《论语》与齐、鲁《论》并行流传。

古《孝经》

桓谭:"古《孝经》一卷二十章,千八百七十二字,今异者四百余字。"②《汉书·艺文志》:"《孝经古孔氏》一篇,二十二章。《孝经》一篇,十八章。……《孝经》者,孔子为曾子陈孝道也。夫孝,天之经,地之义,民之行也。举大者言,故曰《孝经》。汉兴,长孙氏、博士江翁、少府后仓、谏大夫翼奉、安昌侯张禹传之,各自名家。经文皆同,唯孔氏壁中古文为异。'父母生之,续莫大焉','故亲生之膝下',诸家说不安处,古文字读皆异。"③由班固之言亦可知,古《孝经》与汉代四家所传皆有异。桓谭所言古《孝经》,篇数与《汉书·艺文志》、《孝经古孔氏》不同:古《孝经》一卷二十章、《孝经古孔氏》一篇二十二章、《孝经》一篇十八章,章数有异。许冲《上说文解字书》称:"古文《孝经》者,孝昭帝时鲁国三老所献,建武时给事中议郎卫宏所校。"刘向《别录》:"《孝经古孔氏》者,古文字也。《庶人章》分为二也,《曾子敢问章》为三,又多一章,凡二十二章。"④而桓谭古《孝经》文字,与世传本有四百余字不同。这就说明,桓谭所见古《孝经》,与世传本在章数、文字上皆有差异。

《春秋》三传

《新论·正经》:"《左氏传》遭战国寝藏。后百余年,鲁人穀梁赤作《春

---

① 《汉书》卷三〇《艺文志》,第6册,第1716页。
② 《新辑本桓谭新论》,第38页。
③ 《汉书》卷三〇《艺文志》,第6册,第1718—1719页。
④ 姚振宗:《汉书艺文志条理》,王承略、刘心明主编:《二十五史艺文经籍志考补萃编》(第三卷),清华大学出版社2011年版,第124页。

秋》，残略，多有遗文，又有齐人公羊高，缘经文作传，弥失本事矣。《左氏传》于经，犹衣之表里，相持而成。经而无传，使圣人闭门思之，十年不能知也。"[①]而《汉书·艺文志》则称："《春秋古经》十二篇，《经》十一卷。公羊、穀梁二家。《左氏传》三十卷。左丘明，鲁太史。《公羊传》十一卷。公羊子，齐人。《穀梁传》十一卷。穀梁子，鲁人。《邹氏传》十一卷。……古之王者世有史官，君举必书，所以慎言行，昭法式也。左史记言，右史记事，事为《春秋》，言为《尚书》，帝王靡不同之。周室既微，载籍残缺，仲尼思存前圣之业，乃称曰：'夏礼吾能言之，杞不足征也；殷礼吾能言之，宋不足征也。文献不足故也，足则吾能征之矣。'以鲁周公之国，礼文备物，史官有法，故与左丘明观其史记，据行事，仍人道，因兴以立功，就败以成罚，假日月以定历数，借朝聘以正礼乐。有所褒讳贬损，不可书见，口授弟子，弟子退而异言。丘明恐弟子各安其意，以失其真，故论本事而作传，明夫子不以空言说经也。《春秋》所贬损大人当世君臣，有威权势力，其事实皆形于传，是以隐其书而不宣，所以免时难也。及末世口说流行，故有《公羊》、《穀梁》、《邹》、《夹》之《传》。四家之中，《公羊》、《穀梁》立于学官，邹氏无师，夹氏未有书。"[②]

此处桓谭论《左氏春秋》、《穀梁春秋》、《公羊春秋》的流传，阐明了《春秋》三传的流传、保存，以及三书的成书过程和主旨。桓谭言："《左氏传》于经，犹衣之表里，相持而成。经而无传，使圣人闭门思之，十年不能知也。"《艺文志》称："《春秋》所贬损大人当世君臣，有威权势力，其事实皆形于传。"说明了《左传》成书的学术意义。

《左传》于西汉末年面世，遭时人毁弃，只有刘向与刘歆父子、桓谭、扬雄、王莽等人对其较为重视。说《左传》面世较晚有可能，说其出于刘歆等伪造实有可疑。桓谭作为《左传》的见证者，对此类文献的记载，是有一定学术价值的。

第二节　桓谭的经学思想

根据《后汉书·桓谭传》与《新论·正经》文字，我们可以分析桓谭的经

---

①《新辑本桓谭新论》，第 39 页。

②《汉书》卷三〇《艺文志》，第 6 册，第 1712—1715 页。

学思想。据《后汉书》记载，桓谭"博学多通，遍习《五经》"，但他对《五经》"皆诂训大义，不为章句"，故后世未见其经学注疏著作。

桓谭"不为章句"，致使他对俗儒的章句之学非常排斥，同时也招致了俗儒的反对。《后汉书·桓谭传》记载他"喜非毁俗儒，由是多见排抵"，当为事实。《汉书·艺文志》注引《新论》，记载桓谭批评秦近君说《尧典》的行为，可见其对"章句之学"的态度："秦近君能说《尧典》，篇目两字之说，至十余万言，但说'曰若稽古'二三万言"。《汉书·艺文志》有秦恭（延君），"增师法至百万言"，朱谦之认为"近"为"延"字之形讹[①]。王应麟《汉艺文志考证》亦作此说。据《汉书·儒林传》秦延君生汉成帝世分析，桓谭与秦延君大致同时。

桓谭在此批评西汉俗儒说经之"以多为能"。宋林之奇《尚书全解》卷一引桓谭批评秦近君说《尧典》事，认为"古之人其说经也，以约为难，不以多为难"。而俗儒"以多为能"，则开后世说经"滋蔓"之弊，是以宋晁以道《儒言》评论道：

> 桓谭谓："秦近君能说《尧典》篇目，两字之说，至千余言，但说'若稽古'三万言。"班固叹后世经传既已乖离，博学者又不思多闻阙疑之义，而务碎义逃难，便辞巧说，破坏形体，说五字之文，至于二三万言，是今日滋蔓伤本之弊。[②]

由此可知，桓谭在当时对俗儒说经之弊，已经有清醒的认识。

桓谭批评秦近君的说经方式，与其说经"以约为上"的思想以及当时"通人"之学有关。何谓"通人"？王充《论衡·超奇》云："通书千篇以上，万卷以上，弘畅雅闲，审定文读，而以教授为人师者，通人也。杼其义旨，损益其文句，而以上书奏记，或兴论立说，结连篇章者，文人、鸿儒也。"[③]"通人"不好章句，是以刘勰《文心雕龙》即曾论曰："若夫注释为词，解散论体，杂文虽异，总会是同。若秦延君之注《尧典》，十余万字；朱普之解《尚书》，三十万言：所以通人恶烦，羞学章句。若毛公之训《诗》，安国之传《书》，郑君之

---

①《新辑本桓谭新论》，第 38 页。
②晁说之：《儒言》，《景印文渊阁四库全书》，第 698 册，第 503 页。
③黄晖：《论衡校释》，中华书局 1990 年版，第 2 册，第 606 页。

释《礼》，王弼之解《易》，要约明畅，可为式矣。"①可知桓谭时代，"通人"说经之"要约"，是当时一股新兴的学术风气，与俗儒说经之繁琐多有不同，与"文人"、"鸿儒"之"杼其义旨，损益其文句"亦有不同。

桓谭对当时出现的古文典籍高度重视，并给与了充分的学术价值判断。据上文，桓谭所见多古文经书，如古文《尚书》、《论语》、《礼记》、《孝经》，多当时人鲜见并少关注者。在论述此类古文经书之后，桓谭称其为"嘉论之林薮，文义之渊海"②，是高度肯定古文经书的学术价值，并期待其成为学者们引经据典的渊薮。另由桓谭此言看出，当时子书之"论"与"义"，皆与经书有莫大关联。

桓谭说经，多古文说，如《新论·求辅》记载其解"大麓"曰："尧能则天者，贵其能臣舜、禹二圣。昔尧试舜于大麓者，领录天下之事，如今之尚书官矣。宜得大贤智，乃可使处议持平。"③"大麓"，是汉魏经学争议较大的学术问题，如孔安国《尚书》认为："麓，录也。纳舜使大麓万机之政，阴阳和，风雨时，各以其节，不有迷错愆伏，明舜之德合于天。"④孙星衍以为孔安国说为古文说，且王充《论衡·乱龙》所言"舜以圣德，入大麓之野，虎狼不犯，龙蛇不害"同孔安国古文说⑤。

《孔丛子》孔子的解释则为："此言人事之应乎天也。尧既得舜，历试诸艰，已而纳之于尊显之官，使大麓万机之政，是故阴阳清和，五星来备，烈风雷雨各以其应，不有迷错愆伏，明舜之行合于天也。"⑥王肃的解释同《孔丛子》，如《北堂书钞》卷五九"录天下事"条引桓谭《新论》，又"大录万机"条："沈约《宋书》云：'诸公录《尚书》，古制也。'王肃解《尚书》'纳于大麓'曰：'尧纳舜于尊显之官，使天下大录万机之政也。'"⑦另王充《论衡》还有记载："'四门穆穆，入于大麓，烈风雷雨不迷。'言大麓，三公之位也。居一公之位，大总录二公之事，众多并吉，若疾风大雨。"⑧此说亦同《孔丛子》，皆

①范文澜注：《文心雕龙注》，人民文学出版社1958年版，第328页。
②《新辑本桓谭新论》，第38页。
③《新辑本桓谭新论》，第8页。
④《尚书正义》卷三《舜典》，阮元校刻：《十三经注疏》，第126页。
⑤孙星衍撰，陈抗、盛冬铃点校：《尚书今古文注疏》，中华书局2004年版，第33页。
⑥傅亚庶：《孔丛子校释》，中华书局2011年版，第19页。
⑦虞世南：《北堂书钞》，董治安主编：《唐代四大类书》，第232页。
⑧黄晖：《论衡校释》，第4册，第1146页。

古文说。

由此处可见，孔安国《尚书传》、《孔丛子》、王充《论衡》、王肃的解释，大体一致，皆本于古文说。我们曾经考证，《孔丛子》孔子解"大麓"为"大录万机之政"、"尊显之官"，与桓谭、王肃之说相同，而与马融、郑玄之说有异①。方以智《通雅》卷一"大麓为大录"条云："《孔丛》、桓谭皆同。"清孙嵘就认为《孔丛子》与《尚书注疏》相合："此说与注疏合意，古相传如此。今以大麓为山麓，是尧纳舜于荒险之地，而以狂风霹雳试其命，何异于茅山道士之斗法哉？"②由此可见，桓谭的说法，与孔安国《尚书传》、《孔丛子》之孔氏家学思想，以及王充、王肃等古文说，皆有内在思想联系。孙星衍则认为，桓谭的说法，属于当时夏侯、欧阳氏等今文经学说③，此说恐误。

对孔子《春秋》，当时诸儒的普遍学术认识是："诸儒睹《春秋》之文，录政治之得失，以为圣人复起，当复作《春秋》也。自通士若太史公，亦以为然。"桓谭对此提出了不同意见，他认为："余谓之否，何则？前圣后圣，未必相袭也。夫圣贤所陈，皆同取道德仁义，以为奇论异文，而俱善可观，犹人食皆用鱼肉菜茹，以为生熟异和而复俱美者也。"④桓谭此处所言，与《孟子》所言"圣人复起，必从吾言"、"圣人复起，不易吾言"思想一致。桓谭著《新论》，自以为其书与《春秋》褒贬思想，完全一致。他所言"前圣后圣，未必相袭。夫圣贤所陈，皆同取道德仁义，以为奇论异文，而俱善可观"，一方面体现了桓谭自我期许之高，"拟圣"意识十分强烈；另一方面，也体现了桓谭著作"尚新"的学术目的。

基于此类思想，桓谭对扬雄的《太玄》，十分推崇，并将其次于《五经》。朱谦之将桓谭论扬雄《法言》、《太玄》的文字，置于《正经》，当有其道理。而桓谭将扬雄之作比《五经》的思想，与他"圣贤所陈"、"俱善可观"思想一脉相承。

桓谭对扬雄《太玄》非常熟悉，他认为：

> 扬雄作《玄书》，以为玄者，天也，道也，言圣贤著法作事，皆引天道以为本统，而因附续万类、王政、人事、法度。故宓羲氏谓之《易》，老子

---

① 孙少华：《〈孔丛子〉的编纂与撰写体式及其刊刻变化》，《文史》2010 年第 2 辑。
② 孙嵘：《西园随录》，江苏广陵古籍刻印社 1991 年版，第 141 页。
③ 孙星衍撰，陈抗、盛冬铃点校：《尚书今古文注疏》，第 33 页。
④ 《新辑本桓谭新论》，第 40 页。

> 谓之道，孔子谓之元，而扬雄谓之玄。《玄经》三篇，以纪天地人之道，立三体有上中下，如《禹贡》之陈三品。三三而九，因以九九八十一，故为八十一卦。以四为数，数从一至四，重累变易，竟八十一而遍，不可损益，以三十六蓍揲之。《玄经》五千余言，而《传》十三篇也。①

桓谭将扬雄《太玄》称作《玄经》，并明确提出"若遇上好事，必以《太玄》次《五经》"。他将扬雄之"玄"，与伏羲之《易》、老子之"道"、孔子之"元"并提，显然具有将扬雄列于伏羲、老子、孔子圣贤之后的思想，是将扬雄纳入"圣道"，同时他还具有梳理醇儒学术正统的意识。很大程度上，他将扬雄比作两汉之际的圣人，将扬雄的思想看作是具有革新汉代学术的意义：

> 王公子问："扬子云何人邪？"答曰："才智开通，能入圣道，卓绝于众，汉兴以来，未有此人也。"国师子骏曰："何以言之？"答曰："通才著书以百数，惟太史公广大，余皆丛残小论，不能比之子云所造《法言》、《太玄经》也。《玄经》数百年，其书必传。"②

一个"其书必传"，说明了桓谭对扬雄本人与其学术著作的高度评价。尤其是，桓谭认为："世咸尊古卑今，贵所闻，贱所见。……故轻易之。"显然具有一定的"尚新"甚至说"尊今"思想。

对《春秋》三传，桓谭也有自己的学术认识。他认为《公羊传》、《穀梁传》皆"失本事"。桓谭对桓谭《公羊传》、《穀梁传》的态度，可由其《正经》文字记载一窥全豹。朱谦之、严可均本《正经》，皆录《古文苑》卷一一郗炎《对事》引桓谭语："吴之篡弑灭亡，衅由季札，札不思上放周公之摄位，而下慕曹臧之谦让，名已细矣。《春秋》之趣，岂谓尔乎？"③郗炎东汉末年人，近桓谭之世，其录桓谭语当为可靠。章樵注《古文苑》称：

> 《春秋》襄二十九年，吴子使札来聘。公羊子曰："贤季子也。何贤乎？季子让国也。谒也、余祭也、夷昧也，与季子同母者四。季子弱而才，兄弟同欲立之以为君。谒请兄弟迭为君，而致国乎季子。故谒也死，余祭也立。余祭也死，夷昧也立。夷昧也死，则国宜之季子者也。季子使而亡焉，僚者长庶也，即之。阖庐曰：'将从先君之命，与则国宜

---

① 《新辑本桓谭新论》，第40—41页。
② 《新辑本桓谭新论》，第41页。此处标点有修改。
③ 《新辑本桓谭新论》，第39—40页。

之季子者也。如不从先君之命,与则我宜立者也。僚乌得为君乎?'于是使专诸刺僚而,致国乎季子。季子不受,曰:'尔弑吾君,吾受尔国,是吾与尔为篡也。尔杀吾兄,吾又杀尔,是父子兄弟相杀,终身无已也。'去之延陵,终身不入吴国。故君子以其不受为义,以其不杀为仁。"桓谭东汉人,以《公羊》之说为未然。炎主谭义,设客问以辨明之。[①]

章樵认为桓谭"以《公羊》之说为未然",观其"吴之篡弑灭亡,衅由季札",实当时振聋发聩之语,与世传《公羊传》、《穀梁传》所言"延陵季子之贤,尊君也"之说颇有不同。观《左传》襄公二十九年季札事,亦以其为贤人。桓谭的评论,与《春秋》三传皆不同。《春秋经》襄公二十九年,唯记载曰:"吴子使札来聘。"对季札并无评价。桓谭"《春秋》之趣,岂谓尔乎",恰恰是对《春秋》"微言大义"的分析。由此看出,与《春秋》三传相比,桓谭更推崇《春秋》的记载方式与"褒贬微旨"。

《春秋》三传中,虽然桓谭看似更看重《左传》,如他认为"《左氏传》于经,犹衣之表里,相持而成",其学术意义就在于桓谭所言的"经而无传,使圣人闭门思之,十年不能知也",但是,桓谭对刘向、刘歆父子珍重《左传》,教授子孙的做法,仍然提出了批评:"刘子政、子骏、子骏兄弟子伯玉,俱是通人,尤珍重《左氏》,教授子孙,下至妇女,无不读诵。"[②]从刘氏父子将《左传》"教授子孙,下至妇女"看,《左传》很大程度上在民间与学者中流传,并未进入主流学术圈(如博士)。而《左传》存在的其他学术之弊,也成为桓谭反对将其立博士的主要原因。这个问题,我们将在下一节中详细讨论。

第三节 桓谭反对《左传》立博士与两汉之际谶纬之关系

桓谭一生横跨前、后两汉,与刘歆、扬雄在学术上多有"辩析异义"之事。《左传》最初由刘歆大力提倡,最终在东汉时经陈元驳难立于博士。桓谭处于其中,对《左传》产生、流传与立于学官的过程,比较熟悉。

根据桓谭《新论》的记载,他对《左传》十分推崇:"《左氏传》于经,犹衣

---

① 章樵:《古文苑》卷一一,《景印文渊阁四库全书》,第 1332 册,第 664—665 页。
② 《新辑本桓谭新论》,第 39 页。

之表里，相待而成。经而无传，使圣人闭门思之，十年不能知也。"严可均即叹曰："君山推崇《左氏》如此。"然而，唐刘知几《史通》引《东观汉记》，却认为桓谭曾反对《左传》立于博士："光武兴，立《左氏》，而桓谭、卫宏并共毁訾，故中道而废。"①这与桓谭对《左传》的推崇产生了矛盾，这是什么原因呢？同时，桓谭在其《新论》中，也对刘向、刘歆父子对《左传》过分的"珍重"提出了批评："刘子政、子骏、子骏兄弟子伯玉，俱是通人，尤珍重《左氏》，教授子孙，下至妇女，无不读诵。"②如果桓谭真的十分推崇《左传》，为何会产生这种批评呢？这些问题，不仅涉及到我们对桓谭《左传》态度的认识问题，还涉及到当时《左传》的政治与学术目的、今古文之争、谶纬等问题，有深入考察的必要。

一、光武帝初年《左传》立于学官的斗争

《左传》立于博士之争，是东汉光武帝建武四年前后（28）的事情。建武二年，光武帝拜范升为议郎、博士，尚书令韩歆上疏，欲为《费氏易》、《左氏春秋》立博士。《后汉书·范升传》记载：

> 范升字辩卿，代郡人也。少孤，依外家居。九岁通《论语》、《孝经》，及长，习《梁丘易》、《老子》，教授后生。……建武二年，光武征诣怀宫，拜议郎，迁博士……时，尚书令韩歆上疏，欲为《费氏易》、《左氏春秋》立博士，诏下其议。③

经过两年酝酿，至建武四年，范升对《左传》立于博士一事提出了反对。《后汉书·范升传》称：

> 四年正月，朝公卿、大夫、博士，见于云台。帝曰："范博士可前平说。"升起对曰："《左氏》不祖孔子，而出于丘明，师徒相传，又无其人，且非先帝所存，无因得立。"遂与韩歆及太中大夫许淑等互相辩难，日中乃罢。升退而奏曰："臣闻主不稽古，无以承天；臣不述旧，无以奉君。陛下愍学微缺，劳心经艺，情存博闻，故异端竞进。近有司请置《京氏易》博士，群下执事，莫能据正。《京氏》既立，《费氏》怨望，《左氏

---

①刘珍等撰，吴树平校注：《东观汉记校注》，下册，第627页。

②《新辑本桓谭新论》，第39页。

③《后汉书》卷三六《范升传》，第5册，第1226、1227、1228页。

春秋》复以比类,亦希置立。《京》、《费》已行,次复《高氏》、《春秋》之
家,又有《驺》、《夹》。如今《左氏》、《费氏》得置博士,《高氏》、《驺》、
《夹》、《五经》奇异,并复求立,各有所执,乖戾分争。从之则失道,不从
则失人,将恐陛下必有厌倦之听。……今《费》、《左》二学,无有本师,
而多反异,先帝前世,有疑于此,故《京氏》虽立,辄复见废。……今陛
下草创天下,纪纲未定,虽设学官,无有弟子,《诗》、《书》不讲,礼乐不
修,奏立《左》、《费》,非政急务……《五经》之本自孔子始,谨奏《左氏》
之失凡十四事。"①

据范升所言"《左氏》不祖孔子,而出于丘明,师徒相传,又无其人,且非先帝
所存,无因得立",他反对立《左传》的原因有三:第一,《左传》"不祖孔子";
第二,"师徒相传,又无其人";第三,"非先帝所存"。这就从《左传》的来源、
传授、存废三个角度,否定了《左传》立博士的可能性。最根本的是,范升认
为《春秋》不止一家,立《左氏》、《驺氏》、《夹氏》亦欲置立,恐引起"乖戾分
争"。然据李贤注:"《前书》曰,《驺氏》无师,《夹氏》未有其书也。"②知范升
所言《左传》之缺陷,其他如《驺氏》、《夹氏》亦有之。另对于《易》而言,虽然
存在"《京氏》虽立,辄复见废",但毕竟《京氏》曾被立为博士,为何不能为
《左传》破例呢? 据此分析,范升攻击《左传》的理由,并不十分充分。

建武二年,桓谭被宋弘荐为议郎、给事中。至建武四年,桓谭因为好
"郑声",给事中被免。此时,桓谭与陈元等人是著名儒者,而《左传》立于博
士的争论,也就发生在此时。《后汉书·陈元传》:

> 陈元字长孙,苍梧广信人也。父钦,习《左氏春秋》,事黎阳贾护,
> 与刘歆同时而别自名家。王莽从钦受《左氏》学,以钦为厌难将军。元
> 少传父业,为之训诂,锐精覃思,至不与乡里通。以父任为郎。建武
> 初,元与桓谭、杜林、郑兴俱为学者所宗。时议欲立《左氏传》博士,范
> 升奏以为《左氏》浅末,不宜立。元闻之,乃诣阙上疏曰……书奏,下其
> 议,范升复与元相辩难,凡十余上。帝卒立《左氏》学,太常选博士四
> 人,元为第一。帝以元新忿争,乃用其次司隶从事李封,于是诸儒以

---

① 《后汉书》卷三六《范升传》,第 5 册,第 1228 页。
② 《后汉书》卷三六《范升传》,第 5 册,第 1229 页。

《左氏》之立，论议讙哗，自公卿以下，数廷争之。会封病卒，《左氏》复废。①

毫无疑问，范升与陈元，是这场《左传》立于博士斗争中的主要代表。从今古文学派的角度看，二者显然一为今文、一为古文。

范升，"九岁通《论语》、《孝经》，及长，习《梁丘易》、《老子》"，其《论语》虽然不明何宗，但据其九岁即通，则其所习《论语》当与《孝经》、《梁丘易》一样皆属今文。范升当为今文学派。

陈元，"父钦，习《左氏春秋》，事黎阳贾护，与刘歆同时而别自名家……元少传父业，为之训诂，锐精覃思，至不与乡里通"。《左传》最初乃古文学，陈元当为古文学派。若从学术的角度而言，范升、陈元之争，显然具有今古文之争的影子。但是，如果仅仅是学术上的今古文之争，桓谭不至于反对《左传》立于博士。如桓谭《新论》称古《易》、古文《尚书》、古帙《礼记》、古《孝经》，可知桓谭本人是十分推崇古文经学的，并且十分熟悉它们的卷帙或流传情况。这样的话，《东观汉记》的记载，就与桓谭《新论》产生了矛盾。对于《东观汉记》称桓谭反对《左传》立于博士的说法，严可均曾称："事与《新论》违异，所未审也。"显然不认可《东观汉记》的记载。《后汉书·贾逵传》有贾逵上疏："至光武皇帝，奋独见之明，兴立《左氏》、《穀梁》，会二家先师不晓图谶，故令中道而废。"②这与刘知几引《东观汉记》的记载十分相似，苏诚鉴先生据此以为是《东观汉记》误将贾逵记为陈元了③。

贾逵父贾徽曾从刘歆学《左传》，作《左氏条例》二十一篇；贾逵"悉传父业，弱冠能诵《左氏传》及《五经》本文"，"尤明《左氏传》、《国语》，为之《解诂》五十一篇"，李贤注："《左氏》三十篇，《国语》二十一篇也。"④贾逵对《左传》兴、废的过程当非常熟悉。

陈元的记载最早见于《东观汉记》，后《史通》引用之，其中有"光武兴"之语，显然为刘秀卒后之事。《后汉书·陈元传》："李通罢，元后复辟司徒欧阳歙府，数陈当世便事、郊庙之礼，帝不能用。以病去，年老，卒于家。"⑤

①《后汉书》卷三六《陈元传》，第5册，第1229—1233页。
②《后汉书》卷三六《贾逵传》，第5册，第1237页。
③苏诚鉴：《桓谭》，黄山书社1986年版，第73页。
④《后汉书》卷三六《贾逵传》，第5册，第1234、1235页。
⑤《后汉书》卷三六《陈元传》，第5册，第1234页。

陈元卒，当在光武朝，则《东观汉记》此材料显非陈元当时之辞。如此看来，"光武兴，立《左氏》，而桓谭、卫宏并共毁訾，故中道而废"一语，并非出自陈元之口。但是，这并不能否定确实有"桓谭、卫宏并共毁訾，故中道而废"这种说法。

所以，桓谭、卫宏毁《左氏》，当另有内情。

二、《左传》与谶纬的关系与桓谭对谶纬的态度

两汉之际，对社会政治影响最大的学术思想，并非今古文之争，而是谶纬。谶纬本身就是经学的神秘化。根据《汉书》记载，推崇谶纬的学者，皆以五经说灾异。为了标榜自己的谶纬最为正统，汉儒就积极从古文中寻找证据。《左传》的出现，就有谶纬思想影响的作用。这里有三个学术事实：

第一，刘向、刘歆父子，是使用《左传》解释灾异的先驱，其时已将说灾异与谶纬联系起来。检《汉书·五行志》，存在大量结合《左传》文献解释灾异的记载。其中明言《左传》者自不待言，题刘歆之文，也多出《左传》。《汉书·五行志》言："汉兴，承秦灭学之后，景、武之世，董仲舒治《公羊春秋》，始推阴阳，为儒者宗。宣、元之后，刘向治《穀梁春秋》，数其祸福，传以《洪范》，与仲舒错。至向子歆治《左氏传》，其《春秋》意亦已乖矣；言《五行传》，又颇不同。是以揽仲舒，别向、歆，传载眭孟、夏侯胜、京房、谷永、李寻之徒，所陈行事，讫于王莽，举十二世，以傅《春秋》，著于篇。"① 根据此处"宣、元之后，刘向治《穀梁春秋》，数其祸福，传以《洪范》，与仲舒错。至向子歆治《左氏传》，其《春秋》意亦已乖矣；言《五行传》，又颇不同"可以判断：刘向主要以《穀梁春秋》说灾异，并辅以《洪范》，其中已经有谶纬思想的影响。刘歆说《春秋》"意亦已乖"，是因为他多以《左传》说《春秋》；其"言《五行传》，又颇不同"，是说与刘向的《洪范五行传》不同。二人"不同"之所在，一者因刘向以《穀梁》说灾异，刘歆则参以《左传》；一者因刘向《五行传》有《穀梁》思想，刘歆《五行传》则有《左传》思想影响。因为刘向的《五行传》已经有谶纬思想，刘歆的《五行传》也必有进一步谶纬化趋势，且其《左传》说或者也已经有谶纬倾向。由此可知，《左传》自其面世，就被刘歆等人作为以谶纬说灾异的工具。

---

① 《汉书》卷二七《五行志》，第 5 册，第 1317 页。

第二，《左传》具有与汉代谶纬相同的文献材料与解释方式。《汉书·五行志》引《左传》文、成之世童谣"鸲之鹆之，公出辱之。鸲鹆之羽，公在外野，往馈之马。鸲鹆跦跦，公在乾侯，征褰与襦。鸲鹆之巢，远哉摇摇，裯父丧劳，宋父以骄。鸲鹆鸲鹆，往歌来哭"①，以预言政事。后引汉元帝、成帝时童谣预言王莽代汉事，此已有谶纬含义。在此，《左传》的童谣，与汉元帝、成帝时童谣的解释方式基本一致。

第三，《左传》的记载符合谶纬的记载，汉儒立《左传》，有借其阐释谶纬的意图。《后汉书·贾逵传》即称："臣以永平中上言《左氏》与图谶合者，先帝不遗刍荛，省纳臣言，写其传诂，藏之秘书。建平中，侍中刘歆欲立《左氏》，不先暴论大义，而轻移太常，恃其义长，诋挫诸儒，诸儒内怀不服，相与排之。孝哀皇帝重逆众心，故出歆为河内太守。从是攻击《左氏》，遂为重仇。至光武皇帝，奋独见之明，兴立《左氏》《穀梁》，会二家先师不晓图谶，故令中道而废。凡所以存先王之道者，要在安上理民也。今《左氏》崇君父，卑臣子，强干弱枝，劝善戒善，至明至切，至直至顺。且三代异物，损益随时，故先帝博观异家，各有所采。《易》有施、孟，复立梁丘，《尚书》欧阳，复有大小夏侯，今三传之异亦犹是也。又《五经》家皆无以证图谶明刘氏为尧后者，而《左氏》独有明文。《五经》家皆言颛顼代黄帝，而尧不得为火德。《左氏》以为少昊代黄帝，即图谶所谓帝宣也。如令尧不得为火，则汉不得为赤。其所发明，补益实多。"②此处"言《左氏》与图谶合者"、"《五经》家皆无以证图谶明刘氏为尧后者，而《左氏》独有明文"、"《左氏》以为少昊代黄帝，即图谶所谓帝宣也"云云，皆证贾逵等人欲将《左传》与图谶思想牵合起来。而贾逵称"侍中刘歆欲立《左氏》，不先暴论大义，而轻移太常，恃其义长，诋挫诸儒，诸儒内怀不服，相与排之"，证贾逵以为刘歆推崇《左传》即有谶纬目的；称"兴立《左氏》《穀梁》，会二家先师不晓图谶，故令中道而废"，证贾逵以为郑兴当初立《左传》《穀梁》，也有谶纬目的。

综上可知，《左传》出现虽晚，但一开始就与谶纬思想产生了联系。虽然，处于谶纬盛行的环境中，未必《左传》真的具有谶纬的内容，但避免不了身处其中的《左传》学者为应合谶纬需要，有故意将《左氏》与谶纬联系起来

①《汉书》卷二七《五行志》，第5册，第1394页。
②《后汉书》卷三六《贾逵传》，第5册，第1237页。

的意图。这就是《左传》在谶纬环境中的"被谶纬化"倾向。其实，除了《左氏》，其他典籍恐怕也有努力向谶纬倾斜的趋势。何况，在当时，王莽、刘歆、光武帝刘秀，都相信谶纬之学，尤其是光武帝刘秀，十分推崇谶文、符命，这又出现了将谶纬"官学化"的倾向。

光武帝即位以后的建武元年，曾经以谶文告天，说明图谶在东汉王朝特殊的政治地位。《后汉书·光武帝纪上》：

> 行至鄗，光武先在长安时同舍生强华自关中奉《赤伏符》，曰："刘秀发兵捕不道，四夷云集龙斗野，四七之际火为主。"群臣因复奏曰："受命之符，人应为大，万里合信，不议同情，周之白鱼，曷足比焉？今上无天子，海内淆乱，符瑞之应，昭然著闻，宜答天神，以塞群望。"光武于是命有司设坛场于鄗南千秋亭五成陌。①

这说明，东汉王朝初立之时，已经将图谶作为王朝建立的思想工具，具有官方的正统地位。光武帝建武二年，刘秀征通《内谶》者，又征尹敏、薛汉等校图谶，如《后汉书·儒林传》记载：

> 建武二年，（尹敏）上疏陈《洪范》消灾之术。时世祖方草创天下，未遑其事，命敏待诏公车，拜郎中，辟大司空府。帝以敏博通经记，令校图谶，使蠲去崔发所为王莽著录次比。②
>
> 薛汉字公子，淮阳人也。世习《韩诗》，父子以章句著名。汉少传父业，尤善说灾异谶纬，教授常数百人。建武初，为博士，受诏校定图谶。当世言《诗》者，推汉为长。③

光武帝征尹敏、薛汉校定图谶，有两个目的：第一，选定符合本朝的图谶，删削王莽时所定内容；第二，以官方身份征召博士校定图谶，是将图谶提高到与经学同等的地位，显然将图谶"官学化"了。后，光武帝又以谶封王侯、将官，完全不顾所选之人的德才条件，如《后汉书·景丹传》："世祖即位，以谶文用平狄将军孙咸行大司马，众咸不悦。"④《后汉书·王梁传》："及即位，议选大司空，而《赤伏符》曰'王梁主卫作玄武'，帝以野王卫之所徙，玄武水

①《后汉书》卷一《光武帝纪》，第1册，第21—22页。
②《后汉书》卷七九《儒林传》，第9册，第2558页。
③《后汉书》卷七九《儒林传》，第9册，第2573页。
④《后汉书》卷二二《景丹传》，第1册，第773页。

神之名，司空水土之官也，于是擢拜梁为大司空，封武强侯。"①此处选用孙咸、王梁，即全用图谶，引起了众人的不满。这说明了一个问题：当时也有人反对谶记。虽然，反对孙咸者是从政治利益的角度出发，但也有儒者是从学术角度做出的反对，如尹敏、桓谭就是反对者之一。《后汉书·桓谭传》记载："其后有诏会议灵台所处，帝谓谭曰：'吾欲以谶决之，何如？'谭默然良久，曰：'臣不读谶。'帝问其故，谭复极言谶之非经。帝大怒曰：'桓谭非圣无法，将下斩之！'谭叩头流血，良久乃得解。"②由桓谭因反对谶纬而被免的事实看，桓谭对谶纬抱着强烈的反感。

三、桓谭反对立《左传》博士是反对《左传》的谶纬化

既然桓谭反对谶纬，并曾"极言谶之非经"，则他反对立《左传》博士，其实是反对《左传》谶纬化的倾向。

建武四年，范升反对立《费氏易》《左传》，其中有反对谶纬的意思。这是因为，京氏、费氏《易》与谶纬关系很大。将《左传》与费氏《易》一并立博士，当然有将二者谶纬化的意图。当时，光武帝"纪纲未定"而"奏立《左》、《费》"，其内在主要原因显然并非在于学术，而是具有深刻的政治意图。光武好符命，其立《左》、《费》，当然与谶纬有关。

陈元建议立《左传》博士，是迎合光武帝刘秀的谶纬之学。陈元以为《左传》立博士有"解释先圣之积结，洮汰学者之累惑，使基业垂于万世，后进无复狐疑"之作用。"解释先圣之积结，洮汰学者之累惑"是托辞，"使基业垂于万世，后进无复狐疑"才是他要表达的中心意思。王莽、光武帝夺取与治理天下的主要工具，就是谶纬，《左传》既然具有"使基业垂于万世"的政治作用，则其必有与谶纬相合之处。陈元说《左传》，最终说服光武帝将《左传》立于博士的，一定不是《左传》的学术魅力，而是《左传》的谶纬学价值。

因此，可以说，桓谭反对立《左传》博士的主要原因，实际上是反对《左传》的谶纬化。唐马总《意林》卷三引桓谭《新论》："刘子政、子骏、子骏兄子伯玉，三人俱是通人，尤珍重《左氏》，教授子孙，下至妇女，无不读诵。"③桓

---

① 《后汉书》卷二二《王梁传》，第 1 册，第 774 页。
② 《后汉书》卷二八《桓谭传》，第 4 册，第 961 页。
③ 《新辑本桓谭新论》，第 39 页。

谭反对刘向、刘歆父子过于"珍重《左氏》"，主要的也是不满他们将《左传》谶纬化的做法。

当然，桓谭反对立《左传》博士，其原因是复杂的，若深入分析，或者还有个人感情的因素掺杂其中。

第一，宋弘对《左传》的态度，有可能影响到桓谭。推荐桓谭的宋弘，乃传统儒者，如《后汉书·宋弘传》记载，他曾经对桓谭弄新声颇为不满："于是召谭拜议郎、给事中。帝每宴，辄令鼓琴，好其繁声。弘闻之不悦，悔于荐举，伺谭内出，正朝服坐府上，遣吏召之。谭至，不与席而让之曰：'吾所以荐子者，欲令辅国家以道德也，而今数进郑声以乱《雅》、《颂》，非忠正者也。能自改邪？将令相举以法乎？'谭顿首辞谢，良久乃遣之。"①宋弘疾言厉色批评桓谭，说明他对"郑声"的反感，以及对桓谭做法的反对态度。

宋弘对光武帝好色亦有规谏："弘当宴见，御坐新屏风，图画列女，帝数顾视之。弘正容言曰：'未见好德如好色者。'帝即为彻之。笑谓弘曰：'闻义则服，可乎？'对曰：'陛下进德，臣不胜其喜。'"②宋弘之进谏，有汉醇儒之风。

并且，宋弘曾拒绝了湖阳公主的示爱："时帝姊湖阳公主新寡，帝与共论朝臣，微观其竭。主曰：'宋公威容德器，群臣莫及。'帝曰：'方且图之。'后弘被引见，帝令主坐屏风后，因谓弘曰：'谚言贵易交，富易妻，人情乎？'弘曰：'臣闻贫贱之知不可忘，糟糠之妻不下堂。'帝顾谓主曰：'事不谐矣。'"③由此看来，宋弘是一个不知权变、不趋炎附势之人。桓谭由于长期身处内宫，已经养成了官场上的"权变"习惯，属于叔孙通一类的儒者。宋弘与桓谭二人，在修养、品德等方面，有着本质不同。

宋弘对《左氏春秋》的态度，我们没有看到史书的有关记载。但从以上材料看来，他与刘向、刘歆借古书以释灾异是不同的。宋弘是一个传统、守旧的儒者，对《左氏春秋》立于学官，很可能持反对意见。

宋弘的这种思想，不能不影响到桓谭。另外，《后汉书·郑兴传》："兴好古学，尤明《左氏》、《周官》，长于历数，自杜林、桓谭、卫宏之属，莫不斟酌

①《后汉书》卷二六《宋弘传》，第4册，第904页。
②《后汉书》卷二六《宋弘传》，第4册，第904页。
③《后汉书》卷二六《宋弘传》，第4册，第904—905页。

焉。"①桓谭虽与众人对《左氏春秋》皆"莫不斟酌",且他与习《左传》者多有交往,但桓谭反对立《左传》博士,或多或少有宋弘的影响作用。

第二,个人恩怨或者也是桓谭反对陈元立《左氏春秋》的原因。《后汉书·陈元传》,陈元上疏中有"师旷不为新声易耳",李贤注引桓谭《新论》:"晋师旷善知音,卫灵公将之晋,宿于濮水之上,夜闻新声,召师涓告之曰:'为我听写之。'曰:'臣得之矣。'遂之晋。晋平公飨之,酒酣,灵公曰:'有新声,愿奏之。'乃令师涓鼓琴。未终,师旷止之曰:'此亡国之声也。'"②从这里可看出,陈元对"新声"也持反对意见,其态度同宋弘一样,对桓谭的"好郑声"很可能也是持反对意见。如果确实如此,对同样批评桓谭的宋弘、陈元来说,桓谭可以对曾经推荐自己的宋弘毕恭毕敬,"顿首辞谢",但对与桓谭齐名的陈元,未必如此。如果这种掺杂个人恩怨的情况延伸到学术上,桓谭也未必没有反对陈元建议立《左氏春秋》的可能。

总之,我们认为《东观汉记》称桓谭反对立《左传》博士,这种说法有其道理。但是,桓谭反对立《左传》博士,与《左传》的古文经学身份无关,而是反对当时将《左传》谶纬化的做法。

---

①《后汉书》卷三六《郑兴传》,第 5 册,第 1223 页。
②《后汉书》卷三六《郑兴传》,第 5 册,第 1232 页。

第四章　秩序的形成:桓谭与
两汉之际史学文本的阐释

两汉之际的史学思想,上承司马迁,下启班固,在中国古代史学史上占有重要地位。这个时期,是中国古代文化、历史、政治思想大变动的时期,也是奠定中国封建社会不同于西汉乃至此前的思想体系的重要时期。这方面的相关研究,有陈其泰《再建丰碑——班固和〈汉书〉》(生活·读书·新知三联书店 1994 年版)、吴树平《〈东观汉记〉的撰修经过及作者事略》与《〈东观汉记〉中的本纪、表、列传、载记和序》(《秦汉文献研究》,齐鲁书社 1988 年版)、廖吉郎《两汉史籍研究》(广东出版社 1981 年版)等。根据刘向、刘歆父子与桓谭《新论》的记载,本时期的史学观亦特别强调正统观念,桓谭将王莽新政权纳入“五德终始”系统,就反映了这种认识。而诸如此类的种种努力,也是对“文本秩序”的认可与确定。

桓谭时期,已经形成了初步的史学思想,并且对此前的一些历史谜团有了大致的分析和判断。这说明,历史文本的秩序形成之后,对其诠释也有趋同的倾向。

第一节　桓谭主要的史学思想

汉代以《易》、《诗》、《书》、《仪礼》、《春秋》为“五经”,而《春秋》三传入经,则是唐代的事情。因此,桓谭在汉代对《春秋》三传的论述,反映出来的主要是其史学思想。在此,我们将桓谭对《春秋》中季札来聘的评论,与三传结合起来进行分析。

《古文苑》卷一一郦炎《对事》引桓谭语:“吴之篡弑灭亡,衅由季札,札不思上放周公之摄位,而下慕曹臧之谦让,名已细矣。《春秋》之趣,岂谓尔乎?”①在此,桓谭认为吴国被篡灭亡,皆由季札而起。此处桓谭言“下慕曹

---

① 章樵注:《古文苑》卷一一,《景印文渊阁四库全书》,第 1332 册,第 665 页。

臧之谦让",《古文苑》注称:

> 《史记》:"诸樊让位季札,札谢曰:'曹宣公之卒也,将立子臧,子臧
> 去之,君子曰:能守节矣。札虽不才,愿附于子臧之义。'"①

由此可见,桓谭说季札"下慕曹臧",实有所本。《史记·吴太伯世家》的记载更为详细:"王诸樊元年,诸樊已除丧,让位季札。季札谢曰:'曹宣公之卒也,诸侯与曹人不义曹君,将立子臧,子臧去之,以成曹君,君子曰"能守节矣"。君义嗣,谁敢干君! 有国,非吾节也。札虽不材,原附于子臧之义。'吴人固立季札,季札弃其室而耕,乃舍之。"②由后来季札"弃其室而耕"看,他确实做到了"附于子臧之义"。

但是,桓谭对季札"慕曹臧之谦让"却提出了尖锐批评,并将对季札的认识与《春秋》联系起来,认为是"《春秋》之趣"。"趣",章樵《古文苑》作"趋",明梅鼎祚《东汉文纪》与明冯琦、冯瑗《经济类编》作"趋",朱谦之、严可均认为当作"趣"。"趋"同"趋",与"趣"意同,皆有"取向"、"趋向"、"旨归"之意。

桓谭之论,《春秋》如此记载:"吴子使札来聘。"根本看不出《春秋》之"趣"何在,具体的解释,主要见于《公羊传》与《穀梁传》的解释:《公羊传》:"吴无君无大夫,此何以有君有大夫? 贤季子也。何贤乎季子? 让国也。"③《穀梁传》:"吴其称'子',何也? 善使延陵季子,故进之也。身贤,贤也;使贤,亦贤也。延陵季子之贤,尊君也。其名,成尊于上也。"④在二书中,皆将季札视作"贤人"。《左传》详细记载了"吴公子札来聘,见叔孙穆子"的事情,并有季札观乐的详细评论。具体内容如下:"吴公子札来聘,见叔孙穆子,说之。谓穆子曰:'子其不得死乎? 好善而不能择人。吾闻"君子务在择人"。吾子为鲁宗卿,而任其大政,不慎举,何以堪之? 祸必及子!'请观于周乐。使工为之歌《周南》、《召南》,曰:'美哉! 始基之矣,犹未也。然勤而不怨矣。'为之歌《邶》、《鄘》、《卫》,曰:'美哉,渊乎! 忧而不困者也。吾闻卫康叔、武公之德如是,是其《卫风》乎?'为之歌《王》,曰:'美哉! 思而不惧,其周之东乎?'为之歌《郑》,曰:'美哉! 其细已甚,民弗堪

①章樵注:《古文苑》卷一一,《景印文渊阁四库全书》,第1332册,第665页。
②《史记》卷三一《吴太伯世家》,中华书局2014年版,第5册,第1753页。
③《春秋公羊传注疏》卷二一,阮元校刻:《十三经注疏》,第2313页。
④《春秋穀梁传》卷一六,阮元校刻:《十三经注疏》,第2432页。

也，是其先亡乎！'为之歌《齐》，曰：'美哉！泱泱乎！大风也哉！表东海者，其大公乎！国未可量也。'为之歌《豳》，曰：'美哉！荡乎！乐而不淫，其周公之东乎？'为之歌《秦》，曰：'此之谓夏声。夫能夏则大，大之至也，其周之旧乎？'为之歌《魏》，曰：'美哉！沨沨乎！大而婉，险而易行，以德辅此，则明主也。'为之歌《唐》，曰：'思深哉！其有陶唐氏之遗民乎？不然，何忧之远也？非令德之后，谁能若是？'为之歌《陈》，曰：'国无主，其能久乎？'自《郐》以下无讥焉。为之歌《小雅》，曰：'美哉！思而不贰，怨而不言，其周德之衰乎？犹有先王之遗民焉。'为之歌《大雅》，曰：'广哉！熙熙乎！曲而有直体，其文王之德乎？'为之歌《颂》，曰：'至矣哉！直而不倨，曲而不屈，迩而不逼，远而不携，迁而不淫，复而不厌，哀而不愁，乐而不荒，用而不匮，广而不宣，施而不费，取而不贪，处而不底，行而不流，五声和，八风平，节有度，守有序，盛德之所同也。'见舞《象箾》《南籥》者，曰：'美哉！犹有憾。'见舞《大武》者，曰：'美哉！周之盛也，其若此乎！'见舞《韶濩》者，曰：'圣人之弘也，而犹有惭德，圣人之难也。'见舞《大夏》者，曰：'美哉！勤而不德，非禹其谁能修之？'见舞《韶箾》者，曰：'德至矣哉！大矣！如天之无不帱也，如地之无不载也，虽甚盛德，其蔑以加于此矣。观止矣！若有他乐，吾不敢请已！'"①从季札观乐、知乐、论乐的内容看，《左传》也是将季札作为一个"贤人"看待的。这就是说，桓谭对季札的认识，与《春秋》三传皆有差异。

章樵《古文苑》则认为：

《春秋》襄二十九年，吴子使札来聘。公羊子曰："贤季子也。何贤乎？季子让国也。谒也、余祭也、夷昧也，与季子同母者四。季子弱而才，兄弟同欲立之以为君。谒请兄弟迭为君，而致国乎季子。故谒也死，余祭也立。余祭也死，夷昧也立。夷昧也死，则国宜之季子者也。季子使而亡焉，僚者长庶也，即之。阖庐曰：'将从先君之命，与则国宜之季子者也。如不从先君之命，与则我宜立者也。僚乌得为君乎？'于是使专诸刺僚而，致国乎季子。季子不受，曰：'尔弑吾君，吾受尔国，是吾与尔为篡也。尔杀吾兄，吾又杀尔，是父子兄弟相杀，终身无已也。'去之延陵，终身不入吴国。故君子以其不受为义，以其不杀为仁。"桓谭东汉人，以

---

①《春秋左传正义》卷三九，阮元校刻：《十三经注疏》，第 2006—2008 页。

《公羊》之说为未然。炎主谭义，设客问以辨明之。①

这就是说，桓谭反对的是《公羊传》的说法，东汉郦炎接受桓谭观点，进一步进行了辨析。

桓谭辨析《春秋》与三传文献，实际上有甄别史料真伪和订正修史思想的意义。孔子《春秋》，对季札不置褒贬，然桓谭称"《春秋》之趣，岂谓尔乎"，其实认同《春秋》"微言大义"说。这种思想，同刘歆《移书让太常博士书》"及夫子殁而微言绝，七十子卒而大义乖"之说。可见，桓谭的《春秋》学思想，与刘歆一致。《后汉书》称桓谭"遍习《五经》，皆诂训大义，不为章句"，而《公羊传》、《穀梁传》于《春秋》之"传"，实有"章句"之体。

桓谭认为，司马迁《史记》的体例，甚至汉代史书文献，多来源于周代。如《梁书·刘杳传》引桓谭《新论》："王僧孺被敕撰谱，访杳血脉所因。杳云：'桓谭《新论》云："太史《三代世表》，旁行邪上，并效《周谱》。"以此而推，当起周代。'僧孺叹曰：'可谓得所未闻。'"②这种说法其实已经见于司马迁的《史记·三代世表》："五帝、三代之记，尚矣。自殷以前诸侯不可得而谱，周以来乃颇可著。"③"周以来乃颇可著"，可证司马迁《三代世表》仿周以来之文献。桓谭以《三代世表》效《周谱》，知"表"出于"谱"，二者体例基本相同④。司马迁《三代世表》称："余读谍记，黄帝以来皆有年数。稽其历谱谍终始五德之传，古文咸不同，乖异。夫子之弗论次其年月，岂虚哉！于是以《五帝系谍》、《尚书》集世纪黄帝以来迄共和为《世表》。"⑤此处以"谍记"、"谱谍"、"系谍"与"世表"对应，知"谍"、"记"、"系"、"谱"、"表"大致相同。

进一步看，桓谭《新论》称"太史《三代世表》，旁行邪上，并效《周谱》"，《史记·三代世表》称"五帝、三代之记，尚矣。自殷以前诸侯不可得而谱，周以来乃颇可著"，结合二者记载，显然桓谭认为司马迁的五帝、三代说起源于周谱之记载。

桓谭本人的古史观是怎样的？桓谭《新论·谴非》称：

---

① 章樵注：《古文苑》卷一一，《景印文渊阁四库全书》，第 1332 册，第 664—665 页。按："炎主谭义"，"义"，朱谦之《新辑本桓谭新论》注引作"议"。

② 《梁书》卷五〇《刘杳传》，中华书局 1973 年版，第 3 册，第 716 页。

③ 《史记》卷一三《三代世表》，第 2 册，第 623 页。

④ 司马迁著，泷川资言注：《史记会注考证》卷一三《三代世表》，新世纪出版社 2009 年版，第 3 册，第 2 页。

⑤ 《史记》卷一三《三代世表》，第 2 册，第 624 页。

王者初兴,皆先建根本,广立藩屏,以自树党而强固国基焉。是以周武王克殷,未下舆而封黄帝、尧、舜、夏、殷之后,及同姓亲属功臣德行,以为羽翼,佐助鸿业,永垂流(原注:旧校云"流"恐"统")于后嗣。百足之虫,共举一身,安得不济?乃者强秦罢去诸侯,而独自恃任一身,子弟无所封,孤弱无与,是以为帝十四岁而亡。汉高祖始定天下,背亡秦之短计,导(原注:旧校云"导"恐"遵")殷、周之长道,褒显功德,多封子弟。……王翁行甚类暴秦,故亦十五岁而亡。[1]

从桓谭此处的记载看,他思想中的古史系统是:黄帝、尧、舜、夏、殷、周、秦、汉、新莽。按照"五德终始"的说法,桓谭的观念来自何处,需要结合其前的说法进行分析。

战国时期,邹衍提出了"五德之次,从所不胜,故虞土、夏木、殷金、周火"的观念[2],他的五德终始与王朝、五行、五色的对应关系如下:

王朝	尧	舜	夏	商	周
五行	水	土	木	金	火
五色	黑	黄	青	白	赤

此处所示,基本上属于五行相胜理论,即:金克木、木克土、土克水、水克火、火克金。这种理论在战国、秦代较为盛行,如《史记·秦始皇本纪》记载:

始皇推终始五德之传,以为周得火德,秦代周德,从所不胜。方今水德之始,改年始,朝贺皆自十月朔。衣服旄旌节旗皆上黑。数以六为纪,符、法冠皆六寸,而舆六尺,六尺为步,乘六马。更名河曰德水,以为水德之始。[3]

秦始皇以周为火德、秦为水德,遵循的是"五行相胜"理论。《史记·封禅书》记载:

秦始皇既并天下而帝,或曰:"黄帝得土德,黄龙地螾见。夏得木德,青龙止于郊,草木畅茂。殷得金德,银自山溢。周得火德,有赤乌

---

①《新辑本桓谭新论》,第18—19页。
②何宁:《淮南子集释》,中华书局1998年版,中册,第789—790页。原引有脱文,据《四库全书》本补,又《文选》注引《邹子》文字较全。
③《史记》卷六《秦始皇本纪》,第1册,第306页。

之符。今秦变周，水德之时。昔秦文公出猎，获黑龙，此其水德之瑞。"
于是秦更命河曰德水，以冬十月为年首，色上黑，度以六为名，音上大
吕，事统上法。①

秦始皇在此所言黄帝（土）、夏（木）、商（金）、周（火）、秦（水），显然是在邹衍
基础上的一种改造，即去掉尧（水），增加秦（水），数用六。

入汉以后，汉代儒者有汉德为土、水之争，《史记》记载：

> 是时北平侯张苍为丞相，方明律历。鲁人公孙臣上书陈终始传五德
> 事，言方今土德时，土德应黄龙见，当改正朔服色制度。天子下其事与丞
> 相议。丞相推以为今水德，始明正十月上黑事，以为其言非是，请罢之。②

这种说法，显然不合邹衍之说，故"十五年，黄龙见成纪，天子乃复召鲁公孙
臣，以为博士，申明土德事"③，"于是文帝召公孙臣以为博士，草立土德时
历制度，更元年"，张晏注："以秦为水德，汉土胜之。"④这显然也是遵循的
"五行相胜"说。贾谊的观念，也是由此而来：

> 贾生以为汉兴至孝文二十余年，天下和洽，而固当改正朔，易服
> 色，法制度，定官名，兴礼乐，乃悉草具其事仪法，色尚黄，数用五，为官
> 名，悉更秦之法。⑤

"数用五"，《史记正义》："汉文帝时黄龙见成纪，故改为土也。"这种观念，显
然是以汉得土德，其数当用五，符合邹衍"土克水"之说。这就是说，汉文帝
时期，基本上采纳的是先秦邹衍的"五行相胜"说。即如刘安《淮南子》，也
是如此，根据其中的记载，《淮南子·时则》的五行与颜色配置如下⑥：

季节	五行	祀	天子	数字
春	木	其祀户	衣青衣，乘苍龙，服苍玉，建青旗	八
夏	火	其祀灶	衣赤衣，乘赤骝，服赤玉，建赤旗	七

①《史记》卷二八《封禅书》，第4册，第1643页。
②《史记》卷一〇《孝文本纪》，第2册，第543页。
③《史记》卷一〇《孝文本纪》，第2册，第544页。
④《汉书》卷四二《张苍传》，第7册，第2099页。
⑤《史记》卷八四《屈原贾生列传》，第8册，第3021页。
⑥何宁：《淮南子集释》，上册，第379—441页。

续表

季节	五行	祀	天子	数字
季夏	土	其祀中溜	衣黄衣,乘黄骝,服黄玉,建黄旗	五
秋	金	其祀门	衣白衣,乘白骆,服白玉,建白旗	九
冬	水	其祀井	衣黑衣,乘玄骊,服玄玉,建玄旗	六

《淮南子·齐俗》记载:"有虞氏之祀,其社用土,祀中溜,葬成亩,其乐《咸池》《承云》《九韶》,其服尚黄。夏后氏其社用松,祀户,葬墙置翣,其乐《夏龠》九成、《六佾》、《六列》、《六英》,其服尚青。殷人之礼,其社用石,祀门,葬树松,其乐《大濩》、《晨露》,其服尚白。周人之礼,其社用栗,祀灶,葬树柏,其乐《大武》、《三象》、《棘下》,其服尚赤。"①根据此段记载,我们可列表如次:

有虞氏之礼	夏后氏之礼	殷人之礼	周人之礼
其社用土	其社用松	其社用石	其社用栗
祀中溜	祀户	祀门	祀灶
其服尚黄	其服尚青	其服尚白	其服尚赤

结合二者说法,刘安的古史观念是:虞(土)、夏(木)、商(金)、周(火),与邹衍说法一致,属于"五行相胜"理论。

到了刘向、刘歆父子,这种认识发生了变化。根据《汉书·律历志下》的记载,他们认为,尧乃火德、舜乃土德、禹乃金德、商乃水德、周乃木德,古史系统如下:

王朝	尧	舜	夏	商	周
五行	火	土	金	水	木
颜色	尚黄	尚青	尚黑	尚白	尚赤

即认为:尧(火)、舜(土)、夏(金)、商(水)、周(木),属于五行相生理论,即火生土、金生水、木生火。按照刘向父子的认识,汉当为火德,其后的汉人,大多接受了此类观念。如:

① 何宁:《淮南子集释》,中册,788—790 页。

　　汉承尧运，德祚已盛，断蛇著符，旗帜上赤，协于火德，自然之应，得天统矣。①

　　汉高祖皇帝，著《纪》，伐秦继周。木生火，故为火德。天下号曰汉。距上元年十四万三千二十五岁，岁在大棣之东井二十二度，鹑首之六度也。故《汉志》曰岁在大棣，名曰敦牂，太岁在午。八年十一月乙巳朔旦冬至，楚元三年也。故《殷历》以为丙午，距元朔七十六岁。著《纪》，高帝即位十二年。②

"木生火，故为火德"，显然是刘向父子改造后的观念。

　　桓谭提出的黄帝、尧、舜、夏、殷、周、秦、汉、新莽系统，较刘向、刘歆父子又增加新莽一系，采纳的基本上是刘向父子的说法，如《汉书·王莽传》："武功丹石出于汉氏平帝末年，火德销尽，土德当代，皇天眷然，去汉与新，以丹石始命于皇帝。"③又《汉书·律历志》："黄帝。《易》曰：'神农氏没，黄帝氏作。'火生土，故为土德。与炎帝之后战于坂泉，遂王天下。始垂衣裳，有轩冕之服，故天下号曰轩辕氏。"④由此可以推知桓谭的帝德系统观念是：黄帝（土）、尧（火）、舜（土）、夏（金）、商（水）、周（木）、汉（火）、新莽（土），按照《汉书·律历志》的记载，黄帝之后、尧之前，当还有少昊帝（金）、颛顼帝（水）、帝喾（木），这就是一个比较完整的"五行相生"体系。但这里桓谭为何没有提及？

　　《史记·五帝本纪》称："自黄帝至舜、禹，皆同姓而异其国号，以章明德。故黄帝为有熊，帝颛顼为高阳，帝喾为高辛，帝尧为陶唐，帝舜为有虞。帝禹为夏后而别氏，姓姒氏。契为商，姓子氏。弃为周，姓姬氏。"⑤在这里，也是少了少昊一系，可知司马迁所见《周谱》之系列，亦无少昊一系。相反，司马迁时代所见，多称黄帝、尧、舜，如《五帝本纪》称"至长老皆各往往称黄帝、尧、舜之处"，《史记·赵世家》称"虑戏、神农教而不诛，黄帝、尧、舜诛而不怒"，《汉书·律历志》称"自伏羲画八卦，由数起，至黄帝、尧、舜而大备"，《汉书·楚元王传》称"唯陛下上览明圣黄帝、尧、舜、禹、汤、文、武、周

①《汉书》卷一《高帝纪》班固赞，第1册，第82页。
②《汉书》卷二一《律历志》，第4册，第1023页。
③《汉书》卷九九《王莽传》，第12册，第4113页。
④《汉书》卷二一《律历志》，第4册，第1012页。
⑤《史记》卷一《五帝本纪》，第1册，第53页。

公、仲尼之制"①，《后汉书·舆服》称"黄帝、尧、舜垂衣裳而天下治"。可见，在汉人文献中，黄帝、尧、舜是一个类似于"习语"的常见用法。桓谭虽然提及黄帝，也是当时的学术习惯使然，但也反映了他头脑中的"五德终始"思想：即黄帝为"土"，其下五行相生，至新莽再为"土"，恰好是一个大循环。总之，桓谭的"五德终始"观念，显然接受的是刘向父子改造过的系统。

桓谭《新论》对司马迁多有评述。他认为，司马迁著《史记》，与其任太史令大有关系，并认为著书之风与汉代文人的不同身份有关：

> 贾谊不左迁失志，则文彩不发；淮南不贵盛富饶，则不能广聘骏士，使著文作书；太史公不典掌书记，则不能条悉古今；扬雄不贫，则不能作《玄言》。②

这是分别从文人"左迁失志"、"贵盛富饶"、"典掌书记"、"贫"四个方面，总结了汉代著述形成的原因。这虽然有偶然性的一面，但确实反映了汉代著作形成的一个主要现实。再深入一步看，桓谭所言，实际上还是站在一定立场上而言的：此数人不论什么情况，还是属于士人阶层，都有掌握知识、编纂撰述的便利条件。

桓谭具有进化的史学观念。汉代儒者多以为如果孔子复生，仍然还会作《春秋》，司马迁亦如此认为，但桓谭认为"前圣后圣，未必相袭"，故桓谭称："诸儒睹《春秋》之文，录政治之得失，以为圣人复起，当复作《春秋》也。自通士若太史公，亦以为然。余谓之否。何则？前圣后圣，未必相袭也。夫圣贤所陈，皆同取道德仁义，以为奇论异文，而俱善可观，犹人食皆用鱼肉菜茄，以为生熟异和而复俱美者也。"③此种认识，又见于《孔丛子》之记载，如《孔丛子·答问》称：

> 陈人有武臣，谓子鲋曰："夫圣人者，诚高材美称也。吾谓圣人之知，必见未形之前，功垂于身后，立教而戾夫弗犯，吐言而辩士不破也。子之先君，可谓当之矣。然韩子立法，其所以异夫子之谓者，纷如也。予每探其意而校其事，持久历远，遏奸劝善，韩氏未必非，孔氏未必得也。吾今而后乃知圣人无世不有尔。前圣后圣，法制固不一也。若韩

---

①"文、武、周公、仲尼"，皆周人。
②《新辑本桓谭新论》，第 2 页。
③《新辑本桓谭新论》，第 40 页。

非者,亦当世之圣人也,子以为奚若?"①

此处武臣认为,孔子之后仍有圣人,且无世不有圣人。但根据《孔丛子》孔鲋的意见,"世多好事之徒,皆非之罪也",显然否定了这种说法。武臣"前圣后圣,法制固不一"的观点,恰好与桓谭"前圣后圣,未必相袭"的思想相同。桓谭称扬雄为"东道孔子"、"西道孔子",其思想根源亦在于此。在此,桓谭其实认为后世仍然会出现孔子一样的史家与史书著作。这是一种进步的观点。

桓谭还具有"卑古尊今"的史学观念,这大概是两汉之际的学术风尚。桓谭认为,汉代著作,除了司马迁《史记》,皆不能与扬雄《法言》、《太玄》相比:

> 王公子问:"扬子云何人邪?"答曰:"才智开通,能入圣道,卓绝于众,汉兴以来未有此人也。"国师子骏曰:"何以言之?"答曰:"通才著书以百数,惟太史公为广大,其余皆丛残小论,不能比之子云所造《法言》、《太玄经》也。《玄经》,数百年外,其书必传,顾谭不及见也。世咸尊古卑今,贵所闻,贱所见。见扬子云禄位容貌不能动人,故轻易之。老子其心玄远,而与道合。若遇上好事,必以《太玄》次五经也。"②

桓谭在这里当然关注的是扬雄《法言》、《太玄经》,他对"世咸尊古卑今,贵所闻,贱所见"的批评,其实也包含着对当时史学认识的批判,如其"惟太史公广大"一语,显然非常看重司马迁的《史记》著作,也具有对"近世"史学著作肯定的意思。而"其余皆丛残小论",非以篇幅衡量作品高下,是从经学的高度,将司马迁《史记》、扬雄《法言》与《太玄》皆纳入一流著述行列,即与《五经》地位等同。这是非常高的评价。至于桓谭评论老子"其心玄远,而与道合",亦是将扬雄比老子。可见,在桓谭的学术视野中,司马迁、扬雄皆是与孔、老比肩的人物。

由此看来,两汉之际的桓谭,具有"卑古尊今"的思想认识,其"前圣后圣,未必相袭"之进化的史学思想,也与此有关。后来王充《论衡》、王符《潜夫论》等"嫉虚妄"思想,其实也与此有密切关系。

---

① 傅亚庶:《孔丛子校释》,第431页。
② 《新辑本桓谭新论》,第41页。个别标点,作者据文意有所修改。

第二节　秩序的形成：桓谭对汉代史料文献的认识

从西汉建立至桓谭《新论》产生的时期，已经过去了二百余年，西汉很多历史事件已经成为定论，文本的秩序大体形成。按照扬·阿斯曼的"文化记忆"理论，"八十年是一个边界值"，"即使在使用文字的社会中，活生生的回忆至多也只能回溯到八十年之前"①。二百年以后的历史，已经成为"古史"，桓谭时代的学者对其已经有他们较为成熟的认识与判断。后人对"古史"的理解，未必与"历史真实"相符，但反映的却是"当代人"的学术认识与价值判断。某种程度上说，"历史秩序"稳定之后，必然带来"文化秩序"的确立，进而带来"文化阐释秩序"的确立。这种"文化阐释秩序"，虽然是建立在对"古史"的"当代解读"之上的——某种程度上说其结论甚至未必符合"历史的真实"，但却是特定历史阶段"文化阐释秩序"的直接体现。本质上说，在文本的研究过程中，"秩序"往往凌驾于"真实"之上。当相对的"真实"凸显，"秩序"则被忽视，文本的"当代性"就会完全丧失。一个无法完全恢复原貌、无法彻底回到其被生产的历史现场的文本，其真实性已经大打折扣；如果再失去对其所在时代"文本秩序"的分析，则对该文本的研究无疑是隔靴搔痒，最终使得这种文本研究成为枯燥的机械式研究。无论此类研究使用了多少精彩个案，最终会导致文本与研究者都陷入进退失据的境地。一言以蔽之，文本是有生命的，是需要在秩序中才能生存并繁衍新文本的。这就需要我们必须重视对"文本秩序"的关注。

桓谭《新论》记载了很多当时甚至现在仍然争议不休的历史问题，例如，汉高祖刘邦脱离"平城之围"、东方朔为司马迁《史记》加"太史公"等，即使今天，仍然是学界难以形成定论的话题。但从桓谭的论述看，说明当时人们对此前流传的一些历史谜团，已经初步有了自己的判断。这实际上也是"文本秩序"下的合理诠释。兹以《新论》中涉及的两段史料为例，予以分析说明。

---

① [德]扬·阿斯曼著，金寿福、黄晓晨译：《文化记忆：早期高级文化中的文字、回忆和政治身份》，北京大学出版社2015年版，第44、45页。

一、《史记》"太史公"平议

《史记》中的"太史公"，桓谭以为东方朔所署，司马贞、张守节等以为出于司马迁或其外孙杨恽所署，莫衷一是。现将各家之说，胪列如次：

1. 认为出于东方朔之手，乃桓谭之言。桓谭《新论》称："太史公造书，书成示东方朔。朔为平定，因署其下。'太史公'者，皆东方朔所加之也。"①此段材料，严可均辑本在《离事》，朱谦之辑本在《本造》。由桓谭之言可知，《史记》中的"太史公"，皆出于东方朔之手。这是汉代的记载。

2. 认为出于杨恽所加，乃三国韦昭所言。《史记》卷四《孝武本纪》集解记载：

> 韦昭云："说者以谈为太史公，失之矣。《史记》称迁为太史公者，是外孙杨恽所称。"②

这是裴骃《史记集解》的说法。司马贞《史记索隐》则提出了另一种说法：

> 姚察按：迁《传》亦以谈为太史公，非恽所加。又按：虞喜《志林》云"古者主天官皆上公，自周至汉，其职转卑，然朝会坐位犹居公上，尊天之道，其官属仍以旧名，尊而称公，公名当起于此"，故如淳云"太史公位在丞相上，天下郡国计书先上太史公，副上丞相"，其义是也。而桓谭《新论》以为"太史公造书，书成，示东方朔，朔为平定，因署其下。太史公者，皆朔所加之者也"。③

司马贞否定了裴骃的说法，但并未提出一个明确的结论，只是提出了"桓谭说"的一个资料。但据新修订的《史记》注"皆朔所加之者也"称："耿本、黄本、彭本、柯本、殿本此下有'杨恽继此而称耳'七字。"④这为我们提供了一个思路：有的《史记索隐》本子，认为杨恽袭桓谭之说⑤。

---

① 《新辑本桓谭新论》，第2页。
② 《史记》卷一二《孝武本纪》，第2册，第587页。
③ 《史记》卷一二《孝武本纪》，第2册，第587页。
④ 《史记》卷一二《孝武本纪》，第2册，第617页。
⑤ 如《史记》卷六一《伯夷列传》之《索隐》注"太史公曰"云："盖杨恽、东方朔见其文称'余'，而加'太史公曰'也。"（《史记》卷六一《伯夷列传》，第7册，第2582页）这其实就是承认了杨恽袭东方朔的说法。

所以,《史记索隐》从两属之说,以为或者为司马迁书之,或者为杨恽所加①。

3.认为司马迁所加。张守节《史记正义》亦以为属于司马迁自称②,并曾逐一分析了各家之说,认同虞喜的说法,即以"太史公"为司马迁"自书之","瓒及韦昭、桓谭之说皆非"③。

综合以上说法,其实并无直接证据,亦无定论。学者之所以在这个问题上产生争议的主要原因,是对"太史公"这一称呼有许多疑问。具体说来就是:"太史公"指的是司马谈还是司马迁本人? 如果指的是司马谈,"太史公"显然为司马迁所署;如果指的是"司马迁","公"为尊称,则显非司马迁本人所署。

很多学者认为"公"乃尊称,故认为"太史公"并非指司马迁,故《史记》中的"太史公",很多人倾向于为杨恽所加。比较有代表性的说法,是王国维先生《太史公行年考》所言:"东方朔卒年虽无可考,要当在《史记》成书之前。且朔与公友也,藉令有'平定'之事,不得称之为'公'。又秦汉间人著书,虽有以'公'名者,如《汉书·艺文志》,《易》家有《蔡公》二篇,阴阳家有《南公》三十一篇,名家有《黄公》四篇、《毛公》九篇。然此或后人所加,未必其所自称。则桓谭、张守节二说,均有所不通。惟公书传自杨恽,公于恽为外王父,父谈又其外曾祖父也,称之为公,于理为宜。韦昭一说,最为近之矣。"④

薛吉辰先生认为:"按楚国风俗,习惯称'令'为'公'。"他根据《史记·高祖本纪》中"父老乃率子弟共杀沛令,开城门迎刘季,欲以为沛令"与"众莫敢为,乃立季为沛公"之语,认为:"沛县父老拥立刘邦为沛令,按楚俗称为'沛公'。司马迁称自己为'太史公',只不过是汉初的习惯称谓罢了,并不是敬称。"⑤这种说法来源于吴仁杰先生的《两汉勘误补遗》:"盖春秋之世,楚邑令皆称为公,《汉书音义》'陈涉为楚王,沛公起应涉,故从楚制称

---

①《史记索隐》又云:"桓谭云:'迁所著书成,以示东方朔,朔皆署曰"太史公"。'则谓'太史公'是朔称也,亦恐其说未尽。盖迁自尊其父著述,称之曰'公'。或云迁外孙杨恽所称,事或当尔也。"(《史记》卷一三〇《太史公自序》,第10册,第4028页)
②《史记正义》:"太史公,司马迁自谓也。"(《史记》卷一《五帝本纪》,第1册,第55页)
③《史记》卷一三〇《太史公自序》,第10册,第3992—3993页。
④王国维:《太史公行年考》,《王国维文集》第四卷,中国文史出版社1997年版,第316页。
⑤薛吉辰:《司马迁为何自称"太史公"》,《阅读与写作》2007年第12期。

公'。《史记》有柘公、留公，《索隐》'柘县、留县令也'。故曹参为戚令称戚公，夏侯婴为滕令称滕公是也。……其称公者，如柘、留、戚、滕之比，非尊其父也。"朱希祖《太史公解》从《左传》《战国策》《淮南子》找出大量例证，认为："迁从楚俗称太史令为太史公，既以称其父，又以自称，且以称其书。"王瑶先生也认为"太史公即太史令"①。既然如此，《史记》中司马迁、司马谈皆被称作"太史公"，司马迁在《报任安书》中称"太史公牛马走迁"，也就说得通了。但程远芬等人以为："司马谈五次称'太史'而无一称'太史公'，可见在司马谈并未从楚制称'公'，司马迁以称述父作为己任，既然其父称'太史'，迁也自应称'太史'。如此说来，'卒三岁，迁为太史令'及以下又皆称'太史公'则无法解释。"②

我们认为：程远芬等人的这种说法，其实是怀疑过度了。称"令"为"公"如果是楚俗的话，显然属于俗语，并非当时普遍流行之"雅言"。为便于理解，著者往往第一次称呼皆用"令"，再次出现方称"公"，"沛令"与"沛公"、"太史令"与"太史公"，皆是。有的地方则并未如此，而是直接称"公"，如滕公、柘公等，皆是，不能一概而论。总之，我们认为"太史公"乃"太史令"之俗称。

《史记》书名晚起，其最初官方的称呼为《太史公书》。王国维《太史公行年考》称："史公所著百三十篇，后世谓之《史记》。《史记》非公所自名也。史公屡称《史记》，非自谓所著书。"③但《史记》最初的名称，可能不止一种，《太史公书》是较为普遍的称谓。《汉书·司马迁传》"为《太史公书》"、《汉书·宣元六王传》"上疏求诸子及《太史公书》"与"《太史公书》有战国纵横权谲之谋"、《后汉书·班彪列传》"若《左氏》、《国语》、《世本》、《战国策》、《楚汉春秋》、《太史公书》，今之所以知古，后之所由观前，圣人之耳目也"、《后汉书·杨终传》"后受诏删《太史公书》为十余万言"云云，可知两汉官方将司马迁《史记》多称作《太史公书》。

但当时学者与民间手中所传《史记》，书名称谓往往不一。王国维《太史公行年考》认为，《史记》一书，"宣帝时，民间亦有其书。嗣是冯商、褚先

① 王瑶：《"太史公"辨》，《绥化师专学报》1988 年第 3 期。
② 程远芬、赵沛峤：《"太史公"考释》，《山东教育学院学报》1997 年第 5 期。
③ 王国维：《太史公行年考》，《王国维文集》第四卷，第 324 页。

生、刘向、扬雄等均见之，盖在先汉之末，传世已不止一二本矣"①。官方所称《太史公书》，在刘向、刘歆则称为《太史公百三十篇》，如《七略》"春秋类"有《太史公百三十篇》，此知在刘向、刘歆处，亦可简称为《太史公》。在扬雄那里，则被称为《太史公》或《太史迁书》。如扬雄《法言·问神》称："或曰淮南、太史公者，其多知欤？ 曷其杂也！"②《法言·重黎》："或问'《周官》'，曰：'立事。'《左氏》'，曰：'品藻。'太史迁'，曰：'实录。'"③如果《问神》之"淮南"指书名，则"太史公"亦指书名，当写作《太史公》。《重黎》篇《太史迁》与《周官》、《左氏》书并列，显然当为书名。如果扬雄确实有将《史记》称作《太史公》的说法，因为扬雄与刘歆多有学术交往，则此称谓有可能来自刘向、歆父子。"太史迁"或者是扬雄自己对《史记》的另一种称呼，并且有可能是《太史迁书》的简称。总之，司马迁《史记》在西汉应有《太史公书》、《太史公百三十篇》（或《太史公》）、《太史迁书》等不同称谓。

这样的话，《史记》成书之初，并无统一书名。甚至在汉宣帝《史记》开始流传之时，仍无定名④。按照目前所见桓谭的说法，《太史公书》作为当时官方称谓，以及其中的"太史公"，或者大部分出于东方朔之手。

但是，"太史公"显然也有出自司马迁者，如《太史公自序》中的"太史公"，有的属于司马迁自署以称其父司马谈，有的属于自称，显然为司马迁所署。桓谭所言东方朔所加，显然并非指《太史公自序》中的"太史公"，而是指"太史公曰"之"太史公"，甚至包括《太史公书》之书名。进一步分析：《史记》中的"太史公曰"，很可能最初只有一个"曰"字，或者为"太史迁曰"，而非"太史公曰"。这是因为：桓谭称"'太史公'者，皆东方朔所加之者也"，既然称"所加"，则当时《史记》各篇最后，最初很可能只有一个"曰"字。如此，桓谭所言"太史公"为东方朔所加，似乎是很有可能的事情。

但桓谭对东方朔之流，深不以为然。例如，《新论·见征》称："东方朔短辞薄语，以为信验，人皆谓朔大智，后贤莫之及。谭曰：'鄙人有以狐为

---

① 王国维：《太史公行年考》，《王国维文集》第四卷，第 325 页。
② 扬雄著，汪荣宝义疏，陈仲夫点校：《法言义疏》，中华书局 1987 年版，第 163 页。
③ 扬雄著，汪荣宝义疏，陈仲夫点校：《法言义疏》，第 413 页。
④ 《汉书·司马迁传》："迁既死后，其书稍出。宣帝时，迁外孙平通侯杨恽祖述其书，遂宣布焉。"（《汉书》卷六二《司马迁传》，第 9 册，第 2737 页）"稍出"，说明此前流布不广。杨恽"祖述其书"，亦只是负责"宣布"而已，更无权为该书定名。

狸，以瑟为箜篌，此非徒不知狐与瑟，又不知狸与箜篌。'乃非但言朔，亦不知后贤也。"①既然如此，桓谭不可能以"平定"《史记》故意抬高东方朔。如此说来，桓谭所言"太史公曰"为东方朔所加又有可疑之处。

好在刘勰的《文心雕龙》给我们留下了一条重要线索。《文心雕龙·知音》有言："至如君卿唇舌，而谬欲论文，乃称史迁著书，咨东方朔，于是桓谭之徒，相顾嗤笑。"②由此很容易看出来，在刘勰的笔下，"君卿"此人曾说司马迁著书曾经咨询过东方朔。君卿，即西汉著名的辩士楼护。今所见桓谭之言却是："太史公造书，书成示东方朔。朔为平定，因署其下。太史公者，皆朔所加之也。"③这样看来，刘勰笔下的楼护说了上半句；桓谭《新论》应该有后半句为刘勰省略了。如此说来，《史记索隐》引用的桓谭说"太史公者，皆东方朔所加"云云，很可能也是楼护的话。在此之后，应该还有桓谭对楼护这句话的批评，即刘勰所说的"相顾嗤笑"。这样的话，目前所见桓谭引司马迁著书以及"太史公者"的本意，应该是批评楼护的说法，并非出于他本人之口。进一步分析，目前各家所辑《新论》"太史公造书，书成示东方朔。朔为平定，因署其下。太史公者，皆朔所加之也"之语，仅仅是一种叙述性文字，并非桓谭本人的评论之辞。如果确实如此，《史记》三家注据桓谭之语推断"太史公"的来源之辞，就都存在问题了。

事实究竟是否如此，我们不敢妄断，但有一点可以肯定：利用辑佚出来的只言片语资料，去研究文史真相，一定会产生很多问题。因为这些佚文，毕竟脱离了原来文本的语境，以此进行研究，需要慎重。

之所以产生以上矛盾，是因为桓谭时代对《史记》"太史公曰"的分析，是在汉代学者《史记》文本已经形成大体一致认识的基础上进行的，也就是在一种特定的"文本秩序"中进行的。《史记》三家注的时代，对《史记》文本的阐述秩序已经与桓谭时代完全不同，生活在四个时代的学者（桓谭在东汉，韦昭在三国吴，裴骃在刘宋，司马贞与张守节在唐）对"太史公曰"的判断与结论当然会有很大差异。所以，从"文本秩序"的角度考虑，我们或者能够对各家所持结论的差异性有一个"同情之理解"。

---

① 《新辑本桓谭新论》，第18页。
② 范文澜：《文心雕龙注》，第714页。
③ 《新辑本桓谭新论》，第2页。

二、桓谭非《公孙龙子·迹府》首节作者

谭戒甫认为，桓谭是《公孙龙子·迹府》第一段的作者，其《公孙龙子形名发微》称："按今《公孙龙子》全书六篇，首篇原题《迹府》第一，旧注：'府，聚也。述作论事之迹，聚之于篇中，因以名篇。'文只二段（道藏本不分段）：前段为后汉桓谭所作，后段核由《孔丛子》抄袭而成，或唐人所增。"①

在《公孙龙子形名发微·流别第七》中，谭戒甫又据《太平御览》引桓谭《新论》公孙龙子材料，认为与《公孙龙子·迹府》比较符合：

> 《太平御览》四百六十四《人事部》引桓谭《新论》曰："公孙龙，六国时辩士也。为守白之论；假物取譬，谓白马为非马。非马者，言白所以名色，马所以名形也。色非形，形非色。"兹援此文以与《迹府》前段相较，其上半正同；特稍多三数语耳。若《御览》所引《新论》，于原文果有删节；则今《迹府》前段全属谭作无疑。考《后汉书》本传言"谭数从刘歆、扬雄辩析疑异"。故王充《论衡·超奇篇》曰："桓君山作《新论》，论世间事，辩照然否；虚妄之言，伪饰之辞，莫不证定。"盖谭性耽辩证，故于龙书《白马论》甄明精要，定为"守白"，殆非熟研其学者不为功也。②

《公孙龙子·迹府》相同的材料为：

> 公孙龙，六国时辩士也，疾名实之散乱，因资材之所长，为"守白"之论。假物取譬，以守白辩。谓白马为非马也。白马为非马者，言白所以名色，言马所以名形也。色非形，形非色也。③

《太平御览》引桓谭《新论》为：

> 公孙龙，六国时辩士也，为坚白之论；假物取譬，谓白马为非马，非马者言白所以名色，马所以名形也。色非形，形非色。④

就二者文字看，互有差异：

1. 桓谭《新论》无《公孙龙子》"疾名实之散乱，因资材之所长"一句；

①谭戒甫：《公孙龙子形名发微》，中华书局1963年版，第7页。
②谭戒甫：《公孙龙子形名发微》，第118—119页。
③王琯：《公孙龙子悬解》，中华书局1992年版，第33页。
④李昉：《太平御览》卷四六四，第3册，第2134页。

2. 桓谭《新论》"坚白"，《公孙龙子》作"守白"；

3. 桓谭《新论》无《公孙龙子》"以守白辩"；

4.《新论》"非马者"，《公孙龙子》作"白马为非马者"。

首先说第一句，因为《新论》并无"疾名实之散乱，因资材之所长"一句，如果桓谭为《迹府》首节作者，其《新论》再引自己原话，或者有省略之辞，姑且不论。第二句，"坚白"、"守白"，一字之差异，然意皆指公孙龙子"白马非马"论，亦妥当。第三、四句，与第一句相似，亦可认为是桓谭省略之辞。从这里看来，似乎无法否决桓谭作《迹府》之说。

但是，《山堂肆考》卷三〇"乘白马出关"条记载：

> 桓谭《新论》："公孙龙常争论曰：'白马非白，人不能屈。后乘白马无符，传欲出关，关吏不听，此虚言难于夺实也。'"故刘向《七略》"公孙龙持白马之论以度关"，即此。唐太宗入潼关诗："高谈先马白，伪晓预鸡鸣。"①

可见，桓谭《新论》曾有公孙龙"度关"一说，此不见于《公孙龙子》。朱谦之《新辑本桓谭新论》，将此段材料系于"色非形，形非色"之后，显然是将此段材料皆看作是桓谭《新论》之辞。而就"此虚言难于夺实"云云，为桓谭对公孙龙"白马非马"之评价。可知，《新论》中"公孙龙"一段材料，当为桓谭引《公孙龙子》并加评语而成。桓谭不可能是《迹府》第一段的作者。

综上，桓谭《新论》记载的一些史料，说法与后世有所差异，甚至后世毫无记载。对这些材料，我们需要在认真甄别基础上，结合其他文献进行更深入的分析，才能尽可能靠近事实真相。谭戒甫以《公孙龙子·迹府》前段作者权断归桓谭的做法，其实就是忽视了"文本秩序"的作用。

---

① 彭大翼：《山堂肆考》卷三十，《景印文渊阁四库全书》，第 974 册，第 499 页。

第五章　另一种秩序:桓谭与两汉之际音乐文本的诠释思想

　　两汉之际,无论政治如何变动,文本秩序大致形成之后,各类文本理论会趋于成熟,而人们对文本思想的诠释也会基本稳定下来,并逐渐形成较为系统的理论体系。这一点,在两汉之际的音乐文本中有明显体现。针对传统的经、史、子、集文本而言,"音乐"文本的秩序及其阐释,显然别具意义,故我们称之为"另一种秩序",实际上就是"思想秩序"的一种表现形式。

　　先秦已经形成了雅、俗之乐,但很多时候人们纠结于其对正风、矫俗的作用,很难从客观上对二者进行一个全面的认识,并从中总结出一种理论。两汉之际的桓谭,长期担任音乐职官,对雅、俗之乐皆较为熟悉,并对音乐理论与实践皆有很深造诣。尤其是,汉代各种学术思想,皆与音乐有着千丝万缕的联系,桓谭对此也有所介绍,可惜多语焉不详。我们拟在有限的资料基础上,对桓谭与两汉之际的音乐思想尝试分析。

　　《后汉书》桓谭本传称:"桓谭字君山,沛国相人也。父成帝时为太乐令。谭以父任为郎,因好音律,善鼓琴。""性嗜倡乐,简易不修威仪,而喜非毁俗儒,由是多见排抵。"[1]这里可以给我们三点信息:第一,桓谭之父曾为太乐令;第二,桓谭本人好音乐,并且擅长鼓琴;第三,桓谭"性嗜倡乐",说明他尤其喜爱"郑声",并且由此受到时人排诋。无论如何,这说明桓谭与音乐有着密切的关系。

　　桓谭非常熟悉当时的雅、俗之乐。当时"善鼓琴"之儒者,并不很多,桓谭"遍习五经",且能"好音律,善鼓琴",在当时是极为少见的。扬雄、宋弘曾批评桓谭好郑声,就说明当时儒者的生活中,拒绝新声,而乐府则主要与新声有关。但从另一种角度看,桓谭却在当时的儒者中,开启了另一种读书人模式:即严肃的经学之外,部分读书人也开始追求个人情感的愉悦、生

---

①《后汉书》卷二八《桓谭传》,第 4 册,第 955 页。

活的闲适与安逸。虽然，桓谭在宋弘的规诫下，表示悔改，但恐怕很难根本改变个人的生活习性与内心追求。无论如何，熟悉音乐的桓谭，在当时是非常可贵的学者。他保留、评论的大量音乐文献，是对当时经学文本秩序之外的音乐文本秩序的反映。从这个意义上说，桓谭自然有当时传统学者所不能具备的学术条件与优势；他对音乐的论述，自然有其独特的学术价值。

《新论·琴道》属于桓谭的作品，或以为仅有一条，其余皆班固所续，如清人曾朴认为：

> 范《书》称"《琴道》一篇未成，使班固续之"，《东观记》谓"但有《发首》一章"，今范书《陈元传》注、《三国志·邵正传》注、《书钞》七十一、《御览》五百八十及《文选注》所引《新论》事涉音乐者，皆系班固所续。惟《意林》载《新论》末一条论琴，系《发首》一章。何以证之？考《文选·琴赋》注引"《七略》、《雅畅》第十七曰：'《琴道》曰：尧畅逸。又曰：达则兼善天下，无不通畅，故谓之畅。又曰：《微子操》，微子伤殷之将亡，终不可奈何，见鸿鹄高飞，援琴作操。'"文正与《意林》所载同。《七略》系刘歆作，谭曾为掌乐大夫，与歆相接，即为所采用，则非固作可知矣。[①]

此种推测，或有道理，但根据《新论》的记载，桓谭曾为乐府令，其《琴道》一篇，虽由班固续成[②]，但其中必然反映了那个时代的音乐思想，甚至能够反映桓谭本人的音乐思想。

第一节　桓谭的音乐职官与音乐才能

桓谭在汉成帝时，曾任乐府令；在王莽时，曾任掌乐大夫；在光武帝二年，曾任给事中，为光武帝奏新曲。《后汉书》与《新论》记载了很多桓谭在音乐方面的评价与事迹资料，由此我们可以对桓谭的音乐职官与才能进行深入探讨。

---

① 曾朴：《补后汉书艺文志并考》，王承略、刘心明主编：《二十五史艺文经籍志考补萃编》（第八卷），第 240—241 页。
② 《后汉书》桓谭本传："《琴道》一篇未成，肃宗使班固续成之。"（《后汉书》卷二八《桓谭传》，第 4 册，第 961 页）

一、桓谭音乐职官

桓谭《新论》:"昔余在孝成帝时为乐府令,凡所典领倡优伎乐,盖有千人之多也。"①这说明,桓谭在汉成帝时,曾为乐府令,并领导着一千多乐人。这充分证明汉成帝时期音乐之盛。那么,桓谭所说的这个"昔余在孝成帝时为乐府令",究竟在何时呢?

《汉书·百官公卿表》:"绥和二年,哀帝省乐府。"②而汉成帝绥和二年三月薨,则桓谭任乐府令应在此前。由此可知,桓谭为乐府令,至晚在绥和元年。

乐府令,苏诚鉴《桓谭》称:"乐府令是九卿之一'少府'的属官。少府是皇室总管;乐府令是皇帝的乐队长、总教练、总指挥。汉武帝爱好音乐,专门派人到各地采集民间歌谣,特设一个称为'乐府'的机构主管其事。"③

对于桓谭所说的,他自己在汉成帝末"乐府令"的说法,有人曾提出质疑。钟肇鹏、周桂钿《桓谭王充评传》附《桓谭年表》认为:"《新论·离事》云:'昔余在孝成帝时为乐府令,凡所典领倡优伎乐,盖有千人之多也。'(《全后汉文》卷十五)案《后汉书·桓谭传》云:'父成帝时为太乐令。'太乐令即乐府令,知成帝时为乐府令乃桓谭父亲的事,此'余'当是《新论》转引谭父自述之语。"此其以桓谭生于阳朔二年之故。又称:"《汉官仪》云:'太予乐令一人,六百石。'本注曰:'掌伎乐,凡国祭祀,掌请奏乐及大飨用乐,掌其陈序。'故《新论》说掌倡优伎乐'盖有千人之多'。六百石属汉代高级官员,桓谭在成帝时只是十几岁的青少年,不可能任六百石的高官,统帅上千的倡优伎乐。本传说谭'哀平间,位不过郎',如果成帝时已为乐府令,怎么能说'位不过郎'呢?惠栋《后汉书补注》误引《新论》此文于'以父任为郎下',后人遂不加别白,以为此乃桓谭自述,不知乃谭转引其父之言,遂成大谬。"④这就将桓谭《新论》中的"昔余在孝成帝时为乐府令",系为"桓谭父"之语。这个说法是有问题的。首先,《新论》"昔余在孝成帝时为乐府令"一语前后,并无证据说明此为桓谭转述乃父之辞,故后人以此为桓谭父语的说法,只能是一种推论,并非实证。其次,桓谭本传称其"哀平间,位不过

---

① 《新辑本桓谭新论》,第 70 页。

② 《汉书》卷一九《百官公卿表》,第 3 册,第 732 页。

③ 苏诚鉴:《桓谭》,第 14 页。

④ 钟肇鹏、周桂钿:《桓谭王充评传》,上册,第 73 页。

郎"，与其在成帝时任职无关。且汉哀帝初年，桓谭复为郎，可以说明这一点。另以桓谭年龄推断此条正误，不足为据。如笔者所证，桓谭生年如向前推，其未必不能在成帝时为乐府令。再次，也是最重要的一点，桓谭父曾任"太乐令"，与"乐府令"并非同一职。"太乐令"乃"太常"属官，"乐府令"乃"少府"属官。此明言"乐府令"，显然为桓谭自述之语。

"乐府令"，见《汉书·百官公卿表》："少府，秦官，掌山海池泽之税，以给共养，有六丞。属官有尚书、符节、太医、太官、汤官、导官、乐府、若卢、考工室、左弋、居室、甘泉居室、左右司空、东织、西织、东园匠十六官令丞，又胞人、都水、均官三长丞，……乐府三丞，掖廷八丞，宦者七丞，钩盾五丞两尉。成帝建始四年更名中书谒者令为中谒者令，初置尚书，员五人，有四丞。河平元年省东织，更名西织为织室。绥和二年，哀帝省乐府。王莽改少府曰共工。"①

又《汉书·礼乐志》："高祖乐楚声，故《房中乐》楚声也。孝惠二年，使乐府令夏侯宽备其箫管，更名曰《安世乐》。"②"乐府令"的具体俸禄，不得而知。即使汉惠帝时乐府令有较高俸禄，至汉成帝时其地位未必如汉惠帝时，更遑论汉武帝时。这是因为，"乐府"在发展过程中，逐渐被认为属于"郑声"，受到历代正统儒者的攻击，并被多次减省。如《汉书》记载，本始四年，汉宣帝下诏："盖闻农者兴德之本也，今岁不登，已遣使者振贷困乏。其令太官损膳省宰，乐府减乐人，使归就农业。"③汉元帝初元元年，"六月，以民疾疫，令大官损膳，减乐府员，省苑马，以振困乏"④。汉哀帝绥和二年六月，又下诏曰："郑声淫而乱乐，圣王所放，其罢乐府。"⑤从汉宣帝时期的减省乐府官员，到汉哀帝罢乐府，乐府一直处在比较尴尬的政治环境中。乐府令也显然属于比较边缘化的官员，并非什么显赫官职。

桓谭之父的"太乐令"则有所不同。《后汉书·百官志》："大予乐令一人。本注曰：掌伎乐。凡国祭祀，掌请奏乐，及大飨用乐，掌其陈序。丞一人。"注称："卢植《礼》注曰：'大乐丞如古小胥。'"⑥苏诚鉴《桓谭》称："桓谭

①《汉书》卷一九《百官公卿表》，第3册，第731—732页。
②《汉书》卷二二《礼乐志》，第4册，第1043页。
③《汉书》卷八《宣帝纪》，第1册，第245页。
④《汉书》卷九《元帝纪》，第1册，第280页。
⑤《汉书》卷十《哀帝纪》，第1册，第335页。
⑥《后汉书》志二五《百官志》，第12册，第3573页。

的'乐府'音乐和他父亲掌管的'太乐'即宗庙之乐格调不同。'太乐'是所谓'雅乐'，庄严典雅；'乐府'音乐是流行音乐，悦耳动听，春秋以来被称为'郑卫之音'或简称'郑声'。"①这是有道理的。

苏诚鉴《桓谭年表》将桓谭升乐府令系于绥和二年："《新论·离事》：'昔余在孝成帝时为乐府令。凡所典领倡优乐，盖有千人之多也。'按《百官公卿表》少府属官有乐府令。据《汉书·礼乐志》，汉武帝始置乐府。至成帝时，'郑声尤甚，黄门名倡丙强、景武之属，富显于世，贵戚五侯、定陵、富平外戚之家，淫侈过度，至与人主争女乐。'《新论·离事》：'扬子云大才，而不晓音。余颇离雅操，而更为新弄，子云曰："事浅易善，深者难识。卿不好《雅》、《颂》而悦郑声，宜也。"'《后汉书》本传：'性嗜倡乐。'"②在这里，作者将乐府令、太乐令解释为两种不同官职，显然有其道理。

王莽始建国元年，桓谭迁典乐大夫。《新论·祛弊》称："余前为王翁典乐大夫。"③"典乐大夫"，又可称"掌乐大夫"、"掌教大夫"，如《后汉书》桓谭本传："莽时为掌乐大夫。"④《太平御览》卷三八三引桓谭《新论》，作"典乐大夫"，如称"余前为王翁典乐大夫"⑤；《意林》卷三引桓谭《新论》作"掌教大夫"。"掌乐大夫"、"典乐大夫"、"掌教大夫"同职异名。桓谭原为谏大夫，本年王莽封诸刘为谏大夫，则桓谭迁典乐大夫，当在此时。大久保隆郎《桓谭年谱考》亦系于本年，他认为"掌乐大夫"、"掌教大夫"实即"典乐大夫"之同职官名。钟肇鹏、周桂钿也持此说，如《桓谭年表》称："桓谭为掌乐大夫。《后汉书·桓谭传》谓'莽时为掌乐大夫'。谭为掌乐大夫当在此后数年之间。《新论》云：'余前为王翁典乐大夫，见乐家书记言：文帝时，得魏文侯时乐人窦公，年百八十岁，两目皆盲。'（《汉书·艺文志》注引）典乐大夫即掌乐大夫。唯魏文侯至汉文帝时已二百余年，谓窦公为魏文侯时人，所记年岁不合。"⑥

"典乐"与"大鸿胪"一职有关。王莽始建国元年，改大鸿胪为典乐："大鸿胪曰典乐，少府曰共工，水衡都尉曰予虞，与三公司卿凡九卿，分属三公。

---

①苏诚鉴：《桓谭》，第14页。

②苏诚鉴：《桓谭》，第122—123页。

③《新辑本桓谭新论》，第35页。

④《后汉书》卷二八《桓谭传》，第4册，第956页。

⑤李昉：《太平御览》卷三八三，第2册，第1771页。

⑥钟肇鹏、周桂钿：《桓谭王充评传》，上册，第74页。

每一卿置大夫三人。"①大鸿胪掌管外交、礼仪,如《汉书·百官公卿表》:"典客,秦官,掌诸归义蛮夷,有丞。景帝中六年更名大行令,武帝太初元年更名大鸿胪。属官有行人、译官、别火三令丞及郡邸长丞。武帝太初元年更名行人为大行令,初置别火。王莽改大鸿胪曰典乐。初,置郡国邸属少府,中属中尉,后属大鸿胪。"②

　　王莽始建国四年,桓谭迁讲乐祭酒③。"讲乐祭酒",《四库全书》本《太平御览》作"讲学祭酒",朱谦之辑本即出于此。苏诚鉴《桓谭年表》与钟肇鹏、周桂钿《桓谭年表》并作"讲乐祭酒"。中华书局 1960 年影印宋本《太平御览》亦作"讲乐祭酒",当以此为是。苏诚鉴《桓谭年表》系此事于始建国二年,据其意,当为四年:"《见征》:'阴城子城张,名衡,蜀郡人。王翁(时),与吾俱为讲乐祭酒。'按《王莽传中》:'始建国三年(公元 11),又置师友祭酒,及侍中、谏议、六经祭酒各一人,凡九祭酒,秩上卿。崔发为讲乐祭酒。'祭酒秩上卿,在大夫之上。桓谭当在崔发之后任其职。崔发受封为'说符侯',为王莽编集符谶,是王莽重要谋臣之一,事迹除《王莽传》外,又见《后汉书·崔骃传》。'阴城子张',《论衡·超奇篇》作'阳城子长作《乐经》'。"苏诚鉴的说法有道理④。

　　钟肇鹏、周桂钿《桓谭年表》系此事于始建国四年:"桓谭任讲乐祭酒。《新论》云:'阳城子姓张名衡。蜀郡人。王翁(时),与吾俱为讲乐祭酒。'(《太平御览》卷 815 引)案《论衡·超奇篇》云:'阳成子长作《乐经》,扬子云作《太玄经》,造于眇思,极窅冥之深,非庶几之才,不能成也。'《论衡·对作篇》:'阳成子张作《乐》,扬子云造《玄》,二经发于台下,读于阙掖,卓绝惊耳。'可见阳成子长精于音乐,并造《乐经》。阳城又作阳成,子长又作子张。成、城,长、张古通。阳城子长名衡,蜀郡人。《华阳国志》言成都少城有阳城门,居其地,因以为氏。《风俗通》佚文'汉有谏议大夫阳成公衡。王莽时阳成修献符命。'(《通志·氏族略五》引)阳成公衡当即阳成衡。阳成修疑

---

①《汉书》卷九九《王莽传》,第 12 册,第 4103 页。
②《汉书》卷一九《百官公卿表》,第 3 册,第 730 页。
③按《太平御览》卷八一五引桓谭《新论》:"阳城子城张名衡,蜀郡人,王翁(时),与吾俱为讲乐祭酒。及寝疾,预买棺椁,多下锦绣,立被发冢。"(《太平御览》卷八一五,第 3 册,第 3626 页)王莽始建国三年,始置"讲乐祭酒",并任崔发为讲乐祭酒,桓谭任此职,当在崔发之后。故系于本年。
④苏诚鉴:《桓谭》,第 133—134 页。

'修'字乃'衡'字之误。"①

《汉书·王莽传》地皇二年即有"郎阳成修献符命"的记载,可知阳成修确有其人。钟氏《桓谭年表》"阳成修疑'修'字乃'衡'字之误"的说法有误。

二、桓谭好琴

《后汉书》称桓谭"善鼓琴"。《新论·琴道》称:"黄门工鼓琴者,有任真卿、虞长倩,能传其度数,妙曲遗声。"②这说明,桓谭与当时善鼓琴者,多有往来。任真卿、虞长倩,史书无记载,然由此可见《新论》之史料价值。

作为一个擅长鼓琴者,桓谭对琴的起源、流传、形制、特色、音质等,俱有深刻的认识,《新论·琴道》对此多有记载:

"琴,神农造也。琴之言禁也,君子守以自禁也。"

"八音之中,惟弦为最,而琴为之首。"

"大声不震哗而流漫,细声不湮灭而无闻。"

"八音广博,琴德最优。"

"昔神农氏继宓羲而王天下,上观法于天,下取法于地,近取诸身,远取诸物,于是始削桐为琴,练丝为弦,以通神明之德,合天地之和焉。梧桐作琴,三尺六寸有六分,象朞之数;厚寸有八,象三六数;广六分,象六律。上圆而敛,法天;下方而平,法地。上广下狭,法尊卑之体。琴隐长四十五分,隐以前长八分。五弦第一弦为宫,其次商、角、徵、羽。文王、武王各加一弦,以为少宫、少商,说者不同。下徵七弦,总会枢极。琴七弦,足以通万物而考治乱也。"③

此处桓谭论琴音,涉及神农、伏羲、文王、武王等儒家人物,并且其中的"大声不震哗而流漫,细声不湮灭而无闻"、"琴七弦,足以通万物而考治乱也",皆儒家思想。这说明,桓谭的音乐思想亦多涉及雅乐,与宗庙之乐多有关系。桓谭在其父任太乐令时即对雅乐多有接触。

桓谭的这些音乐知识,多来自于他掌握的音乐典籍的记载。甚至到王莽时期任典乐大夫,桓谭仍然能够"见乐家书记言",可证桓谭手中或有很多音乐方面的典籍。

---

① 钟肇鹏、周桂钿:《桓谭王充评传》,上册,第74页。
② 《新辑本桓谭新论》,第70页。
③ 《新辑本桓谭新论》,第64—66页。

　　桓谭对各种音乐皆有深刻体验。他认为，八音之中，琴音为最："八音之中，惟弦为最，而琴为之首。""八音广博，琴德最优。"这是他对八音的评价。八音乃古代八种制造乐器的材料，通常为金、石、丝、竹、匏、土、革、木。丝即琴瑟，石即磬。桓谭对八音都比较熟悉。例如，他对磬也有评价："潇湘之乐，方磬为帝。""磬"同"磬"，亦八音之一。

　　上文桓谭所言，还有对琴制最早的详细记载："梧桐作琴，三尺六寸有六分，象朞之数；厚寸有八，象三六数；广六分，象六律。上圆而敛，法天；下方而平，法地。上广下狭，法尊卑之体。琴隐长四十五分，隐以前长八分。"

　　宋陈旸《乐书》对琴制也有记载："古者造琴之法，削以峄阳之桐，成以㩁桑之丝，徽以丽水之金，轸以昆山之玉，虽成器在人，而音含太古矣。盖其制长三尺六寸六分，象朞之日也；广六寸，象六合也；弦有五象，五行也；腰广四寸，象四时也；前广后狭，象尊卑也；上圆下方，象天地也；晖十有三，象十二律也；余一，以象闰也。其形象凤而朱鸟，南方之禽，乐之主也。五分其身，以三为上、二为下，参天两地之义也。司马迁曰：'其长八尺一寸，正度也。'由是观之，则三尺六寸六分，中琴之度也；八尺一寸，大琴之度也。或以七尺二寸言之，或以四尺五寸言之，以为大琴则不足，以为中琴则有余。要之，皆不若六八之数为不失中声也。"①

　　据此而言，桓谭所言琴之"三尺六寸六分"，似应为中琴。这种说法或者有其道理。史游《急就篇》卷三称："大瑟谓之洒，长八尺一寸，广尺八寸者也。"由此推测，桓谭《新论》所论，盖即就中琴而言。

　　关于桓谭"七弦"之说，宋陈旸《乐书》也有记载："至于弦数，先儒谓伏牺，蔡邕以九，孙登以一，郭璞以二十七，颂琴以十三。扬雄谓陶唐氏加弦，以会君臣之恩。桓谭以为文王加少宫、少商二弦。释知匠以为文王、武王各加一，以为文弦、武弦，是为七弦。盖声不过五，小者五弦，法五行之数也。中者十弦，大者二十弦，法十日之数也。一弦则声或不备，九弦则声或太多，至于全之为二十七，半之为十三，皆出于七弦倍差，溺于二变二少，以应七始之数也。为是说者，盖始于《夏书》而曼衍于《左氏》《国语》，是不知《夏书》之在治忽，有五声而无七始，岂为《左氏》者求其说不得而遂傅会之

---

①陈旸：《乐书》卷一二〇，《景印文渊阁四库全书》，第211册，第510页。

邪？故七弦之琴，存之则有害，古制：削之可也。"①

陈旸《乐书》称"桓谭以为文王加少宫、少商二弦"。宋王应麟《玉海》卷一一〇称："桓谭《新论》曰：'五弦第一弦为宫，其次商角徵羽，文王、武王各加一弦，以为少宫、少商。'"可知后世乐家多从桓谭之说，然而扬雄《琴清英》曰："舜弹五弦之琴而天下治，尧加二弦，以合君臣之恩也。"②桓谭称"说者不同"，盖谓此也。

陈旸《乐书》称"七弦之琴，存之则有害"，以为此说"始于《夏书》而曼衍于《左氏》、《国语》"。此乃后人推测，与扬雄《琴清英》说法不同。

桓谭自称好琴，《琴道》记载与琴有关之"操"音颇多，且多上古、周代之乐：

《新论·琴道》："古者圣贤，玩琴以养心，夫遭遇异时，穷则独善其身，而不失其操，故谓之'操'。达则兼善天下，无不通畅，故谓之'畅'。尧《畅经》，逸不存。《舜操》，其声清以微。《舜操》者，昔虞舜圣德玄远，遂升天子，喟然念亲，巍巍上帝之位不足保，援琴作操。《禹操》者，昔夏之时，洪水襄陵沉丘，禹乃援琴作操，其声清以溢，潺潺湲湲，志在深河。《微子操》，微子伤殷之将亡，终不可奈何，见鸿鹄高飞，援琴作操，操似鸿雁咏之声。《微子操》，其声清以淳。《箕子操》，其声淳以激。《伯夷操》，似鸿雁之音。《文王操》者，文王之时，纣无道，烂金为格，溢酒为池，宫中相残，骨肉成泥，璇室瑶台，蔼云翳风，钟声雷起，疾动天地。文王躬被法度，阴行仁义，援琴作操，故其声纷以扰，骇角震商。"

"汉之三王，内置黄门工倡。"

"宣帝元康、神爵之间，丞相奏能鼓雅琴者，渤海赵定、梁国龙德，召见温室，拜为侍郎。"③

王莽新朝复古，桓谭《新论》多记古乐，与其时代学术环境相适应。同时，此处所记，雅乐、郑声皆有。

三、桓谭好"郑声"

桓谭好"郑声"，《新论·启寤》有所记载："夫不翦之屋，不如阿房之宫；

---

① 陈旸：《乐书》卷一二〇，《景印文渊阁四库全书》，第211册，第510页。
② 扬雄著，张震泽校注：《扬雄集校注》，上海古籍出版社1993年版，第233页。
③ 《新辑本桓谭新论》，第65—66、70页。

不琢之椽，不如磨砻之桷；玄酒不如苍梧之醇；控揭不如流郑之乐。"①这种记载是可靠的。《后汉书·宋弘传》记载，宋弘荐桓谭为给事中后，"帝每宴，辄令鼓琴，好其繁声"。

桓谭"好郑声"，在当时就受到了士人的讥刺或排诋。扬雄对桓谭好"郑声"颇不以为然②。引荐桓谭的宋弘，对此尤其愤怒，最终使桓谭远离郑声③。此事大致发生在汉光武帝建武二年④。宋弘荐桓谭，当在宋弘为大司空后⑤，故知桓谭为给事中在本年⑥。

宋弘为何对桓谭好郑声如此排斥？这里主要有两个原因：

第一，从学术与政治环境看，自汉哀帝时期，就形成了废弛郑声的思想。《汉书·哀帝纪》："六月，诏曰：'郑声淫而乱乐，圣王所放，其罢乐府。'"⑦另据《汉书·礼乐志》记载，汉哀帝罢乐府时，保留了很多雅乐员工改属太乐，郑卫之音则皆罢。如认为不宜罢者："郊祭乐人员六十二人，给祠南北郊。大乐鼓员六人，《嘉至》鼓员十人，邯郸鼓员二人，骑吹鼓员三人，江南鼓员二人，淮南鼓员四人，巴俞鼓员三十六人，歌鼓员二十四人，楚严鼓员一人，梁皇鼓员四人，临淮鼓员二十五人，兹邡鼓员三人，凡鼓十二，员百二十八人，朝贺置酒陈殿下，应古兵法。外郊祭员十三人，诸族乐人兼

---

① 《新辑本桓谭新论》，第 26 页。

② 《新论》称："扬子云大才而不晓音。余颇离雅乐而更为新弄。子云曰：'事浅易善，深者难识，卿不好雅颂而悦郑声，宜也。'"（《新辑本桓谭新论》，第 61 页）

③ 《后汉书·宋弘传》："弘闻之不悦，悔于荐举，伺谭内出，正朝服坐府上，遣吏召之。谭至，不与席而让之曰：'吾所以荐子者，欲令辅国家以道德，而今数进郑声以乱《雅》《颂》，非忠正者也，能自改邪？将令相举以法乎？'谭顿首辞谢，良久乃遣之。后大会群臣，帝使谭鼓琴，谭见弘，失其常度。帝怪而问之。弘乃离席免冠谢曰：'臣所以荐桓谭者，望能以忠正导主，而令朝廷耽悦郑声，臣之罪也。'帝改容谢，使反服，其后遂不复令谭给事中。"（《后汉书》卷二六《宋弘传》，第 4 册，第 904 页）

④ 《后汉书·宋弘传》："帝尝问弘通博之士，弘乃荐沛国桓谭才学洽闻，几能及杨雄、刘向父子。于是召谭拜议郎、给事中。"（《后汉书》卷二六《宋弘传》，第 4 册，第 904 页）

⑤ 《后汉书·光武帝纪上》："二月己酉，幸修武。大司空王梁免。壬子，以太中大夫宋弘为大司空。"

⑥ 苏诚鉴《桓谭年表》："《后汉书·宋弘传》：'建武二年，代王梁为大司空。……帝尝问弘通博之士，弘乃荐沛国桓谭才学洽闻，几能及杨雄、刘向父子。于是召谭拜议郎、给事中。'按《续汉书·百官志二》，议郎秩比六百石。《汉书·百官公卿表》：'给事中，亦加官；所加或大夫、博士、议郎，掌顾问应对。'"（苏诚鉴：《桓谭》，第 138 页）钟肇鹏、周桂钿《桓谭年表》："桓谭为议郎给事中。《东观汉记·宋弘传》'宋弘为司空，上尝问弘通博之士，弘乃荐沛国桓谭才学洽闻，几及扬雄、刘向父子。于是召谭拜议郎给事中。'案宋弘以建武二年二月任大司空，见桓谭当在此时。"（钟肇鹏、周桂钿《桓谭王充评传》，上册，第 75 页）

⑦ 《汉书》卷一一《哀帝记》，第 1 册，第 335 页。

《云招》给祠南郊用六十七人，兼给事雅乐用四人，夜诵员五人，刚、别柎员二人，给《盛德》主调篪员二人，听工以律知日冬夏至一人，钟工、磬工、箫工员各一人，仆射二人主领诸乐人，皆不可罢。"①

　　认为可罢者："竽工员三人，一人可罢。琴工员五人，三人可罢。柱工员二人，一人可罢。绳弦工员六人，四人可罢。郑四会员六十二人，一人给事雅乐，六十一人可罢。张瑟员八人，七人可罢。《安世乐》鼓员二十人，十九人可罢。沛吹鼓员十二人，族歌鼓员二十七人，陈吹鼓员十三人，商乐鼓员十四人，东海鼓员十六人，长乐鼓员十三人，缦乐鼓员十三人，凡鼓八，员百二十八人，朝贺置酒，陈前殿房中，不应经法，治竽员五人，楚鼓员六人，常从倡三十人，常从象人四人，诏随常从倡十六人，秦倡员二十九人，秦倡象人员三人，诏随秦倡一人，雅大人员九人，朝贺置酒为乐。楚四会员十七人，巴四会员十二人，铫四会员十二人，齐四会员十九人，蔡讴员三人，齐讴员六人，竽、瑟、钟、磬员五人，皆郑声，可罢。师学百四十二人，其七十二人给大官挏马酒，其七十人可罢。"②此处"楚四会员十七人，巴四会员十二人，铫四会员十二人，齐四会员十九人，蔡讴员三人，齐讴员六人，竽、瑟、钟、磬员五人，皆郑声，可罢"，知西汉末年，已经多有废郑声之事。

　　第二，从郑声的内在思想看，郑音多被士人视作"亡国之音"。《新论·琴道篇》记载："晋师旷善知音。卫灵公将之晋，宿于濮水之上，夜闻新声，召师涓告之曰：'为我听写之。'曰：'臣得之矣。'遂之晋。晋平公飨之，酒酣，灵公曰：'有新声，愿奏之。'乃令师涓鼓琴。未终，师旷止之曰：'此亡国之声也。'"③

　　"雍门周以琴见孟尝君曰：'先生鼓琴，亦能令文悲乎？'对曰：'臣之所能令悲者，先贵而后贱，昔富而今贫，摈压穷巷，不交四邻，不若身材高妙，怀质抱真，逢谗罹谤，怨结而不得信；不若交欢而结爱，无怨而生离，远赴绝国，无相见期；不若幼无父母，壮无妻儿，出以野泽为邻，入用窟穴为家，困于朝夕，无所假贷。若此人者，但闻飞鸟之号，秋风鸣条，则伤心矣。臣一为之援琴而长太息，未有不凄恻而涕泣者也。今若足下，居则广厦高堂，连闼洞房，下罗帷，来清风；倡优在前，诙谐侍侧，扬激楚舞，郑妾流声以娱耳，

---

① 《汉书》卷二二《礼乐志》，第 4 册，第 1073 页。
② 《汉书》卷二二《礼乐志》，第 4 册，第 1073—1074 页。
③ 《新辑本桓谭新论》，第 66 页。

练色以淫目；水戏则舫龙舟，建羽旗鼓，钓乎不测之渊，野游则登平原，驰广囿，强弩下高鸟，勇士格猛兽，置酒娱乐，沉醉亡归。方此之时，视天地曾不若一指，虽有善鼓琴，未能动足下也。'孟尝君曰：'固然。'雍门周曰：'然臣窃为足下有所常悲。夫角帝而困秦者，君也，连五国而伐楚者，又君也。天下未尝无事，不从即衡；从成则楚王，衡成则秦帝。夫以秦、楚之强，而报弱薛，犹磨萧斧而伐朝菌也。有识之士，莫不为足下寒心。天道不常盛，寒暑更进退，千秋万岁之后，宗庙必不血食，高台既已倾，曲池又已平，坟墓生荆棘，狐狸穴其中，游儿牧竖，蹢躅其足而歌其上曰："孟尝君之尊贵，亦犹若是乎？"'于是孟尝君喟然太息，涕泪承睫而未下。雍门周引琴而鼓之，徐动宫徵，叩角羽，终而成曲。孟尝君遂欷歔而就之曰：'先生鼓琴，令文立若亡国之人也。'"①

卫灵公所闻音乐，即于"濮水之上"，可知此音非宫廷雅乐。雍门周"徐动宫徵，叩角羽，终而成曲"，显然亦属新造之声。二者皆有"亡国之音"，显然属于郑声。

汉代的"郑声"被施于朝廷，笔者怀疑始于汉武帝立乐府②。汉成帝时，平当提出修雅乐事："汉承秦灭道之后，赖先帝圣德，博受兼听，修废官，立大学，河间献王聘求幽隐，修兴雅乐以助化。时大儒公孙弘、董仲舒等皆以为音中正雅，立之大乐。春秋乡射，作于学官，希阔不讲。故自公卿大夫观听者，但闻铿鏘，不晓其意，而欲以风谕众庶，其道无由。是以行之百有余年，德化至今未成。今晔等守习孤学，大指归于兴助教化。衰微之学，兴废在人。宜领属雅乐，以继绝表微。"③然而，这个建议并未获得公卿认同④。

史书记载，"郑声"被禁主要的原因是汉哀帝不好音⑤。然而，"郑声"

---

①《新辑本桓谭新论》，第67—68页。
②《汉书》卷二二《礼乐志》："是时，河间献王有雅材，亦以为治道非礼乐不成，因献所集雅乐。天子下大乐官，常存肄之，岁时以备数，然不常御，常御及郊庙皆非雅声。然诗乐施于后嗣，犹得有所祖述。……今汉郊庙诗歌，未有祖宗之事，八音调均，又不协于钟律，而内有掖庭材人，外有上林乐府，皆以郑声施于朝廷。"（《汉书》卷二二《礼乐志》，第4册，第1070—1071页）
③《汉书》卷二二《礼乐志》，第4册，第1071—1072页。
④《汉书·礼乐志》："事下公卿，以为久远难分明，当议复寝。"（《汉书》卷二二《礼乐志》，第4册，第1072页）
⑤《汉书·礼乐志》："是时，郑声尤甚。黄门名倡丙强、景武之属富显于世，贵戚五侯定陵、富平外戚之家淫侈过度，至与人主争女乐。哀帝自为定陶王时疾之，又性不好音。"（《汉书》卷二二《礼乐志》，第4册，第1072页）

由来已久，乐府虽罢，雅乐难兴①。而由光武帝建武二年桓谭为给事中时尚好郑音，说明此实难禁。

为何"郑声"难禁？郑音历代皆有，多被称作"新声"，卫灵公"夜闻新声"，即是。然汉代"郑声"，始于李延年之"新声"②。汉武帝时期，郑声进入"天地祠"。上有所好，下必从之。

具体到"郑声"音乐内部的特色来说，之所以受到时人喜好，主要是因为郑声并非如雅乐一样具有浓厚儒家说教意味，是以司马迁云："故乐所以内辅正心而外异贵贱也；上以事宗庙，下以变化黎庶也。琴长八尺一寸，正度也。弦大者为宫，而居中央，君也。商张右傍，其余大小相次，不失其次序，则君臣之位正矣。故闻宫音，使人温舒而广大；闻商音，使人方正而好义；闻角音，使人恻隐而爱人；闻徵音，使人乐善而好施；闻羽音，使人整齐而好礼。"③这是儒家的音乐观。这种音乐，之所以被称作"雅乐"，最主要的原因是能够欣赏这些音乐的，多为有知识的士人阶层。"内辅正心而外异贵贱"，这将雅乐赋予了上下、尊卑的等级区别功能，政治色彩十分浓厚。

"郑声"则不然。如果说雅乐重"礼"，"郑声"则重"情"。郑声最能打动人心的地方，就是以悲为主，能触动欣赏者的内心世界，使其闻乐生情，有所感、有所悟，而情不能抑。这种情况的出现，是因为郑声题材多以普通百姓的窘境、失意官宦的挣扎、不遇文人的遭遇、人生无常的感慨为主。这种具有悲剧故事题材的音乐，最能引起人们的同情，因而也最容易被理解与传播。

以桓谭记载的雍门周故事为例。孟尝君问雍门周鼓琴能否令其感到伤悲，雍门周称能从其所鼓琴感到悲伤之人，皆为处于生活艰难、官场失意、颠沛流离、鳏寡孤独之人："臣之所能令悲者，先贵而后贱，昔富而今贫，摈压穷巷，不交四邻，不若身材高妙，怀质抱真，逢谗罹谤，怨结而不得信；不若交欢而结爱，无怨而生离，远赴绝国，无相见期；不若幼无父母，壮无妻

①《汉书·礼乐志》记载："然百姓渐渍日久，又不制雅乐有以相变，豪富吏民湛沔自若，陵夷坏于王莽。""今大汉继周，久旷大仪，未有立礼成乐，此贾谊、仲舒、王吉、刘向之徒所为发愤而增叹也。"（《汉书》卷二二《礼乐志》，第4册，第1074、1075页）
②《汉书》卷九三《佞幸传》："延年善歌，为新变声。是时上方兴天地祠，欲造乐，令司马相如等作诗颂。延年辄承意弦歌所造诗，为之新声曲。"（《汉书》卷九三《佞幸传》，第11册，第3724页）
③《史记》卷二四《乐书》，第4册，第1467页。

儿,出以野泽为邻,入用窟穴为家,困于朝夕,无所假贷。若此人者,但闻飞鸟之号,秋风鸣条,则伤心矣。臣一为之援琴而长太息,未有不凄恻而涕泣者也。"从雍门周鼓琴能令其悲之对象分析,郑声题材,多据不同对象有所而发。例如,孟尝君虽为王侯,然雍门周亦能针对其所关心之事,奏出能令其有所感的音乐:"夫角帝而困秦者,君也,连五国而伐楚者,又君也。天下未尝无事,不从即衡;从成则楚王,衡成则秦帝。夫以秦、楚之强,而报弱薛,犹磨萧斧而伐朝菌也。有识之士,莫不为足下寒心。天道不常盛,寒暑更进退,千秋万岁之后,宗庙必不血食,高台既已倾,曲池又已平,坟墓生荆棘,狐狸穴其中,游儿牧竖,踯躅其足而歌其上曰:'孟尝君之尊贵,亦犹若是乎?'"针对此类题材的音乐,"孟尝君遂歔欷而就之曰:'先生鼓琴,令文立若亡国之人也。'"①这是"新声"的艺术力量。

总之,汉代的"郑声"多被"施于朝廷",而桓谭历成、哀、平、王莽与汉光武帝,且所任职官,多与音乐有关,这就使其与"郑声"接触较多。这是桓谭"好琴"、"好郑声"的主要原因。

第二节　桓谭对"操"的音乐阐释及其文学内涵

"操"是琴曲之一种。蔡邕《琴操》著录"操"十二种:《将归操》、《猗兰操》、《龟山操》、《越裳操》、《拘幽操》、《岐山操》、《履霜操》、《雉朝飞操》、《别鹤操》、《残行操》、《水仙操》、《怀陵操》。桓谭《琴道篇》有《舜操》、《禹操》、《微子操》、《箕子操》、《伯夷操》、《文王操》,有目无辞。桓谭早于蔡邕,此证两汉流传很多"操"曲。

桓谭《琴道篇》除录六种操曲名称,还有对"操"曲的评价,这是很宝贵的音乐与文学评论资料。其中,也有详细的"操"曲本事介绍、对"操"曲音乐之美的评价。由此我们可以考察这些"操"曲的本事,并且分析桓谭对"操"曲的音乐鉴赏。

《新论·琴道》记载:

> 古者圣贤,玩琴以养心,夫遭遇异时,穷则独善其身,而不失其操,故谓之"操"。达则兼善天下,无不通畅,故谓之"畅"。尧《畅

①《新辑本桓谭新论》,第67—68页。

经》,逸不存。《舜操》,其声清以微。《舜操》者,昔虞舜圣德玄远,遂升天子,喟然念亲,巍巍上帝之位不足保,援琴作操。《禹操》者,昔夏之时,洪水襄陵沉丘,禹乃援琴作操,其声清以溢,潺潺湲湲,志在深河。《微子操》,微子伤殷之将亡,终不可奈何,见鸿鹄高飞,援琴作操,操似鸿雁咏之声。《微子操》,其声清以淳,《箕子操》,其声淳以激。《伯夷操》,似鸿雁之音。《文王操》者,文王之时,纣无道,烂金为格,溢酒为池,宫中相残,骨肉成泥,璇室瑶台,蔼云翳风,钟声雷起,疾动天地。文王躬被法度,阴行仁义,援琴作操,故其声纷以扰,骇角震商。[①]

这段资料,除了介绍"操"名称的内涵与《舜操》、《禹操》等"操"之本事,还有对"操"曲品鉴的词汇。我们将从这三个方面,分别展开讨论。

"琴"何为? 桓谭《琴道篇》称:"琴之言禁也,君子守以自禁也。"这个"禁",其实就是桓谭所说的"玩琴以养心"。琴曲很多,桓谭《琴道篇》主要谈及操、畅二曲。

"操"之名称,桓谭认为:"古者圣贤,玩琴以养心,夫遭遇异时,穷则独善其身,而不失其操,故谓之'操'。"与"操"相关的"畅",桓谭解释为:"达则兼善天下,无不通畅,故谓之'畅'。""操"与"穷则独善其身"有关,"畅"与"达则兼善天下"相关,如此,前者音悲,后者音喜。明朱载堉《乐律全书》称:

> 古操缦有二种,正风、雅、颂,皆无繁声;变风、雅则有之。无繁声者谓之引,又谓之操,言其有节操也。有繁声者谓之弄,又谓之畅,言其能和畅也。各有妙趣存焉。[②]

"繁声",又称"新声",即先秦所谓"郑卫之音",汉代所谓"郑声",多指淫靡之音。《后汉书·宋弘传》称"宋弘荐桓谭,光武令鼓琴,爱其繁声",可以为证。"繁声"为音乐术语,不懂音乐者很难理解其含义。宋代周密时即曾遇到此类疑惑,其《齐东野语》"琴繁声为郑卫"条称:

> 往时,余客紫霞翁之门。翁知音妙天下,而琴尤精诣。自制曲数

---

① 《新辑本桓谭新论》,第 65—66 页。
② 朱载堉:《乐律全书》卷二七,《景印文渊阁四库全书》,第 214 册,第 104 页。

百解，皆平淡清越，灏然太古之遗音也。复考正古曲百余，而异时官谱诸曲，多黜削无余，曰："此皆繁声，所谓郑卫之音也。"余不善此，颇疑其言为太过。后读《东汉书》，宋弘荐桓谭，光武令鼓令鼓琴，爱其繁声。弘曰："荐谭者，望能忠正导主。而令朝廷耽悦郑声，臣之罪也。"是盖以繁声为郑声矣。①

如此说来，那些"无繁声"者为"操"，君子有节操②；"有繁声"者为"畅"，君子能和畅。如此说明"畅"当为"郑声"，乃亡国之音，而"操"当为"雅乐"。这是后人的认识，未必完全准确。但是，桓谭对"操"、"畅"的定义，也未必全面。宋曾慥《类说》称："凡琴曲和乐而作者，谓之畅；因忧而作者，谓之操。今通呼曰操，非也。"③由此可见，凡"和乐"而作之曲皆可称"畅"，"因忧"而作之曲皆可称"操"。然而，这种说法，与上文雍门周所言"郑声悲"似乎有些相矛盾。

其实，据桓谭所言之"操"，乃针对"古圣贤"而言，故虽"穷"而不失其志。雍门周所言之"悲"，多为失意、羁旅等人，并非圣贤之人。桓谭言"畅"为"郑声"，针对的是王侯公卿之"达"者，其音"畅"。如此说来，"畅"有"郑声"，但未必皆为"郑声"；"郑声"有二：一者为失意之下层民众或官吏喜好之音，一者为王侯公卿之"畅"。宋薛季宣《浪语集》卷一三有《神人畅》，称："尧事天理人，尧民赓歌其圣作。"此乃后世伪托之作，非前代之乐。

桓谭论"操"，提及几个本事。桓谭称："《舜操》者，昔虞舜圣德玄远，遂升天子，喟然念亲，巍巍上帝之位不足保，援琴作操。"据此而言，《舜操》乃舜因"喟然念亲，巍巍上帝之位不足保"而作。此操又见宋薛季宣《浪语集》："舜立为天子，思事亲之乐，谓巍巍之位不足保作。"此说显然来自于桓谭《新论·琴道》。全操亦见《浪语集》：

> 黄屋兮巍巍，人道兮委蛇。念父母兮庭闱，三牲日馈兮，夫岂不时也。借不如在野兮，亲几履也。惟昔乐而劳今兮，吾将已也。④

---

① 周密：《齐东野语》卷一八，《丛书集成初编》，第 238—239 页。
② 《群经音辨》："操，持之也，志有所持谓之操。"（贾昌朝：《群经音辨》卷六，《景印文渊阁四库全书》，第 222 册，第 50 页）
③ 曾慥：《类说》卷三六，《景印文渊阁四库全书》，第 873 册，第 628 页。
④ 薛季宣：《浪语集》卷一三，《景印文渊阁四库全书》，第 1159 册，第 245 页。

此操或后人伪托,其音虽悲,然"不失其操",合桓谭之说。《浪语集》中《舜操》记舜有"子欲养而亲不待"之叹,又称"巍巍上帝之位不足保",显然有退隐之心。而桓谭称此舜"圣德玄远",又称其"喟然念亲",可知此音应以"清以远"概之。

桓谭称:"《禹操》者,昔夏之时,洪水襄陵沉山,禹乃援琴作操,其声清以溢,潺潺湲湲,志在深河。"由桓谭之言可知,《禹操》乃大禹治水时建洪水而作,"志在深河"。此操亦见《浪语集》,称《襄陵操》,并认为是"禹治水作"。全操为:

> 汤汤泽水兮,怀山襄陵。浩浩滔天兮,昏垫生灵。导之入于海兮,王事有程。启呱弗子兮,匪我忘情。[1]

《舜操》歌辞与本事,亦出桓谭《琴道》。桓谭称此操"清以溢",其"潺潺湲湲",即由此说。《浪语集》之操有"汤汤泽水"、"浩浩滔天"等说,亦与"清以溢"合。这个"溢",除了有浩浩水流之清音,亦有深挚的爱子之情,即操中所言"启呱弗子兮,匪我忘情"。有意思的是,这个"情",后人又敷衍成如舜一般的"思亲"之情。《浪语集》有舜之《思归操》(《思亲操》):"《思归操》,亦曰《思亲操》。舜耕历山,见鸠母子相哺,思念父母作。彼美鸠雏,归哺呜呜。所哺伊何? 曰父母且。匪生何父,匪育何母,历山之居,居庸可久。念念思归,不归何俟?"[2]这显然与《禹操》之"思亲"极为相似。这种借圣贤"思亲"、"思归"之操,体现了汉代文人对父母、亲情的渴望与思念。

桓谭称:"《微子操》,微子伤殷之将亡,终不可奈何,见鸿鹄高飞,援琴作操,操似鸿雁咏之声。"桓谭所言《微子操》本事,亦见《史记·宋微子世家》:

> 微子开者,殷帝乙之首子而帝纣之庶兄也。纣既立,不明,淫乱于政,微子数谏,纣不听。……于是微子度纣终不可谏,欲死之,及去,未能自决,……太师若曰:"王子,天笃下菑亡殷国,乃毋畏畏,不用老长。今殷民乃陋淫神祇之祀。今诚得治国,国治身死不恨。为死,终不得治,不如去。"遂亡。[3]

---

①薛季宣:《浪语集》卷一三,《景印文渊阁四库全书》,第 1159 册,第 245 页。
②薛季宣:《浪语集》卷一三,《景印文渊阁四库全书》,第 1159 册,第 244 页。题名蔡邕《琴操》之《思亲操》,文字与此稍异。
③《史记》卷三八《宋微子世家》,第 5 册,第 1943—1944 页。

但是，《史记》并没有记载《微子操》。由此推断：《舜操》、《禹操》与《微子操》，很可能是汉代人增益的曲名。关于《微子操》的音乐评价，桓谭称："《微子操》，其声清以淳。"《意林》引即如此。然《文选》注与《太平御览》引《微子操》作"清以浮"。哪一个更准确呢？桓谭称微子"见鸿鹄高飞，援琴作操，操似鸿雁咏之声"，"鸿雁咏之声"来自天籁，有不似人间音之感，故"浮"为是。为何用"浮"？与箕子相比，微子去殷，大概有"彰君恶"之嫌。

《伯夷操》，桓谭称："《伯夷操》，似鸿雁之音。"既然如此，此操亦如《微子操》一样，其音大概近"清以浮"。然《史记·伯夷列传》记载：

> 伯夷、叔齐，孤竹君之二子也。父欲立叔齐，及父卒，叔齐让伯夷。伯夷曰："父命也。"遂逃去。叔齐亦不肯立而逃之。[1]

微子因国乱而"逃"，伯夷因让国而"逃"，同样的"逃"，却大不相同。因此，同样是"鸿雁之音"，前者可以称为"清以浮"，后者就不适合这个评价。

《文选》六臣注《啸赋》："善曰：'古诗曰：胡马思北风。《琴道》曰：《伯夷操》似鸿雁之音。'《说文》曰：'漠北方流沙。'良曰：'言啸声似此声也。北朔、沙漠，皆北塞地名也。'"[2]"啸声似此声"，可知《伯夷操》有"清以幽"的特点。伯夷之去国，隐逸思想更重。

《箕子操》，桓谭称："《箕子操》，其声淳以激。"这本来是与《微子操》相对来说的。微子去殷，脱如鸿雁，故有"清以浮"之说。这个"浮"，显然是与"淳"相对而言的。为何用"激"？这与箕子不能去殷，而"被发详狂而为奴"有关。《史记·宋微子世家》记载：

> 箕子者，纣亲戚也。纣始为象箸，箕子叹曰："彼为象箸，必为玉杯；为杯，则必思远方珍怪之物而御之矣。舆马宫室之渐自此始，不可振也。"纣为淫泆，箕子谏，不听。人或曰："可以去矣。"箕子曰："为人臣谏不听而去，是彰君之恶而自说于民，吾不忍为也。"乃被发详狂而为奴。遂隐而鼓琴以自悲，故传之曰《箕子操》。

裴骃《史记集解》称："《风俗通义》曰：'其道闭塞忧愁而作者，命其曲曰操。操者，言遇菑遭害，困厄穷迫，虽怨恨失意，犹守礼义，不惧不慑，乐道而不

---

①《史记》卷六一《伯夷列传》，第 7 册，第 2583 页。
②萧统编，李善等注：《六臣注文选》卷一八，中华书局 2012 年版，第 344 页。

改其操也。'"①桓谭称此曲"淳",就是针对"犹守礼义,不惧不慑,乐道而不改其操"而言。

《浪语集》著录《箕子操》称:"箕子为奴作。"操曰:

> 天道浑浑兮,不享絜。神器从神兮,适彼西邻。惜社稷之阽危兮,君无与守。将正而毙兮,谁善其后。负罪囚奴兮,九畴我保。庶汤孙之复兮,载兴商道。②

《文王操》,桓谭称:

> 《文王操》者,文王之时,纣无道,烂金为格,溢酒为池,宫中相残,骨肉成泥,璇室瑶台,蔼云翳风,钟声雷起,疾动天地。文王躬被法度,阴行仁义,援琴作操,故其声纷以扰,骇角震商。③

《文王操》又见于《史记·孔子世家》与《孔子家语·辩乐解》,可知此操流传已久。此本事与纣王无道、文王"躬被法度,阴行仁义"有关。由桓谭所言此操"其声纷以扰,骇角震商",其音可称为"清以骇"。

何音可被称为"骇角震商"? 从汉代其他典籍中我们可以推测一二。《风俗通义》记载:

> 师旷为晋平公奏清徵之音,有玄鹤二八,从南方来,进于廊门之危。再奏之而成列,三奏之则延颈,舒翼而舞,音中宫商,声闻于天。平公大说,坐者皆喜。平公提觞而起,为师旷寿,反坐而问曰:"音莫悲于清徵乎?"师旷曰:"不如清角。"平公曰:"清角可得闻乎?"师旷曰:"不可。昔黄帝驾象车,六交龙,毕方并辖,蚩尤居前,风伯进扫,雨师洒道,虎狼在后,虫蛇伏地,大合鬼神于太山之上,作为清角;今主君德薄,不足以听之,听之将恐有败。"平公曰:"寡人老矣,所好者音也,愿遂闻之。"师旷不得已而鼓之,一奏之,有云从西北起,再奏之,暴风亟至,大雨沣沛,裂帷幕,破俎豆,堕廊瓦,凡坐者散走,平公恐惧,伏于室侧,身遂疾痛,晋国大旱,赤地三年。④

---

① 《史记》卷三八《宋微子世家》,第5册,第1945—1946页。
② 薛季宣:《浪语集》卷一三,《景印文渊阁四库全书》,第1159册,第245页。
③ 《新辑本桓谭新论》,第66页。
④ 应劭撰,王利器校注:《风俗通义校注》,中华书局2010年版,第286页。

这种"清角"，似乎就是桓谭所说的"骇角"。故事中的"一奏之有云从西北起，再奏之暴风亟至，大雨沣沛，裂帷幕，破俎豆，堕廊瓦，凡坐者散走"，的确具有"骇"之效果。

《浪语集》也著录有《文王操》（题"商末，凤鸟集于周作"）：

> 凤兮凤兮，鸟之王兮。览德辉兮，为嘉祥兮。匪下昌兮，我王明兮。①

当然，这个歌辞，显然也是后人增加的。也就是说，西汉的操，皆有弦无歌。是以逯钦立先生称："前汉人所传《文王操》，尚仅有弦无歌。是以桓谭《新论》谓《文王操》'声纷以扰，骇角震商'，只从声曲言之。"②广而言之，以上桓谭所言各操，多以"清"概之，皆未录其歌，可知两汉之际，桓谭所见操、畅，应该有弦无歌。桓谭评《文王操》"骇角震商"，即针对曲音而言。

第三节　"四时五行"与两汉之际的"四声五色"
——桓谭对"四时五行之乐"的贡献

桓谭任乐府令，使他能够接触到当时所谓的"新声"，且非常熟悉当时的雅、俗之乐。桓谭"遍习五经"，且能"好音律，善鼓琴"，在当时的儒者中为数不多。扬雄、宋弘曾批评桓谭"好郑声"，就说明当时儒者的生活中，拒绝"新声"。但从另一个角度看，桓谭却在当时的儒者中，开启了另一种读书人模式：即严肃的经学、枯燥的天文等知识之外，部分读书人也开始追求个人情感的愉悦、生活的闲适与安逸。虽然，桓谭在宋弘的规诫下，表示悔改，但恐怕很难根本改变个人的生活习性与内心追求。无论如何，熟悉音乐的桓谭，在当时是非常可贵的学者。他保留、评论的大量音乐文献，是对当时经学文本秩序之外的音乐文本秩序的反映。从这个意义上说，桓谭自然有当时传统学者所不能具备的学术条件与优势，而他在音乐方面的贡献，也有其独特的学术价值。因此，桓谭在音乐方面的表现，恰恰体现了当时文人读书生活中出现的一种潜流、一种文化心理的转变，是"文本秩序"另种样态的体现。

桓谭《新论》有很多与音乐理论有关的思想，其中不乏涉及到与中国古代阴阳五行等思想有关的材料。这从一个角度说明：汉代已经有较为成熟

---

① 薛季宣：《浪语集》卷一三，《景印文渊阁四库全书》，第1159册，第246页。
② 逯钦立：《先秦汉魏晋南北朝诗·汉诗卷十一》，中华书局1988年版，第309页。

的音乐理论。我们即以桓谭《新论》"四时五行之乐"为例，考察两汉之际的音乐思想。需要说明的是，四时、五行以及"以五行分配四时"的思想，可能有更早的起源①，但将二者与音乐相结合，则是较晚的事情。本文所论，主要分析桓谭在音乐角度对此类思想的继承。

《新论·离事》记载："五声各从其方，春角，夏徵，秋商，冬羽，宫居中央而兼四季，以五音须宫而成，可以殿上五色锦屏风谕而示之。望视则青赤白黄黑，各各异类，就视则皆以其色为地，五（一作四）色文饰之，欲其为四时五行之乐，亦当各以其声为地，而用四声文饰之，犹彼五色屏风矣。"②此处"其色为地"、"其声为地"之"地"，意同今所谓"底色"，可以解释为衬托、基础等。

"五色锦屏风"与"五色屏风"，湖南长沙马王堆汉墓出土"遣策"，有"木五彩画屏风"一件（长五尺，高三尺），同时还出土彩绘木屏风一件，可知西汉确实有五彩屏风。由此怀疑，汉代的《四时舞》、《五行舞》与桓谭所言"四时五行之乐"在演出时，很可能配以五彩屏风。

这个"文饰"的概念，有人认为出自《周礼》，并和"调式"有关："这个文饰的概念是从《周礼》引申而来，却和《周礼》是在六律六吕上'文之以五声'的涵义大异其趣。桓谭指的是作四时五行之乐（上古"据宫称调"，真正做"调式"概念的五声则很少论及，而宫廷用以迎气郊祭的音乐，因必须与四时五行相配，所以是比较可信的运用"调式"的场合）。"③但也有人提出反对，认为当时根本没有"调式"的概念④。但无论如何，桓谭时代，已经有较为复杂的音乐理论观念，则是毫无疑问的。这个"文饰"，实际上是将五声分出主次，构成"音调"。

五声与四季的关系，董俊彦认为："桓谭就五声配四季是这样配的，角配春、徵配夏、商配秋、羽配冬，宫居中央而兼四季，实际是配季夏，因为五声是以宫作为音阶的起点的。"五行与四色的关系，董俊彦认为："五行木配东，其色为青，火配南，其色为赤，土配中，其色为黄，金配西，其色为白，水配北，其色为黑。东南西北方配青赤白黑色，故谓之四色文饰之。若欲为四时五行之乐，就以四时所配之四声为本，春角、夏徵、秋商、

---

① 徐锡台：《考古发现历代器物上刻铸八卦方位图及其渊源的探索》，《文博》1993年第5期。
② 《新辑本桓谭新论》，第45页。或以此段材料在《新论·琴道》篇。
③ 丁承运：《中国古代调式音阶考略》，《黄钟（武汉音乐学院学报）》2004年第1期。
④ 如孙新财《评丁承运〈中国古代调式音阶考略〉》对此进行了反驳。

冬羽，好像四色屏风一般。"①其中的五色，又见于《尚书·皋陶谟》："以五采彰施于五色作服，汝明。"孙星衍疏："《考工记》：'书绘之事，杂五色；东方谓之青，南方谓之赤，西方谓之白，北方谓之黑，天谓之玄，地谓之黄。'玄出于黑，故六者有黄无玄为五也。"②桓谭所言"青赤白黑黄"，去掉"天"之"玄"，保留"地"之"黄"，实际上对应的方位是东、南、西、北、地(中)。这里有些思想很值得注意，即"五声"不仅与四时产生联系，而且与方位(东南西北中)、颜色(青赤黄白黑)、五行(木火土金水)都产生了联系。这是一种非常复杂的哲学体系。

桓谭此处所言"五声各从其方，春角，夏徵，秋商，冬羽，宫居中央而兼四季，以五音须宫而成"，以"五声"配四季，是将"五声"与四时联系起来；又增加一个"中央"，是将"方位"纳入进来；"五音须宫而成"，是肯定了"宫"在五音中的作用。

"四时五行"，是先秦已经产生的观念。桓谭此处的"四时五行"之说，表面上是继承了先秦的说法，但他主要针对音乐而言，无疑强化了"四时五行"在音乐理论中的重要意义。简单说来，"四时"即春夏秋冬四季，"五行"即桓谭所说"青赤白黄黑"代表的木火金土水。

此前，五音与"四时五行"的联系，早见于《管子》、《吕氏春秋》、《淮南子》与《礼记·月令》等文本的记载，但它们主要从时令角度与五音对应。桓谭此处，则是系统从音乐角度，论述"四时五行"在音乐中的作用。这是一个新的音乐现象，未必是桓谭首创，但最早为桓谭所关注，则是事实。

入汉以后，"四时五行"与音乐的关系被进一步落实。汉代的宫廷乐舞，即直接以"四时五行"命名，如《汉书·礼乐志》称：

> 高庙奏《武德》、《文始》、《五行》之舞；孝文庙奏《昭德》、《文始》、《四时》、《五行》之舞；孝武庙奏《盛德》、《文始》、《四时》、《五行》之舞。《武德舞》者，高祖四年作，以象天下乐己行武以除乱也。《文始舞》者，日本舞《招舞》也，高祖六年更名曰《文始》，以示不相袭也。《五行舞》者，本周舞也，秦始皇二十六年更名曰《五行》也。《四时舞》者，孝文所作，以示天下之安和也。盖乐己所自作，明有制也；乐先王之乐，明有

① 董俊彦：《桓谭研究》，第 118 页。
② 孙星衍撰，陈抗、盛冬铃点校：《尚书今古文注疏》，第 102 页。

法也。孝景采《武德舞》以为《昭德》，以尊大宗庙。至孝宣，采《昭德舞》为《盛德》，以尊世宗庙。诸帝庙皆常奏《文始》、《四时》、《五行舞》云。[①]

据此段材料我们可以看出，高祖庙奏《五行》舞，此舞本自周代之舞，《五行舞》为秦始皇更改；汉文帝庙除了《五行》，又增加了《四时》舞，后者为汉文帝所作，意在"天下之安和"。汉文帝以后，"诸帝庙皆常奏《文始》、《四时》、《五行舞》"，《四时》、《五行》舞进入帝庙，成为常制。

需要说明的是，桓谭《新论》中提及的"四时五行之乐"，在《汉书·礼乐志》中作"《四时》、《五行》"之舞，乐、舞同。今人整理本桓谭《新论》，如严可均、朱谦之、吴则虞、白兆麟以及董俊彦的《桓谭研究》等人的标点，皆作"四时五行之乐"。《汉书·礼乐志》中的"《四时》、《五行》"特指宫廷乐舞，而桓谭是一种泛指。总体上看，桓谭实际上是在总结前代"四时"、"五行"、"五声"等文献记载基础上，结合《汉书·礼乐志》具体的"《四时》、《五行》"之舞，上升到理论层面讨论"四时"、"五行"与"五声"之关系，故本节以"四时五行之乐"的称谓讨论之。

"四时五行之乐"，不仅仅是一种理论，而且还具有一定的音乐实践价值。东汉应劭《风俗通义》卷六《声音》称："今琴长四尺五寸，法四时五行也。"[②]可知东汉琴制被认为即法"四时五行"。目前看来，起码自桓谭开始，已经出现了这种认识。

"四时五行"与"四声五色"的关系，尤其是"宫居中央而兼四季"的说法，早有人揭橥。五行与四声对应关系的建立，虽然自《管子》、《吕氏春秋》、《淮南子》、《礼记·月令》等已有记载，相对完善的观念的出现，是《淮南子》时期的事情[③]。笔者认为，研究两汉之际"四时五行"与"四声五色"的关系，主要应该参考《淮南子》的论述，理由有二：

第一，文献上的证据。关于四时与中央的次序，《管子·四时》记载是将"中央曰土，土德实辅四时"嵌入"南方曰日，其时曰夏，其气曰阳。阳生火与气，其德施舍修乐"一段之中[④]。这里有了"夏修乐"的说法，并

[①]《汉书》卷二二《礼乐志》，第 4 册，第 1044 页。
[②] 应劭撰，王利器校注：《风俗通义校注》，第 293 页。
[③] 谷杰：《先秦至汉"五行、四时、音律对应说"流变》，《文化艺术研究》2010 年第 5 期。
[④] 黎翔凤撰，梁运华整理：《管子校注》，中华书局 2004 年版，第 846—847 页。

且将"中央土"附属于"夏"。有人将与"中央曰土"有关的摘选出来，附录在"夏"之后。无论如何，"中央"居于东、南、西、北四个方位之中间位置，大概是当时人的想法。

《吕氏春秋·季夏》将"夏"分为孟、仲、季三夏，皆称"其音徵"，并且称"季夏"为"季夏之月，日在柳，昏心中，旦奎中。其日丙丁，其帝炎帝，其神祝融，其虫羽，其音徵，律中林钟，其数七，其味苦，其臭焦，其祀灶，祭先肺"①。此处与《管子·四时》之不同，是《吕氏春秋》的说法已经非常复杂：为"夏"分配为五音之"徵"，并继承邹衍之说分出"季夏"，为其分配主宰之帝为"炎帝"、佐帝之神为"祝融"、应时之动物为凤鸟一类的羽族、相应的音律为"林钟"、本月数字为"七"、祭品以肺脏为尊。"中央土，其日戊己，其帝黄帝，其神后土，其虫倮，其音宫，律中黄钟之宫，其数五，其味甘，其臭香，其祀中霤，祭先心"一节在"季夏"之后（实际上即在"三夏"之后）。有人以为四时中没有与五行中的土、五方中的中央相配者，所以"中央土"被"寄于季夏之末"②。

《礼记·月令》的说法，基本上与《吕氏春秋》一致，如分出季夏，并称"季夏之月，日在柳，昏火中，旦奎中。其日丙丁，其帝炎帝，其神祝融，其虫羽，其音徵，律中林钟，其数七"；"中央"也是在"季夏"之后，称"中央土，其日戊己，其帝黄帝，其神后土，其虫倮，其音宫，律中黄钟之宫，其数五，其味甘，其臭香，其祠中溜，祭先心"③。无论《礼记》是否曾出自汉人整理，此说法与《吕氏春秋》的一致性，证明其说来源于先秦自无问题。

《淮南子·时则》则称"季夏之月，招摇指未，昏心中，旦奎中。其位中央。其日戊己。盛德在土。其虫嬴。其音宫。律中百钟。其数五。其味甘。其臭香。其祀中霤。祭先心。凉风始至。蟋蟀居奥"④，从此处可知，《淮南子》完全将"中央土"纳入"季夏"的叙述，与《管子·四时》、《吕氏春秋·季夏》、《礼记·月令》有了明显的不同。

从四时、五行的关系上看，以上各书的说法，大致相同。但正如谷杰所言，各书对"五行"统"四时"的理论分析较为系统、合理，但对"五声"如何统

---

① 许维遹：《吕氏春秋集释》，中华书局 2009 年版，上册，第 129 页。
② 张双棣等：《吕氏春秋译注》，吉林文史出版社 1986 年版，第 149 页。
③ 朱彬撰，饶钦农点校：《礼记训纂》，中华书局 1996 年版，上册，第 250、254—255 页。
④ 何宁：《淮南子集释》，上册，第 405 页。

"十二律"则未能彻底解决。对"五声"如何与"四时"、"五行"相配成音，也没有具体的论述。但有一点可以承认，《淮南子》强化"中央土"的统治作用，无疑对后来人将此观念用于音乐定调提供了思路。桓谭的"各以其声为地，而用四声文饰之"之说，即与此理论相合。

第二，时代思想的意义。从某种程度上说，《管子》、《吕氏春秋》、《月令》大致可以视为先秦的表述，而《淮南子》虽然也有继承先秦的成分，毕竟出于汉人之手，已经经过了汉人思维的改造。桓谭的音乐理论，属于汉人观念，自然应该继承汉人改造过的思想，而不可能去追溯先秦的说法。

笔者初步认为，桓谭时代，人们继承秦汉四时五行之说，在音乐理论上的一个贡献，就是解决了五行、五声、五色、四季如何相配的问题。这应该是两汉之际音乐理论进一步成熟的体现。

根据以上论述以及董俊彦的分析，我们可以将桓谭五行、五声、五色、四季的对应关系制表如下：

四时五行	五行	木	火	土	金	水
	四季	春	夏	季夏	秋	冬
方位	四方	东	南	中	西	北
四声五色	五声	角	徵	宫	商	羽
	五色	青	赤	黄	白	黑

这是最基本的一组"四时五行之乐"，其中宫为地，四时五行、四声五色皆依各自位置安排。这种情况下，落实到"四声五色"，"四声"指的是除了"宫"之外的其余四声，围绕"宫调"构成音阶；"五色"以"黄"为主，其余四色为辅，组成第一组"五色屏风"。桓谭时代的"四时五行之乐"，很有可能是为了配合王莽"土德"观念而突出出来的音乐思想。

如果进一步分析，参考《营造法式》上的建筑颜色配置，我们可以看到，即使两种颜色搭配在一起，也是非常炫目的。按照《营造法式》中雕梁画栋的模式，我们可以推测桓谭所言"五色屏风"的颜色配置：以"黄"为主的屏风，由很多单元构成，每一个单元内，以黄色为基调，前后分别以青与赤、白与黑围绕，无数个单元构成完整的一幅屏风。四声陆续处于中央土的位置，五色也不断变换。如果以"角"为"地"，其配置如下：

四时五行	五行	金	水	木	火	土
	四季	秋	冬	春	夏	季夏
方位	四方	西	北	东	南	中
四声五色	五声	商	羽	角	徵	宫
	五色	白	黑	青	赤	黄

如此周而复始，就构成了一个非常复杂、奇妙的"四声五色"图。桓谭的这种认识，有人认为在音乐学上有其特殊意义："强调宫音的中心地位，同时，用五色织锦屏风'谕而示之'，说明'四时五行之乐'各声与其他四声的互相推动关系，即'各以其声为地而用四声文饰之'，实际是宫、商、角、徵、羽五种调式各以'其声'（主音）为'地'（基础，犹如五色之底色），而以其他四声作为装饰的理论。"①这也符合建筑学上的色彩搭配理论。但究竟如何"以其他四声作为装饰"，则是值得我们进一步思考的问题。

还有人研究认为，桓谭的这种音乐思想，与汉赋之美相通：

这里说五声、五色的组合要取得美的效果，就要以某一声、一色为地，以其余四声、四色文饰之，使之相互交错、和谐统一。这正是司马相如所说的文质辉映，经纬宫商互相配合的意思。这种绚丽灿烂的"五色锦屏风"的美，同司马相如、扬雄所形容的汉赋之美是完全相通的。②

这种说法有其合理之处，但究竟如何"互相配合"，还有很多地方值得进一步探索。值得肯定的是，汉赋的确借用了此类思想，将汉语词汇的音、形、义通过不同的文字搭配呈现出来，使得汉赋既呈现出一定的语言之美，也呈现出一定的音乐之美。而汉赋作品中大量对方位、颜色、四时、五行等的多角度描写，很有可能也是汉代阴阳五行与神仙思想的反映。司马相如的《天子游猎赋》、扬雄的《甘泉赋》与《蜀都赋》，就有大量此类文字描写，值得注意。而扬雄对三皇五帝、八神等的描述，既是对当时社会风俗的直接反映，也是对此类哲学思想的间接表现。目前我们对汉赋的研究，大多停留在文献辨析、文体或赋论研究，尚未深入到社会风俗与哲学思想的层面，因

---

① 孟凡玉：《桓谭乐事考略》，《音乐艺术》2007 年第 2 期。
② 周均平：《审美走向自觉——论秦汉审美文化的历史地位》，《山东社会科学》2010 年第 1 期。

此对汉赋的思想史研究还有待推进。

陆机《文赋》曾称："其为物也多姿，其为体也屡迁。其会意也尚巧，其遣言也贵妍。暨音声之迭代，若五色之相宣。"此处所言"暨音声之迭代，若五色之相宣"，李善注曰："言音声迭代而成文章，若五色相宣而为绣也。"方廷珪则以为"音声迭代而叶句调，若五色相宣而为文绣"。何焯、黄侃则认为沈约等人的声律之论，即滥觞于此①。但我们认为，陆机此处对"音声"与"五色"之认识，主要指的是音韵与五色的比喻关系，与桓谭提及的"声色"概念不同。但陆机此处这句话，一方面说明了辞赋作品中文字与声韵的相互协调，另一方面也为我们理解辞赋作品的辞藻华丽之美提供了借鉴。

结合这些思想，我们可以推测，汉代辞赋的内涵应该包括声、色两个方面。对汉赋的研究，也应该从这两个方面入手。所谓"声"，与音乐中的音韵有关。桓谭所言"四声"，与齐梁时期的平上去入四声不同，指的是"四音"，汉赋中的文字，应该有与"四音"相合之处；所谓"色"，应该是与桓谭"四声五色"相合的思想，其中也含有五行等内涵。后世文家继承了这种思想，如沈约《宋书·谢灵运传》称："五色相宣，八音协畅，玄黄律吕，各适物宜。故使宫羽相变，低昂舛节，若前有浮声，则后须切响。一简之内，音韵尽殊；两句之中，轻重悉异。妙达此旨，始可言文。"②这里的"五色相宣，八音协畅"，即有"色"与"音（声）"的谐和；"一简之内，音韵尽殊；两句之中，轻重悉异"，体现了当时为文者胸中对文字、声韵的理解与布置。

当然，由于笔者对音乐知识了解有限，只能是泛泛而论，很多方面，还需要大家进一步深入讨论。但是，从桓谭的音乐理论可以启发我们一点：古代文献中与文学有关的音乐思想，如史书乐书、乐志文献记载的乐律理论，乐府中的歌词与节拍，歌诗中的诗词与音乐的关系，宋词、戏曲中的唱词与音节，等等，我们以往更多关注其中所含的音乐类型、演奏形式、音乐制度、发展流变等等，未能将音乐文学与当时的学术理念、哲学思想联系起来，进一步解释世界与音乐之间的联系，是一个不足之处。任何音乐作品，或者与音乐有关的文学作品，除了承载着那个时代的政治、文化思想，还体

---

① 张少康：《文赋集释》，上海古籍出版社 1984 年版，第 94 页。
② 《宋书》卷六七《谢灵运传》，中华书局 1974 年版，第 6 册，第 1779 页。

现着当时人们对自然与社会、世界与人生的深层次思考,并将这种思考反映在作品与乐器上①。文学研究者由文学角度研究音乐,不必过于关注与文学关系不大的乐理知识,毕竟这不是文学研究者所能胜任的工作。相反,我们应该深入阐释音乐作品中的文学魅力,深入分析音乐作品综合运用各种知识揭示社会现实的手段,以及它与当时最新的学术理念、哲学或科技思想的关系。这当然是不容易的事情,但应该是文学研究者关注的方向。

①乐器的制作原理,本身就体现着人们对自然与社会关系的理解,而音乐作品更是对这种复杂认识的间接表现。

第六章　两汉之际子书文本的定型

——以桓谭政治与军事思想为例

子书中的"兵家",在两汉之际思想也已定型。桓谭对此有较为详细、系统的论述,即可为证。例如,桓谭在《新论》与其奏疏中,对当时政治思想与国家管理有其特定论述。这些思想,大致反映了两汉之际士人的政治与军事讨论思想,由此可以观察两汉之际的思想变化。而从文本秩序的角度看,两汉政治、军事思想皆源于先秦诸子,然在两汉之际又有新的理解与应用,因此是先秦诸子文本秩序稳定之后,桓谭等人对子书文本的阐释思想也基本上被确立下来,成为另一种稳定的"秩序"。

在此,我们可以举例说明。桓谭《新论》中,有许多材料,足以反映桓谭本人的政治理想与治国理念。由此类材料的分析入手,可以使我们认识到两汉之际的政治形势与思想状况。董俊彦《桓谭研究》曾对桓谭的用兵原则、用兵之法、用兵态度进行了分析,分别从"主张封建制度"、"反对效古"、"尊重贤才"、"强调德化"、"统一法令"、"重本抑末"、"尊王贱霸"几个角度,对桓谭的政治主张进行了简单介绍①。

第一节　桓谭的"帝王师"与军事思想

"桓谭虽博通经史诸子,但就他的主导思想来看,仍以儒学为中心"②,这是一个准确的看法。桓谭当初想向班嗣借读《庄子》,班嗣就指出:"今吾子已贯仁谊之羁绊,系名声之缰锁,伏周、孔之轨躅,驰颜、闵之极挚,既系挛于世教矣,何用大道为自炫耀?"③一方面说明桓谭为儒家,另一方面说明班嗣反对桓谭学道家书。

朱谦之按照《后汉书》注引《新论》篇目,将其佚文分为《王霸》、《求辅》、

---

① 董俊彦:《桓谭研究》,第109—111页。
② 钟肇鹏、周桂钿:《桓谭王充评传》,上册,第42页。
③《汉书》卷一〇〇《叙传》,第12册,第4205—4206页。

《言体》等。这三篇从总体上看，最大的特色是主要讲给帝王的，因此可看做是"帝王之学"。同时，这也说明桓谭具有浓厚的"为帝王师"的儒家思想，与之相关的主要是他的"王霸"、"识知大体"以及"辅佐"与军事思想。

一、王霸思想

桓谭承认"王道"、"霸道"在治理国家、管理人民方面具有相同的作用，他说："王者纯粹，其德如彼；伯道驳杂，其功如此。俱有天下，而君万民，垂统子孙，其实一也。"但是，桓谭对二者之间更重视"王道"："夫王道之主，其德能载，包含以统乾元也。"又说："孔氏门人，五尺童子，不言五霸事者，恶其违仁义而尚权诈也。"①可知此时的政治，尊王贱霸，重视"德化"。

桓谭对王霸之术及其内容、主张，有详细论述：

> 夫上古称三皇五帝，而次有三王五伯，此天下君之冠首也。故言三皇以道治，而五帝用德化，三王由仁义，五伯以权智。其说之曰：无制令刑罚，谓之皇；有制令而无刑罚，谓之帝；赏善诛恶，诸侯朝事，谓之王；兴兵众，约盟誓，以信义矫世，谓之伯。王者往也，言其惠泽优游天下归往也。五帝以上久远，经传无事，唯王霸二盛之美，以定古今之理焉。

> 夫王道之治，先除人害，而足其衣食，然后教以礼义，而威以刑诛，使知好恶去就。是故大化四凑，天下安乐，此王者之术。霸功之大者，尊君卑臣，权统由一，政不二门，赏罚必信，法令著明，百官修理，威令必行，此霸者之术。王道纯粹，其德如彼；伯道驳杂，其功如此。俱有天下，而君万民，垂统子孙，其实一也。②

桓谭在这里提出了明君之"冠首"的四种形式及其措施：三皇、五帝、三王、五伯。四者的具体区别在于：三皇以"道"治理国家，没有制度与刑罚，采取"无为而治"的形式；五帝以"德化"治理国家，有制度而无刑罚；三王以"仁义"治世，但也采取刑罚措施，召集诸侯共商国是；五伯以"权智"治世，"其特点是依靠武力，缔结盟约，威令必行，赏罚必信，用权势威慑进行统

---

① 《新辑本桓谭新论》，第4页。
② 《新辑本桓谭新论》，第3—4页。

治"①。王道的具体措施是：先除人害、足民衣食、"教以礼义"、"使知好恶去就"，如此才能"大化四凑，天下安"；霸道的方式是"尊君卑臣，权统由一，政不二门，赏罚必信，法令著明，百官修理，威令必行"，这恰好是汉初陆贾、贾谊等人提出的主张。桓谭认为，三皇五帝之事较为久远，王霸之业则尚可实行。

桓谭提出的"王道纯粹，其德如彼；伯道驳杂，其功如此"的观点，来自《荀子·王霸》之"粹而王，驳而霸，无一焉而亡"。汉代儒者对王霸的认识不一，有的认为王道不成，可退而求其次，以霸治世。桓谭对此提出反对②。众所周知的汉宣帝所言"霸王道杂之"，应该是汉代儒者的主流思想。桓谭说："夫王道之主，其德能载，包含以统乾元也。"在这些材料后面，朱谦之又罗列周武王伐纣、齐宣王金刀法、魏文侯师李悝、秦魏二国重法等事③。这些材料似乎证明：桓谭也具有"霸王道杂之"的思想。这说明，桓谭的"王霸"思想，主要来自荀子、陆贾等人的法家思想，但在新的历史环境中，又有新的意义。处于两汉之际的特殊背景下，桓谭的王霸思想，虽然无法得以实现，然而说明先秦或西汉的某些政治理念，被桓谭等人继承下来，并期待为时代起到良好的作用。这种理想可能无法实现，但这种阐释"秩序"则是稳定的。

二、识体

桓谭《新论·言体》，讲帝王"知大体"，明显是针对帝王而言的。所谓"大体"，即"皆是当之事也"；所谓"知大体"，即"言是而计当，遭变而用权，常守正（当作"居常而守正"）见事不惑，内有度量，不可倾移，而诳以谲异"④。

桓谭对此不仅有理论认识，也有具体的例证说明。桓谭认为"不知大体"的典型反面代表是王莽，"知大体"者为汉高帝刘邦，故《言体》反复以王莽、刘邦对比说明。

---

① 钟肇鹏、周桂钿：《桓谭王充评传》，上册，第43页。
② 《新论》称："儒者或曰：'图王不成，其弊亦可以霸。'此言未是也。传曰：'孔氏门人，五尺童子，不言五霸事者，恶其违仁义而尚权诈也。'"（《新辑本桓谭新论》，第4页。）
③ 《新辑本桓谭新论》，第4—5页。
④ 《新辑本桓谭新论》，第12页。

　　从帝王的个人的才能上看，"知大体"与"不知大体"有很大差别。他认为，帝王"不知大体"，具有莫大祸患，即使有其他过人之处，"不知大体"则终将败亡，如王莽"过绝世人有三焉：其智足以饰非夺是，辨能穷诘说士，威则震惧群下，又数阴中不快己者。故群臣莫能抗答其论，莫敢干犯匡谏，卒以致亡败，其不知大体之祸也"。其他"虽威权如王翁，察慧如公孙龙，敏给如东方朔，言灾异如京君明，及博见多闻，书至万篇，为儒教授数百千人，祇益不知大体焉"。"知大体"的帝王，桓谭首推汉高帝刘邦："夫知帝王之大体者，则高帝是矣。高帝曰：'张良、萧何、韩信，此三子者，皆人杰也。吾能用之，故得天下。'此其知大体之效也。"①刘邦、王莽皆起于贫贱，桓谭以二人作比较，有其特殊意义。

　　在对时势的判断、君臣关系的处理和政策的实施上，桓谭也认为王莽与刘邦有很大差距："王翁始秉国政，自以通明贤圣，而谓群下才智莫能出其上。是故举措兴事，辄欲自信任，不肯与诸明习者通共，苟直意而发，得之而用，是以稀获其功效焉。故卒遇破亡，此不知大体者也。高帝怀大智略，能自揆度，群臣制事定法，常谓曰：'庳而勿高也，度吾所能行为之。'宪度内疏，政合于时，故民臣乐悦，为世所思，此知大体者也。"②

　　在对个人及对手的认识上，两人也有差异："王翁嘉慕前圣之治，而简薄汉家法令，故多所变更，欲事事效古，美先圣制度，而不知己之不能行其事。释近趋远，所尚非务，故以高义退致废乱。此不知大体者也。高祖欲攻魏，乃使人窥视其国相，及诸将率左右用事者，知其主名，乃曰：'此皆不如吾萧何、曹参、韩信、樊哙等，亦易与耳。'遂往击破之。此知大体者也。"③

　　这种"知大体"，实际上涉及到帝王的政治智慧、领导水平、个人修为等综合因素。在两汉之际这种特殊情况下，桓谭的这种学说，具有战国纵横家的色彩。这说明，在两汉之际的大动乱中，战国纵横家思想，又有了新的市场，但桓谭等人则以近世的例子（如刘邦、王莽）作证据，显然赋予这些思想以新的时代价值。这也是"文本秩序"中的特殊阐释。

---

①《新辑本桓谭新论》，第12页。
②《新辑本桓谭新论》，第13页。
③《新辑本桓谭新论》，第13页。

三、禁报私仇、重本抑末

在桓谭的两篇上疏中，桓谭陆续提出了自己的一系列观点，包括禁报私仇与重本抑末。针对当时报私仇的社会现实，他提出："今宜申明旧令，若已伏官诛而私相伤杀者，虽一身逃亡，皆徙家属于边，其相伤者，加常二等，不得雇山赎罪。如此，则仇怨自解，盗贼息矣。"针对当时"富商大贾，多放钱货，中家子弟，为之保役，趋走与臣仆等勤，收税与封君比入，是以众人慕效，不耕而食，至乃多通侈靡，以淫耳目"的社会现实，他提出应该"举本业而抑末利"，效仿"先帝禁人二业，锢商贾不得宦为吏"，这是为了"抑并兼，长廉耻"①。这种措施，本质上还是为了矫正社会风俗之目的。

四、辅佐思想

桓谭认为，一个国家的兴衰，最重要的是选用贤才、良佐。他说："国之废兴，在于政事，政事得失，由乎辅佐。辅佐贤明，则俊士充朝，而理合世务；辅佐不明，则论失时宜，而举多过事。"②桓谭在此指出的"辅佐"之"贤明"与"不明"，是中国古代社会历代君主非常重视的问题。一般情况下，在新王朝初兴之时，新政权利益至上，往往会处理好这对矛盾。在政权稳固的时候，封建君主往往会根据个人喜好用黜人才，"辅佐不明"的问题就容易突出出来。选贤任能，是治理国家的大事，所以他又说："治国者辅佐之本，其任用咸得大才。大才乃主之股肱羽翮也。"不仅仅国家如此，"王公大人则嘉得良师明辅，品庶凡民则乐畜仁贤哲士，皆国之柱栋，而人之羽翼"③。无论是国家政治的需要，还是王公大臣、士人百姓，都提倡"良师明辅"与"仁贤哲士"，这是一种十分良好的政治环境。王莽新朝，提倡古文经学，将一批在西汉末年被压抑的经学之士拔擢上来，从某种意义上说，也为儒学打开了另一扇门，客观上起到了推进儒学发展的作用。

五、军事思想

《新论》也记载了很多桓谭的军事论述，由此可以看出两汉之际较为流

①《后汉书》卷二八《桓谭传》，第4册，第958页。
②《后汉书》卷二八《桓谭传》，第4册，第957页。
③《新辑本桓谭新论》，第6页。

行的军事观念。董俊彦曾经从"用兵原则"、"用兵之法"、"用兵之态度"三个角度，对桓谭的军事思想进行了非常简要的介绍①。结合桓谭的说法与当时的实际情况，我们可以分析桓谭时代军事思想的实质与渊源。

事实上，桓谭并非武夫，《新论》中涉及与军事有关的文献，并非完全针对军事而言，不过是他借军事资料阐明自己的政治观点而已。但有些论述，却可以体现当时军事方面的实际情况。大致说来，有以下几个方面值得注意。

第一，"择良将"。

桓谭在《新论》中多次提及"择良将"的重要性，如《言体》中说："王翁前欲北伐匈奴，及后东击青、徐众郡赤眉之徒，皆不择良将，而但以世姓及信谨文吏，或遣亲属子孙，素所爱好，咸无权智将帅之用，猥使据军持众，当赴强敌。是以军合则损，士众散走，咎在不择将，将与主俱不知大体者也。"②此虽谈"大体"，然王莽以将帅之位作为奖励亲近或亲属的一种荣誉，其败"咎在不择将"则非常明显了。相反，汉高祖不仅能"择将"，而且能够知人善任："高祖欲攻魏，乃使人窥视其国相，及诸将率左右用事者，知其主名，乃曰：'此皆不如吾萧何、曹参、韩信、樊哙等，亦易与耳。'遂往击破之。"③王莽视"兵"如儿戏，与刘邦视"兵"如重器，截然不同，其结局也不一样。当然，其中除了个人胸襟、视野的原因，还有"守天下"与"打天下"的心理差异所致。

"能将"如何？或者说应该选择什么样的"将"？桓谭认为，应该如"周亚夫严猛哮吼之用，可谓国之大将军"④。《北堂书钞》称："将者国之命，不可不详择；将者国之命，将制胜则国家安。"⑤这种把选择将帅提高到"国之命"的高度的认识，即使今天仍然具有重要启示。

第二，用兵之道。

桓谭对《新论》对如何用兵也有论述。他所言"动如雷震，住如岳立，攻

---

① 董俊彦：《桓谭研究》，第109页。
② 《新辑本桓谭新论》，第13页。
③ 《新辑本桓谭新论》，第13页。
④ 《新辑本桓谭新论》，第11页。《北堂书钞》卷一一五引"周亚夫严猛哮吼之用"在"将帅"目，并云"将者国之命，不可不详择"，可知桓谭此论，应该针对"择将"而言。
⑤ 《北堂书钞》卷一一五，董治安主编：《唐代四大类书》第一卷，第481页。

如奔电,取如疾风,前轻后重,内实外虚"①,实际上是用兵之法。"动如雷震",出自《孙子·军争》,"住如岳立,攻如奔电,取如疾风,内实外虚",显然是桓谭引其他兵书的话。这种论述,大致可以代表桓谭时代人们对用兵之道的认识。

第三,用兵之法。

桓谭《新论》的部分论述,也可以看出两汉之际人们对如何用兵的看法。结合围棋,桓谭讨论用兵说:

> 世有围棋之戏,或言是兵法之类也。及为之上者,远棋疏张,置以会围,因而伐之,成多得道之胜。中者则务相绝遮,要以争便求利。故胜负狐疑,须计数而定。下者则守边隅,趋作罫目,以自生于小地,然亦必不如。②

在这里,桓谭从上、中、下三个层面,分析下围棋的三种方法,实际上说的是排兵布阵的三种境界:上等下法是远布棋子,以成包围之势,此法胜多败少;中等下法是短兵相接、寸土必争,此法胜负难料;下等下法是固守一隅、制作掎角,力图自保于一块小天地,此未必能够成功。上等实际上说的是"运筹帷幄之中,决胜千里之外"的道理,中等说的是针锋相对、主动出击,下等则是防御为主、力求自保。为了进一步说明这个道理,桓谭还以"薛公之言黥布反"为例,说明围棋与兵法的联系:

> 察薛公之言,黥布反也。上计云:"取吴、楚,并齐、鲁及燕、赵者,此广地道之谓也。"其中计云:"取吴、楚,并韩、魏,塞成皋,据敖仓,此趋遮要争利者也。"下计云:"取吴下蔡,据长沙以临越,此守边隅作罫目者也。"③

此处所言上、中、下三计,正合桓谭对围棋的解释。

以上所言仅仅是一个大致的介绍,由于桓谭《新论》已经亡佚,无法窥见桓谭政治与军事观念的全貌。但仅从目前所见,桓谭对知人、用人、选贤任能等的看法,仍然具有现实意义。尤其是,桓谭将逐步稳定下来的战国、

---

①《新辑本桓谭新论》,第 11 页。
②《新辑本桓谭新论》,第 58—59 页。
③《新辑本桓谭新论》,第 59 页。

汉初思想,应用到对西汉、汉末或新莽时期历史事件的解读、阐释上,无疑将文本、文本秩序与阐释思想结合起来,体现了稳定的文本秩序背后阐释思想的稳定性,具有一定的典型性。

第二节　桓谭的"贤有五品"观
——兼论汉代人才选拔的标准、方法、问题与意义

桓谭的"辅佐"思想中,提出"贤有五品"之说,这当然首先属于官吏的五个等级,或者说也是官吏选拔的五个标准;其次,是对特殊人群,即"官吏"的一种品鉴。这种观点,先秦《墨子》等书已有论述,后来班固《汉书·古今人表》将人分为"九品",曹丕用陈群建议实行"九品官人法",至南朝锺嵘《诗品》则以"品"观文,形成了一个有趣的由"品人"到"品文"的变化过程。

桓谭认为贤人在"士人"中,故将"士人"分为"五品",即将贤人分为五等:

> 贤有五品:谨敕于家事,顺悌于伦党,乡里之士也;作健晓惠,文史无害,县廷之士也;信诚笃行,廉平公□理下务上者[1],州郡之士也;通经术,名行高,能达于从政,宽和有固守者,公辅之士也;才高卓绝,踈峙于众,多筹大略,能图世建功者,天下之士也。[2]

董俊彦认为这是桓谭"把人的才能分成乡里之士、县廷之士、州郡之士、公辅之士、天下之士五等,完全以才能的大小来区分,从乡里到天下"[3],这种认识固然不错,但如果从其具体行为来看,还有另一种内涵,即这"五品"贤人,分别承担着不同的社会责任:

"乡里之士",首先负责的是"家事"与"伦党",类似于调和家庭矛盾、协调乡里人际关系的作用。这个"家事"与"伦党",未必仅仅是指其个人或本宗族之内,或者也承担着本宗族与其他宗族之间关系的调解责任。

"县廷之士",要做到"作健晓惠,文史无害"。"作健晓惠","作健",又

---

①朱谦之引严可均语注称:"'公'下当有脱。"
②《新辑本桓谭新论》,第7页。
③董俊彦:《桓谭研究》,第95页。

见于《三国志·魏志·仓慈传》注引《魏略》、《世说新语·轻诋》等,或释作"行动劲健"①;"晓惠",又见《论衡·自然》"晓惠之心未形生"等,桓谭的说法与王充或有差异,当解作"聪明机敏"。"文史无害",大概来源于"文无害"说。《史记》、《汉书》多见"文无害"说,《墨子·号令》、睡虎地秦墓竹简·秦律十八种》"吏律"下,皆有"无害"说,可知"无害"是秦汉选拔官吏的一个标准②。《史记》称萧何"以文无害,为沛主吏掾",《史记集解》引《汉书音义》曰:"文无害,有文无所枉害也。律有无害都吏,如今言公平吏。一曰,无害者,如言'无比',陈留间语也。"《史记索隐》引应劭、韦昭作"不刻害"、"无伤害"③。"无害"形容"文史",虽为桓谭之言,然"文史无害"应是汉代人习语,其含义在不同的语境中有不同的解释。但综合前人所说,联系上一句"作健晓惠",笔者以为桓谭所言"文史无害",应该就是"无比"的意思。

"州郡之士","信诚笃行,廉平公□,理下务上","诚",《道藏》本作"诚",官本作"诚",严可均、朱谦之从官本;"公"后,严可均疑有脱字,笔者怀疑此处或为"直"字。如果说"乡里之士"与"县廷之士"做的是具体的行政事务,"州郡之士"则强调的是个人道德修养与所在职位关系的重要性,因为他们主要做的是"理下务上"的工作。

以上三个层面之士,皆属有具体政治管理才能的贤人,对他们并无经学要求,而"公辅之士"则不同,对他们首要的一条要求就是"通经术"。"术",说明对他们的要求不仅仅能"解经",还要会"用经",即利用经学解决实际问题。"名行高,能达于从政,宽和有固守",就是分别从道德威望、从政能力、人格魅力与意志力角度,也就是从其"经与术"、"名与行"、"言与行"以及个人品质与毅力的不同角度,提出了选择"公辅之士"的标准。这一"品"的贤人,明显比对前三品之"士"的要求高得多。

"天下之士","才高卓绝,竦峙于众,多筹大略,能图世建功者",这种"才高卓绝,竦峙于众",是对"才能"提出的更高的要求;"多筹大略"、"图世建功",更是从政治谋略、建功立业角度提出的最高要求。这种贤人,绝对称

---

① 程碧英:《也释"作健"》,《西南民族大学学报》2009 年第 6 期。
② 沈培:《释甲骨文、金文与传世典籍中跟"眉寿"的"眉"相关的字词》,《出土文献与传世典籍的诠释(纪念谭朴森先生逝世两周年国际学术研讨会论文集)》,上海古籍出版社 2010 年版,第 14 页。
③ 《史记》卷五三《萧相国世家》,第 6 册,第 2445 页。

得上是百世不遇、凤毛麟角的上等人物。他们往往在国家遭遇战争威胁、政治动乱，或者社会发展遇到重大困难的时候，脱颖而出，建立不朽之功业。

在这里，士人虽有其"品"，然而其性质则是相同的，即皆为国之栋梁，皆为"贤"。社会与国家，对不同阶层的士人，有不同的社会定位与政治期待。桓谭首先从最底层的士人说起，显然有其特定的指涉。另外，桓谭此段解释，除了说明贤人有高低五等之分，也说明了五种选拔贤才的标准："谨敕于家事，顺悌于伦党"、"作健晓惠，文史无害"、"信诚笃行，廉平公□，理下务上"、"通经术，名行高，能达于从政，宽和有固守"、"才高卓绝，辣峙于众，多筹大略，能图世建功"。其中实际上包含着修身、齐家、治国、平天下的内涵，说明了汉代士人对社会秩序与国家管理的重要意义。

桓谭在这里提出的"五品"，是非常重要的人物品鉴思想。班固《汉书·古今人表》将"辅佐"之才分为九品[1]，其说非始于班固，而是思想根源早已产生。起码两汉之际的桓谭时代，已经有此类观念。魏晋时期的文学品评，即来源于此类思想。但值得我们注意的是，桓谭仅仅是一种笼统的理论，班固将其细化，不仅扩大了品评的种类，而且一一与历史上的辅佐贤才对应起来，也是一种创造。我们在研究《诗品》思想渊源的时候，总是直接与班固"九品"联系起来，实际上在此前已有桓谭"五品"之说。这说明，南朝锺嵘的"诗品"思想，在西汉已有阐述。

可以说，"贤有五品"，既是一种等级划分，也是一种选拔"标准"。在具体的选拔方法上，明君选贤任能，自有其法，"尧能则天者，贵其能臣舜、禹二圣"、"尧试舜于大麓"。贤能不在年龄高低，"昔殷之伊尹、周之太公、秦之百里奚，虽咸有天才，然皆年七十余，乃升为王霸师"。前朝贤能之才，皆如珍宝，足以成为后世效法的榜样："前世俊士立功垂名，图画于殿阁宫省，此乃国之大宝，亦无价矣。虽积和璧、累夏璜、囊隋侯、篚夜光，未足喻也。"[2]任何时代有都有贤才，关键在于如何发现、使用人才："伊、吕、良、平，何世无之？但人君不知，群臣勿用也。"但真正的圣人，却不易得："圣人乃千载一出，贤人君子所想思而不可得见者也。"[3]另一方面，贤才辅佐，对

---

①"辅佐不可得而称矣，而诸子颇言之，虽不考乎孔氏，然犹著在篇籍，归乎显善昭恶，劝戒后人，故博采焉。"（《汉书》卷二〇《古今人表》，第3册，第861页）
②《新辑本桓谭新论》，第7、8页。
③《新辑本桓谭新论》，第6、7页。

实现个人价值亦有好处,"周公光崇周道,泽被四表"①,可以为证。

　　君主选用贤人,要根据其才能差异做出决定。桓谭称:"捕猛兽者,不令美人举手;钓巨鱼者,不使稚子轻预,非不亲也,力不堪也。奈何万乘之主而不择人哉?"②对于汉代士人而言,"忠正直谏"是贤能之人的一个标准,所以桓谭才有"切直忠正则汲黯之敢谏争"之说。对此桓谭似乎有更为深切的认识,他说:"殷之三仁,皆暗于前而章于后,何益于事?何补于君?""三仁"即微子、箕子、比干,虽然比干因直谏而死,获得了忠臣之称,但"暗于前而章于后",于国家毫无益处。

　　贤才的使用与选拔上,也会遇到很多问题,如何解决?桓谭提出"三难"、"二止善"之说,如"三难":

　　　　言求取辅佐之术,既得之,又有大难三,而止善二。为世之事,中庸多,大材少,少不胜众。一口不能与一国讼,持孤特之论,干雷同之计,以疏贱之处,逆贵近之心,则万不合,此一难也。夫建踔殊,为非常,乃世俗所不能见也;又使明智图事,而与众平之,亦必不足,此二难也。既听纳有所施行,而事未及成,谗人随而恶之,即中道狐疑,或使言者还受其尤,此三难也。③

桓谭的"三难"说认为,第一,世间总是有才能之人较少,而中庸之才为多,其观点虽然与俗见不同,但也往往很难服众,此言贤人虽易得,然不易被世俗所容、为社会所用。第二,非常之人必有非常之才,然其观点一方面被嫉贤妒能者所反对,另一方面也不容易被同道者或一般人所理解。第三,贤才之意见,即使被采纳,尚未彻底实行,中伤、谗言已至,"即中道狐疑,或使言者还爱其尤"。

　　至于"二止善",是从君主对待贤人的态度而言的。所谓"止善",即"阻碍贤能的因素"④,主要说的是贤人容易受到谗言中伤,君主见疑,就成为贤人之"恶"⑤;贤者即使受到重用,但得不到众人支持,最后往往被形势所

①《新辑本桓谭新论》,第 26 页。
②《新辑本桓谭新论》,第 6 页。
③《新辑本桓谭新论》,第 10 页。
④钟肇鹏、周桂钿:《桓谭王充评传》,上册,第 52 页。
⑤《新论》:"智者尽心竭言,以为国造事,众间之则反见疑,壹不当合,遂被潜想,虽有十善,隔以一恶去,此一止善也。"(《新辑本桓谭新论》,第 10 页)

逼走①。桓谭所言"二止善"，其实是中国古代社会在人才选拔与使用上的一大弊病。中国国民性的丑陋之处，就在于对贤人的嫉贤妒能与众谤非之。那些不同凡俗之人，只要有任何高明之处，立刻会受到周围人的造谣中伤和群起而攻之。包括高居上位者或名誉素著者，未必皆有奖掖后进或举贤任能之雅量。中国古代不缺贤人，但真正称得上盛世王朝的为何只有区区几个进入历史视野？主要的原因就在于贤人有产生的可能，但没有发展的土壤和条件。

虽然如此，这种环境，恰恰也是贤者创造辉煌成就的机遇。所以桓谭称："贾谊不左迁失志，则文彩不发；淮南不贵盛富饶，则不能广聘骏士，使著文作书；太史公不典掌书记，则不能条悉古今；扬雄不贫，则不能作《玄》、《言》。"②这是一个非常奇怪的定律：恶劣的社会环境对贤者的排斥、压迫，虽然让他们很难有政治上的作为，但却促使他们有更深刻的学术思考，创造非凡的学术成就，同时大大提高了他们的个人声誉。"贤"或"不贤"，历史自有公论。

桓谭对选拔"贤才"的意义，有精彩的论述：

> 材能德行者，治国之器也，非明君不能以立功。医无针药，可作为求买，以行术伎，不须必自有也；君无材德，可选任明辅，不待必躬能也。由是察焉，则材能德行，国之针药也，其得立功效，乃在君辅。传曰："得十良马，不如得一伯乐；得十利剑，不如得一欧冶。"多得善物，不如少得能知物。知物者之致善珍，珍益广，非特止于十也。③

"多得善物，不如少得能知物"，桓谭用比喻的方法，强调获取贤才的重要性。这种认识，是桓谭对历史经验的总结。为了佐证己说，桓谭举出历史上各种例子进行分析。

综上可知，桓谭对贤人的选拔标准、选拔与使用方法、选拔贤人时遇到的问题、选拔贤人的意义都有精彩论述，说明桓谭对官吏选拔（即人才选拔）有一套完整的思想。这种思想，当然并非桓谭首创，应该是其前即已产

---

① 《新论》："材能之士，世所嫉妒，遭遇明君，乃壹兴起，既幸得之，又复随众，弗与知者，虽有若仲尼，犹且出走，此二止善也。"（《新辑本桓谭新论》，第 10 页）

② 《新辑本桓谭新论》，第 2 页。朱谦之作《玄言》，严可均作《玄》、《言》，严说是，从严说。

③ 《新辑本桓谭新论》，第 9—10 页。

生,有的很可能在先秦即已产生并施行,但却体现了先秦文本在汉代稳定之后,汉人的阐释方式也基本上固定下来。桓谭的很多说法,看似并未超出先秦文献的记载,但却并非他一人之见解,体现的则是他同时代人的集体认识,因此具有一定的文本代表性。

第七章　文本秩序的"新"与"旧"

——桓谭与两汉之际的文学

两汉之际文学文本的一个很大的变化,就是对文学的讨论较为深入,且逐渐有理论化趋势。刘歆、扬雄、桓谭都有对赋学创作的文学理论阐述,尤其是扬雄《法言》、桓谭《新论·道赋》,对此皆有记载。就此而言,完全可以认为,两汉之际的文学文本思想已经完全成熟并定型。从"文本秩序"的角度看,可以说文学文本的秩序不仅仅完全稳定下来,而且已经在理论、思想层面形成了特定的"秩序",并对后世文学文本产生了深远的影响。

我们谈"文本秩序",是一个辩证的概念。"秩序"并不代表着因循守旧与停滞不前,相反,"秩序"往往在稳定中暗含着"新变"的潜流。可以说,某一种文体,在实现自身的文学价值之后,必然对其所在的文体种类秩序的稳定产生积极作用,进而对整个文学文本秩序的稳定与巩固产生积极作用。

桓谭处于两汉之际思想大变革的时代,传统的文学撰写思想受到深刻的社会思潮的影响与改变。当时,在刘歆等人的推动下,自先秦流传下来的各种思想,逐渐被体系化、制度化。根据桓谭《新论》中反映的文学思想,可以看到,当时的文人创作,具有一定的规律性和普遍性,具有浓厚的汉代诸子的文学传统;而此时文学风尚的极大变动,使得当时包括桓谭在内的文人,对"小说"的认识也逐渐明晰化,在汉赋撰写方面则出现了某种不同于以往的文学风格。

第一节　文本秩序与"尚新"思潮

——《新论》与西汉诸子文学的"尚新"传统

一种新的社会秩序的形成,必然从社会观念上给人以全新的理解与认识,进而从文化层面给人以深刻的、崭新的认识。相对于文本秩序而言,在社会稳定的状态中,文本也是稳定的,是有秩序的。但文本秩序的形成,是新、旧合力作用的结果。一方面,旧势力在对抗、抵御,新势力在进击、破坏;另一方面,它们二者在攻守易势之时,新的秩序必然形成,旧的秩序黯然隐退。同时,在"新秩序"中,又立即产生新一轮的"新旧之争"。可以说,所谓的"新"与"旧",都是一种相对的概念,并非一成不变的。所以,将这种认识放在文本秩序中去理解,更具有典型意义。

汉初至两汉之际,产生了一批以"新"为名的诸子著作,如陆贾《新语》,贾谊《贾子新书》①,晁错《晁氏新书》②,刘向《新序》、《新苑》③,桓谭《新论》,等等,体现了一种"尚新"的思想传统。为研究方便,我们姑将这些以"新"为名的著作统称为"新书"④。关于西汉子书中的这个现象,余嘉锡《古书通例》、廖伯源《说新——兼论年号之起源》与尹玉珊《汉魏子书研究》等,已有论述。他们都对当时的"新书"问题,进行了不同程度的梳理。但汉代诸子这种"尚新"思想是如何产生与发展的,在经学与文学不同领域有何联系与区别,"尚新"的思想基础与渊源是什么,还需要进一步论证。

"新书"作为一个相沿成习的称谓,能自觉为历代诸子所继承,应该有其内在的学术思想传承意义。桓谭《新论·本造》开宗明义,点明其撰作缘由在于承刘向《新序》、陆贾《新语》学术思想而来:"谭见刘向《新序》、陆贾

---

① 四库馆臣及其他学者多怀疑陆贾《新语》、贾谊《新书》为伪作。在没有直接证据的情况下,我们还是认可二书的记载。

② 王应麟《玉海》卷五五:"汉《晁氏新书》,《汉志》法家晁错三十一篇。《唐志》法家《晁氏新书》七卷。《隋志》《朝氏新书》三卷,汉御史大夫朝错撰(亡);别集《朝错集》三卷(亡)。《文选·宾戏》注引《朝错新书》曰:'帝王之道,包之如海,养之如春。'"(王应麟:《玉海》卷五五,广陵书局2016年版,第2册,第1070页)余嘉锡先生怀疑贾谊、晁错《新书》之名出于刘向所题,然二书皆为汉代著作,距刘向生活时代不远,即使出于刘向之手,也应有所据。且李善注尚引晁错书为《新书》,起码该书之名,后世仍在沿用,故一并论之。

③ 《新苑》即《说苑》,《全上古三代秦汉三国六朝文》卷三七载刘向《说苑叙录》称:"所校中书《说苑杂事》,及臣向书民间书校雠。其事类众多,章句相溷,或上下谬乱,难分别次序,除去与《新序》复重者,其余者浅薄不中义理,别集以为百家后,令以类相从,一一条别篇目,更以造新事十万言以上,凡二十篇七百八十四章,号曰《新苑》,皆可观。"(严可均:《全汉文》,《全上古三代秦汉三国六朝文》,第1册,第334—335页)"新苑"之名,宋时仍有。《直斋书录解题》称:"案《汉志》,刘向所序六十七篇,谓《新序》、《说苑》、《世说》、《列女传颂图》也。今本南丰曾巩序,言《崇文总目》存者五篇,从士大夫得十五篇,与旧为二十篇。未知即当时篇章否?《新苑》之名亦不同。"(陈振孙撰,徐小蛮、顾美华点校:《直斋书录解题》,上海古籍出版社2015年版,上册,第271—272页)

④ 汉成帝时刘向重新编次的先秦古书,也以"新书"名之,如其新编次的《荀子》称《荀卿新书》。这些由刘向统一题名的"新书",与陆贾《新语》、桓谭《新论》之"新",存在本质上区别。本文所论,主要以思想内容上体现"新"的著作为主。

《新语》,乃为《新论》。"①由陆贾至刘向,再至桓谭本人,这实际上是桓谭在提出一个与"新"有关的学术思想传承问题的同时,也将自己纳入了这种思想体系的"学统"之内。这个"新",显然已经成为一种固定的文化符号或特定的学术术语,为不同时代的学者所共同接受。要说明这些问题,首先应该从第一部以"新"为题的著作——陆贾《新语》说起。

一、陆贾《新语》与汉代诸子"新书"的起源

陆贾《新语》,是后来汉代其他诸子撰写以"新"为名的著作的起源。而陆贾《新语》的撰作,则涉及嬴秦的一个历史事件:"焚书坑儒"。据《史记·秦始皇本纪》记载:

> 臣请史官非秦记皆烧之。非博士官所职,天下敢有藏《诗》、《书》、百家语者,悉诣守、尉杂烧之。有敢偶语《诗》、《书》者弃市。以古非今者族。吏见知不举者与同罪。令下三十日不烧,黥为城旦。所不去者,医药卜筮种树之书。若欲有学法令,以吏为师。②

秦始皇三十五年(前212),曾有"吾前收天下书不中用者尽去之"之语。结合两处记载可以看出,秦始皇对古代书籍采取了以下措施:

第一,烧。"臣请史官非秦记皆烧之","非博士官所职,天下敢有藏《诗》、《书》、百家语者,悉诣守、尉杂烧之","秦记"以外的古史书,与《诗》、《书》及"百家语"之书大多被付之一炬。这个"百家语",应该是与史书相近,记载前代历史掌故与轶闻的"语"、"说"、"记"类书籍,并非诸子百家之书。王充《论衡·书解》"秦虽无道,不燔诸子。诸子尺书,文篇俱在",刘勰《文心雕龙·诸子》"暴秦烈火,势炎昆冈,而烟燎之毒,不及诸子",都是有道理的记载。"焚书"的重点,应在史书。另外,民间不可藏书,"博士官所职"之书不在燔烧之列。

第二,收。秦始皇"吾前收天下书不中用者",说明上面所烧的史书、《诗》、《书》、百家语等,很多皆从民间收来。

这里包含着以下学术信息:第一,非博士官不许藏书,"天下敢有藏《诗》、《书》、百家语者,悉诣守、尉杂烧之",可说明这一点;第二,非博士官

①《新辑本桓谭新论》,第1页。
②《史记》卷六《秦始皇本纪》,第1册,第325—326页。

不许教授,"有敢偶语《诗》、《书》者弃市"、"若欲有学法令,以吏为师",可说明这一点;第三,不许私自著书,"以古非今者族",可说明这一点。入汉以后,汉承秦制,依然实行了秦代的这种"携书之律"。直到汉惠帝四年(前191),才下令"赦天下,省法令妨吏民者,除挟书律"。但是,这个政策,也并不彻底①。

在秦始皇"焚书坑儒"到汉代"除挟书律"的二十余年里,民间保存的古代大量历史书籍不仅被焚毁,被限制保存和流传,而且先秦时期诸子百家著书、讲学的风气,也一度消失殆尽;儒家之学,几至浸灭②。这个时期,"古书"以收藏、保存为主,不得传播,不得著述,不得"是古非今"。图书的种类和数量大幅减少。诸子百家之书虽不在焚烧之列,但在这种学术环境中,诸子恐怕不能也不敢再有著书之举。可以推断:秦汉之交的二十余年,史书皆秦记,经书皆前代流传下来的典籍及其传注,诸子则少有新著。《隋书·经籍志》称:"秦政奋豺狼之心,划先代之迹,焚《诗》、《书》,坑儒士,以刀笔吏为师,制挟书之令。学者逃难,窜伏山林,或失本经,口以传说。""或失本经,口以传说",也道出了当时书籍匮乏的事实。

入汉以后,"挟书律"虽然存在,但较秦朝已大为松弛。士人可以说《诗》、《书》而不被"弃世",但是,"挟书律"造成的人们对《诗》、《书》的轻视,仍然存在:"陆生时时前说称诗书。高帝骂之曰:'乃公居马上而得之,安事《诗》、《书》!'"从这里看来,"挟书律"造成的后果,并非仅仅是书籍数量的减少,还有世人对儒家学者及其书籍的轻视。《史记》卷九九《叔孙通列传》记载:"叔孙通儒服,汉王憎之;乃变其服,服短衣,楚制,汉王喜。"这是发生在陆贾见刘邦之前的事情。刘邦虽然轻视《诗》、《书》,但毕竟还是有"通人"③之智。他不仅听从了陆贾的劝说,而且准许他著书立说:

---

① 《汉书·楚元王传》载刘歆《移让太常博士书》:"至孝惠之世,乃除挟书之律,然公卿大臣绛、灌之属咸介胄武夫,莫以为意。"(《汉书》卷三六《楚元王传》,第7册,第1968页)
② 刘歆《移让太常博士书》称:"陵夷至于暴秦,燔经书,杀儒士,设挟书之法,行是古之罪,道术由是遂灭。汉兴,去圣帝明王遐远,仲尼之道又绝,法度无所因袭。"(《汉书》卷三六《楚元王传》,第7册,第1968页)《汉书·儒林传》:"及至秦始皇兼天下,燔《诗》、《书》,杀术士,六学从此缺矣。"(《汉书》卷八八《儒林传》,第11册,第3592页)"道术由是遂灭"、"仲尼之道又绝"、"六学从此缺"云云,或有夸张之辞,但亦足见当时严峻的学术环境。
③ 桓谭《新论》:"汉高祖建立鸿基,偦功汤、武。……及身病,得良医弗用,专委妇人,归之天命,亦以误矣。此必通人而蔽者也。"(《新辑本桓谭新论》,第42页)

　　　　高帝不怿而有惭色，乃谓陆生曰："试为我著秦所以失天下，吾所
以得之者何，及古成败之国。"陆生乃粗述存亡之征，凡著十二篇。每
奏一篇，高帝未尝不称善，左右呼万岁，号其书曰"新语"。①

陆贾《新语》，以"新"名书，代表了一个新时代一种新著作的产生。由"高帝
未尝不称善，左右呼万岁，号其书曰'新语'"分析，陆贾书中的这些论述，以
"近史"之秦为例说事，肯定与当时盛行的儒家思想有所不同，这个"新"，应
该首先体现在这方面。

　　汉人十分重视陆贾《新语》的撰作。《汉书》记载：

　　　　初，高祖不修文学，而性明达，好谋，能听，自监门戍卒，见之如旧。
初顺民心作三章之约。天下既定，命萧何次律令，韩信申军法，张苍定
章程，叔孙通制礼仪，陆贾造《新语》。②

在这里，陆贾《新语》与律法、军法、制度、礼仪相提并论。在班固看来，陆贾
《新语》具有与当时政治、军事、法律、礼仪等同等重要的地位。这当然是东
汉人的看法。司马迁曾称："余读陆生《新语》书十二篇，固当世之辩士。"司
马迁约生于汉景帝中元五年（前145）③，陆贾上《新语》约在汉高祖十一年
（前196）④，至少在入汉以后的五十余年以内，官方态度是将陆贾视作"辩
士"的。"辩士"是战国流行的称谓，司马迁以《新语》断定陆贾为"辩士"，未
必全为贬词，未尝不是另一种认同。

　　东汉王充对陆贾《新语》的贡献赞不绝口，其《论衡》对该书有多处
记载：

　　《超奇》："陆贾消吕氏之谋，与《新语》同一意；桓君山易晁错之策，与
《新论》共一思。"⑤

　　《佚文》："韩非之书，传在秦庭，始皇叹曰：'独不得与此人同时！'陆贾
《新语》，每奏一篇，高祖左右，称曰万岁。夫叹思其人，与喜称万岁，岂可空
为哉？诚见其美，欢气发于内也。"⑥

---

①《史记》卷九七《郦生陆贾列传》，第8册，第3270页。
②《汉书》卷一《高帝纪》，第1册，第80—81页。
③王国维：《太史公行年考》，《王国维学术论著》，浙江人民出版社1998年版，第70页。
④刘跃进：《秦汉文学编年史》，商务印书馆2006年版，第67页。
⑤黄晖：《论衡校释》，第2册，第612页。
⑥黄晖：《论衡校释》，第3册，第865页。

《书解》:"高祖既得天下,马上之计未败,陆贾造《新语》,高祖粗纳采。吕氏横逆,刘氏将倾,非陆贾之策,帝室不宁。盖材知无不能,在所遭遇,遇乱则知立功,有起则以其材著书者也。"①

《案书》:"《新语》,陆贾所造,盖董仲舒相被服焉,皆言君臣政治得失,言可采行,事美足观。鸿知所言,参贰经传,虽古圣之言,不能过增。"②

由以上王充所言,可知《新语》在"言君臣政治得失"方面,在稳定王室、治理天下方面,具有独特的思想指导与实践意义。又由王充称《新语》"言可采行,事美足观"分析,该书应该是记言、记事兼具,使用的是与《春秋左传》相同的撰述体制。这是因为,先秦古书,《尚书》乃记言之祖,《春秋》为记事之祖。"逮左氏为书,不遵古法,言之与事,同在传中。然而言事相兼,烦省合理,故使读者寻绎不倦,览讽忘疲。"③

从经学思想上看,陆贾通《尚书》和《穀梁传》,是汉初穀梁家。"陆贾述事多用《穀梁传》和《左传》,称义则多用《穀梁传》"④,由此推断,陆贾记言多取《穀梁传》,记事多取《穀梁传》与《左传》。但其主要撰述体式,则取《左传》。这是因为,《新语》乃"著秦所以失天下,吾所以得之者何,及古成败之国"、"粗述存亡之征"之作,实际上也就是"掇取古今之事"而成的著作。《新语》之"新"蕴含的意思可能较多,但主要的一点应是"博通古今",也就是由以往的"尊古卑今"(《庄子·外物》)或"重今轻古"一变而为"博通古今"。

秦始皇时期以及以前,儒者多"以古非今",故秦始皇有"以古非今者族"的苛法。这也反映出秦代实行的法治,是建立在"厚今薄古"的基础上的。虽然当初秦始皇设置博士,也有"掌通古今"之举⑤,但当时"设挟书之法,行是古之罪",应该不限于民间学者,博士官处于政治漩涡的中心,首先选择的应该是闭口不言。西汉初期,世人以儒家"可与守成,不可与进取"⑥,仍然沿袭了嬴秦的"挟书之法"、"是古之罪"。陆贾称:"居马上得

①黄晖:《论衡校释》,第4册,第1156页。
②黄晖:《论衡校释》,第4册,第1169页。
③刘知几著,浦起龙通释,吕思勉评:《史通》,上海古籍出版社2008年版,第26页。
④黄觉弘:《论陆贾春秋学及其文学意义》,《江南大学学报》2008年第4期。
⑤沈刚伯:《秦汉的儒》,《秦汉中古史研究论集》,《大陆杂志史学丛书》第三辑第二册,大陆杂志社印行,第1页。
⑥这种思想,即使儒者也普遍认可。如《史记》记叔孙通有"夫儒者难与进取,可与守成"之语。这种说法流传很广,社会底层也有流传,如《孔丛子》记陈涉有"儒者可与守成,难与进取,信哉"之说。

之，宁可以马上治之乎？且汤武逆取而以顺守之，文武并用，长久之术也。"这实际上也没有反对儒家"守成"的作用，但称"文武并用，长久之术"，则是对当时政治形势发生变化之后做出的正确判断。《孔丛子》记载孔鲋"武者可以进取，文者可与守成"，也是这种思想的反映。

陆贾在认同儒家"可与守成"的同时，对儒家"重古轻今"的思想也进行了变通，提出了"古为今用"的思想："善言古者合之于今，能述远者考之于近。故说事者上陈五帝之功，而思之于身，下列桀、纣之败，而戒之于己，则德可以配日月，行可以合神灵，登高及远，达幽洞冥，听之无声，视之无形，世人莫睹其兆，莫知其情，校修《五经》之本末，道德之真伪，既（缺字）其意而不见其人。"①陆贾在这里提出的"善言古者合之于今，能述远者考之于近"，与嬴秦儒者"以古非今族"的思想并不相同。这是针对儒家内部对古书的"厚今薄古"思想而言的。嬴秦焚书，一方面使很多儒家古书被付之一炬，另一方面，主要是限制了当时士人的议论与撰述的权利。在这种情况下，士人既难有撰述的政治环境，也难有撰述的学术环境。儒家内部的"尊古卑今"思想，也限制了儒者撰述新作的愿望。对此，陆贾《新语》的出现，需要突破这两方面的羁绊。陆贾征得刘邦同意作《新语》，解除了著述的政治枷锁；而要从学术内部取得士人的理解，还需要从舆论上争取儒家士人的认可。因此，陆贾在《新语》中反复强调新撰著的必要性："世俗以为自古而传之者为重，以今之作者为轻，淡于所见，甘于所闻，惑于外貌，失于中情。"《汇函》引穆少春之言曰："言观远者不若求之近，慕古者不如反之身，荀卿'法后王'是也。"②孟子"法先王"，是为"尊古"；荀子则先王、后王并重，实际上也就是古、今兼重。陆贾曾提出"古、今世同"的观点：

> 道近不必出于久远，取其致要而有成。《春秋》上不及五帝，下不至三王，述齐桓、晋文之小善，鲁之十二公，至今之为政，足以知成败之效，何必于三王？故古人之所行者，亦与今世同。③

这种"古人之所行者，亦与今世同"的思想，也就是"博通古今"的"通人"思想，其实包含着"古为今用"的意思。由陆贾以《春秋》为例说明自己的观点

---

① 王利器：《新语校注》，中华书局1986年版，第37页。
② 王利器：《新语校注》，第39页。
③ 王利器：《新语校注》，第41页。

来看,《新语》在撰述上可能采取了《穀梁传》、《左传》的体制,但其撰述宗旨则应该是继承了孔子的《春秋》思想。

汉魏子书以"新"名之,或者是汉代诸子习用的一个"泛称"①。针对刘向编次之事来说,这种说法未尝没有道理。但是,在汉代,这个"新",或者还有更深层次的含义。以陆贾《新语》为例。从刘邦与陆贾的对话中我们看出,《新语》的主旨,乃在于陈述秦亡汉兴得失之由,以及古代成败之国的事迹。陆贾"粗述存亡之征",对于刘邦治国安邦无疑具有重要的鉴戒作用,故刘邦才能"未尝不称善"。这个"新",需要具备以下三个条件:第一,从书籍发展史上来说,接秦"焚书"之祸而增补的前代遗阙之书。第二,从思想发展史上来说,对以往的儒家思想有所改造,即在继承儒家传统学说基础上,又有创新与推进,且承前代兴亡成败之诫又有所扬弃之作。第三,从学术与政治目的来看,能够博通古今,具有现实的政治功用,亦即桓谭所言"术辨古今,亦欲兴治"之作。从这三点,也足以看出与之对应的"旧",除了旧篇、旧说,还有那些能够融通古、今的学说。这种思想,也是后世诸子撰作"新书"的思想基础。

在后世学者看来,陆贾《新语》的主要贡献之一,就是促进了民间儒学的发展。《隋书·经籍志》称:"汉氏诛除秦、项,未及下车,先命叔孙通草绵蕝之仪,救击柱之弊。其后张苍治律历,陆贾撰《新语》,曹参荐盖公言黄老,惠帝除挟书之律,儒者始以其业行于民间。"②当然,《新语》对于推动儒学在官方实施的贡献,也是不言而喻的。《新语》之"新",确实具有学术与政治上的双重意义。因此,探讨陆贾《新语》之"新",又离不开对汉代经学历史的考察。

二、《新语》撰作的历史背景与西汉诸子"尚新"思潮的形成

陆贾《新语》的撰作,处于"汉人喜'新'"的社会大背景下。廖伯源曾称:

> 西汉人喜言"新",好说"更始"。陆贾《新语》、贾谊《新书》、刘向《新序》、桓谭《新论》,四书皆以新为名。王莽以"新"为国号。刘圣公

---

① 尹玉珊:《汉魏子书研究》,第119—123页。
② 《隋书》卷三二《经籍志》,第4册,第905页。

即位,其年号为"更始"。汉帝诏又常有"与民自新"、"嘉与士大夫更始"等语。阴阳五行之天人感应说为西汉之显学,西汉天人感应说者,多持革命论,谓天下非一家之天下,乃天下人之天下,天命无常,有德者居之。又有修改革命论而造"再受命"之说,谓应天谴而改作,以消灾异,得再受命。再受命者,更始也,再新也。"新"实西汉经学思想之中心。①

将"新"作为整个汉代经学的思想中心,未必完全合乎当时的学术事实。何况,廖伯源先生将诸子文学中的"新",与经学上的"新"混为一谈,不能准确反映当时学术与文学的真实情况。实际上,汉代这个"新",在经学与文学之间,在经学内部,皆有不同的含义。

秦汉时期的经师学者,根据其讲授内容的差异,可以分为四种:以阴阳学说经的今文经学、以先秦旧书字体说经的古文经学、谶纬之学、小学②。廖伯源先生所言,主要针对此四类经学而言。实际上,西汉时期,汉人与"新"有关的思潮,主要表现在三个方面:第一,经学上出现的对正统儒学改造后的学说。如上文廖伯源先生所言"阴阳五行之天人感应说为西汉之显学……又有修改革命论而造'再受命'之说,谓应天谴而改作,以消灾异,得再受命"云云,这种将阴阳五行、灾异、谶纬学说与儒家经学相结合的思想,在当时大概皆被称作"新学"。然而,以灾异说经者,更被今文学家称作"新学",却有另一层含义在里面。《汉书》记载:"永始、元延之间,日蚀地震尤数,吏民多上书言灾异之应,讥切王氏专政所致。上惧变异数见,意颇然之,而未有以明见,乃车驾至禹弟,辟左右,亲问禹以天变,因用吏民所言王氏事示禹。禹自见年老,子孙弱,又与曲阳侯不平,恐为所怨。禹则谓上曰:'春秋二百四十二年间,日蚀三十余,地震五,或为诸侯自杀,或夷狄侵中国,灾变之异深远难见,故圣人罕言命,不语怪神。性与天道,自子贡之属不得闻,何况浅见鄙儒之所言!陛下宜修政事以善应之,与下同其福喜,此经义意也。新学小生,乱道误人,宜无信用,以经术断之。'"③"新学"与"小生"同意。《汉书》朱云本传又记载:"薛宣为丞相,云往见之。宣备宾主

①廖伯源:《说新——兼论年号之起源》,《秦汉史论丛》,五南图书出版有限公司2003年版,第27—28页。
②沈刚伯:《秦汉的儒》,《秦汉中古史研究论集》,第3—5页。
③《汉书》卷八一《张禹传》,第10册,第3351页。

礼,因留云宿,从容谓云曰:'在田野亡事,且留我东阁,可以观四方奇士。'云曰:'小生乃欲相吏邪?'宣不敢复言。"颜师古称:"小生,谓其新学后进,言欲以我为吏乎?"张禹"从沛郡施雠受《易》,琅邪王阳、胶东庸生问《论语》",张禹《易》学于今文学家施雠,《论语》为今文派之鲁《论语》;朱云"从博士白子友受《易》,又事前将军萧望之受《论语》",白子友不知何派,萧望之《论语》则为鲁《论语》。由此知张禹、朱云皆今文学家。当时所谓的"新学",应该指的是被今文学家称为"新学"、"后进"的学问,含有贬义。

　　但是,西汉经学领域"新"的使用情况,可能比较复杂:今文学家称言灾异之学者为"新学",在古文学家眼里,结合阴阳五行、谶纬、灾异说经者,未尝不是"新学";反之,刘歆等人提倡的古文经学如《毛诗》、《逸礼》、《左氏传》等,他们虽自诩为"古学",然在今文学家眼里,也未尝不是一种"新学"①。桓谭"非谶",说明诸子对以"谶纬"说经的反感②。这是以桓谭为代表的一批儒家学者对经学上的"新"学的态度;至于东汉荀爽《新书》,属于对以阴阳五行、灾异、谶纬说经之"新学"的一种反动。而今文学家对刘歆立《春秋左氏传》以及刘歆对他们的斥责,也可以看出古文经学在当时的"新学"处境:"往者缀学之士不思废绝之阙,苟因陋就寡,分文析字,烦言碎辞,学者罢老且不能究其一艺。信口说而背传记,是末师而非往古,至于国家将有大事,若立辟雍、封禅、巡狩之仪,则幽冥而莫知其原。犹欲保残守缺,挟恐见破之私意,而无从善服义之公心,或怀妒嫉,不考情实,雷同相从,随声是非,抑此三学,以《尚书》为备,谓左氏为不传《春秋》,岂不哀哉!""夫礼失求之于野,古文不犹愈于野乎?"③可见,"新学"、"后进"可能是当时经师学者互相攻击对方为"新兴学说"的一个通称。

　　第二,经学中的小学,多有新字、新词、新音出现,成为秦汉时的"显学"。沈刚伯曾有言:"我国文字自甲、骨、金文,经春秋战国时的各种字体,而变成统一后的小篆、隶、草;字形由繁杂而渐趋简便,词意由具体而渐趋抽象。这原是文字语言演进的通则,若一任其自然变化,则写法因人而殊,

---

①《隋书·经籍志》:"起王莽好符命,光武以图谶兴,遂盛行于世。……(孔安国等)故因汉鲁恭王、河间献王所得古文,参而考之,以成其义,谓之'古学'。当世之儒,又非毁之,竟不得行。"(《隋书》卷三二《经籍志》,第4册,第941页)"不得行",恰说明也被今文学家视作"新学后进"。

②《后汉书·桓谭传》:"其后,有诏会议灵台所处,帝谓谭曰:'吾欲以谶决之,何如?'谭默然良久,曰:'臣不读谶。'帝问其故,谭复极言谶之非经。"(《后汉书》卷二八《桓谭传》,第4册,第961页)

③《汉书》卷三六《楚元王传》,第7册,第1970、1971页。

语音因地而异，孙曾等的人势将不识祖宗写的字，百里外的人一定不懂城市中的通行话了。所以古字、古音、奇字、方言，必须随时随地有人加以学习研讨，而新词、新音和新体字之创作推行，尤必须经过政府和学术界之公同审定。因此训诂之学便成为秦汉时许多儒生的专业，而且受到政府的重视。"①这种与小学有关的"新"学，是汉代诸子著书立说的基本工具。

　　第三，西汉诸子文学中的"新书"思想，如刘邦群臣号陆贾书曰"新语"，刘向之后自题书名称"新"，刘向重新编次古书称"新"者，桓谭见陆、刘之书而撰之《新论》。我们这里所说的诸子，应该是包含儒家在内的诸子百家。汉文帝时期，除了儒家，其他诸子也可能得以立于学官之列②。可见，"汉立博士，初不限于经生"③。汉武帝以后，虽然"独尊儒术"，但此时的"儒"，多非醇儒。即如本文所及陆贾、贾谊、刘向、桓谭而言，亦各不相同：陆贾为"纵横式的儒家"，刘向为"阴阳化的儒家"，贾谊、桓谭为"杂家式的儒家"④，等等。按照先秦诸子流派来看，陆贾近纵横家，刘向近阴阳家，贾谊近法家⑤，桓谭近杂家。刘师培称："西汉之初，儒学虽萌芽于世，然九流之说犹未尽沦。"⑥这种说法放在整个西汉诸子身上，也不为过。

　　这种变化，是有其历史背景的。先秦时期，儒家守其门户，排斥其他诸子学说。如子思之子孔白问"杂"（即诸子百家），子思即云："夫子之教，必始于《诗》《书》，而终于礼乐，杂说不与焉。"⑦孟子"距杨墨"，也是这个道理。秦汉时期，这种情况发生了变化。据沈刚伯先生考察："先秦诸子原有许多与儒家类似的主张，历时愈久，它们彼此所受到的交互影响也就愈多。到了秦汉统一天下之后，儒家成为惟一的显学，其他各家不约而同底先后渗入儒家，藉儒服为掩护，以传播他们自己的学说。混杂愈多，真相愈泯，

①沈刚伯：《秦汉的儒》，《秦汉中古史研究论集》，第5页。

②刘歆《移让太常博士书》："至孝文皇帝，……天下众书往往颇出，皆诸子传说，犹广立于学官，为置博士。"（《汉书》卷三六《楚元王传》，第7册，第1968—1969页）

③黄庆萱：《王国维两汉博士题名补遗》，《秦汉中古史研究论集》，第123页。

④沈刚伯：《秦汉的儒》，《秦汉中古史研究论集》，第2、3页。

⑤刘师培《国学发微》言："贾生传《春秋》、三礼之学，然《过秦论》上篇以仲尼与墨翟并言，其言曰：'陈涉才能不及中庸，非有仲尼、墨翟之贤。'而史书复称其明申韩之术，如言削诸侯，抑商贾，皆近于法家言。姚姬传有《贾生明申韩论》。则贾生非仅治儒术矣。"（刘师培著，黄锦君选编：《刘师培儒学论集》，四川大学出版社2010年版，第5—6页）

⑥刘师培著，黄锦君选编：《刘师培儒学论集》，第5页。

⑦傅亚庶：《孔丛子校释》，第111页。

等到百家罢黜,其风行于世儒学因早已不是孔子所祖述讲授之道。"①反之,原来的儒家,生活在这样的历史大背景下,也有意无意间不断接受与吸收了其他诸子学说与儒家相合的成分。可以说,汉代陆贾之后的这些诸子,与先秦诸子的最大不同,就是主动接受其他诸子与儒家的学说相合的事实,又在此基础上自创"新说",具有"整合"、"整齐"先秦诸子学说的作用。西汉诸子的这种"主动接受"与"自创新说",体现了他们的"开放性"与"开创性"②。这是西汉诸子撰作"新书"的历史背景与思想基础。而与先秦儒家相比,这应该属于一种"新"儒家学说。

"新书"名号,最早始于西汉诸子论著。桓谭之后,经师学者继承西汉诸子"新书"思想,开始将其经学著作称为"新书"。《后汉书》记载荀爽"作《公羊问》及《辩谶》,并它所论叙,题为《新书》"。与桓谭之前诸子整合诸子各派杂家之学的"新书"相比,这种《公羊问》、《辩谶》的著作主要以经学为研究对象。西汉经学的"新学、后进"与诸子文学上的"新书"的共同之处,就是其思想渊源皆为儒家典籍。陆贾"新语"之"语",即渊源于六经。《后汉书》记荀爽"著《礼》、《易传》、《诗传》、《尚书正经》、《春秋条例》,又集汉事成败可为鉴戒者,谓之《汉语》",此"语"皆采自六经。陆贾之"语",亦多有六经之说③。

西汉时期经学上的"新"与诸子文学中的"新",有着本质区别。前者结合阴阳五行、灾异等思想说经,是将经学神秘化、神圣化的一种矫饰之举。西汉诸子著述中出现的与政治理想相结合,上追孔子《春秋》之学,融合儒家学说的"新书",才是西汉诸子普遍认可的学问。

陆贾之后,形成了以"新"撰述、编纂的学术风尚。《新语》之后,该书与"新"有关的思想,对陆贾以后的汉人具有一定的典范意义。尤其是,刘向《新序》、贾谊《新书》、桓谭《新论》,连续以"新"为名,皆与陆贾《新语》之"新"一脉相承,体现了对"新书"撰作的思想继承④,说明汉代诸子中"尚新"传统的形成。

---

① 沈刚伯:《秦汉的儒》,《秦汉中古史研究论集》,第2页。
② 儒家之外的诸子百家,往往被看作"非先王之道"。西汉诸子能够接受诸子百家的思想,不能不说是一种开放式的"新思维"。
③ 其后的"序"、"事"、"论"等,与"语"同义。
④ 其他诸子,虽然未必皆有以"新"名书的著作,但这并不妨碍他们对"新学"思想的认识与认同,也不排除他们在社会思想意识上具有"新书"的思想。

可以说，陆贾《新语》在汉代其他诸子中产生了久远的影响，形成了一股"尚新"思潮和一批"新书"著作。其后，史书明确记载的是刘向的《新序》、《说苑》（或称《新苑》）等书。但是，不可否认，刘向校书时出现的"新书"，其含义已有变化。余嘉锡《古书通例》称：

> 古书中如《易》十二篇，《诗》三百五篇，《春秋》十二篇之类，此皆秦以前之原本，无所亡失。向盖校其脱误而已，不须更为定著也。诸子传记之中，亦当有似此者。其有复重残缺，经向别加编次者，皆题之曰《新书》，以别于中秘旧藏及民间之本。如《荀子书录》云："《荀卿新书》三十二篇。"《列子书录》云："《新书》有栈。"《别录》又有《蹴鞠新书》二十五篇（释玄应《大般涅盘经音义》引）。由此推之，则《隋》、《唐志》之《晁氏新书》，今所传之《贾子新书》，盖皆刘向之所题，后人但以为贾谊书名者，误也。今《管》、《晏》诸子所载向之《叙录》，皆无"新书"字，盖为浅人之所删削，独《荀子》尚存其旧。至他书尚不载向《叙》，则孰为新编，孰为旧本，不可考矣。[①]

根据这段材料可以看出，刘向的"新书"认识也有三种：第一，先秦流传下来存在脱误的古书，经刘向重新编次后相对于"原本"而言的"新书"，作者与作品的主旨、意图没有什么变化，如《荀卿新书》之类；第二，刘向之前的汉代诸子撰写的书籍，久藏秘府未暇外传，经刘向重新编次后并由其定名的"新书"，如《贾子新书》之类；第三，采纳先秦流传的古语、故事、旧闻，刘向重新编次成帙，相对于其所载的"原书"而言的"新书"，其学术思想未变，然已被刘向赋予了新的意义和目的的"新书"，如刘向《新序》、《新苑》[②]。即使真的如余嘉锡先生所说，《贾子新书》、《晁氏新书》之书名定于刘向，然贾谊、晁错生活在"汉人喜'新'"时代，其著作未必没有"新书"意识。因为，据刘向《荀子书录》所言，刘向对于先秦脱误之书的编次，方以"新书"名之，以别于先秦那些没有脱误的古书原本。贾谊、晁错之书，应该不存在脱误而重新编次的情况。既然刘向将贾谊、晁错书亦以"新"名书，不外乎此类书亦有不同于汉代其他著作的"新书"思想。

---

① 余嘉锡：《古书通例》卷三《论编次》，《目录学发微·古书通例》，中华书局 2007 年版，第 277—278 页。
② 廖伯源先生认为《新序》、《新苑》之"新"并无特别意义（廖伯源：《秦汉史论丛》，第 7 页），似乎值得商榷。

同陆贾一样，刘向也通《穀梁传》与《尚书》，另外还通《诗经》之学①。关于刘向《新序》撰作的缘由，《汉书》记载："向睹俗弥奢淫，而赵、卫之属起微贱，逾礼制。向以为王教由内及外，自近者始。故采取《诗》、《书》所载贤妃贞妇，兴国显家可法则，及孽嬖乱亡者，序次为《列女传》，凡八篇，以戒天子。及采传记行事，著《新序》、《说苑》凡五十篇奏之。数上疏言得失，陈法戒。书数十上，以助观览，补遗阙。上虽不能尽用，然内嘉其言，常嗟叹之。"②刘向《新序》、《说苑》中事，多为儒家传记与诸子之言，且多为"正辞美义"，具有"劝诫"之旨③。前者多舜、禹以来"嘉言懿行"，后者与《新序》相近，删节与其重复者后又自造"新事"而成④。

刘向编纂《新序》，与陆贾《新语》相比，有三个相同之处：第一，学术目的相同。刘向纂《列女传》"采取《诗》、《书》所载贤妃贞妇，兴国显家可法则，及孽嬖乱亡者"，与陆贾"粗述"古国"存亡之征"是一致的，其《新序》一书，也应该与《列女传》一样具有类似的学术意图。这也可以算作是《新序》的政治意图。从学术上来看，它们具有相同的学术主张，即王充所言"论世间事，辩照然否，虚妄之言，伪饰之辞，莫不证定"。"疾虚妄"，恢复儒家正统学说，是这些著作的共同理想。

第二，学术思想一致，即二书继承孔子《春秋》之学，皆有明显的"博通古今"思想。刘向"睹俗弥奢淫，而赵、卫之属起微贱，逾礼制。向以为王教由内及外，自近者始"⑤，"自近者始"，与陆贾揭示的"世俗以为自古

---

① 刘师培认为汉代经学有齐、鲁学之别，以陆贾、刘向、司马迁、荀子、贾谊、孟喜、萧望之为鲁学，董仲舒、晁错、田何、京房、张禹等人为齐学。并以为"齐学尚新奇"，"鲁学多迂曲"。然诸子文学之"新"，不分齐、鲁，皆"赏新"（刘师培：《国学发微》，刘师培著，黄锦君选编：《刘师培儒学论集》，第5页）。

② 《汉书》卷三六《楚元王传》，第7册，第1957—1958页。

③ 晁公武《郡斋读书志》："向当成帝时，典校书，因采传记行事、百家之言，删取正辞美义可劝戒者，为《新序》、《说苑》，共五十篇。"（晁公武撰，孙猛校证：《郡斋读书志校证》，上海古籍出版社1990年版，第435页）

④ 陈振孙《直斋书录解题》称《新序》："舜、禹以来迄于周，嘉言善行，往往在焉，其书最为近古。"称《说苑》："序言臣向所校中书《说苑·杂事》，除去与《新序》复重者，其余浅薄不中义理，别集以为百家后，今以类相从，更以造新事，凡二十篇，七百八十四章，号曰《说苑》。"（陈振孙撰，徐小蛮、顾美华点校：《直斋书录解题》，上册，第271页）

⑤ 研究汉代学术与文学，不得不重视文人出身，以及其社会地位发生变化之后带来的学术与文学思想的变化。"起微贱"之人进入上层社会，会带来相应的社会思想冲击，也会对学术与文学带来某种变化。而政治身份或出身不同的人，其学术、文学背景、著述目的与思想皆有差异。也就是刘向所言"礼制"与学术、文学的关系，值得留意。

而传之者为重，以今之作者为轻”、“古人之所行者，亦与今世同”的论述是一致的。

第三，撰述体制相同。《列女传》采《诗》、《书》，而《新序》与《说苑》则采“传记行事”，这种“传记”，主要应该是《尚书》与《春秋》。因为，观《新序》、《说苑》二书体制，也是以记言、记事兼具。这就与陆贾《新语》采《尚书》记言、《左传》记事的体制相同。

另一方面，从《新语》、《新序》书名上推测，二书所记，侧重不同：《新语》主要记言，《新序》主要记事。王充《论衡》称《新语》：“鸿知所言，参贰经传，虽古圣之言，不能过增。”可知《新语》得孔子《论语》之旨①，以记言为主。而《新序》书名，原作《新事》②，则该书应以记事为主。《新序》第一卷以《杂事》为题，也说明了这一点。但《新序》篇目编次，也采用了《论语》的体制，石光瑛称该书《杂事》篇：“开宗明义，以孝为先。继又由孝而推论仁道。传曰，孝弟为仁之本，岂不然乎。由此观之，编次之本意，隐则乎《论语》，非苟为己也。”③《新序》所记历史事件，也多见孔子《春秋》与《左传》。这说明，《新语》、《新序》二书，皆上承孔子《春秋》学思想而来。

在西汉，《春秋》三传虽然各有师传，也各有兴衰，但总体上还是继承了孔子的《春秋》学思想。《新语》、《新书》显然也具有尊孔的意识，以及继承孔子《春秋》（甚至包括《论语》）之学的学术意图。陆贾的《新语》之“新”，主要是针对嬴秦“焚书坑儒”、“以古非今者族”诸思想而言的。刘向之“新”，继承的是陆贾在历史形势发生变化之时的学术与政治敏感力，主要是针对“睹俗弥奢淫，而赵、卫之属起微贱，逾礼制”而言的，但其学术目的与《新语》相同，即皆欲“兴治”王室；学术指导思想与《新语》相同，即遵循孔子《春秋》之学。《新语》、《新序》产生的时代虽然不同，针对的具体对象也有差异，但二书具有相同的学术目的与学术思想。不同时代有不同的政治、社会与学术问题，陈陈相因的学术思想，无法从理论上改变这些问题的时候，必然促使那些具有社会责任感与学术敏感力的学者，转而从古代史实中寻

---

① 有人以为陆贾《新语》之“新语”，乃与孔子《论语》之“旧语”相别而来。从《新语》主旨不悖孔子《论语》看来，陆贾或者并未将孔子《论语》视作“旧语”。

② 石光瑛称：“本书原名《新事》，奏进时改用今名。”（刘向编著，石光瑛校释：《新序校释》，中华书局2001年版，第3页）

③ 刘向编著，石光瑛校释：《新序校释》，上册，第3页。

找答案,以古鉴今,以求为当时的社会提供"兴治"良药。

　　桓谭《新论》,也继承了《新语》、《新序》的学术思想。由其《新论·本造》的记载,可窥此前汉人对"新"的理解与"新"之思想的发展轨迹:

　　　　余为《新论》,术辨古今,亦欲兴治也,何异《春秋》褒贬邪?……谭
　　见刘向《新序》、陆贾《新语》,乃为《新论》。①

桓谭在这里不仅介绍了自己撰作《新论》的原因、目的与本书的性质,而且说明了本书思想的渊源,即在于陆贾、刘向二《新》之书。但是,刘向《新序》之作,也是因为受到了陆贾《新语》的启发。《晋书》记载:"刘向省《新语》而作《新序》,桓谭咏《新序》而作《新论》。"②"新"的思想传承,由此可见。并且,在这里,桓谭对这种思想传承的表述更加清楚:"余为《新论》,术辨古今,亦欲兴治也,何异《春秋》褒贬邪?"

　　与上面所言《新语》、《新序》的三个"新"之特点相同,此处《新论》也具备这三个特点:第一,学术目的在于"亦欲兴治";第二,学术思想为"术辨古今"、"何异《春秋》褒贬",是继承孔子《春秋》之学③;第三,从内容上看,也是记言、记事皆有,遵循了《尚书》、《左传》的体制④。另外,还有一点,也是三书相通之处:结合不同时代的学术主旨与社会要求,提出不同的学术主张。《新语》第一篇为《道基》,因为彼时入汉不久,倡导儒家"仁义"之道是首要事情,故以叙述历代先圣、总论"仁义"开篇⑤;刘向时代,儒家"仁义"之道已经深入人心,代之而起的是需要恢复儒家遵循的"礼制","孝"道思想随之而兴,故《新序》开篇《杂事》,亦首先从舜入手,历叙古代先圣,倡导"孝"道为先⑥;《新论》与二书稍有不同,开篇阐述撰作《新论》的原因与目的,明确点明是"见刘向《新序》、陆贾《新语》,乃为《新论》",实际上第一篇

①《新辑本桓谭新论》,第1页。
②《晋书》卷五四《陆喜传》,中华书局1974年版,第5册,第1486页。
③故王充《论衡·案书》称:"案孔子作《春秋》,采毫毛之善,贬纤介之恶。可褒,则义以明其行善;可贬,则明其恶以讥其操。《新论》之义,与《春秋》会一也。"(黄晖:《论衡校释》,第4册,第1172页)
④桓谭《新论·正经》对《尚书》、《左传》皆有论述,并称"《左氏传》于经,犹衣之表里"。桓谭通《尚书》、《左传》。
⑤戴彦升:"《道基》篇原本天地,历叙先圣,终论仁义。"唐晏:"此篇历叙前古帝王,而总之以仁义。"(王利器:《新语校注》,第1页)
⑥石光瑛称:"开章明义,以孝为先,继又由孝而推论仁道。"(刘向编著,石光瑛校释:《新序校释》,上册,第3页)与《新语》相比,正反其道而行之,是时势之变之故。

近似"引论"，真正开篇应该是第二篇《王霸》，而今存《王霸》篇文字，第一句就是"夫上古称三皇五帝，而次有三王五伯"云云，历叙先圣时间，较《新语》、《新序》更为久远。

另外，今所见贾谊《新书》，与陆贾、刘向、桓谭"新书"，也有内在的思想联系。贾谊《新书》开篇《过秦》有"仁义不施，攻守之势异也"之语，也是开篇即言"仁义"，与《新语》相同。因此，从学术目的、学术思想、撰述体式看，贾谊《新书》无疑也与陆贾《新语》等书相同：第一，由《过秦》入手，总结秦亡原因，是为"兴治"；第二，提出"鄙谚曰：'前事之不忘，后之师也。'是以君子为国，观之上古，验之当世，参之人事，察盛衰之理，审权势之宜，去就有序，变化应时，故旷日长久而社稷安矣"①，显然也是以古鉴今、"博通古今"；第三，贾谊通《左传》②，能诵《诗》、《书》，撰述思想也应该与《新语》类似。从贾谊撰述的时代背景分析，贾谊也是看到了当时社会已经处于一个变革的关键时期："谊以为汉兴二十余年，天下和洽，宜当改正朔，易服色制度，定官名，兴礼乐。乃草具其仪法，色上黄，数用五，为官名悉更，奏之。"③其书当时未必以《新书》为名，但从其宗旨上看，已经具备汉代诸子"新"学的特征。从各书篇名分析，应该具有内在的学术思想传承关系，如《新语》有《辅政》篇，《新书》亦有《辅佐》篇，《新论》有《求辅》篇；《新语》有《辨惑》，《新论》亦有《辨惑》；《新语》有《道基》，《新书》有《道术》，《新论》之《王霸》、《求辅》、《言体》等皆言"道"④，等等。这种篇名的雷同或近似，不是偶然的事情。

由此可见，汉代诸子在经学上或者有"新奇"、"迂曲"之别，然在文学上却具有相同的"尚新"传统。但是，西汉诸子的"尚新"，也有差异：陆贾之"新"，侧重辩说，故以"语"称之；刘向之"新"，重于政教，故以"序"、"事"称之；桓谭之"新"，重于"说论"⑤，故以"论"称之。这种差异，足以说明"新

---

① 贾谊撰，阎振益、钟夏校注：《新书校注》，中华书局 2000 年版，第 37 页。
② 《汉书·儒林传》："汉兴，北平侯张苍及梁太傅贾谊、京兆尹张敞、太中大夫刘公子皆修《春秋左氏传》。谊为《左氏传》训故，授赵人贯公，为河间献王博士。"（《汉书》卷八八《儒林传》，第 11 册，第 3620 页）《史记·屈原贾生列传》称贾谊"以能诵诗属书闻于郡中"（《史记》卷八四《屈原贾生列传》，第 8 册，第 3020 页）。
③ 《汉书》卷四八《贾谊传》，第 8 册，第 2222 页。
④ 桓谭称："大体者，皆是当之事也。"（《新辑本桓谭新论》，第 12 页）
⑤ 王充称："彼子长、子云说论之徒，君山为甲。"（黄晖：《论衡校释》，第 2 册，第 609 页）

学"在汉代诸子中的内在传承与不断创新历程。

三、汉代诸子"新学"的传承及其思想渊源

汉代诸子之间"尚新"思潮的内在传承,已经预示着一种新思想的产生。而诸子学者内在"学统"的传承,也证实这种以"新书"为内涵的学术思想的确实存在。

对于汉代以"新"作为书名原因,廖伯源先生也曾经有过论述:

> 《新语》、《新书》、《新序》、《新论》四书以新为名,《新语》或是以其发挥儒家之义,立新说而成一家之言,因以新名之。《新书》或是以其反对秦政,倡议弃秦之旧而立汉之新,因用新为名。《新序》则重新编辑之义。《新论》而仿《新语》而取名。①

这种说法未尝没有道理。但是,据上文,刘向见《新语》作《新序》,桓谭见《新语》、《新序》作《新论》,可见桓谭并非仅见《新语》而生撰作之意,而刘向见《新语》也有编纂之心。这说明,汉代诸子以"新"名书,应该首先采纳的是"新"所蕴含的学术思想。"新书"思想在西汉诸子之间,有着内在的传承轨迹。职此之故,我们可以将汉代诸子中这种与"新"有关的学术思想称为"新学"②。

还是首先从经学领域看。王莽时期,一度为西汉学者所鄙弃的"新学后进",在"新"朝建立之后却焕发了新的生命力。王莽政权,以"新"为号,主要是因为王莽在西汉封地为"新都国",其爵号为"新都侯"之故③。但是,王莽的学术思想,与刘歆、桓谭基本一致;王莽"新"政权,也体现了汉代诸子尤其是儒家的"新学"思想。因此,这个特殊的朝代,是汉代儒家经学与诸子文学中的"新"得以高度结合的阶段。这是因为,王莽"新"朝建立前后,是汉代诸子"新学"全面发展、并与政治紧密结合的繁盛时期。这主要体现在如下几个方面:第一,学术上,提出了很多"新"主张,实行了很多"新"措施。例如,增加了新博士官,为学者筑造了新房舍,扩大了"诣公车"

---

① 廖伯源:《说新——兼论年号之起源》,《秦汉史论丛》,第 8 页。
② 这是我们为研究方便提出的一个说法,与汉代经学上提出的"新学小生"含义不同。
③ 《资治通鉴》胡三省注称:"因新都国以定号也。"(司马光编著,胡三省注:《资治通鉴》卷三六,上海古籍出版社 1987 年版,上册,第 244 页)

的科目范围,招收有奇技新巧的"异能之士"①。同时,古文经学的倡导与实行,对《左传》、《周官》、《礼记》等典籍的认可与推行,都是不同于以往的"新"学说。第二,历史上,建立了"新古史"系统,并与政治发生了关系:"帝王之道,相因而通;盛德之祚,百世享祀。予惟黄帝、帝少昊、帝颛顼、帝喾、帝尧、帝舜、帝夏禹、皋陶、伊尹咸有圣德,假于皇天,功烈巍巍,光施于远。予甚嘉之,营求其后,将祚厥祀。"②顾颉刚先生据此而言:"这样,新造的古史系统就和实际的政治发生了密切的关系,靠了这关系而后这杜撰的系统就获得了保证人。"③第三,制度上,恢复了古代的很多传统④,改祭礼:"以日冬至使有司奉祠南郊,高帝配而望群阳,日夏至使有司奉祭北郊,高后配而望群阴,皆以助致微气,通道幽弱。"⑤制定了"新"的祀典:"分群神以类相从为五部,兆天坠之别神:中央帝黄灵后土畤及日庙、北辰、北斗、填星、中宿中宫于长安城之未坠兆;东方帝太昊青灵勾芒畤及雷公、风伯庙、岁星、东宿东宫于东郊兆;南方炎帝赤灵祝融畤及荧惑星、南宿南宫于南郊兆;西方帝少皞白灵蓐收畤及太白星、西宿西宫于西郊兆;北方帝颛顼黑灵玄冥畤及月庙、雨师庙、辰星、北宿北宫于北郊兆。"⑥这就是顾颉刚先生所称王莽的"新祀典"。当然,王莽居摄与建立"新"朝之后,还有很多与"新"有关的表现。如王莽"新"号数度更易⑦,扬雄《剧秦美新》,都蕴含着"新学"思想的实践与理想。

王莽之后的"新学"发展,大致有两条路径:第一,经学上的"新学"消长。王莽的"新古史"与"新祀典",都是结合阴阳五行学说建立的。从另一个角度来看,这不啻是汉代学者所言"新学后进"之学的一个成功。东汉荀

---

① 《汉书·王莽传》:"是岁,莽奏起明堂、辟雍、灵台,为学者筑舍万区,作市、常满仓,制度甚盛。立《乐经》,益博士员,经各五人。征天下通一艺教授十一人以上,及有逸《礼》、古《书》、《毛诗》、《周官》、《尔雅》、天文、图谶、钟律、月令、兵法、《史篇》文字,通知其意者,皆诣公车。网罗天下异能之士,至者前后千数,皆令记说廷中,将令正乖廖,一异说云。"(《汉书》卷九九《王莽传》,第12册,第4069页)
② 《汉书》卷九九《王莽传》,第12册,第4105页。
③ 顾颉刚:《汉代学术史略》,东方出版社2005年版,第94页。
④ 《汉书·王莽传》称:"《诗》之灵台,《书》之作雒,镐京之制,商邑之度,于今复兴。"(《汉书》卷九九《王莽传》,第12册,第4073页)
⑤ 《汉书》卷二五《郊祀志》,第4册,第1266页。
⑥ 《汉书》卷二五《郊祀志》,第4册,第1288页。
⑦ 《汉书·王莽传》:"是岁,改十一公号,以'新'为'心',后又改'心'为'信'。"

爽的《新书》,则是对王莽时期这股思潮的再反动。由此可见"新学"思想在汉代经学中消长的痕迹。第二,诸子文学撰述上的继承。王充《论衡》、王符《潜夫论》,思想上继承桓谭《新论》,书名之"论"也可以体现与桓谭《新论》的渊源关系;仲长统《昌言》,思想上与王充、王符一致,书名之"言",应该是对陆贾《新语》之"语"的一个继承与改造。这些人多数反对图谶,由于他们皆非醇儒,往往被正史忽视了①。

汉代诸子"新学",在经学上并没有被传统儒家所认可,如当时存在的古、今文之争中家法、颛门之别,以及经学家固守本门之学蔓衍支离、渐成无用之学的事实②,就可以说明汉代经师反对求"新"而固守畛域。这种做法,必然造成学术的因循守旧,渐失其本,从而出现"以今非古"的现象。皮锡瑞对此讥讽道:"师法别出家法,而家法又各分颛家;如干既分枝,枝又分枝,枝叶繁滋,浸失其本;又如子既生孙,孙又生孙,云礽旷远,渐忘其祖。是末师而非往古,用后说而舍先传;微言大义之乖,即自源远末分始矣。"③这种"新学"传统,对于汉代诸子而言,或者是一种普遍现象。就汉代诸子文学发展的内在规律而言,这种"新学"应该既有汉代的内在传承,也有较早的先秦渊源。

其实,汉代诸子文学的"尚新"学统,可以由班固《答宾戏》一窥端倪:"近者陆子优由,《新语》以兴;董生下帷,发藻儒林;刘向司籍,辩章旧闻;扬雄覃思,《法言》、《大玄》:皆及时君之门闱,究先圣之壸奥,婆娑乎术艺之场,休息乎篇籍之囿,以全其质而发其文,用纳乎圣听,列炳于后人,斯非其亚与!"④由陆贾《新语》以下的这些诸子作品,很大程度上与陆贾《新语》一样,具有类似的学术与政治目的。而东汉另一位学者王充亦曾称"《新语》陆贾所造,盖董仲舒相被服焉,皆言君臣政治得失",是认同董仲舒撰述曾受《新语》影响;司马迁称:"孔子晚而喜《易》。《易》之为术,幽明远矣,非通

---

① 沈刚伯称:"《隋书》把那些反图谶最力的人,桓谭、王充、张衡、郑兴、尹敏等,一字不提,而随便拉几个古文学家来凑数,足见官史之疏忽。"(沈刚伯:《秦汉的儒》,《秦汉中古史研究论集》,第5页)这种"疏忽",应该属于史家尊奉古文的一种有意为之。

② 《汉书·儒林传》称:"一经说至百余万言,大师众至千余人。"(《汉书》卷八八《儒林传》,第11册,第3620页)桓谭《新论》称:"秦近君能说《尧典》,篇目两字之说,至十余万言,但说'曰若稽古'三万言。"(《新辑本桓谭新论》,第38页)

③ 皮锡瑞著,周予同注释:《经学历史》,中华书局2004年版,第92页。

④ 《汉书》卷一〇〇《叙传》,第12册,第4231页。

人达才孰能注意焉！"①是以孔子为"通人"，而"通人"之"博通古今"，即为《新语》诸书一贯提倡的思想；贾谊之后，晁错为高，是晁错亦是当时"通人"②。其他如扬雄、刘歆等人，皆为"通人"之选。尤其是扬雄，专心著述，虽然桓谭称其有"通人之弊"，但桓谭亦曾称他为"西道孔子"、"东道孔子"。这些人，都可以划入西汉诸子"新学"思想的范围。

班固在其他记载中，对这个"学统"也有论述。《汉书·楚元王传》班固赞称："自孔子后，缀文之士众矣，唯孟轲、孙况、董仲舒、司马迁、刘向、扬雄，此数公者，皆博物洽闻，通达古今，其言有补于世。传曰'圣人不出，其间必有命世者焉'，岂近是乎？"③班固此处列举的，实际上是孔子之后至西汉时期儒家的学统传承，但由"博物洽闻，通达古今"看来，正与上文我们所谈"新"学思想相合。因此，这些人皆可预"新学"之流。桓谭《新论·本造》篇，也列举了很多汉代学者：董仲舒、贾谊、陆贾、刘向、司马迁、扬雄等，与班固的说法基本一致，也可以说明这个道理。但在班固这里，并未将陆贾、桓谭列入，而王充却将桓谭列于司马迁、扬雄之上："王公子问于桓君山以杨子云。君山对曰：'汉兴以来，未有此人。'君山差才，可谓得高下之实矣。采玉者心羡于玉，钻龟者知神于龟。能差众儒之才，累其高下，贤于所累。又作《新论》，论世间事，辩照然否，虚妄之言，伪饰之辞，莫不证定。彼子长、子云论说之徒，君山为甲。"④桓谭尊奉刘向、陆贾为前贤，排除儒家的传统说法，班固所言汉代诸子的"新学"学统内，还应列入陆贾与桓谭。

因此，陆贾《新语》，标志着一种新兴学术著作与思想的产生。该书产生之初，就为当时学者所赞赏：董仲舒、司马迁、贾谊、晁错等人，是早期的追随者；其后，刘向、刘歆、扬雄、王莽等人踵武其后；桓谭处于两汉之交，则是继承西汉诸子"新学"思想的后殿。但汉代学者这种共同的"新学"思想，不可能直接上承于孔子。在孔子之后，还应该有衔接这种思想的学者存在。严可均曾言："汉代子书，《新语》最纯最早，贵仁义，贱刑威，述《诗》、《书》、《春秋》、《论语》。绍孟、荀而开贾董，卓然儒者之言，史迁目为辩士，

①《史记》卷四六《田敬仲完世家》，第 6 册，第 2305 页。
②《汉书》晁错本传称："时贾谊已死，对策者百余人，唯错为高第。"（《汉书》卷四九《晁错传》，第 8 册，第 2299 页）
③《汉书》卷三六《楚元王传》，第 7 册，第 1972 页。
④黄晖：《论衡校释》，第 2 册，第 608—609 页。

未足以尽之。"①这实在是一个有眼光的判断,也勾勒出陆贾"新语"产生前后诸子"新学"思想渊源与发展的大致轮廓。

根据班固与严可均的观点,汉代"新学"的思想渊源,可以上溯至孟、荀。孟子、荀子、陆贾、刘向、桓谭之时,有两个共同的学术特点:第一,从孔子之学所处的历史环境来看,即孔子学说受到其他学说的冲击,或者处于低潮时期,或者处于正、邪思想并行的时期,如孟子时有杨朱、墨学挑战,荀子时有"异端"学说盛行②,陆贾时儒家与孔子之学受到社会普遍鄙视,刘向时代出现"礼制"混乱,桓谭时代谶纬与经学并行,等等。第二,从著书立说的学术目的看,他们都有尊崇孔子正统学说、罢黜异端思想、矫世之枉的意识。刘熙载即称:"荀子明六义之归,其学分之足了数大儒。其尊孔子,黜异端,贵王贱霸,犹孟子志也。""荀子矫世之枉,虽立言之意时或过激,然非自知明而信道笃者不能。"③

班固胪列的先秦学者,孔子以下,独取孟、荀,这符合后世正统儒家认可的"孔—孟—荀"的三段分法。按照今天的看法,这种认识似乎存在问题④。根据李零先生的认识,三段之间还有七十子、儒家八派,还有《孔子家语》《孔丛子》等书。这种认识固然不错,但这仅仅是后人的看法,未必符合古人的"学统"认识。要说明这个问题,我们需要深入认识古人提出的一个话题:"仲尼没而微言绝,七十子丧而大义乖。"

这个命题,最早是刘向、刘歆提出来的。《汉书·艺文志》记载:

> 昔仲尼没而微言绝,七十子丧而大义乖。故《春秋》分为五,《诗》分为四,《易》有数家之传。战国从衡,真伪分争,诸子之言纷然殽乱。至秦患之,乃燔灭文章,以愚黔首。汉兴,改秦之败,大收篇籍,广开献书之路。迄孝武世,书缺简脱,礼坏乐崩,圣上喟然而称曰:"朕甚闵焉!"于是建藏书之策,置写书之官,下及诸子传说,皆充秘府。至成帝时,以书颇散亡,使谒者陈农求遗书于天下。诏光禄大夫刘向校经传

---

① 严可均:《〈新语〉叙》,王利器:《新语校注》附录,第215页。
② 刘熙载《文概》称:"孟子之时,孔道已将不著,况荀子时乎!"(刘熙载:《艺概·文概》,上海古籍出版社1978年版,第6页)
③ 刘熙载:《艺概·文概》,第6页。
④ 李零先生认为:"各种思想史讲儒家,……有'孔—孟—荀'的三段式讲法。要讲儒家,只有《论语》《孟子》《荀子》可读,是真儒家,其他都不可信。现在我们知道这是不对的。"(李零:《简帛古书与学术源流》,生活·读书·新知三联书店2004年版,第205页)

诸子诗赋，步兵校尉任宏校兵书，太史令尹咸校数术，侍医李柱国校方技。每一书已，向辄条其篇目，撮其指意，录而奏之。会向卒，哀帝复使向子侍中奉车都尉歆卒父业。歆于是总群书而奏其《七略》，故有《辑略》，有《六艺略》，有《诸子略》，有《诗赋略》，有《兵书略》，有《术数略》，有《方技略》。今删其要，以备篇辑。①

《艺文志》采自《七略》，而《七略》出于刘向、刘歆父子之手，则此处"仲尼没而微言绝，七十子丧而大义乖"之说，当源自向、歆父子。这句话刘歆在其《移让太常博士书》中也有表述，《汉书·楚元王传》记载：

> 歆因移书太常博士，责让之曰：
>
> 昔唐、虞既衰，而三代迭兴，圣帝明王，累起相袭，其道甚著。周室既微而礼乐不正，道之难全也如此。是故孔子忧道之不行，历国应聘。自卫反鲁，然后乐正，《雅》、《颂》乃得其所；修《易》，序《书》，制作《春秋》，以纪帝王之道。及夫子没而微言绝，七十子终而大义乖。重遭战国，弃笾豆之礼，理军旅之陈，孔氏之道抑，而孙吴之术兴。陵夷至于暴秦，燔经书，杀儒士，设挟书之法，行是古之罪，道术由是遂灭。②

"微言"，李奇曰："隐微不显之言也。"颜师古曰："精微要妙之言耳。"③"微言绝"显然指的后世儒者丧失了孔子《春秋》的撰述传统，各家自成其说，故《艺文志》有"《春秋》分为五，《诗》分为四，《易》有数家之传"之说。

"大义"，可见董仲舒《春秋繁露·正贯》记载："《春秋》，大义之所本耶？"苏舆注："治天下之大义，出于《春秋》。"④于此可见，"大义"与"微言"同义。"大义乖"，即指后世诸子著作多悖孔子《春秋》之道。故《艺文志》有"战国从衡，真伪分争，诸子之言纷然殽乱"之说，刘歆有"重遭战国，弃笾豆之礼，理军旅之陈，孔氏之道抑，而孙吴之术兴。陵夷至于暴秦，燔经书，杀儒士，设挟书之法，行是古之罪，道术由是遂灭"之说。《隋书·经籍志》则云："孔丘以大圣之才，当倾颓之运，叹凤鸟之不至，惜将坠于斯文，乃述《易》道而删《诗》、《书》，修《春秋》而正《雅》、《颂》。坏礼崩乐，咸得其所。

---

① 《汉书》卷三〇《艺文志》，第6册，第1701页。
② 《汉书》卷三六《楚元王传》，第7册，第1967—1968页。
③ 《汉书》卷三〇《艺文志》，第6册，第1701页注①。
④ 苏舆撰，钟哲点校：《春秋繁露义证》，中华书局1992年版，第143页。

自哲人萎而微言绝,七十子散而大义乖,战国纵横,真伪莫辨,诸子之言,纷然淆乱。圣人之至德丧矣,先王之要道亡矣,陵夷蹉驳,以至于秦。"①这里的"微言"、"大义",即主要指孔子《春秋》之学。马端临《文献通考》则将孔子之后的"学统"进行了说明:"孔子既没而微言绝,七十二弟子终而大义乖。六国之世,儒道分散,游说之士,各以巧意而为枝叶,唯孟轲、荀卿守其所习。"②

孔子之后,七十子继承其学统,然孔子与七十子之后,孔氏之道受到其他学说的冲击,孟子"距杨墨"、荀子、尊孔子,极力推行孔子之学。按照儒家正统观念的说法,其他学派乃"异端"。朱熹称:"尹曰:夫子没而微言绝,异端起而大义乖。不知数十年后,人将谓我是何如人?"③此处以"异端起而大义乖",对"七十子终而大义乖",是说七十子尚遵从孔子之道,对夫子著作不敢赞一言。七十子之后,"异端"纷起,纷纷著书立说,以学说干利禄,皆不合夫子《春秋》大义;孟子、荀子所著作品,上接夫子《春秋》大义,不离夫子之道,故后世学者,皆以二人为孔子学说之正统传人。班固提出的"孔—孟—荀""三段论"学统,有其内在的合理性。其他著作,如《子思子》、《孔子家语》、《孔丛子》等,属孔氏家学内部著作,从儒学发展的外部传承来看,不宜与孟子、荀子之学相并列。《隋书·经籍志》等将《孔子家语》、《孔丛子》附录于"论语类",是将其作为"七十子"作品看待的,即它们不属于"大义乖"之列。简单的否定"三段论",是不明儒学内部发展史的表现。

按照汉人的观点,孟子、荀子之作,皆与当时诸子著作不同;同时,孟、荀著作上承孔子,不悖孔学,而又自具个人学术特点,具有"新书"的特点。这是因为,孟、荀著作,都是为了劝说帝王"兴治"的学说,都遵从孔了《春秋》之学。荀子通《左传》,其学有左氏思想。更主要的是,孟、荀在继承孔子之学的基础上,对孔学又各有阐扬,自成一说:孟有"人性善"、"王道"之说,荀有"人性恶"、"王、霸"之论。汉代诸子多承孟、荀之说,其学与孟、荀有着或多或少的联系。刘师培曾称:

> 西汉之时,法先王者有董子,故称仁义,贱五霸。法后王者有史

①《隋书》卷三二《经籍志》,第4册,第904—905页。
②马端临:《文献通考》卷一八四,中华书局1986年版,第1582页。
③黎靖德编,王星贤点校:《朱子语类》卷九七,中华书局1986年版,第7卷,第2481页。

公，故谓战国权变，亦颇有可采者，何必上古。贾生亦多法后王。是董子、史公之学，迥然不同。盖孟子法先王，荀卿法后王，降及西汉，两派犹存。①

刘师培对汉代诸子继承孟、荀思想的判断是正确的。但是，荀子"尊古"而不"卑今"，应既"法先王"，又"法后王"。

荀子是战国末年最后一个大儒，汉代诸子"新学"应多出自其学说。如陆贾、贾谊、刘向、扬雄、桓谭等，皆有"博通古今"的思想，其学应主要承自荀学。贾谊《左传》学，即渊源于荀子。桓谭《新论·王霸》篇，见有王道、霸道、法治文献记载，是桓谭之学亦尊荀学。例如，从篇名看，《新论》与《荀子》亦多雷同或近似，如二书皆有《王霸》篇；《新论》有《祛蔽》，近《荀子》之《解蔽》；《新论》之《正经》，体式近《荀子》之《正论》、《正名》等。从《新论》与《荀子》的撰述方式看，二者也有类似之处：《荀子·正论》多诘难当时诸家之论，他篇也有此类体式，可以称为"难问体"，而这正是《新论》中多见的体式。王充《论衡·案书》称："两刃相割，利钝乃知；二论相订，是非乃见。是故韩非之《四难》，桓宽之《盐铁》，君山《新论》之类也。"刘咸炘据此认为："是知谭书亦难问之体。"②由此我们判断，汉代诸子自陆贾以来的"新学"思想，主要与荀子有着莫大干系。另外，王充称桓谭"易晁错之策"，是以为其《新论》有源自晁错《对贤良策》的思想。按照后世的认识，即桓谭《新论》也有浓厚的"法家"思想。

从另一个角度分析，凡所谓称得上"新书"者，一般具有三个特点：第一，学术思想不同于时人通行的学说，而具有"新说"的成分；第二，上承孔子《春秋》大义与孟、荀思想，同时又结合当时的政治、历史、文化风尚，具有自己的学术创新与"博通古今"的意识；第三，具有典型的时代特征，以及"矫世、正风、兴治"的学术意图，有为新兴王朝提供思想统治工具的政治目的。

按照班固的观点，当时对西汉诸子能够进入这个"学统"的学者或有争议，然先秦孔子、七十子之后，孟子、荀子作为孔氏传人可登堂入室是没有

① 刘师培：《"法先王"、"法后王"》，钱谷融、张先觉主编：《刘师培书话》，浙江人民出版社1998年版，第24页。
② 刘咸炘：《旧书别录》，《刘咸炘学术论集·子学编》，广西师范大学出版社2007年版，第439页。

问题的。汉代诸子上承孔子《春秋》思想,中接孟、荀学说,自陆贾以后,历经众手,逐渐形成了汉代诸子的"新学"。这既是对孔、孟、荀之学的一个继承,也是对后世诸子之学的一个推进。

综上,汉代诸子"新书"的出现与"尚新"思想传统的形成,足以证明一种以"尚新"为主旨的"新学"思想的形成:他们有共同的经学宗师与思想渊源(即孔子及其学术思想);这个学术派别有稳定而持续的学者参与,其中的这些学者有继承这种学术思想的自觉,且不断有以"新"为名的"新书"出现;这些著作及其所涵盖的学术思想,不断推动当时与后世"尚新"思想传统的进程。

汉代诸子的"新书"、"新学"思想,对汉代以后的诸子也有影响。例如,桓谭之后,还不断有"新书"涌现,距汉不远的三国时代最多,"刘廙《新议》(又名《政论》)、顾谭《新言》、裴玄《新书》(又名《新言》)、王基《新书》、姚信《新书》(又名《士纬》)、周昭《新论》(又名《周子》)、杜恕《新书》等等"①;其他还有三国魏华谭《新论》、三国吴顾谭《顾子新论》、晋夏侯湛《新论》、刘宋刘义庆《世说新语》、北齐刘昼《刘子新论》,等等,这些书已经与汉代诸子思想相去甚远。但前贤之书,对后世学者的影响则是存在的,后人仿前人著书立说的风气也是毋庸置疑的。但在当时,这些书未必如汉代书籍那样流传较广,也难以为更多人所熟知。萧绎《金楼子》即称:"桓谭有《新论》,华谭又有《新论》;扬雄有《太玄经》,杨泉又有《太玄经》。谈者多误,动形言色。或云:桓谭有《新论》,何处复有华谭? 扬子有《太玄经》,何处复有《太玄经》? 此皆由不学使之然也。"②可见,世人对诸子著作"厚古薄今"的态度,在魏晋以后的诸子身上依然没有改观。但是,汉以后的这些"新书",已丧失了汉代诸子的学术传统与文人气节,不复有汉代"新学"之精神。这是因为,汉代"新学"学统之内的诸子,开始撰述时,大多处于政治失意之时。他们极少利禄之心,并无以著作媚主之意,更多的则是学术思想的考量,陆贾、贾谊、董仲舒、司马迁、扬雄、桓谭等,莫不如此。刘向虽贵为宗室,但在与当时外戚的较量中,明显处于下风。这种纯粹的"学术考虑",是中国士人真正的人文精神之所在,也是其著作赢得后世尊崇的最大原因。熊十力

①尹玉珊:《汉魏子书研究》,第121页。
②萧绎著,陈志平、熊清元疏证校注:《金楼子疏证校注》卷六《杂记》,上海古籍出版社2014年版,第1115页。

先生以为："文学自汉以后之诗文家，甚少有可道者。""感遇之作，得君而喜、失官而戚"与"记述职官、赞扬荣宠，居其大半"①。这也是汉代"新学"诸子与汉以后诸子及当时与以后其他诗文家最大的不同。我们着力探究的，就应该是汉代诸子的这种"学术精神"及其思想渊源。

总之，汉代诸子之"新"，是其著书立说、进行学术交流的共同的学术"宗旨"。先秦诸子各派著作，各有其一定的"宗旨"或"家法"。这一点，朱一新考辨最精：

> 学术者，心术之见端，差之毫厘，谬以千里。圣贤无不于此至慎焉。《论语》一书多言"仁"，"仁"即圣门之宗旨。《孟子》七篇言"性善"，言"仁义"，"仁义"、"性善"即孟子之宗旨。其他诸子百家亦皆有之。惟其有心得而后有宗旨，故学虽极博，必有一至约者以为之主；千变万化，不离其宗，《六经》无一无宗旨也。苟徒支离曼衍以为博，捃摭琐碎以为工，斯渺不知其宗旨之所在耳。②

诸子本门之内如此，各派之间，必然有一如同诸子"宗旨"、"家法"类似的共同话题，作为互相之间得以进行学术交流的桥梁。汉代诸子的"新"，就具有这样的性质和功能。以往我们总以为先秦诸子并无"传统"、"宗旨"之类思想，可能是误解或看低了古人。

汉人"尚新"，是一个普遍的社会风气，在当时经学思想与诸子散文的撰作中，皆有不同程度的体现。大致说来，诸子文学的"尚新"主要体现在：第一，这些诸子多非"醇儒"；第二，诸子"新书"中提倡"博通古今"的"通人"思想，其著作多以儒家为主，同时融合其他诸子学说；第三，继承《春秋》与《尚书》思想，采取记言、记事相结合的撰写体式；第四，提倡"兴治"的撰述目的，政治上主张王、霸杂糅；第五，反对俗说、陈见，提倡"疾虚妄"，对当时包括儒家著作在内不合于真实的传闻、异辞进行了辩驳，涉及范围较广，从经学、历史到天文、科技。可以说，西汉诸子文学中的"尚新"思想，推动了一系列以"新"为名的作品的撰作，产生了一批具有"新书"思想的诸子学者，董仲舒、司马迁、贾谊、晁错、刘向、刘歆、扬雄、桓谭等，皆为这股思潮的知名学者。他们的作品中具有相同或相似的学术主张、思想渊源、政治目

---

① 熊十力：《十力语要初续》，《熊十力全集》（第五卷），湖北教育出版社 2001 年版，第 215 页。
② 朱一新著，吕鸿儒、张长法点校：《无邪堂答问》，中华书局 2000 年版，第 13 页。

的与撰写体式，最终推动了西汉诸子"新学"的产生与发展。

第二节　文本秩序中的文体新变
——兼论桓谭《新论》的文体开创意义

"文本秩序"之下，并非是文本的守旧或固化，而是时刻存在着文本新变的潜流。这是文学文本秩序得以持续巩固并不断得以演进的主要动因。有时候，"秩序"是一种"稳定"，但从另一个方面看，"秩序"也是为了"新变"。

西汉初年，赋、政论文、歌诗、乐府等新文体一时兴起，极大推进了汉代文体的发展。两汉之际文体，虽不如汉初之盛，然亦有值得注意的文体新变产生，值得我们深入探究。例如，桓谭《新论》，就首创很多启发后世的文学体式，其影响从东汉一直延续到宋代。可以说，桓谭对两汉之际文体的新变，贡献甚大。

桓谭《新论》，向以博杂著称。其中的"论"，虽出于汉代诸子政论文，然亦有新创，即从对政事、风俗、礼制的记录，转向对秦汉与新莽时期的历史教训、当代的逸闻轶事、经学思想变化、音乐、神仙养生、天文历法、阴阳五行与方术等的综合记载。这种变化，不仅为"论"赋予了一种较为创新的理解意义，而且是当时生活史与物质史的直接反映。

刘咸炘对桓谭《新论》的文体开创意义，有较为深入的考察。他认为，桓谭《新论》是后世"杂记体"之祖，其《校雠述林》称：

> 西汉诸子、词赋各为门户，不相混淆，而子家与战国同体。至其末季，杜钦、谷永之徒以书记称，体承诸子，法兼词赋，而杂文之派成，刘向、扬雄以博学著，虽名儒家，实近杂家，而专家之学衰。东京作者承刘、扬之传，桓谭《新论》兼有记载辨证，首开后世杂记之体。[①]

刘咸炘在《旧书别录》中亦言：

> （桓）谭极推扬子云，比之孔子，儒家之无宗主始于雄，然其言犹有条理枢要，至谭书而繁说杂辨，开后来杂记之体。非特不足为儒家，亦且非古之杂家兼儒墨、合名法者。王充、应劭继之，益复泛滥。[②]

---

① 《刘咸炘学术论集·校雠编》，广西师范大学出版社 2010 年版，第 127 页。
② 刘咸炘：《旧书别录》，《刘咸炘学术论集·子学编》，第 440 页。

不仅如此，刘咸炘还将《新论》称为"难问之体"、"小说札记之流"。他在《旧书别录》中认为：

> 王充盛推桓谭，称为汉之贤人，曰："（又作《新论》）论世间事，辩照然否，虚妄之言，伪饰之辞，莫不证定。（彼子长、子云）说论之徒，君山为甲。"（《超奇》）今谭书虽不存，以充言推之，盖亦充书之类。又充言："两刃相割，利钝乃知。二论相订，是非乃见。是故韩非之《四难》，桓宽之《盐铁论》，君山《新论》之类也。"（《述作篇》）是知谭书亦难问之体，今佚文残节，不可见矣。杨子曰："桓谭书烦而无要，辞杂而旨诡，吾不知其博也。"（《书钞》引）[1]章炳麟曰："《新论》在者，其言往往近于俶诡，或曰宋人小说札记之流。"此论极当。[2]

综合刘咸炘说法，可知桓谭《新论》的文体意义，至少有三：第一，开杂记一体；第二，继承西汉"难问"之体，开东汉经学问难之风；第三，开宋代小说札记之体。

　　桓谭"杂记"源流，刘咸炘论析十分清楚。他认为，西汉诸子、词赋各为一体，为专门之学，而西汉子书与先秦诸子一脉相承。至西汉末年，杜钦、谷永等人之作称"书记"，体出诸子，但又兼词赋之体，形成"杂文"特征。刘向、扬雄非醇儒，其学近"杂家"，与诸子、词赋专门之学渐远。桓谭《新论》，"兼有记载辨证"，体兼诸子与词赋，遂成"杂记"一体。刘咸炘的说法，有一定合理之处，但"书记"一体，并非西汉末年杜钦、谷永首创，早在汉初，已有此体。如《汉书·贾山传》记载："贾山，颍川人也。祖父祛，故魏王时博士弟子也。山受学祛，所言涉猎书记，不能为醇儒。"[3]"所言涉猎书记"与"不能为醇儒"之内在关系，证明汉初即萌"杂记"思想[4]。但这种"书记"，还是属于与儒家相似的诸子思想。当时的"书记"，可能是较为零散与琐碎的杂记文献，而真正以"杂记"面目出现的著作，当是桓谭《新论》。刘咸炘说桓谭"首开后世杂记之体"，有一定道理。根据刘咸炘说法，桓谭这种"杂记"，"非特不足为儒家，亦且非古之杂家兼儒墨、合名法者"。这就是说，桓谭的

---

[1] 此处之"杨子"当作"傅子"。
[2] 刘咸炘：《旧书别录》，《刘咸炘学术论集·子学编》，第439页。
[3]《汉书》卷五一《贾山传》，第8册，第2327页。
[4] 颜师古注："言历览之不专精也。醇者，不杂也。"（《汉书》卷五一《贾山传》，第8册，第2327页）

"杂记",属于一种有别于"古"之"书记"的新体裁。后来王充、应劭,皆承桓谭此类思想而来。这说明,桓谭《新论》,对东汉著述影响不小。

桓谭之前,亦有"杂记",如《礼记·杂记》之流,陆德明《经典释文》引郑玄语称:"杂记者,以其杂记诸侯及士之丧事。"①孙希旦《礼记集解》则曰:"此篇所记,有与《小记》相似者,有与《大记》相似者,又有非丧事而亦记之者,以其所记者杂,故曰《杂记》。"显然具有混合著录史实、杂记各体的意思。此就经言,虽其解释较晚,然可知"杂记"之源流。

就史书而言,"杂记"则指正史之外的杂事或异闻逸事,章学诚认为称谓不一,或称"外编",或称"杂记"。其《文史通义·修志十议》称:"廿一史中,纪表志传四体而外,《晋书》有载记,《五代史》有附录,《辽史》有《国语解》,至本朝纂修《明史》,亦于年表之外,又有图式;所用虽各不同,要皆例以义起,期于无遗无滥者也。邑志猥并错杂,使同稗野小说,固非正体;若遽以国史简严之例处之,又非广收以备约取之意。凡事属琐屑而不可或遗者,如一产三男,人寿百岁,神仙踪迹,科第盛事,一切新奇可喜之传,虽非史体所重,亦难遽议刊落;当于正传之后,用杂著体,零星纪录,或名外编,或名杂记,另成一体;使纤黟钉饾,先有门类可归,正以厘清正载之体裁也。谣歌谚语,巷说街谈,苟有可观,皆用此律。"②此说较晚,然可见"杂记"对后世史书撰述之影响。笔者甚至怀疑,东汉以来的杂史、杂传体的产生,也与此"杂记"不无关系。

作为子书的桓谭《新论》,意出经史,然其中杂糅经史子集文献资料,实较经、史之"杂记"更为博杂。其内容之杂,广泛涉及经学、史学、诸子、文学等各类文献,按照现代的说法,就包括政治、经济、军事、水利、天文、科技、名理、音律等各类文献。朱谦之对此剖析颇为详审:

> 以经学言:君山遍习五经而不离古文,不为章句,不以灾异谶纬说《春秋》,谓前圣后圣未必相袭,通大义而时增新意,今见于《新论·正经篇》者可知已。
>
> 以音律言:以父任为郎,因好音律,善鼓琴,其离雅乐而更为新声,亦犹古礼而易为习俗,事详《后汉书·宋弘传》(《后汉纪》卷四同),今

---

① 陆德明:《经典释文》卷一三,《四部丛刊初编》,第 194 页。
② 章学诚著,叶瑛校注:《文史通义校注》,中华书局 1985 年版,第 848—849 页。

所见于《琴道篇》者可知已。

以天文言：君山尤致意于天文历算气象之学，尝典漏刻，参晷景。难扬子云以天为如盖转曰：是应浑天也。子云立坏其所作。造诣之深，今见于《启寤》、《离事》诸篇可知已。

以水利言：王莽时征能治河者以百数，关并、韩牧并习水事，君山为司空掾，典其议，欲以上继禹功，下除民疾，今所见于《离事篇》者可知已。

以名理言：数从子骏、子云辨析疑异，论世间事，辨照然否，虚妄伪饰之词，莫不证定（《论衡·超奇篇》），尤于公孙龙白马之论，明斥其非，今所见于《启寤篇》者可知已。

以哲学言：君山耽好玄经，玄者幽摊万类而不见形，一气而已，老子谓之道，孔子谓之元，而扬雄、桓谭、张衡均谓之玄。君山研核五行，论形神，明生死，谓无仙道，好奇者为之，今所见于《启寤》、《谴非》、《祛蔽》、《辨惑》与《离事》诸篇者可知已。

至于经世兴治之学，则《王霸》、《求辅》、《言体》、《见征》诸篇见于《群书治要》者多矣。仲任所谓"易晁错之策，与《新论》共一思"（《论衡·超奇篇》）；谓"素丞相之迹，存于《新论》"者（同上《定贤篇》），是也。①

这种博杂，是以往经、史之"博"或"杂"无可比拟的。刘咸炘对桓谭之"杂记"评价甚高，显然颇合事实。桓谭"杂"之表现，或可总结为形式与内容两个方面：其书"辞杂而旨诡"，是说文辞博杂而内容诡谲。总体上的特征，则是《傅子》所言之"桓谭书烦而无要"②。这种学术思想，后来被王充《论衡》等书继承下来。

桓谭《新论》之"杂"，还有取当时流行之"对策体"以入"论体"的"杂糅"思想。对于王充《论衡》所言桓谭"易晁错之策，与《新论》共一思"，刘咸炘以为即见于其《王霸》、《求辅》、《言体》、《见征》诸篇。这种说法有其道理。晁错之"策"，实际上即其《对贤良策》。桓谭《新论》数篇，皆与此策文有密切的思想联系：《言体》篇，即晁错策文所言"明于国家大体"、"配天地，治国大体之功"；《王

---

①《新辑本桓谭新论》自序，第2—3页。
②《北堂书钞》卷一〇〇，董治安主编：《唐代四大类书》第一卷，第421页。

霸》"三皇五帝"、"三王五伯"等论述,即策文所言"三王"、"五帝"、"五伯"之类;《求辅》即策文所言"古之贤主莫不求贤以为辅翼,故黄帝得力牧而为五帝先,大禹得咎繇而为三王祖,齐桓得管子而为五伯长"、"臣闻三王臣主俱贤,故合谋相辅"、"臣闻五伯不及其臣,故属之以国,任之以事。五伯之佐之为人臣"等;《见征》即策文所言"河出图,洛出书,神龙至,凤鸟翔,德泽满天下,灵光施四海"等①。由此看来,王充称桓谭"易晁错之策",应该是说其《新论》多有改易自晁错《对贤良策》的思想。从文体角度考虑,桓谭是将汉代通行的"对策文",改易而为"论"体,造成了其文"杂"的特征。

刘咸炘以为桓谭《新论》"亦难问之体",是将"难问"视作一种文体或论说形式。难问,又称问难,有诘问驳辩之意。据《后汉书·魏应传》:"应经明行修,弟子自远方至,著录数千人。肃宗甚重之,数进见,论难于前,特受赏赐。时会京师诸儒于白虎观,讲论《五经》同异,使应专掌难问,侍中淳于恭奏之,帝亲临称制,如石渠故事。明年,出为上党太守,征拜骑都尉,卒于官。"②《后汉书·丁鸿传》:"肃宗诏鸿与广平王羡及诸儒楼望、成封、桓郁、贾逵等,论定《五经》同异于北宫白虎观,使五官中郎将魏应主承制问难,侍中淳于恭奏上,帝亲称制临决。"③此处一为"使应专掌难问"、一为"使五官中郎将魏应主承制问难",两相比较,可知"难问"、"问难"同义。同时,此"专掌难问"、"主承制问难",似将"难问"作为一种职官,掌管问难之人员、内容、规则或次序。

刘咸炘认为桓谭《新论》为"难问之体",其理由就在王充的评论:"(又作《新论》)论世间事,辩照然否,虚妄之言,伪饰之辞,莫不证定。(彼子长、子云)说论之徒,君山为甲。""两刃相割,利钝乃知。二论相订,是非乃见。是故韩非之《四难》,桓宽之《盐铁论》,君山《新论》之类也。"刘咸炘据此推论:"今谭书虽不存,以充言推之,盖亦充书之类。"④由此可知,桓谭《新论》创造的"难问之体",对东汉经学问对、经学问难具有重要启发意义。又据《后汉书·鲁丕传》:"其后帝巡狩之赵,特被引见,难问经传,厚加赏赐。"⑤

---

①《汉书》卷四九《晁错传》,第 8 册,第 2293—2298 页。

②《后汉书》卷七九《儒林列传·魏应传》,第 9 册,第 2571 页。

③《后汉书》卷三七《桓荣丁鸿传》,第 5 册,第 1264 页。

④刘咸炘:《旧书别录》,《刘咸炘学术论集·子学编》,第 439 页。

⑤《后汉书》卷二五《鲁丕传》,第 4 册,第 884 页。

"难问"有"问疑难"之意。但主要的意思，当是辩诘、质问之意。"问难"的内容与形式，各有不同。这一点，可根据《后汉书》进行深入分析。

从内容上来看，主要应用于经学问对。皇帝亲自参加的问难会议，以多人互相问难形式为主。《后汉书·儒林列传》："中元元年，初建三雍。明帝即位，亲行其礼。天子始冠通天，衣日月，备法物之驾，盛清道之仪，坐明堂而朝群后，登灵台以望云物，袒割辟雍之上，尊养三老五更。飨射礼毕，帝正坐自讲，诸儒执经问难于前，冠带缙绅之人，圜桥门而观听者盖亿万计。其后复为功臣子孙、四姓末属别立校舍，搜选高能以受其业，自期门羽林之士，悉令通《孝经》章句，匈奴亦遣子入学。"①这种难问，大概是在汉明帝讲经之后开始的经义辩论会或讨论会。这种经学问难形式，主要是多人互相问难、互相问答，其他士人可以作为旁听者观听，非常像后来佛教的辩经。"诸儒执经问难"，显示此种"问难"形式，是儒士各自据经文内容互相辩难。从"冠带缙绅之人，圜桥门而观听者盖亿万计"分析，这种"问难"近乎表演性质，"观听"即表明具有观赏性质。"圜桥门"，《汉官仪》曰："辟雍四门外，有水以节观者。门外皆有桥。观者水外，故云圜桥门也。圜，绕也。"这里的绕桥门而观听，除了说明观众之多，还说明参与辩难的儒生，在辟雍内学习的场景是开放式的。达官贵族可以在辟雍四周的水外观看。由于桓谭非常熟悉汉代的辟雍和明堂制度，并且在《新论》中也有记载，可知其中的很多问难体文献，可能是他对当时辟雍辩难的原始记录。

经学问难，还有两人之间的问难形式。《后汉书·儒林列传·张玄传》："（张）玄初为县丞，尝以职事对府，不知官曹处，吏白门下责之。时，右扶风琅邪徐业，亦大儒也，闻玄诸生，试引见之，与语，大惊曰：'今日相遭，真解蒙矣！'遂请上堂，难问极日。"②这种"难问极日"，主要是徐业与张玄之间的事情。再如，《东观汉记·贾宗传》记载："上美宗既有武节，又兼经术，每宴会，令与当世大儒司徒丁鸿问难经传。"③"令与当世大儒司徒丁鸿问难经传"，主要是贾宗与丁鸿之间的辩难。

经学问难，还有一问多答形式。《晋书·苻坚载记上》："坚亲临太学，

①《后汉书》卷七九《儒林列传》，第 9 册，第 2545—2546 页。
②《后汉书》卷七九《儒林列传·张玄传》，第 9 册，第 2581 页。
③刘珍等撰，吴树平校注：《东观汉记校注》，第 334 页。

考学生经义优劣,品而第之。问难五经,博士多不能对。"①这是苻坚问,博士答。另外,注意此处之"品而第之",与桓谭"贤有五品"、班固分贤人为九品、东汉末年的人物品鉴以及后来锺嵘《诗品》,皆有一定联系。

除了"经学"问难,后来政治议题的辩难逐渐趋于复杂。《后汉书·班固传》:"及肃宗雅好文章,固愈得幸,数入读书禁中,或连日继夜。每行巡狩,辄献上赋颂,朝廷有大议,使难问公卿,辩论于前,赏赐恩宠甚渥。"②"朝廷有大议,使难问公卿","大议",说明问难之事与国家大事有关;"使难问公卿",说明班固代替皇帝向公卿提出疑问;"辩论于前"之"辩论",正道出了"难问"的实质。这种政治讨论形式,在秦、西汉已经多有,如秦始皇、汉武帝诏儒生论封禅等事。其他如《汉书·龚胜传》两次记载龚胜与夏侯常在朝廷辩论事,龚胜曾因坚持自己的意见,而手推夏侯常,并辱骂夏侯常。这竟使夏侯常恼羞成怒,将龚胜比作申徒狄。这种儒生之间政治议题的辩论,一开始就与经学问难产生了千丝万缕的联系。

除了经学、政治大事的问难内容,问难还可应用于谶纬、符命等。《后汉书·律历中》记载蔡邕奏议:"当今历正月癸亥朔,光、晃以为乙丑朔。乙丑之与癸亥,无题勒款识可与众共别者,须以弦望晦朔光魄亏满可得而见者,考其符验。而光、晃历以《考灵曜》为本,二十八宿度数及冬至日所在,与今史官甘、石旧文错异,不可考校;以今浑天图仪检天文,亦不合于《考灵曜》。光、晃诚能自依其术,更造望仪,以追天度,远有验于图书,近有效于三光,可以易夺甘、石,穷服诸术者,实宜用之。难问光、晃,但言图谶,所言不服。"③这是蔡邕以经术难问五官郎中冯光与沛相上计掾陈晃之图谶。

问难内容与形式的多样化,本质上即工充所言"两刃相割,利钝乃知。二论相订,是非乃见"。此类文献多见于《新论》:

> 儒者或曰:"图王不成,其弊可以霸。"此言未是也。传曰:"孔氏门人,五尺童子,不言五霸事者,恶其违仁义而尚权诈也。"

> 曲阳侯王根迎方士西门君惠,从其学养生却老之术。君惠曰:"龟称三千岁,鹤言千岁,以人之材,何乃不及虫鸟耶?"余应曰:"谁当久与

---

① 《晋书》卷一一三《载记》第一三《苻坚上》,第9册,第2888页。
② 《后汉书》卷四〇《班彪传》,第5册,第1373页。
③ 《后汉书》志第二《律历中》,第11册,第3039页。

龟鹤同居,而知其年岁耳？"

　　谚曰:"侏儒见一节,而长短可知。"孔子言:"举一隅足以三隅反。"观吾小时二赋,亦足以揆其能否。

　　余尝与郎冷喜出,见一老翁粪上拾食,头面垢丑,不可忍视。喜曰:"安知此非神仙？"余曰:"道必形体,如此无以道焉。"

　　刘歆致雨具,作土龙、吹律及诸方术无不备设。谭问:"求雨所以为土龙,何也？"曰:"龙见者辄有风雨兴起,以迎送之,故缘其象类而为之。"难以顿牟磁石,不能真是,何能掇针取芥,子骏穷无以应。

　　张子侯曰:"扬子云,西道孔子也,乃贫如此。"吾应曰:"子云亦东道孔子也。昔仲尼岂独是鲁孔子？亦齐、楚圣人也。"①

以上"某某曰,某某曰(言)/应曰"、"某某问,某某曰"之类的格式,显然是问难的基本问答形式。在桓谭这里,问答的内容也不仅仅限于经学内容。由此知《新论》所记问难类资料及其思想,是东汉经学问难之风的思想源头与学术体现。

　　东汉时期,难问是对今文经学的一种反动。《论衡·问孔》称:"世儒学者,好信师而是古,以为贤圣所言皆无非,专精讲习,不知难问。夫贤圣下笔造文,用意详审,尚未可谓尽得实,况仓卒吐言,安能皆是？不能皆是,时人不知难;或是,而意沉难见,时人不知问。案贤圣之言,上下多相违;其文,前后多相伐者,世之学者,不能知也。"②从这里看,难问的兴起,与对章句之学的反动关系较大。新兴起的古文经学,只讲训诂大意,不喜章句之学,这是桓谭的学术思想。《后汉书》桓谭本传称其"诂训大义,不为章句",正符合他著作中的难问之体特征。

　　另外,刘咸炘称桓谭书为"宋代小说札记之流",实际上指的是宋代沈括《梦溪笔谈》、洪迈《夷坚志》、孟元老《东京梦华录》一类的笔记、志怪小说。朱胜非辑《绀珠集》、曾慥辑《类说》、刘斧辑《青琐高议》、皇都风月主人辑《绿窗新话》,皆为此流。《太平广记》则是此类小说的总集。刘咸炘引章炳麟语称《新论》在者,其言往往近于仳琐,《尔雅注疏》卷三:"仳仳,琐琐,小也。"郭璞注:"皆才器细陋。"有趋近"小说"之意。《新论》中记载,颇

①此处文字俱见《新辑本桓谭新论》,第4、37、53、55、57、62页。
②黄晖:《论衡校释》,第2册,第395页。

多小说传奇色彩,或记汉高祖、汉武帝、汉成帝内宫秘闻,或记神仙、养生、炼丹、梦验、复生等传奇。宋代笔记、传奇小说,有一类主要取材于汉成帝、隋炀帝、唐明皇等帝王生活;这一点,与桓谭《新论》多有相似。从这里看,说桓谭《新论》为"宋代小说札记之流",实有道理。

综上所述,桓谭《新论》处于两汉之际文体发展的关键时期,具有对之前多种文体形式兼容并蓄的意义,也对后来东汉的文体新变、经学思想起到了承上启下的作用。就此而言,刘咸炘总结桓谭《新论》"开杂记一体"、"开东汉经学问难之风"、"开宋代小说札记之体"之说,无疑是有道理的。

第三节　文本秩序与文学新风
——桓谭奏疏与两汉之际政论文的新气象

文学文本秩序的形成与稳定,是各种各样的文体共同推进、相辅相成的结果。作为某种文体,在其自身秩序之中,通过稳定地表达其文学意义,还会从"文本集体"的角度对整个文学文本的秩序形成维护作用。即如"奏疏"一体,它在完成自身的文体任务的情况下,又会从整个文学文本的角度,对它所在的"政论文"乃至整个文学文本的秩序产生积极作用。但正如我们上文所言,"秩序"不是因循守旧,而是暗含着"新变"的潜流。

在两汉之际的文本秩序中,政论文有了新的风格变化,值得我们深入讨论。

可以说,两汉的政论文,主要与当时的奏疏有关。然而,如果详细分析两汉之际的奏疏与此前奏疏的异同,可以看出,"奏疏"向"政论文"的转变,是有迹可循的。因此,严格意义上说,并非所有的"奏疏",都可以被称为"政论文"。

汉代的贾谊、晁错、董仲舒、贾山、刘向、桓谭、李固、孔融等,"多是寓意深刻,说理透辟,文势蓬勃,为后世称道的范文"[1]。这种评论较为玄虚,不太具体。刘熙载对桓谭之文无所评论,然对与桓谭大致同时之刘向、扬雄、王充之文,则有不少留意,如其评论刘向之文,说"刘向、匡衡文,皆本经术。向倾吐肝胆,诚恳悱恻,说经却转有大意处;衡则说经较细,然觉志不逮辞

---

[1]丁守和等主编:《中国历代奏议大典》导论,哈尔滨出版社1994年版,第1卷,第22页。

矣"；扬雄之文，"能将许大见识寻求"，然《法言》、《太玄》非"自然流出""气尽力竭"，《法言》"有些憨意"，"扬子云之言，其病正坐近似圣人"；王充"《论衡》奇创，略近《淮南子》"，"王充《论衡》，独抒己见，思力绝人，虽时有激而近僻者，然不掩其卓诣"；"东汉文浸入排丽，是以难企西京"①，等等。客观上说，刘熙载的评价词语，有的较为清楚，有的也是比较玄虚，让我们不能真正把握他们政论文的写作特点与风格差异。

　　如果以桓谭奏疏为例，与刘向、扬雄、王莽、王充之文比较，或者可以让我们较为清楚地认识两汉之际奏疏的实际情况。需要说明的是，由于王充无奏议，不便比较，故以桓谭与刘向、扬雄、王莽之奏疏进行比较。

　　史书著录桓谭奏议，今所见有严可均所题《陈时政疏》、《抑谶重赏疏》（后者或题"谏信谶薄赏疏"）两篇，主要谈"用贤"问题。从写作体式上看，这两篇各有特色，写法不同，足以说明两汉之际的变化情况②。

　　为研究方便，兹将《陈时政疏》移录于此：

　　　　臣闻国之废兴，在于政事；政事得失，由乎辅佐。辅佐贤明，则俊士充朝，而理合世务；辅佐不明，则论失时宜，而举多过事。夫有国之君，俱欲兴化建善，然而政道未理者，其所谓贤者异也。昔楚庄王问孙叔敖曰："寡人未得所以为国是也。"叔敖曰："国之有是，众所恶也，恐王不能定也。"王曰："不定独在君，亦在臣乎？"对曰："君骄士，曰士非我无从富贵；士骄君，曰君非士无从安存。人君或至失国而不悟，士或至饥寒而不进。君臣不合，则国是无从定矣。"庄王曰："善。愿相国与诸侯大夫共定国是也。"盖善政者，视俗而施教，察失而立防，威德更兴，文武迭用，然后政调于时，而躁人可定。昔董仲舒言"理国譬若琴瑟，其不调者则解而更张"。夫更张难行，而拂众者亡。是故贾谊以才逐，而朝错以智死。世虽有殊能而终莫敢谈者，惧于前事也。

　　　　且设法禁者，非能尽塞天下之奸，皆合众人之所欲也，大抵取便国利事多者则可矣。夫张官置吏，以理万人，县赏设罚，以别善恶，恶人诛伤，则善人蒙福矣。今人相杀伤，虽已伏法，而私结怨仇，子孙相报，

---

① 刘熙载：《艺概·文概》，中华书局 1978 年版，第 14、15、16 页。
② 为研究方便，此处使用《中国历代奏议大典》的题名（其中多出自严可均《全上古三代秦汉三国六朝文》），同时参考《汉书》、《后汉书》的文字。

后忿深前,至于灭户殄业,而俗称豪健,故虽有怯弱,犹勉而行之,此为听人自理而无复法禁者也。今宜申明旧令,若已伏官诛而私相伤杀者,虽一身逃亡,皆徙家属于边,其相伤者,加常二等,不得雇山赎罪。如此,则仇怨自解,盗贼息矣。

夫理国之道,举本业而抑末利,是以先帝禁人二业,锢商贾不得宦为吏,此所以抑并兼长廉耻也。今富商大贾,多放钱货,中家子弟,为之保役,趋走与臣仆等勤,收税与封君比入,是以众人慕效,不耕而食,至乃多通侈靡,以淫耳目。今可令诸商贾自相纠告,若非身力所得,皆以赃畀告者。如此,则专役一己,不敢以货与人,事寡力弱,必归功田亩。田亩修,则谷入多而地力尽矣。

又见法令决事,轻重不齐,或一事殊法,同罪异论,奸吏得因缘为市,所欲活则出生议,所欲陷则与死比,是为刑开二门也。今可令通义理明习法律者,校定科比,一其法度,班下郡国,蠲除故条。如此,天下知方,而狱无怨滥矣。[①]

由上可知,该疏基本都是桓谭对时政的列举与点评,说明他非常熟悉当时的政治形势与社会矛盾。也就是说,全文皆从正面展开论述,纵横排宕,一气呵成,如高山滚石,气势非凡,有汉初陆贾之风。此种写法,与桓谭在王莽时期的"默然无言"显然不同。这里有两种可能:第一,桓谭以刘秀为明主,有欲展示抱负、效忠新王朝的意识;第二,因前桓谭曾经"上书言事失旨,不用","后大司空宋弘荐谭,拜议郎给事中"之后,桓谭似乎有着意表现自己之心态。这种做法,就使得他的奏疏中"个人色彩"比较突出,而减弱了奏疏本来的政治作用。这或者是"奏疏"真正向"政论文"转变的一个信号。

据上文可知,桓谭的《陈时政疏》,具有明显的政论文特征,即开篇就提出论题"国之废兴,在于政事,政事得失,由乎辅佐",然后引楚庄王问孙叔敖、贾谊与晁错之遭际、董仲舒语展开论证,重点从"取贤"、"禁奸"、"禁二业"、"禁法"四个角度说明"辅佐""用贤"的重要性。虽然其中看似所论问题很多,但中心意思还是开篇提及的主题。

引用前人之言作为证据,是西汉奏疏的主要写法,但一开始就提出论

---

① 《后汉书》卷二八《桓谭传》,第 4 册,第 957—959 页。

题,在西汉则不多见。我们翻检桓谭之前的作品,此种类似的写法,不过见于郦食其的《奏请说齐王》("知天之天者,王事可成。不知天之天者,王事不可成。王者以民人为天,而民以食为天")①、陆贾《新语》之《辅政》("居高者自处不可以不安,履危者任杖不可以不固")、《无为》("道莫大于无为,行莫大于谨敬")、《辨惑》("举事者或为善而不称善,或不善而称善者何?视之者谬而论之者误也")等数篇,晁错《论皇太子宜知术数书》("人主所以尊贤,功名扬于万世之后者,以知术数也"),徐乐《言世务书》("天下之患,在于土崩,不在于瓦解,古今一也"),赵充国《屯田奏》(第一次上奏"兵者,所以明德除害也,故举得于外,则福生于内,不可不慎"、第二次上奏"帝王之兵,以全取胜,是以贵谋而贱战"),匡衡《上政治得失疏》、《言治性正家疏》(前疏"五帝不同礼,三王各异俗,民俗殊务,所遇之时异也";后疏"治乱安危之机,在乎审所用心"),朱博《奏复置御史大夫》("帝王之道,不必相袭,各繇时务"),师丹《上书言封丁傅》、《共皇庙议》(前疏"古者谅暗不言,听于冢宰,三年无改于父之道";后疏"圣王制礼,取法于天地,故尊卑之礼明,则人伦之序正,则乾坤得其位,而阴阳顺其节,人主与万民,俱蒙祐福"),扬雄《上书谏勿许单于于朝》("六经之治,贵于未乱;兵家之盛,贵于未战,二者皆微,然而大事之本,不可不察也"),王莽《奏复长安南北郊》、《言立官稷》、《奏请诸将帅封爵》(第一疏"王者父事天,故爵称天子";第二疏"帝王建立社稷,百王不易";第三疏"明圣之世,国多贤人,故唐虞之时,可彼屋而封"),郑兴《上日食疏》("春秋以天反时为灾,地反物为妖,人反德为乱,乱则妖灾生"),范升《追称祭遵疏》("先王崇政,尊美屏恶"),陈元《请立〈左传〉博士疏》("陛下拨乱反正,文武并用,深愍经艺谬杂,真伪错乱")等20篇。即使我们的统计有疏漏,但在整个西汉二百余年的时间内,此类写法不过只有十余篇,并且至桓谭时代的扬雄、王莽等人的作品,就有7篇,占了三分之一强。这说明:桓谭此篇政论文的写法,至两汉之际开始逐渐流行起来。

　　另从内容看,刘向时代的奏疏,多引《五经》,刘熙载说刘向的文章"皆本经术",是有道理的。与桓谭生活时代接近的李寻、王莽、郑兴、陈元等的

---

① 按:括号内为中心论题句,下同。有些看似并不符合原奏疏之意图,然其意图皆依托于特定的礼制,故奏疏之"意图",实即围绕中心句或中心论题展开。

奏疏中,还存在引用经书的情况,然而桓谭《陈时政疏》《抑谶重赏疏》与其不同的一个方面,是并未引用经书内容。这说明:经过西汉末年、东汉初年的政治动乱与军事战乱,奏疏的内容已经趋向更加简明扼要。刘秀东汉王朝君臣,对经书熟悉程度不够,再如刘向时代那样大量引用经文,只能引起上层阅读者的反感。这是时代阅读需要对政论文写作方式产生的改变。有人认为,两汉的政论文主题有一个演变过程,"西汉后期和东汉前期,儒士多本经立义,婉曲作论而谈理政之宜,文风雍容温润"①。从桓谭此疏看,此说未必准确。

　　从《陈时政疏》的内容看,主要是谈如何用人问题,也就是他在《新论·辅佐》中所谈的"辅佐"问题。西汉末年,桓谭与扬雄、刘歆多有交往,但他"喜非毁俗儒,由是多见排抵",可知桓谭深知被排挤之苦。桓谭曾先后向傅晏、董贤进谏,谈保身或辅佐问题,傅晏听从桓谭建议而保身,董贤不从桓谭之说而亡。《后汉书》说桓谭"谭先奏书于贤,说以辅国保身之术,贤不能用,遂不与通",可知此时桓谭尚有书信与董贤,且"辅国保身之术"是桓谭主要的政治主张。王莽时期,"天下之士,莫不竞褒称德美,作符命以求容媚,谭独自守,默然无言"②,知此时桓谭无政论文。在《陈时政疏》中,桓谭主要谈的还是人才"辅国"问题,由其后来上《抑谶重赏疏》"冒死复陈"看,他似乎不再谈"保身"问题,但所谈中心,还是"辅国"问题。

　　从《后汉书》前后文看,似乎《抑谶重赏疏》是因《陈时政疏》不受重视之后所上。桓谭上《陈时政》后,《后汉书》称"书奏,不省";上《抑谶重赏疏》时,《后汉书》称"是时,帝方信谶,多以决定嫌疑。又酬赏少薄,天下不时安定。谭复上疏曰",且疏文称"臣前献瞽言,未蒙诏报,不胜愤懑,冒死复陈",然"帝省奏,愈不悦"③。根据文意分析,二疏所上,有一定连续性。

　　如果说《陈时政》谈"时政所宜"、谈"辅佐"还是正面劝诫的话,那么,在"书奏不省"的情况下,《抑谶重赏疏》就是从反面进行直接批评的文章。全文曰:

　　　　臣前献瞽言,未蒙诏报,不胜愤懑,冒死复陈。愚夫策谋,有益于

---

① 闵泽平:《汉代政论文的主题演进与风格嬗变》,《浙江海洋学院学报》2006年第2期。
②《后汉书》卷二八《桓谭传》,第4册,第956页。
③《后汉书》卷二八《桓谭传》,第4册,第959、961页。

政道者，以合人心而得事理也。凡人情忽于见事而贵于异闻，观先王之所记述，咸以仁义正道为本，非有奇怪虚诞之事。盖天道性命，圣人所难言也。自子贡以下，不得而闻，况后世浅儒，能通之乎！今诸巧慧小才伎数之人，增益图书，矫称谶记，以欺惑贪邪，诖误人主，焉可不抑远之哉！臣谭伏闻陛下穷折方士黄白之术，甚为明矣；而乃欲听纳谶记，又何误也？其事虽有时合，譬犹卜数只偶之类。陛下宜垂明听，发圣意，屏群小之曲说，述《五经》之正义，略雷同之俗语，详通人之雅谋。

又臣闻安平则尊道术之士，有难则贵介胄之臣。今圣朝兴复祖统，为人臣主，而四方盗贼未尽归伏者，此权谋未得也。臣谭复观陛下用兵，诸所降下，既无重赏以相恩诱，或至虏掠夺其财物，是以兵长渠率，各生狐疑，党辈连结，岁月不解。古人有言曰："天下皆知取之为取，而莫知与之为取。"陛下诚能轻爵重赏，与士共之，则何招而不至，何说而不释，何向而不开，何征而不克！如此，则能以狭为广，以迟为速，亡者复存，失者复得矣。①

此疏中，桓谭有"不胜愤懑"之辞，又言"复观陛下用兵"云云，批评汉光武帝用兵之弊，显然有犯上之嫌。史书称桓谭以"非谶"被黜，或仅是一个借口。《抑谶重赏疏》，乃严可均所题，《中国历代奏议大典》题为"谏信谶薄赏疏"，意思大致相同。如果深入分析奏疏之文字，其实还是谈"用人"问题，主要从两个方面展开论述：第一，屏道士，此即奏疏所言"宜垂明听，发圣意，屏群小之曲说，述《五经》之正义，略雷同之俗语，详通人之雅谋"；第二，贵贤人，此即奏疏所言"诚能轻爵重赏，与士共之，则何招而不至，何说而不释，何向而不开，何征而不克"②。全文中心句，亦在文首："愚夫策谋，有益于政道者，以合人心而得事理也。"③而全文以"又"分篇，分为两个部分，第一部分从反面谈，批评"安平则尊道术之士"；第二部分从正面谈，提倡"有难则贵介胄之臣"。

《抑谶重赏疏》这种从正反两个方面进行论证的方式，不仅主题集中，而且说理透辟，很有穿透力。这非常接近后世的议论文写法，在此前也不

---

①《后汉书》卷二八《桓谭传》，第 4 册，第 959—961 页。

②《后汉书》卷二八《桓谭传》，第 4 册，第 960、961 页。

③《后汉书》卷二八《桓谭传》，第 4 册，第 959 页。

多见。桓谭奏疏中这种较为严格、工整的结构,沿袭战国汉初诸子的文章风格①,尤其是他在奏疏中对主题句的刻意安排、对文章气势的刻意追求,都使得他的奏疏,具有了与以往奏疏不同的特征:进谏的目的,不一定为了真正实现奏疏的政治效果,而是为了展示上奏者本人的政治主张甚至个人情感。而文章"情感"的增加,正是"文"之程度加深的标志。战国、汉初诸子的文章,也有"情"的要素,但其目的是为了说服对方,具有浓厚的论辩之风。桓谭之文,则无辩难风气,而更具"文气"。从这个意义上说,我们可以将桓谭的奏疏,称为真正的"政论文"②。也就是说,两汉之际,是后世文学意义上的"政论文"发展的一个重要时期。

桓谭的政论文,一方面继承了西汉固已有之的体式,另一方面又在写法、风格上有所革新,体现了他对所在时代文章变化的敏锐把握。考虑到"奏疏"在当时并非普遍流传的文体形式,故尚不能认为桓谭此二疏有多大的时代文体革新意义。但是,桓谭此二疏,从写法、体式、风格上,皆有不同于以往的特色,说他的政论文开启了两汉之际的"新气象",则是没有问题的。

综合以上两章的内容可知,由桓谭的《新论》与奏疏可以看出,后世经学、文学皆由此时之文章体式、风格中汲取了营养。如果说,两汉之际的文章已经有某种"新"的元素产生,其最直接的文体影响,应该就是对杂记(甚至杂史、杂传)、小说、政论文的产生与发展,起到了重要的推动作用。

第四节　秩序中的文本"旧义"与文学"新说"
——诸子"短书"与汉代"小说"的早期形态

文学文本的秩序之中,时刻酝酿着文学的新思潮、新思维与新风气。这种"新",往往得益于"旧"之传统。即如桓谭《新论》提及的诸子"短书",本身蕴含着"小说"的元素,但同时与此前之"说"与"小说"具有一定的思想渊源。可以说在文本秩序之中,文本之"旧义"与"新说"相辅相成,推动着

---

① 有人认为,先秦的政论散文,具有"思想解放,畅所欲言"、"大胆抨击现实,切中时弊,富有可贵的批判精神"、"指斥现实的同时,大胆地直陈政见,畅论理想"(熊宪光:《先秦政论文略论》,《四川师院学报》1984年第2期),桓谭此二疏,无疑皆具此三个特点。

② 当然,为了研究方便,桓谭之前的奏疏,亦可用"政论文"称之。

文本秩序的不断更新换代。

"说"之由来，其说殊夥。大致说来，其源较早，其流较多，而其变则多有诸子撰述之功。关于"小说"渊源的考察，历来也有不少，如熊发恕《中国古代小说概念初探》、董贵杰《关于中国小说的起源》、孟昭连《"小说"考辩》、袁文春《汉代短书：先秦两汉小说概念的联结点》等。这些作品，对于梳理"小说"的早期状况，很有启发意义。但是，就"短书"在先秦两汉涵盖哪些著作、"短书"与"小说"有何联系与区别、"小说"与"说"有何关系、汉代对"小说"的认识及其范畴等问题而言，还有很大的讨论空间。本节拟主要解决两个问题：第一，汉代"小说"的起源与分类标准；第二，汉代儒家对"小说"的性质与早期形态的认识。

需要说明的是，与先秦"说"类文献相比，汉代"小说"与后世"小说"概念具有本质区别。严格说来，汉代"小说"，应该被称作"小""说"为好。本文所论，因为未涉及汉代以后的"小说"概念，故统一称作"小说"。

本此，笔者主要关注的，就是汉代的"小说"认识及其所涉及的"小说"类作品的范畴。那些以后世眼光视作的"小说"作品如《韩诗外传》、《说苑》等，皆不在本文讨论之列。汉代的"小说"观念，必然有与后世相依违者。

一、先秦"简策"与"短书"

先秦诸子著书立说的载体，主要是"简"与"策"。简、策意思相近，然亦有小殊。《仪礼·聘礼》："束帛加书将命，百名以上书于策，不及百名书于方。"郑玄注："方，版也。策，简也。"贾公彦疏：

> 云"策，简；方，板"也者，简谓据一片而言，策是编连之称。是以《左传》云南史"执简以往"，是简者未编之称。此经云"百名以上，书之于策"，是其众简相连之名。郑作《论语序》云：《易》、《诗》、《书》、《礼》、《乐》、《春秋》策，皆尺二寸；《孝经》谦，半之；《论语》八寸策者，三分居一，又谦焉。"是其策之长短。郑注《尚书》："三十字，一简之文。"服虔注《左氏》云："古文篆书，一简八分字。"是一简容字多少者。云"方，板"者，以其百名以下书之于方，若今之祝板，不假连编之策。一板书尽，故言方板也。①

---

① 《仪礼注疏》卷二四《聘礼》，阮元校刻：《十三经注疏》，第 1072 页。

据此"简谓据一片而言,策是编连之称",可知未曾联缀在一起者为"简",否则为"策"。"《易》、《诗》、《书》、《礼》、《乐》、《春秋》策,皆尺二寸;《孝经》谦,半之;《论语》八寸策者,三分居一",据"《论语》八寸策者,三分居一","八寸"之三倍,当为二尺四寸,则"《易》、《诗》、《书》、《礼》、《乐》、《春秋》策,皆尺二寸",当作"二尺四寸"无疑。由此可知:《六经》之策,长二尺四寸;其"传记"之作①,长一尺二寸;诸子之作,则长八寸。此就周尺而言,汉代简册长度与先秦不同。晋杜预《春秋左传序》:"大事书之于策,小事简牍而已。"唐孔颖达疏:

> 《释器》云"简谓之毕",郭璞云"今简札也"。许慎《说文》曰:"简,牒也。牍,书版也。"蔡邕《独断》曰:"策者,简也。其制,长二尺,短者半之。其次一长一短,两编下附。"郑玄注《中庸》亦云"策,简也"。由此言之,则简、札、牒、毕,同物而异名。单执一札谓之为简,连编诸简乃名为策,故于文"策"或作"册",象其编简之形。以其编简为策,故言策者简也。郑玄注《论语序》以《钩命决》云"《春秋》二尺四寸书之,《孝经》一尺二寸书之",故知六经之策皆称长二尺四寸。蔡邕言二尺者,谓汉世天子策书所用,故与六经异也。②

但是,何为"大事"、"小事"? 孔颖达有云:

> 简之所容,一行字耳。牍乃方版,版广于简,可以并容数行。凡为书,字有多有少,一行可尽者,书之于简;数行乃尽者,书之于方;方所不容者,乃书于策。《聘礼记》曰:"若有故则加书将命,百名以上书于策,不及百名书于方。"郑玄云:"名,书文也,今谓之字。策,简也。方,版也。"是其字少则书简,字多则书策。此言大事小事,乃谓事有大小,非言字有多少也。大事者,谓君举告庙及邻国赴告,经之所书皆是也。小事者,谓物不为灾及言语文辞,传之所载皆是也。③

由此可知,"经"所载皆"大事","传"与"记"所载为小事。据"字少则书简,字多则书策",又似乎"简"记"小事","策"载"大事"。结合上文所言经、传

---

①《论衡·量知》:"截竹为简,破以为牒,加笔墨之迹,乃成文字,大者为经,小者为传记。"(黄晖:《论衡校释》,第 2 册,第 551 页)

②杜预:《春秋左传序》,阮元校刻:《十三经注疏》,第 1704 页。

③杜预:《春秋左传序》,阮元校刻:《十三经注疏》,第 1704 页。

简策之长度，似乎《尚书正义》孔颖达疏引顾彪"策长二尺四寸，简长一尺二寸"之言是正确的。但事实上，在先秦，简、策主要区别，不在其长度或者所载字数，而在其所记事之性质。孔颖达"字少则书简，字多则书策"，实际上指的是：字少则一片简即可，如字数多，则需联缀数片简成"策"。如果以尺四寸为"策"，一尺二寸为"简"，那就将先秦"简"、"策"想得太复杂了。

孔颖达认为："言经据策书，传冯简牍，经之所言其事大，传之所言其事小，故知小事在简，大事在策也。"孔氏之所以有这种认识，主要是因为汉简、策所记，确实有"大事"与"小事"之别，其形制确实有"长"与"短"之差异。而"短简"上所记，文字较少，也应当是毫无疑问的事情。蔡邕《独断》所言"其制，长二尺，短者半之。其次一长一短，两编下附"，可以为证。

以单片简而言，儒家"经"皆在二尺四寸竹简上，"传"与"记"皆记载在一尺二寸的竹简上。而儒家诸子之"言"，则在更短的"八寸简"上。这种规定，主要是针对儒家学者的著作而言，那么，先秦其他诸子是否与儒家诸子一致呢？《论衡·书解》："秦虽无道，不燔诸子。诸子尺书，文篇俱在，可观读以正说，可采掇以示后人。"此"尺书"，王国维认为是周尺之"八寸尺"，实即汉尺之"八寸"，故其推断"诸子策亦八寸策"[1]。推而广之，先秦诸子之言，多被记载在"八寸简"上。

先秦竹简所记，"经"为"大事"，"传"与"记"为"小事"，二者载体长度有别，上文已有论述。而儒家诸子学习"经"、"传"与讨论本师言论之"言"、"语"，则被记录在更短的竹简上。

王国维称："若一简行数，则或两行，或一行；字数，则视简之长短以为差，自四十字至八字不等。"但是从现在出土文献看，"简皆一行字，字之长短很不统一"[2]。郑玄注《尚书》："三十字，一简之文。"以《尚书》之简长"二尺四寸"而论，如果此简有一行，则每行三十字。半而分之，一尺二寸之简，一行可容十五字左右。"八寸简"就更少了，但是，"八寸简"可以容纳七八个字，是不成问题的。上海博物馆藏战国楚竹书《容成氏》即八字以下，可证。

当然，由于诸子著作所用竹简长度未必完全一致，竹简上字的体积也

---

①王国维著，胡平生、马月华校注：《简牍检署考校注》，上海古籍出版社 2004 年版，第 26 页。
②李零：《简帛古书与学术源流》，第 121 页。

不统一,故每行字数也有可能接近其至超过十个字。也就是说,由于经书每简容纳的字数不等,八寸简的字数,也有变化。如《汉书·艺文志》称《尚书》:"汉兴亡失,求得二十九篇,以教齐鲁之间。迄孝宣世,有《欧阳》、《大小夏侯氏》,立于学官。《古文尚书》者,出孔子壁中。……刘向以中古文校欧阳、大小夏侯三家经文,《酒诰》脱简一,《召诰》脱简二。率简二十五字者,脱亦二十五字,简二十二字者,脱亦二十二字,文字异者七百有余,脱字数十。"①阎若璩《尚书古文疏证》卷七据此称:"盖简制狭长,仅容一行,故向但云率简若干字,而义已明,不必以行计也。窃以上下相承文理言之,则二十五字乃《酒诰》之简,二十二字乃《召诰》之简。《酒诰》脱简一,则中古文多二十五字。《召诰》脱简二,则中古文多四十四字也。"②如果确实如此,我们可以看出,《尚书》每简字数,自四十四字至二十二字不等。八寸简的字数,基本上是介于八字至十五字之间。

但不能排除子书竹简容纳的字数有更多的可能,其中的原因很复杂。笔者推测:某个特定时期,后世视作的"子书",可能被视作"经"。如笔者曾与徐建委讨论这个问题,我们认为北大《老子》简真伪虽有疑问,但其每简三十字左右。又:郭店《老子》简,每简二十五至三十字之间,其长度可以算作三十字简。我们讨论的结果是:《老子》在汉武帝之前,是被视作"经"书的,进入子部只是后来的分类法(但道家、道教皆视其为"经")。其他相似情况还有张家山汉简《庄子》,每简四十字左右;银雀山汉简《孙子兵法》,每简三十五字左右,均非八寸简。这又涉及一个问题:现在我们视为"子书"者,当初由于收藏者的认识态度不同,可能被当做"经书"去制作竹简。这就是说,如果按照后世诸子分类法,王国维所言"诸子策亦八寸策"是有问题的。

但无论如何,诸子著作之"简",大多数较儒家经、传之"简"为短,则是没有问题的。这种形制,决定了诸子著作必然以"小事"、"短辞薄语"为主。

刘向《上战国策序》称:"中书本号,或曰《国策》,或曰《国事》,或曰《短长》,或曰《事语》,或曰《长书》,或曰《修书》,臣向以为战国时游士辅所用之国为之策谋,宜为《战国策》。"③竹简上所署之名称,可能不止一种。王国

---

①《汉书》卷三〇《艺文志》,第4册,第1706页。
②阎若璩:《尚书古文疏证》卷七,上海古籍出版社1987年版,第1063页。
③鲍彪:《鲍氏战国策注》,《景印文渊阁四库全书》,第406册,第471页。

维认为："窃疑周秦游士，甚重此书，以策书之，故名为策；以其札一长一短，故谓之《短长》；比尺籍短书，其简独长，故谓之《长书》、《修书》。"①可知王国维以刘向"或曰"之言乃战国流传下来的说法。但刘向所言"或曰"还有一种可能：当时汉代其他校书者的说法。无论如何，《战国策》竹简长短不一，是不争的事实。既然先秦就有"长书"、"修书"的说法，就应该存在一个与之相对的"短书"。

但"短书"明确见于典籍，则是两汉之际的事情。桓谭《新论》、王充《论衡》，多见此种说法。由此推测：汉代的诸子杂说，其所在竹简亦为八寸"短简"，并被汉人称为"短书"。王充《论衡·谢短》称：

> 彼人问曰："二尺四寸，圣人文语，朝夕讲习，义类所及，故可务知。汉事未载于经，名为尺籍短书，比于小道，其能知，非儒者之贵也。"②

"尺籍"，即先秦"八寸简"；"短书"，则是汉代诸子著作的统称。"尺籍短书，比于小道"，并且"非儒者之贵"，显然"短书"与"儒家之书"相对而言属于一种"小道"。这种"小道"，在孔子看来则是"虽小道，必有可观者焉"；而孔子此语，则被王充之后的班固归纳为对"小说"的认识，即"小说家者流，盖出于稗官。街谈巷语，道听涂说者之所造也"③。需要注意的是："短书"一词，虽然首见于桓谭《新论》，但并非桓谭首创之辞，而是其前既有的称呼。例如，班固对"小说"的认识，源于刘向《别录》、刘歆《七略》，说明西汉末年，已经有将"短书"比附于"小道"、"小说"的认识。这是"小说"在两汉之际的一个新变化，即开始被纳入政教功能的认识渠道，与经、子、史等部类著作具有同等的教化意义。可以说，两汉之际产生的作品分目，除了具有目录学价值，还具有重新认识各类著作的社会、政教功能的意义，其实是将其他著作皆纳入"经"类著作的统摄之下，使其皆具特定的"矫风正俗"之政治教化作用。

从文本性质上说，《战国策》又被称为"国事"、"长书"、"事语"等，可知"长书"所记，多为战国"事"、"语"类文献，甚至有"说"、"言"等文献。由于其简较长，故以反映历史事实为主。

---

① 王国维著，胡平生、马月华校注：《简牍检署考校注》，第36—37页。
② 黄晖：《论衡校释》，第2册，第557—558页。
③ 《汉书》卷三〇《艺文志》，第6册，第1745页。

　　"短书"由于其简较短，不可能如史书一般以记事为主，而大多以"言"为主，即以传播本派思想为宗，而不暇顾及史实真伪。有时候，为了驳倒对手，将本派思想表达得更为清晰，诸子就大量使用"譬谕"之辞。这就使"短书"不免出现"虚妄"、"荒唐"之辞。余嘉锡先生有云："诸子短书，百家杂说，皆以立意为宗，不以叙事为主；意主于达，故譬谕以致其思；事为之宾，故附会以圆其说；本出荒唐，难与庄论。惟儒者著书，较为谨慎耳。"①余嘉锡先生在这里揭示了一个事实：先秦"短书"中，儒家之外的百家杂说，不如儒家撰作谨慎，且具有"以立意为宗"、"譬谕以致其思"的特征。但笔者认为，"譬谕"有可能是先秦诸子甚至包括儒家在内共同具有的撰述特征。

二、"短书"的"譬谕"性质及汉代"小说"与"说"的分野

　　余嘉锡先生认为诸子杂说"附会以圆其说"、"本出荒唐，难与庄论"。这是非常有见地的说法。因为，早在先秦，儒家就将"譬谕"之论列为"奸说"。《荀子·非十二子》记载：

　　　　故劳力而不当民务谓之奸事，劳知而不律先王谓之奸心，辩说譬谕、齐给便利而不顺礼义，谓之奸说。此三奸者，圣王之所禁也。

唐杨倞注："齐，疾也；给，急也；便利，亦谓言辞敏捷也。"②荀子所言之"奸说"，指的显然是纵横游说之辞。由此推断，战国末年之"短书"，主要具有如下特点：第一，以"辩说譬谕"为主；第二，言辞犀利、敏捷；第三，"不顺礼义"，被儒家视作"奸说"。

　　在这里，我们尤其要注意"辩说"、"奸说"这两个"说"：前一个"说"，当然指的是竹简记载的诸子"游说"之辞，先秦最典型的当为《韩非子·储说》、《说林》，他们因为以"譬谕"为主，故免不了具有余嘉锡先生所言之"附会"、"荒唐"特征；后一个"说"，指的是诸子著作已经流传、后为士人所传播或评论的"说"类文献。这种"短书"记载的"辩说譬谕"之辞，具有"说"的性质。

　　余嘉锡先生虽称儒家"较为谨慎"，但儒家学派也多采用了"譬谕"的方式用来保存儒家文献。也就是说，在战国末年，尤其是入汉以后，"譬谕"类

①余嘉锡：《古书通例》，《目录学发微·古书通例》，第253页。
②王先谦撰，沈啸寰、王星贤点校：《荀子集解》，中华书局1988年版，第98页。

材料成为儒家著书立说的主要参考文献，虽然他们自己从不承认这个事实。

　　先秦诸子之书，多被称作"短书"、"诸子百家语"、"春秋"，多以譬喻、寓言形式立论①；汉代诸子著作的一大特征，就是号称"短书"，以"譬谕"②为主。小说家亦诸子之流，对"譬谕"的运用，更为普遍。儒家著作亦为"短书"，其作当然也免不了使用"譬谕"的方式著书立说，其中存在的"虚妄"之辞，亦不在少数。

　　其实，"譬谕"是"短书"的主要叙事方式。由于受竹简长度的限制，"短书"无法详细记载历史事实，只能采取"譬谕"这种简洁的方式来阐明道理。对这些"譬谕"，汉代儒家有时候并不理解，因此对此类"短书"多有非议。如王充《论衡·骨相》：称"若夫短书俗记，竹帛胤文，非儒者所见，众多非一。"③《论衡·书虚》称："世信虚妄之书，以为载于竹帛上者，皆贤圣所传，无不然之事，故信而是之，讽而读之。睹真是之传，与虚妄之书相违，则并谓短书不可信用。"④但是，在儒家著作中，他们本身就能够发现儒家典籍中流传的故事的虚妄，并有所辨正。例如，《孔丛子·儒服》记平原君问"昔有遗谚：尧舜千钟，孔子百觚，子路嗑嗑，尚饮十榼"，孔子高认为："以穿所闻，贤圣以道德兼人，未闻以饮食也。"平原君问："吾闻'子之先君亲见卫夫人南子'，又云'南游过乎阿谷，而交辞于漂女'，信有之乎？"子高认为："若夫阿谷之言，起于近世，殆是假其类以行其心者之为也。"⑤儒家著作处于百家杂说环境中，当然避免不了会受到"皆以立意为宗，不以叙事为主"的学风之影响。

　　如果将余嘉锡先生所言与荀子所言"短书"的三个特征结合起来看，可以得出这样的结论："辩说譬谕"，当然免不了"附会"与"荒唐"，具有"寓言"的性质，这就是后世所说的"虚构"；"齐给便利"，造成了诸子撰述在行文中叙述的快速前进或情节、结构、人物、言辞的迅速转换，这就使得诸子叙事很少以一事到底为主，而是多"丛残小语"。这种"寓言"与"丛残小语"，因

---

①孙少华：《孔丛子研究》，中国社会科学出版社 2011 年版，第 112 页。
②"譬谕"，或作"譬喻"、"譬论"，实际上是一个意思。"论"、"喻"、"谕"异词同义。详考见本章第五节。
③黄晖：《论衡校释》，第 1 册，第 112 页。
④黄晖：《论衡校释》，第 1 册，第 167 页。
⑤傅亚庶：《孔丛子校释》，第 297—298 页。

为多记于"短书"，其制较"小"，加之其所传为"小道"，故被汉人称为"小说"。桓谭《新论·本造》称："庄周寓言，乃云'尧问孔子'。《淮南子》云：'共工争帝，地维绝。'亦皆为妄作。故世人多云：短书不可用。然论天间莫明于圣人，庄周等虽虚诞，故当采其善，何云尽弃耶？"又称："若其小说家，合丛残小语，近取譬论，以作短书。治身治家，有可观之辞。"①这是汉代对"小说"的评论与界定。

这里注意几个问题：第一，桓谭将"庄周寓言"与《淮南子》所言"共工争帝，地维绝"之类，视作"妄作"、"短书"。第二，"小说家"所作，亦称"短书"，其方法是"合丛残小语，近取譬论"，由此可以看出，当时"小说"的撰写方式，就是"远采近取"，具体有两个程序：首先，是采集、归纳前代诸子短书流传下来的故事，此即桓谭所言"合丛残小语"；其次，采录近世对前代故事的引用、评论等资料，此即"近取譬论"之意。第三，"小说"的性质与儒家著作仿佛，"治身治家，有可观之辞"。这是汉代的认识。《汉书·艺文志》则认为："小说家者流，盖出于稗官。街谈巷语，道听涂说者之所造也。孔子曰：'虽小道，必有可观者焉，致远恐泥，是以君子弗为也。'然亦弗灭也。闾里小知者之所及，亦使缀而不忘。如或一言可采，此亦刍荛狂夫之议也。"②桓谭"治身治家，有可观之辞"，正合《艺文志》所言"虽小道，必有可观者"。《艺文志》的观念，可能源于刘向《别录》与刘歆《七略》，那么，至少在西汉就已经出现了"小说""可观"的说法。这说明：先秦曾被儒家非议的"短书"，至西汉亦被"儒化"，成为"治身治家"的工具。这与整个汉代儒家"独尊"的政治地位有关。

《汉书·艺文志》认为"小说"出于"稗官"，我们认为只说对了一半。首先，据桓谭认识，那些出于诸子之手的"短书"，部分具有"小说"的性质，这类著作当然出于诸子之手，属于学者撰作。其次，出于稗官者，主要指的是《汉书·艺文志》所言"街谈巷语，道听涂说者之所造"、"刍荛狂夫之议"之"小说"，其多出于乡野村氓或下层士人之口，这多属于官方小吏搜集编录之作③。另外，"街谈巷语，道听涂说"，可以说是对桓谭"丛残小语"的一种

①《新辑本桓谭新论》，第 1 页。
②《汉书》卷三〇《艺文志》，第 6 册，第 1745 页。
③由"小说家者流，盖出于稗官"看，官方正史收录的"小说"，皆为地方小吏收集、献上之作，并未收录民间或诸子"小说"。这体现了《汉书·艺文志》著录图书的一个体例。

解释①。

　　先秦时期，"说"与"语"一样，是一种非常重要的文献资源，并且"语"很多时候是借助"说"来进行传播的。班固"街谈巷语，道听涂说"之辞，即是将"语"与"说"相对而言。但先秦的"语"与"小语"，意思是有差别的。班固解释《论语》之"语"："孔子应答弟子时人及弟子相与言而接闻于夫子之语也。"韦昭注《国语》，解释"语"为"治国之善语"。钱穆先生则直接将"语"释为"谈说"："语，谈说义，如《国语》、《家语》、《新语》类。"②这种"语"，是儒家非常重视的"谈说"资源，大多是传圣人之嘉言懿行，阐释的是圣人之"大道"，与"小道"之"小语"自然不同。而"小语"，大概是无法与圣人嘉言相比的"街谈巷语，道听涂说"、"丛残小语"。这就是说："语"在先秦起码具有两个层面，一个是为儒家所称道的圣人之"语"，一个是见于"短书"，为诸子所喜闻乐见之"小语"。前者流传于上层士人之间，后者则在下层士人与民间传播。

　　"说者说语"③，"说"在先秦，主要是具有"谈说"性质的"语"类文献，并且被记录于"短书"。先秦的"说"，无所谓大、小，皆属"短书"范畴。这类"说"类文献，主要是以单篇形式，存在于其他诸子著作中。如《韩非子·说林》，就是以短篇故事形式存在，很适合写在"短简"上。尤其是，《韩非子·说林》就有"譬谕"以论事的特点。如："郑人有一子，将宦，谓其家曰：'必筑坏墙，是不善人将窃。'其巷人亦云。不时筑，而人果窃之。以其子为智，以巷人告者为盗。"④西汉刘安《淮南子·说山》与《说林》，也具有这种特点，如："亡羊而得牛，则莫不利失也；断指而免头，则莫不利为也。故人之情，于利之中则争取大焉，于害之中则争取小焉。"⑤《韩非子》与《淮南子》与"说"有关的篇卷，皆以"林"、"山"为题，但其意即近"丛"⑥。"丛残小语"之意，或即由此而来。"语"与"说"，意思接近。

　　有的学者就此指出：先秦时期已经出现了"语"、"说"大、小之分途。这

①既然被称为"道听涂说"，可知其所传亦"小道"而已。由此可以判断：汉代将"小说"视作"小道"之学。
②钱穆：《论语新解》，生活·读书·新知三联书店2002年版，第1页。
③范文澜：《文心雕龙注》，上册，第326页。
④王先慎撰，钟哲点校：《韩非子集解》，中华书局1998年版，第196页。
⑤何宁：《淮南子集释》，下册，第1118页。
⑥孙少华：《孔丛子研究》，第114—117页。

种认识没有问题。但,就文体而言,尤其是就与后世之"小说"概念而言,先秦的大、小"语"或"说",其实并无特别的涵义,甚至与后世的"小说"毫无关系。如果以先秦就出现"小说"这个词汇,就将"小说"的产生定在先秦,有点危险。很多时候,甚至在汉初,人们还是习惯将"小说"与"说"混同称呼的。即如班固《汉书·艺文志》胪列先秦与西汉中期以前的"小说家"作品,多称"说",可以为证。我们有理由认为,汉代"小说"与"说"畛域的完全分离,很可能是西汉中期以后的事情。这一点,我们可以从《汉书·艺文志》所录"小说家"一窥全貌。

班固《汉书·艺文志》收录"小说"十五家,一千三百八十篇。其目如下:

> 《伊尹说》二十七篇。其语浅薄,似依托也。
>
> 《鬻子说》十九篇。后世所加。
>
> 《周考》七十六篇。考周事也。
>
> 《青史子》五十七篇。古史官记事也。
>
> 《师旷》六篇。见《春秋》,其言浅薄,本与此同,似因托之。
>
> 《务成子》十一篇。称尧问,非古语。
>
> 《宋子》十八篇。孙卿道宋子,其言黄、老意。
>
> 《天乙》三篇。天乙谓汤,其言非殷时,皆依托也。
>
> 《黄帝说》四十篇。迂诞依托。
>
> 《封禅方说》十八篇。武帝时。
>
> 《待诏臣饶心术》二十五篇。武帝时。
>
> 《待诏臣安成未央术》一篇。
>
> 《臣寿周纪》七篇。项国围人,宣帝时。
>
> 《虞初周说》九百四十三篇。河南人,武帝时以方士侍郎号黄车使者。
>
> 《百家》百三十九卷。[①]

根据以上书目题名与注文分析,这些"小说"可以分为四种类型:

第一,依托上古儒家人物之作,如《伊尹说》、《务成子》、《天乙》。

---

① 《汉书》卷三〇《艺文志》,第 6 册,第 1744—1745 页。

　　第二，依托道家人物，或者神仙、养生之作，如《鬻子说》《宋子》《黄帝说》《待诏臣安成未央术》。

　　第三，言古史，或者记古人、古事，如《周考》《青史子》《师旷》《封禅方说》《百家》。

　　第四，言纵横、心术或政事，如《待诏臣饶心术》《虞初周说》。

　　这些"小说"，或记言，或记事，或记人，或言术，除了记言、言术性质不似后世小说，其他皆与后世小说相同。但明胡应麟则认为这些小说著作，与后世小说迥然不同。他认为："汉《艺文志》所谓小说，虽曰街谈巷语，实与后世博物、志怪等书迥别，盖亦杂家者流，稍错以事耳。"①胡应麟所言"后世"，当指魏晋以降、明代之前。笔者认为，这种说法，并不完全准确。后世小说，从汉代诸子"短书"中汲取了丰富的文学素材，是毋庸置疑的事情。宋代小说札记一类源于桓谭《新论》，即可为证。但汉代小说是"小道"的载体，其所"传"以"说"与"语"为主的特性，决定了汉代小说绝对不会与魏晋以后的小说完全相同。另外，《汉书·艺文志》著录的"小说"，仅仅是"稗官"所献，当时流传的"小说"，恐不止这些。

　　但是，在以上 15 家"小说"中，多为汉代作品。即使那些看似先秦的作品，亦多"依托"、"后世所加"、"非古语"。《周考》"考周事"，《宋子》"言黄老"，显然汉人作；《青史子》为"古史官记事"，疑亦汉人编。其他乃汉武、宣时作品。这些作品，应是刘向、刘歆《七略》所录，班固未必亲见。

　　《汉书·艺文志》"小说家"基本上没有先秦作品的事实，说明"小说家"在先秦尚未形成独立学派，"小说"也尚未独立出来成为一种文学体式。入汉以后，随着"独尊儒术"的实行，与"语"分大、小一样，"说"的性质与功能之大、小之别，逐渐凸现。"小说"出现的频率，也大大增加。例如，东汉王充《论衡·书虚》有"短书小说"、"短书小传"、"短书俗记"等说法，"说"、"传"、"记"都属于先秦"语"类文献②。结合王充的说法，这些"小说"、"小传"、"俗记"都是与先秦"说"相对的称呼，其中的"小"与"俗"意思相近。这证明，此时的"说"已有"大"、"小"之别。如，刘向《说苑叙录》："臣向所校中书《说苑·杂事》，……除去与《新序》复重者，其余者浅薄，不中义理，别集

---

① 胡应麟：《九流绪论下》，《少室山房笔丛》卷二九，上海书店出版社 2009 年版，第 280 页。
② 孙少华：《孔丛子研究》，第 140 页。

以为百家。"①此不合于义理之"百家",即《汉志》小说家中的《百家》。可知《说苑》之说为"说",《百家》之"说"为"小说"。二者原为同一类文献,刘向区别之,其分类标准即为"是否合于义理"。

就"小说"、"小传"、"俗记"之类的称谓而言,西汉时期的"小说",虽出于诸子之手,然其体制,当与"经"、"史"类文献有关。

《汉书·艺文志》"论语"类,有"《齐说》二十九篇,《鲁夏侯说》二十一篇,《鲁安昌侯说》二十一篇,《鲁王骏说》二十篇";这些"说"与先秦"经"之"传"、"记"一样,开始成为阐释儒家作品的方式之一,具有"经传"性质。同类性质的著作,还包括《五经》类"传记"作品,如《韩诗外传》等,也具有"经传"性质。这是阐释圣人"大道"之"说",与之相对,还有记载其他诸子"小道"之"小说"②,即班固《汉书·艺文志》所载《伊尹说》27 篇、《鬻子说》19篇、《黄帝说》40 篇、《封禅方说》18 篇、《虞初周说》943 篇③,大多近道家作品。班固认为这些"小说"或"其语浅薄,似依托也",或"后世所加",或"迂诞依托",可知其与阐释儒家著作之"说"具有很大不同。其被称作"小说",主要是因为多"虚妄"、"荒诞"之辞。

除了具有"经传"性质的"说",汉代还有一类近似于"史传"性质的"说"类著作,在西汉为"说",而在后世学者眼里,可能应该属于"小说"的范畴。例如《汉书·艺文志》未将刘向《新序》、《说苑》、《世说》列入"小说家",事实上,在后世看来,这三部书也具有"小说"的性质。以《说苑》为例,该书虽然记录了很多历史故事,但未必皆合历史事实;并且有的也具有"譬谕"性质,甚至"虚妄"的成分。如《说苑·复恩》:

> 赵襄子见围于晋阳,罢围,赏有功之臣五人,高赫无功而受上赏,五人皆怒。张孟谈谓襄子曰:"晋阳之中,赫无大功,今与之上赏,何也?"襄子曰:"吾在拘厄之中,不失臣主之礼,唯赫也。子虽有功皆骄寡人。与赫上赏,不亦可乎?"仲尼闻之曰:"赵襄子可谓善赏士乎?赏一人而天下之人臣,莫敢失君臣之礼矣。"④

---

① 刘向撰,向宗鲁校证:《说苑校证》,中华书局 1987 年版,第 1 页。
② 与阐"小道"之"小说"相比,阐"大道"之"说"含义上应为"大说",可知此时"说"有"大"、"小"之别。
③ 从题目看,这些"小说"主要产生在汉武帝、宣帝时期。
④ 刘向撰,向宗鲁校证:《说苑校证》,第 117—118 页。

此事又见《韩非子·十过》。然《孔丛子·答问》孔鲋则云：

> 乃者，赵、韩、魏共并知氏，赵襄子之行，赏先加其臣而后有功，韩
> 非书云"夫子善之"，引以张本，然后难之，岂有不似哉？然实诈也！何
> 以明其然？昔我先君以春秋哀公十六年四月己丑卒，至二十七年（傅
> 亚庶本作"三十七年"，据他本改），荀瑶与韩、赵、魏伐郑，过陈恒而
> 还①。是时，夫子卒已十一年矣，而晋四卿皆在也。后悼公十四年，知
> 氏乃亡。此先后甚远，而韩非公称之，曾无怍意，是则世多好事之徒，
> 皆非之罪也。故吾以是默口于小道，塞耳于诸子久矣。而子立尺表以
> 度天，直寸指以测渊，曚大道而不悟，信诬说以疑圣，殆非所望也。②

这说明，诸子"短书"中多有"虚妄"成分。而由孔鲋之言可以看出，《说苑》
记载的有些事情亦属"小道"、"诬说"。孔鲋本来是针对儒家之外的百家杂
说而言的，但从这里很容易看出来：作为儒家著作的刘向《说苑》，同样具有
汉代"小说"的性质。

　　但这是后世的看法。如果按照《汉书·艺文志》，类似于《说苑》之
"说"，则与"经传"性质的《齐说》、《鲁夏侯说》之书一样，不同于传"小道"之
"小说"，而是阐释圣人"大道"之"说"。因此，在儒家学者看来，汉代"经传"
与"史传"性质的说"、"传"类著作，并不属于"小说"范畴。这一点与我们
后世的认识并不一致。那种认为"大概不是十分庄重的经史子书，内容'驳
杂'而以'短书'面目出现者，汉人皆视为小说"③的说法，是与汉代历史事
实不相符合的。因此，正如《左传》为后世小说提供了很多素材但不能被视
作"小说"一样，那些或者能够阐释儒家"大道"的著作如《韩诗外传》，或者
具有当时儒家认为的能够体现"儒家历史"的故事汇编如《说苑》、《新序》
等，即使存在一些"虚妄不实"的成分，都不应该被划入"小说"范畴进行研
究。而《说苑》中有许多同一故事结构、不同叙述方式的故事，说明这类文
献乃是诸子说理素材库。

　　虽然如此，汉代学者对儒家作品中的那种"虚妄不实"的材料当然不会
视而不见，他们对这些材料性质的认识，也未必与传统儒家完全一致。例

---

① "恒"，原作"垣"，据《左传》改。
② 傅亚庶：《孔丛子校释》，第 432 页。
③ 熊发恕：《中国古代小说概念初探》，《康定民族师范高等专科学校学报》1987 年 00 期。

如,王充所言"短书小传"、"短书俗记",就包括儒家文献。这说明一个事实:汉人对"小说"性质的认识存在一定的歧义。

三、汉代的"小说"观念及其对后世的规定意义

"小说"一词,最早出现于《庄子·外物》,但与《汉书·艺文志》及桓谭所言之"小说",有着本质的区别。《庄子·外物》称:"饰小说以干县令,其于大达亦远矣。"唐成玄英解释云:"夫修饰小行,矜持言说,以求高名令闻者,必不能大通于至道。"①成玄英将"小说"释作"小行"与"言说",是有道理的。可见庄子所言"小说",与《艺文志》及桓谭所言有本质的区别②。

也就是说,汉代很多符合后世"小说"特征的作品,在汉人眼里并非"小说"。本此,我们需要将汉人眼中的"小说"性质梳理一番。需要说明的是,汉人的"小说"观念,可能有与后世"小说"观念雷同之处,但这并不能说明汉代的"小说"观念,可以完全等同于后世"小说"。不同时代的文学观念,可以有相通之处,但其政治与社会意图,则迥然不同。

据上文,汉代"说"类著作,有大、小之分;"说"之中,亦有经传、史传等不同性质。凡是能够体现"圣人大道"之"说",皆不在"小说"之列。那么,那些被班固《艺文志》以及桓谭、王充等称作"小说"的作品,又具有怎样的性质和特点?

我们可以根据班固《汉书·艺文志》与桓谭、王充之说,看看他们对"小说"的定义与分类。当然,班固《汉书·艺文志》对"小说"的认识,很大程度上反映的是儒家的正统观念。而桓谭、王充等人由于具有"疾虚妄"思想,除了具有儒家的传统认识,还具有不同于儒家的"小说"观念。

班固《汉书·艺文志》引孔子语以为"小说""虽小道,必有可观者",桓谭认为"小说""有可观之辞",他们的思想十分相近。由于桓谭年岁与刘歆相仿,故这种"小说"认识,反映的是西汉末年的"小说"观。

桓谭对"小说"的认识,与"短书"有一定关系。第一,桓谭《新论·本造》认为时人将"庄周寓言,乃云'尧问孔子'。《淮南子》云'共工争帝,地维绝'"之作,视作"短书",从性质上分析,此类文献,桓谭是将其视作"小说"

---

① 郭象注,成玄英疏:《庄子注疏》,中华书局 2011 年版,第 484 页。
② 孟昭连先生认为《汉志》中的"小说",与《庄子》中的"小说"有联系,笔者认识与之不同。

看待的。第二，桓谭又将"小说家"之"合丛残小语，近取譬论"之作，视作"短书"。这里的两个"短书"，包含两个层面的意思：第一，与先秦"八寸简"有关的"短书"概念大体一致，但不包括儒家作品在内的如《庄子》、《淮南子》一类的著作，这当然属于前代之"旧短书"；第二，与竹简长短无关，意义上具有"小说"、"小道"一类含义的"小说家"之"丛残小语"，这属于新撰作之"新短书"。前者中的部分文献如"尧问孔子"、"共工争帝"等，亦算"小说"。也就是说：桓谭将"小说"看作是"短书"的一个子系统，"小说家"是汉代才成熟的"新诸子"。

但是，桓谭所言"短书"，并不包括儒家著作在内。王充《论衡·骨相》称："若夫短书俗记，竹帛胤文，非儒者所见，众多非一。"这种"短书俗记"，实际上就是桓谭所说的"小说"。那么，具体指的是哪些文献呢？王充对此有详细解释：

> 苍颉四目，为黄帝史。晋公子重耳仳肋，为诸侯霸。苏秦骨鼻，为六国相。张仪仳肋，亦相秦、魏。项羽重瞳，云虞舜之后，与高祖分王天下。陈平贫而饮食不足，貌体佼好，而众人怪之，曰："平何食而肥？"及韩信为滕公所鉴，免于铁质，亦以面状有异。面状肥佼，亦一相也。①

这些文献的产生，其实很大程度上与儒家的撰述方式有关。王充认为：

> 传言黄帝龙颜，颛顼戴干，帝喾骈齿，尧眉八采，舜目重瞳，禹耳三漏，汤臂再肘，文王四乳，武王望阳，周公背偻，皋陶马口，孔子反羽。斯十二圣者，皆在帝王之位，或辅主忧世，世所共闻，儒所共说，在经传者，较著可信。②

王充以"项羽重瞳"不可信，而认为"舜目重瞳"可信，可见，王充对"短书"的判断，以是否在"经传"、是否为儒家采信为标准。那些不在"经传"（甚至包括"纬书"），不为儒家所"信"者，则为"短书"、"小说"。

按照桓谭的观点，"小说"、"短书"的特点就是："妄作"、"虚诞"、"丛残小语"。这一点王充《论衡·书虚》也有"睹真是之传，与虚妄之书相违，则并谓短书不可信用"、"短书小传，竟虚不可信"之说。但是，在"小说"的性

---

① 黄晖：《论衡校释》，第 1 册，第 112—113 页。
② 黄晖：《论衡校释》，第 1 册，第 108—112 页。

质上,桓谭却认为"小说"具有"可观之辞"与"当采其善"之处,即这些作为"小道"的"小说",对传统的"说"具有一定的补充意义。例如,王充就说:"诸子尺书,文篇俱在,可观读以正说,可采掇以示后人。后人复作,犹前人之造也。"①"可观读以正说",显然是说,观读"诸子尺书",具有"正说"的作用。而这个所"正"之"说",显然是与"小说"相对的传统之"说"。

这些"虚妄"的"小说"、"诸子尺书"是如何"可观读以正说"的? 笔者怀疑可能主要由于政治教化的作用而被视作"可资小道"。这部分资料,在不同的书籍中,在不同学者的眼里,其性质是有差异的。例如,在那个时代,在儒家学者看来,所有儒家著作,即使看似有"虚诞不经"的材料,也不被视作"短书"或小说。如王充所言"尧眉八采",又见于《尚书大传》、《淮南子》、《孔丛子》、《白虎通》、《元命苞》等书。帝尧眉分八采,不合常情。但就是因为见之于儒家著作,就被认为可信,不被视作"短书"。如《淮南子》记"尧眉八采",就不属于"短书";桓谭称《淮南子》所记"共工争帝,地维绝",却为"短书"。由此推测:汉代对"短书"、"小说"材料的判断,有时候不是以整部著作为单位的,而是以具体材料的性质为判断标准的。从这个方面说的话,那些即使存在"虚妄"成分的儒家作品,就不能算是"小说"。例如,上面我们所说的"经传"、"史传"中类似"小说"的虚妄材料,并未被儒家学者视作"短书"、"小说"。但是,在桓谭、王充等人看来,凡是不合事实的,都属于"短书"、"小说"之列,其中当然也包括儒家的著作在内。王充《论衡·书虚》记载的虚妄材料,多涉及儒家著作与人物,如《尚书》、孔子等。那些不被儒家学者视作"小说"的"经传"、"史传"材料,则被王充称作"短书"、"小说"、"小传"、"传书",等等。从这里分析,"小说"在汉代的称呼不止一种,学者所称"短书"、"传书"等等,在某些特定场合,即仅指"小说"而言,且与后世"小说"有不同之处。

我们以"传书"为例,来说明这个问题。首先,"传书"具有"短书"的性质,具有与诸子百家之言相同的社会、学术功能。王充《论衡·别通》称:"夫一经之说,犹日明也;助以传书,犹窗牖也。百家之言,令人晓明,非徒窗牖之开,日光之照也。"②这里的"传书",虽然仅指儒家之作,但与"百家

---

① 黄晖:《论衡校释》,第 4 册,第 1159 页。
② 黄晖:《论衡校释》,第 3 册,第 593 页。

之言"一样，具有"窗牖"之作用，知其他诸子"传书"，亦当如此。由此可知，"小说"亦属"传书"之一种。后世的"小说"，很大程度上是以"娱乐"功能为主。

其次，先秦"传书"有的出于"稗官"之手，具有与"小说"相同的性质。云梦龙岗六号秦简有"取传书乡部稷官"①，既然搜集"小说"的"稗官"，亦保存有"传书"，可知"小说"与"传书"性质非常接近。当然二者亦有差别，即"传书"有的属于儒家性质的作品。但是，这类作品，也具有"小说"性质，如王充《论衡·感虚》："儒者传书言：'尧之时，十日并出，万物燋枯。尧上射十日，九日去，一日常出。'此言虚也。"②王充既然称此言"虚"，当知此类性质的"传书"文献，在当时人眼里，当具有"小说"性质。后世的"史官"，不可能有撰作"小说"之心。

最后，汉代"传书"多出于桓谭等博通学者之手，这种情况下的"传书"，等同于"短书"。后世的"小说"，多出于被主流所排斥的"无聊文人"之手。《论衡·超奇》："衍传书之意，出膏腴之辞，非俶傥之才，不能任也。夫通览者，世间比有；著文者，历世希然。近世刘子政父子、杨子云、桓君山，其犹文、武、周公并出一时也。"③桓谭等人，当属王充所言"俶傥之才"。此时王充所言之"传书"，某种程度上等同于"短书"。

总之，"传书"的概念范畴，要大于"小说"，某种情况下，就像可以用"短书"代称"小说"一样，汉人有时将"传书"作为"小说"的代称。

本此，我们可以对汉人头脑中的"小说"进行一番简单定义：

第一，"小说"具有"立奇造异"的文学特征。"小说"是汉代诸子"短书"之一种，具有"丛残小语"的性质。既然如此，要在形制短小的竹简上撰写作者需要的词语，并且能在字数不多的情况下，表达尽可能丰富的思想，那么，就需要撰述者具有足够的表达能力，并且尽可能使用眩人的故事或言辞，以引起他人注意。王充《论衡·书虚》称："夫世间传书诸子之语，多欲立奇造异，作惊目之论，以骇世俗之人；为谲诡之书，以著殊异之名。"④这是对整个诸子撰作的认识，但是对于"小说"来说，尤其恰当。

---

① 刘信方、梁柱：《云梦龙岗秦简综述》，《江汉考古》1990 年第 3 期。
② 黄晖：《论衡校释》，第 1 册，第 227 页。
③ 黄晖：《论衡校释》，第 3 册，第 606 页。
④ 黄晖：《论衡校释》，第 1 册，第 167 页。

　　第二,"小说"具有"修身理家"的社会功能。桓谭对"小说"的认识,可能与当时很多儒家学者不同。王充认为"短书"与"小说"乃"非儒者所见,众多非一",但桓谭则认为"治身治家,有可观之辞"。修身、齐家,是儒家学者的道德要求。在先秦,还是"乐教"的基本内容[①]。桓谭将"短书"、"小说"提高到儒家典籍的高度,有两个原因:其一,桓谭本人并非醇儒,而其学近"杂家",又胜于战国杂家。这是"小说家"的学术风格。《北堂书钞》卷一百引傅玄称:"桓谭书烦而无要,辞杂而无指归,吾不知其博也。"[②]刘咸炘则云:"至谭书而繁说杂辨,开后来杂记之体,非特不足为儒家,亦且非古之杂家兼儒墨、合名法者。"[③]这种"博杂",也是"小说"、"短书"的一个特征。其二,桓谭《新论》,就具有"小说"的性质,尤其是近似于宋代的小说札记。刘咸炘认为:"章炳麟称:'《新论》在者,其言往往近于俚琐,或曰宋人小说札记之流。'此论极当。"[④]这种推断或者有点言过其实,但是桓谭《新论》具有"短书"、"小说"的性质,则是没有问题的。

　　第三,汉代"小说"不论是记事、记言还是记人,其侧重点都是为宣传特定的"小道"服务,即所有的著述表达都体现在"说"与"语"上。如"小说"具有"可观之辞",此类著作当以"记言"为主;"小说"又多为"街谈巷语,道听涂说",此类著作又多以"记事"为主。但是,"辞"、"谈"、"语"、"说"等,才是"小说"类著作所要表达的主体。准此,汉代"小说"除了具有一定的政教功能,必然还具有一定的娱乐功能。刘勰《文心雕龙·论说》:"说者,悦也;兑为口舌,故言咨悦怿[⑤];过悦必伪,故舜惊谗说。说之善者:伊尹以论味隆殷,太公以辨钓兴周,及烛武行而纾郑,端木出而存鲁:亦其美也。"[⑥]由于刘勰所言《伊尹说》,即见于《汉书·艺文志》"小说",则"言资悦怿"亦适合"小说"。

　　第四,汉代"小说"虽居诸子十家之列,但其社会地位较低。当时"小说"之政治与文化功能,要弱于儒家作品。《汉书·艺文志》称:"诸子十家,

----

① 《礼记·乐记》有云:"君子于是语,于是道古。修身及家,平均天下。此古乐之发也。"(朱彬撰,饶钦农点校:《礼记训纂》,中华书局1996年版,下册,第588页)
② 虞世南:《北堂书钞》,董治安主编:《唐代四大类书》第一卷,第421页。
③ 刘咸炘:《旧书别录》,《刘咸炘学术论集·子学编》,第440页。
④ 刘咸炘:《旧书别录》,《刘咸炘学术论集·子学编》,第439页。
⑤ "咨",范文澜注:"铃木云:'疑作资。'"
⑥ 范文澜:《文心雕龙注》,上册,第328页。

可观者九家而已。"①这是史家的说法，源于刘向、刘歆，代表了当时社会上的传统认识。孔子所言"必有可观者"，实出《论语·子张》子夏之言，然恐非事实，当是西汉"小说家"依托之说；桓谭所言"有可观之辞"，亦属杂论家看法，并不代表整个社会的正统观念。因此，以桓谭首先提出"短书"、"小说"之辞，就认为"小说"在此时获得了很高的社会地位，认为"小说"之体在此时发生了"新变"②，是不妥当的。即使桓谭本人，仅是认为小说"治身治家，有可观之辞"。而儒家的社会与文化功能是"修身，齐家，治国，平天下"，如果将"修"、"齐"看作是文化功能，将"治"、"平"看作是政治功能的话，"小说"显然只具有一定的文化功能，并不具备儒家的政治功能。即使如此，小说的文化功能，仍然不能与儒家作品相提并论，道理很简单：儒家作品的"修、齐、治、平"是紧密联系的四个方面，"修、齐"是为"治、平"服务的。而小说只能"治身治家"，只是强调个人和一家的道德修为与文化修养，尚不足以上升到"治、平"的高度。说到底，桓谭时代"小说"之"新意义"，大概主要在于能入诸子"十家"之列，显然被视作诸子流派之一种，具有了"学派"的身份和地位。

第五，从文本材料看，在桓谭等人的眼里，除了被班固《汉书·艺文志》称作"小说"的作品，那些散落于诸子著作中的零章断句，以及与儒家思想不合的"妄作"，亦属"小说"之列。这类著作除了我们提及的《韩非子·说林》、《淮南子·说林》与《说山》，还有《吕氏春秋·本味》等③。但在儒家学者眼里，儒家著作如《韩诗外传》、《新序》、《说苑》等，皆不在"小说"之列；在汉人看来，那些儒家之外的"诸子短书"如《庄子》、《淮南子》虽然其中有"小说"类文献，但整部著作亦不在"小说"之列，《汉书·艺文志》未将二书列入"小说家"，就说明这个问题。

以上总结的汉代"小说"观念，并未超越后世的"小说"认识。这证明：汉代"小说"为后世之"小说"提供了思想渊薮与撰作体式，对后世"小说家"提供了范本与定式。

以上我们所论，主要为汉代儒家传统观点。也就是说，汉代"小说"的

---

① 《汉书》卷三〇《艺文志》，第 6 册，第 1746 页。
② 袁文春：《汉代短书：先秦两汉小说概念的联结点》，《大连理工大学学报》2011 年第 2 期。
③ 严可均云："《吕氏春秋·本味篇》，疑即小说家之一篇。"（陈国庆：《汉书艺文志注释汇编》，中华书局 1983 年版，第 159 页）

发源与流变,尤其是汉儒对"小说"性质的认识,以及对"小说"的定义,可能比较神圣而复杂,这或者与儒家学者对本派材料的故意神圣化有关。但是,汉代"小说"在当时历史大背景下的范畴,即"小说"具体所指的对象,可能相对简单。刘跃进先生来信提醒我:"早期小说,没有那么复杂。我们考察某一文学现象,不要总是纠缠于概念。小说,就是随意之说,不同的人,赋予不同的内容。巫师、医术,都是小说,现在的心理疏导,又何偿不是早期形态的小说? 总之,没有那么神圣。"这使我意识到:《汉书·艺文志》的"小说"观念,很大程度上反映的是正统儒家的认识,而"小说"的性质与定义,在汉代应该是多元的。例如,汉代地方史官与"闾里小知者",可能将所有认为合"小道"甚至具有实际现实价值者,皆视作"小说"。这些问题,还需要进一步思考。

　　总之,"短书"在先秦包括儒家在内的所有诸子著作。汉代的"短书"则与先秦有所区别,主要指的是儒家之外其他诸子"虚妄不实"的文献。"小说"脱胎于先秦"短书",与"语"类文献具有直接的材料渊源。入汉以后,"说"逐渐有大、小之别。至两汉之际,桓谭等人将"短书"与"小说"联系起来,使得"短书"的含义既具有汉代"短书"的一般意义,同时还在狭义上指那些由"小说家"撰作的"小说"。而桓谭时代的"小说",具体指的是"丛残小语"、"虚诞不经"、不合儒家圣哲思想的文献。汉代"小说",与后世的"小说"观念并不完全一致。汉代小说主要载"小道",其撰述重点在写"语"、记"说",人物和故事只是"说"与"语"的附庸。魏晋时期的小说,已经转为以写人、记事为主,其中的"语"与"说"已经完全服务于人物描写或故事叙述的需要。这种变化最大的特征就是:"小说"载"小道"的色彩与汉代小说的"博杂"特征大大减弱,而魏晋"小说"之"史传"的成分大大增加。

第五节　文本秩序与文风转折:"不及丽文"
与两汉之际的文风转变

　　两汉之际是对汉赋进行理论总结与评价的时代。《史记·司马相如列传》之"太史公曰"阑入扬雄对其赋之评价、《汉书·艺文志》著录刘向与刘歆父子的赋论观点、扬雄《法言·吾子》对赋的评论、桓谭《新论·道赋》对赋的评论,皆说明本时期刘向、刘歆、扬雄、桓谭皆对赋论有所理论性总结。

至于后来刘勰《文心雕龙》、挚虞《文章流别论》等对汉赋的评价，则是对彼时赋风的文学史总结。如果说，桓谭生活的两汉之际的赋论总结，是文本秩序之下的学术史总结，那么，刘勰等人的总结，则是在文本重新建立了新秩序之后的再认识与再总结。反映在文学方面，则会带来一定的文风转变。

　　桓谭处于两汉之际，与扬雄、刘歆多有交往，是当时非常重要的学者。扬雄、刘歆在文学上也多有成就，刘勰《文心雕龙》多次将桓谭与二人并称，可知桓谭在文学上与扬、刘齐名。但是，刘勰《文心雕龙·才略》又称："桓谭著论，富号猗顿，宋弘称荐，爰比相如，而《集灵》诸赋，偏浅无才，故知长于讽论，不及丽文也。"[①]这里涉及两组重要概念：第一，称赞桓谭文学才能的"桓谭著论，富号猗顿"与"长于讽论"；第二，讥刺桓谭文学上的劣势的"偏浅无才"与"不及丽文"。按照后世文体分类标准，刘勰实际上赞赏桓谭在散文上的成就，而鄙视桓谭在辞赋上的表现。

　　今所见桓谭比较完整的文学作品，是存于《后汉书》本传的《陈时政疏》、《抑谶重赏疏》，见于《艺文类聚》的《仙赋》。这三篇作品的文学性较差，故从文学角度研究桓谭的文章很少。桓谭《新论》，虽非专门的文学作品，但其中不乏对当时文学、学术的理论总结。刘勰称桓谭"长于讽论"，即主要针对《新论》而言。刘勰在《文心雕龙》中至少有九次提及桓谭或引用桓谭之言，说明桓谭的作品及其文学创作思想对刘勰有着深刻的影响[②]。如何认识刘勰对桓谭的评价，不仅可以使我们把握桓谭在文学上的贡献，而且可以帮助我们认识桓谭所处时代的文学风貌。

一、桓谭在文学、学术上的成绩

　　严格说来，刘勰评价桓谭"偏浅无才"，是针对桓谭辞赋而言的。远离刘勰历史时代的人，容易以刘勰之论以偏概全，以为桓谭在文学上毫无建树。这是后人对史料的疏离而产生的误读。

　　桓谭现存文学作品确实较少，即使所见《仙赋》，文采也的确乏善可陈。但是，由于《仙赋》是其少时之作，还不足以说明其文学才能的高低。

---

① 范文澜：《文心雕龙注》，下册，第 699 页。
② 叶晨晖《刘勰与桓谭》（《山西大学学报》1981 年第 3 期）与郭鹏《桓谭对〈文心雕龙〉的影响》（《南都学刊》2003 年第 23 卷第 5 期），对此皆有论述。

何况,刘勰所言桓谭"《集灵》诸赋"①,也都是桓谭少年之作。那么,今所见桓谭赋作仅存《仙赋》一篇,是否可以证明他"偏浅无才"呢?也不然。司马相如、扬雄号称大辞赋家,今所见赋作不过也各有六篇;刘歆赋作,今所见也只有《灯赋》、《遂初赋》两篇;刘向无赋。但事实上,他们当初撰写的赋作,远不止此数。即如刘向,《汉书·艺文志》载录"刘向赋三十三篇",能因为今天我们没有见到他的作品而称他在辞赋上"偏浅无才"吗?再如扬雄,《汉书·艺文志》载录他有赋十二篇,这个数量放在整个汉代来说,也是不多的,我们能够因为扬雄赋作数量少而称他"偏浅无才"吗?同样道理,桓谭赋作今所见甚少,或者说当初他即使真的撰写甚少,都不能证明他在辞赋上"偏浅无才"。

刘勰讥刺桓谭在辞赋创作上"偏浅无才",但他在《文心雕龙》中多次提及桓谭,说明刘勰非常重视桓谭文学理论方面的言论。由刘勰将桓谭与其他文学之人并列的情况分析,桓谭与这些人有着大致相近的文学才能,并且他这种才能还是多方面。

从学术上看,桓谭称得上"广博精通",刘勰《文心雕龙·正纬》将其与尹敏、张衡、荀悦并列:

> 至于光武之世,笃信斯术。风化所靡,学者比肩,沛献集纬以通经,曹褒选谶以定礼,乖道谬典,亦已甚矣。是以桓谭疾其虚伪,尹敏戏其深瑕,张衡发其僻谬,荀悦明其诡诞,四贤博练,论之精矣。②

"博练"即有广博、精通的意思。从这个角度而言,桓谭为文一定是擅长理论思辨,而不好文辞浮华。而单纯就桓谭的学术成就而言,东汉人宋弘更是将其与扬雄、刘向、刘歆并称③。

就文学才能而言,刘勰认为桓谭近似于司马相如、扬雄等人。《文心雕龙·神思》称:

> 相如含笔而腐毫,扬雄辍翰而惊梦,桓谭疾感于苦思,王充气竭于

---

① 有人怀疑《集灵赋》就是《仙赋》。但桓谭有"观吾小时二赋"之语,则《集灵》诸赋与《仙赋》并非同一作品。刘勰此处所言"《集灵》诸赋",当指《集灵赋》、《仙赋》二赋。
② 范文澜:《文心雕龙注》,上册,第30—31页。
③《后汉书·宋弘传》:"帝尝问弘通博之士,弘乃荐沛国桓谭才学洽闻,几能及杨雄、刘向父子。"

思虑，张衡研《京》以十年，左思练《都》以一纪。①

现在保存的桓谭的文学作品虽然不多，但据刘勰所言，桓谭的文学才性，大致与司马相如、扬雄、王充、张衡、左思等人相仿佛。《文心雕龙·才略》称"桓谭著论，富号猗顿，宋弘称荐，爰比相如"，说明桓谭同时代人就将其比作司马相如。

从具体的文学撰作来看，在作品的形式上，桓谭则与刘歆更为相似，故刘勰《文心雕龙·章句》称：

> 若乃改韵从调，所以节文辞气：贾谊、枚乘，两韵辄易；刘歆、桓谭，百句不迁；亦各有其志也。昔魏武论赋，嫌于积韵，而善于资代。陆云亦称"四言转句，以四句为佳。"②

刘勰认为桓谭为文，与刘歆一样，多数一韵到底，不作换韵。这大概是针对桓谭的四言赋而言③，后陆云所言"四言转句，以四句为佳"，可以为证。

从文学创作思想上看，桓谭主张"复古"、"通变"，如《文心雕龙·通变》称：

> 今才颖之士，刻意学文，多略汉篇，师范宋集，虽古今备阅，然近附而远疏矣。夫青生于蓝，绛生于蒨，虽逾本色，不能复化。桓君山云："予见新进丽文，美而无采；及见刘、扬言辞，常辄有得。"此其验也。故练青濯绛，必归蓝蒨；矫讹翻浅，还宗经诰。斯斟酌乎质文之间，而隐括乎雅俗之际，可与言通变矣。④

据刘勰《文心雕龙·正纬》所称谶纬"事丰奇伟，辞富膏腴，无益经典，而有助文章"之言看，桓谭所言"新进丽文"，应该指的是受谶纬思想影响较重的文学作品。桓谭主张学习扬雄、刘歆之文，实际上是在排斥当时受谶纬影响较重的文学作品的同时，强调回归西汉传统的文学思想，即具有一定"教化"意义的"宗经"文学。桓谭好古文，这也是扬雄、刘歆一贯提倡的学术思想。

---

① 范文澜：《文心雕龙注》，下册，第 494 页。
② 范文澜：《文心雕龙注》，下册，第 571 页。
③ 刘歆《灯赋》，一韵到底，但其《遂初赋》则或二句、或四句一换。桓谭《仙赋》，也不存在一韵到底的情况。
④ 范文澜：《文心雕龙注》，下册，第 520 页。

从文学批评的角度看,桓谭是中国古代较早讨论文学创作理论的学者。他提出了很多有价值的而文学命题。例如,据《文心雕龙·定势》的记载,桓谭提出文学创作上"势"的概念,比曹植、刘桢、陆云等人要早得多:

> 桓谭称:"文家各有所慕,或好浮华而不知实核,或美众多而不见要约。"陈思亦云:"世之作者,或好烦文博采,深沉其旨者;或好离言辨白,分毫析厘者:所习不同,所务各异。"言势殊也。刘桢云:"文之体势有强弱,使其辞已尽而势有余,天下一人耳,不可得也。"公干所谈,颇亦兼气。然文之任势,势有刚柔,不必壮言慷慨,乃称势也。又陆云自称:"往日论文,先辞而后情,尚势而不取悦泽,及张公论文,则欲宗其言。"夫情固先辞,势实须泽,可谓先迷后能从善矣。①

在文学"蓄势"问题上,先秦诸子文学早有体现,如《韩非子》中,尤其强调"蓄势"问题。但从理论上明确提出来,刘勰《文心雕龙·定势》篇最早提及的文人,就是桓谭。这显示:起码在刘勰看来,桓谭是最早对这个问题提出明确阐释的文人。其实,刘勰非常看重桓谭的文学理论。他认为桓谭在文学理论上有着系统、完善的总结,是以刘勰在《文心雕龙·序志》中,多次将桓谭与魏晋文学理论家及其作品相提并论:

> 详观近代之论文者多矣:至于魏文述《典》,陈思序《书》,应玚《文论》,陆机《文赋》,仲治《流别》,宏范《翰林》,各照隅隙,鲜观衢路,或臧否当时之才,或铨品前修之文,或泛举雅俗之旨,或撮题篇章之意。魏《典》密而不周,陈《书》辩而无当,应《论》华而疏略,陆《赋》巧而碎乱,《流别》精而少功,《翰林》浅而寡要。又君山、公干之徒,吉甫、士龙之辈,泛议文意,往往间出,并未能振叶以寻根,观澜而索源。不述先哲之诰,无益后生之虑。②

在这些古代文学理论家中,刘勰将桓谭与曹丕、曹植、应玚、陆机、挚虞、李充、刘桢、应贞、陆云等人相提并论,足见刘勰对桓谭文学理论贡献的重视。

以上诸如此类的材料,足以证明桓谭在文学上的突出贡献。他对古代文学理论的总结,要比他单纯地撰作几篇文学作品的价值大得多。可以看

①范文澜:《文心雕龙注》,下册,第531页。
②范文澜:《文心雕龙注》,下册,第726页。

出，桓谭在文学上具有多方面的才能，尤其是在对中国古代文学理论的建设上，占有非常重要的文学地位，具有开创性的巨大贡献。

当然，桓谭文学理论上的贡献，并不能够证明他在辞赋创作上就一定不会"偏浅无才"。桓谭年少时就喜欢辞赋，并且曾经向扬雄请教辞赋的写作技巧：

余少时学，好《离骚》，博观他书，辄欲反学。①

杨子云工于赋，王君大晓习万剑之名，凡器但遥观而知，不须手持熟察。余欲从二子学。子云曰："能读千赋，则善赋。"君大曰："能观千剑，则晓剑。"谚曰："伏习象神，巧者不过习者之门。"②

桓谭在辞赋学习上，确实用功甚勤：

余少时见扬子云丽文高论，不自量年少新进，猥欲逮及，尝激一事而作小赋，用精思太剧，而立感动致疾病。子云亦言：成帝时，赵昭仪方大幸，每上甘泉，诏使作赋，一首始成，卒暴倦卧，梦五藏出地，以手收内之，及觉，大少气，病一年。③

这一方面说明刘勰称扬雄、桓谭才思迟钝，另一方面也说明当时的辞赋写作之难。桓谭与扬雄一样，在辞赋学习上还是下过很大功夫的。以桓谭之才，不可能对辞赋浸淫数十年而一无所成，更不可能对辞赋之作敬而远之。桓谭在《仙赋》中，曾经对自己作赋的才能颇为自得："谚曰：'侏儒见一节而长短可知。'孔子言：'举一隅足以三隅反。'观吾小时二赋，亦足以揆其能否。"刘勰所称桓谭"偏浅无才"与"不及丽文"，背后可能有着复杂的学术、文学或时代背景。

二、"不及丽文"的时代风气与辞赋谶纬化对文风转变的影响

据《汉书·艺文志》，汉武帝时期的辞赋家及其作品数量最多：司马相如赋 29 篇、太常蓼侯孔臧赋 20 篇、阳丘侯刘郾赋 19 篇、吾丘寿王赋 15 篇、蔡甲赋 1 篇、汉武帝赋 2 篇、儿宽赋 2 篇、张子乔赋 3 篇、刘德赋 9 篇、严助赋 35 篇、朱买臣赋 3 篇、刘辟强赋 8 篇、司马迁赋 8 篇、郎中臣婴齐赋

①《新辑本桓谭新论》，第 51 页。
②《新辑本桓谭新论》，第 52 页。
③《新辑本桓谭新论》，第 52 页。

10 篇、臣说赋 9 篇、臣吾赋 18 篇、苏季赋 1 篇、萧望之赋 4 篇,等等。

汉宣帝时期,只有王褒 16 篇、刘向 33 篇。

以上仅《汉书·艺文志》所见汉武、宣两朝的辞赋家,就有 20 人,作品凡 245 篇。这还不包括汉景帝时期的辞赋家及其作品。

两汉之际,大约与扬雄、刘歆、桓谭同时的赋家[①]有:

"陆贾赋之属":河内太守徐明赋三篇、给事黄门侍郎李息赋九篇、淮阳宪王赋二篇、杨雄赋十二篇、待诏冯商赋九篇、博士弟子杜参赋二篇、车郎张丰赋三篇、骠骑将军朱宇赋三篇;凡 44 篇。

"孙卿赋之属":侍中徐博赋四篇[②]、黄门书者王广、吕嘉赋五篇、汉中都尉丞华龙赋二篇、左冯翊史路恭赋八篇,等等。凡 19 篇。

《汉书·艺文志》没有记载,其时代与桓谭大致相合的赋作,还有班婕妤 2 篇、无名氏(《神乌赋》作者)1 篇、崔篆 1 篇、班彪 1 篇、冯衍 1 篇等。

这样看来,史书明确记载的两汉之际的赋家,包括桓谭在内,大致有二十人,作品凡 69 篇。两汉之际的辞赋家数量,与汉武、宣时期的大致相等,但辞赋数量却不能当其三分之一。这说明一个问题:两汉之际缺少的不是辞赋家,缺少的是辞赋作品:这个时期的辞赋家,对辞赋创作的数量大大减少,按照 20 人 69 篇的数量,每人平均不足 4 篇。如果将刘勰称桓谭"不及丽文"的评价放在这些人身上,也是合适的。也就是说,两汉之际,"不及丽文"有可能是当时普遍的文学风气,并非桓谭一人独然。

就桓谭本人来说,他主观上对"丽文"也有着本能的拒绝。桓谭幼时当然喜欢"丽文",他自称"余少时见扬子云丽文高论,不量年少新进,猥欲逮及",就可以证明这一点。但是,桓谭后来对"丽文"的看法发生了变化:"予见新进丽文,美而无采;及见刘、扬言辞,常辄有得。"桓谭本人的赋作本来就少,加上这种认识,他在赋作上成就不大,当然是可以理解的。

那么,桓谭这种认识的学术本质是什么?他认为"新进丽文,美而无采","及见刘、扬言辞,常辄有得",这种"采",结合桓谭所言"刘、扬言辞"之"言辞"看,指的是文章语言所蕴含的学术思想与精神追求。这首先体现了

---

① 刘向辞赋创作,多在汉宣帝朝,故将其不归入扬雄时代。可参看笔者《〈盐铁论〉与西汉经济转型中的学术及文学生态》(《河南大学学报》2012 年第 2 期)一文。

② "徐博赋"上为"黄门书者假史王商赋十三篇",王商为王武之子,汉元帝时人,暂以徐博与扬雄同时。

桓谭对以往文学的改变与革新认识，体现了一种不同于以往的文学思想。

这种文学思想的变化，与当时经学的新变化有关。经学的谶纬化，造成了学术的浮华之风，而文学则从中汲取了丰富的营养。《文心雕龙·正纬》称：

> 若乃羲农轩皞之源，山渎锺律之要，白鱼赤乌之符，黄金紫玉之瑞，事丰奇伟，辞富膏腴，无益经典，而有助文章。是以后来辞人，采摭英华，平子恐其迷学，奏令禁绝；仲豫惜其杂真，未许煨燔。前代配经，故详论焉。①

"事丰奇伟，辞富膏腴"，正适合汉赋的创作要求，丰富了辞赋的词汇、开拓了辞赋的意境、充实了辞赋的容量、增加了辞赋的气势。虽然如此，这也会给辞赋创作带来不好的影响：浮华、繁复，而没有实质内容。《文心雕龙·定势》引桓谭之言称："文家各有所慕，或好浮华而不知实核，或美众多而不见要约。"②就是对当时这种文风的最佳概括。刘勰本来意在说明文章存在"定势"不同的现象，而桓谭所言，体现的则是文家"或好浮华而不知实核，或美众多而不见要约"之弊。

从个人角度来说，桓谭是一个真正的性情中人。他爱好"郑声"，反对谶纬。如果谶纬对辞赋创作起到了反作用，桓谭当然是奋起反对的。从他个人一生对谶纬的态度看来，桓谭对谶纬的反对是一贯的。即使在他政治生涯的最后阶段，面对汉光武帝刘秀的质问，他仍然以"不读谶"回应，终于被贬。这种个性有着浓厚的文人情结。

由此我们分析：两汉之际，谶纬思想给辞赋带来的消极影响，限制了桓谭的创作欲望，从而导致了他辞赋数量不多。

根据桓谭所言"刘、扬言辞"，刘歆、扬雄辞赋观念的变化，与桓谭一致。扬雄本来好辞赋，也擅长撰写辞赋，但后来他认为"辞赋小道，壮夫不为"，转而从事经学研究，其中有着深刻的学术与文学内情。扬雄以辞赋为"小道"的原因，在于他认为辞赋乃"童子雕虫篆刻"。"虫"指虫书，"刻"指篆刻，皆汉代童子蒙学之一。从字面上看，扬雄辍笔辞赋，似乎他将辞赋视作是童子之学。但是，扬雄上《甘泉赋》、《河东赋》，已经四十岁左右，他自己

---

① 范文澜：《文心雕龙注》，上册，第31页。
② 范文澜：《文心雕龙注》，下册，第531页。

的这两篇赋作,显然并非"童子雕虫篆刻"之作。因此,扬雄所言,是对后来已经有所变化的辞赋而言,而非指他本人早年赋作,更不可能指他同时代人甚至他以前的所有赋作。结合桓谭曾从扬雄学赋来看,桓谭对辞赋接受谶纬影响的反对,很大程度上可能受到了扬雄的影响。而桓谭又将刘歆与扬雄并提,可知刘歆对辞赋的态度,与扬雄、桓谭大致相同。

扬雄、刘歆、桓谭对辞赋的认识,很大程度上体现了与当时迥然不同的辞赋观念,体现了一种辞赋思想的新变化。作为当时最为著名的三位学者,他们的辞赋观念,必然影响到当时的其他辞赋家,从而给辞赋观念与创作带来很大的变化。这种变化,首先体现在辞赋家对辞赋创作欲望的迅速降低与辞赋数量的大量减少上。

包括桓谭在内的两汉之际的辞赋家,之所以出现了刘勰所说的"不及丽文"的情况,主要是因为当时的辞赋创作受到了谶纬的深刻影响,从而导致了辞赋家出现了"好浮华而不知实核,或美众多而不见要约"的倾向,致使辞赋作品出现了浮华、繁复的不良文风。当然,谶纬文献进入辞赋之前,汉赋本身就已经出现了因为"浮华"而被士人非议的情况,如班固《典引》称:"司马相如污行无节,但有浮华之辞,不周于用。"①汉宣帝时期,"上令褒与张子侨等并待诏,数从褒等放猎,所幸宫馆,辄为歌颂,第其高下,以差赐帛。议者多以为淫靡不急"②。这种现象,说明汉赋在当时就已经受到了士人的诟病。而谶纬的影响,进一步加剧了汉赋的式微。

《汉书·艺文志》著录的辞赋,远非我们目前看到的数量。桓谭之前的辞赋作品,比目前我们看到的数量还要多。由于它们皆为"丽文",很大程度上没有被《汉书·艺文志》收录。这样看来,桓谭时代的辞赋数量,与其前的辞赋数量相比,应该还要少得多。与之相对应的一种文学状况就是:桓谭时代辞赋家体现出来的"不及丽文"的程度,比我们想象的还要严重。

以往我们都将两汉之际辞赋萧条的原因归结为政治,亦即归结为帝王喜好程度的降低。这未尝不是其中的原因之一。但从文学内在的发展规律而言,文学的"谶纬化",或者才是造成两汉之际辞赋不能继续发展的主要原因。扬雄的文学转向,桓谭的辍笔不作,也与此有关。

---

① 萧统编,李善注:《文选》,中华书局 1977 年版,下册,第 682 页。
② 《汉书》卷六四《王褒传》,第 9 册,第 2829 页。

　　两汉之际的辞赋，之所以接受了谶纬的影响，很大程度上与辞赋创作的难易程度有关。据桓谭所言，其前的辞赋创作是很艰辛的，他称："余少时见扬子云丽文高论，不自量年少新进，猥欲逮及，尝激一事而作小赋，用精思太剧，而立感动致疾病。"扬雄作赋也是非常艰辛："子云亦言：成帝时，赵昭仪方大幸，每上甘泉，诏使作赋，一首始成，卒暴倦卧，梦五藏出地，以手收内之，及觉，大少气，病一年。"[①]后来的张衡也是如此："衡乃拟班固《两都》，作《二京赋》，因以讽谏。精思傅会，十年乃成。"[②]也就是说，真正的辞赋创作是很辛苦的事情。其中的原因，就在于司马相如的"赋家之心"说：

　　　　司马相如为《上林》、《子虚》赋，意思萧散，不复与外事相关，控引天地，错综古今，忽然如睡，焕然而兴，几百日而后成。其友人盛览，字长通，牂柯名士，尝问以作赋，相如曰："合纂组以成文，列锦绣以为质，一经一纬，一宫一商，此赋之迹也。赋家之心，苞括宇宙，总览人物，斯乃得之于内，不可得而传。"览乃作《合组歌》、《列锦赋》而退，终身不复敢言作赋之心矣。[③]

《西京杂记》的材料虽然比较晚，但结合桓谭所言"见刘、扬言辞，常辄有得"，真正的汉赋之作，确实能够体现辞赋家特定的文学与学术思想。这种创作过程，当然不是容易的事情。

　　谶纬出现以后，文学家从中大量采摭现成的词汇、熟悉的典故，使得辞赋创作大为简易。刘勰所言"羲农轩皞之源，山渎锺律之要，白鱼赤乌之符，黄金紫玉之瑞，事丰奇伟，辞富膏腴，无益经典，而有助文章。是以后来辞人，采摭英华"，就说明了这种情况。尤其是"后来辞人，采摭英华"，多少揭露了当时辞赋家速成辞赋作品的秘密。而这，正是扬雄、桓谭等辞赋家所反对的。

　　上述所言谶纬对汉代文学的影响，主要反映在辞赋方面。而此前未被谶纬化的辞赋，则具有"丽文高论"的典型特征，所以桓谭才有"余少时见扬子云丽文高论，不自量年少新进，猥欲逮及，尝激一事而作小赋"之

---

①《新辑本桓谭新论》，第52页。
②《后汉书》卷五九《张衡传》，第7册，第1897页。
③成林、程章灿：《西京杂记全译》卷二，贵州人民出版社1993年版，第65页。

说。谶纬化之后的"新进丽文",则出现了"美而无采"的情况。但是,据桓谭看来,扬雄、刘歆的文章,仍然保持了"丽文高论"的文学风格,故桓谭才有"予见新进丽文,美而无采;及见刘、扬言辞,常辄有得"之叹。值得注意的是,桓谭在这里所说的"刘、扬言辞",显然已非辞赋中的"言辞",而是他们散文中的"言辞"。因为,桓谭本人后来根本没有任何辞赋作品,他受到扬雄、刘歆影响,"常辄有得"而创作的极大可能是《新论》。据此判断:两汉之际的散文,受谶纬的影响最小。毫无疑问,像扬雄、刘歆之流,辍笔不再撰写辞赋,并不代表他们完全抛弃了以往的辞赋思想,而这种思想,一定会被嫁接到他们的散文撰写中。另一方面,扬雄、刘歆等人的经学思想,也逐渐以散文形式体现出来。在这种情况下,散文必然替代辞赋与诗歌,在继承先秦诸子散文精神的基础上,重新焕发新的生命力。在这种情况下,汉代散文已没有了先秦诸子散文的纯粹性,必然逐渐走向"博杂"一途。

两汉之际"不及丽文"的学术风气,一改西汉中期以前雄浑、壮大的文风,昭示着一种新文体的产生和一种新文风的形成。这种文体,就是汉代散文。对这种新的文风,刘咸炘总结颇为到位,他认为"西汉中叶以后文","宣、元以后,文渐平衍,于此发'乱世文强,平世文弱'一大例"。此时诸子文学"渐成杂说",刘向、扬雄"显合诸子、词赋、经学为一,散文成专门,下开东京"[1]。刘歆承刘向之学,其文当亦沾此风。桓谭好刘、扬"丽辞"[2],当亦附骥其后。"平衍"、"文弱"、"博杂",的确揭示了当时的散文风格。

这个时期,辞赋家人数众多,但辞赋数量并不突出,最主要的原因就是当时文章体式的丰富,促使汉代文人可以采取不同的休式作为表情达意的工具,这改变了西汉初年辞赋独霸天下的情况。至此,汉代文学开始出现由赋到文的转变。这个问题,我们可以从桓谭"长于讽论"的特点进行说明。

三、"长于讽论"与两汉之际诸子文风定型的文学分析

无论说桓谭"不及丽文"也好,还是说其文"博杂"、"平衍"也罢,桓谭在

---

[1] 刘咸炘:《文学述林》,《刘咸炘学术论集·文学讲义编》,广西师范大学出版社2007年版,第124页。
[2] 桓谭所言刘、扬之"丽辞",仅与当时文章相比较而言,显然已无法与西汉中叶之前的"丽文"相提并论。

文学上，尤其对散文体例的创建上具有承前继后的历史作用，是毋庸置疑的事情。刘勰称桓谭著作"富号猗顿"、"长于讽论"，这是对桓谭文学成就与风格的基本概括。所谓"富号猗顿"，首先是就桓谭作品的数量而言的。王充《论衡·佚文》云："挟桓君山之书，富于积猗顿之财。"①这显然说明桓谭藏书甚富。据《后汉书·桓谭传》："谭著书言当世行事二十九篇，号曰《新论》，上书献之，世祖善焉。《琴道》一篇未成，肃宗使班固续成之。所著赋、诔、书、奏，凡二十六篇。"②据此而言之，桓谭著作，不过是《新论》一部二十九篇，《琴道》一篇（未完成），赋、诔、书、奏 26 篇，总数上不过 56 篇作品，如何称得上"富号猗顿"？

我们看看与其相距不远，以及其后的其他学者的著述数量。

《后汉书·班彪传》："所著赋、论、书、记、奏事合九篇。"③

《后汉书·班固传》："固所著《典引》、《宾戏》、《应讥》、诗、赋、铭、诔、颂、书、文、记、论、议、六言，在者凡四十一篇。"④

《后汉书》记载崔骃作品："所著诗、赋、铭、颂、书、记、表、《七依》、《婚礼结言》、《达旨》、《酒警》合二十一篇。"崔骃子崔瑗作品："瑗高于文辞，尤善为书、记、箴、铭，所著赋、碑、铭、箴、颂、《七苏》、《南阳文学官志》、《叹辞》、《移社文》、《悔祈》、《草书艺》七言，凡五十七篇。"⑤

《后汉书·张衡传》："所著诗、赋、铭、七言、《灵宪》、《应闲》、《七辩》、《巡诰》、《悬图》凡三十二篇。"⑥

其他王充"著《论衡》八十五篇，二十余万言"、王符"志意蕴愤，乃隐居著书三十余篇"、仲长统"因著论名曰《昌言》，凡三十四篇，十余万言"⑦。

从以上胪列作品数量上看，桓谭的作品，仅比王充、崔瑗为少。王充、崔瑗要比桓谭晚得多，将桓谭放在他的时代看来，显然属于作品数量较多的作者。如果仅仅从作品数量上衡量一个学者的成就，显然不是公平的事情。因此，"富号猗顿"之说，还有其他的道理。

---

① 黄晖：《论衡校释》，第 3 册，第 864 页。
② 《后汉书》卷二八《桓谭传》，第 4 册，第 961 页。
③ 《后汉书》卷四〇《班彪列传》，第 5 册，第 1329 页。
④ 《后汉书》卷四〇《班彪列传》，第 5 册，第 1386 页。
⑤ 《后汉书》卷五二《崔骃列传》，第 6 册，第 1722、1724 页。
⑥ 《后汉书》卷五九《张衡列传》，第 7 册，第 1940 页。
⑦ 《后汉书》卷四九《王充王符仲长统传》，第 1629、1630、1646 页。

　　桓谭同时代人，多将其比作扬雄。《后汉书·宋弘传》："帝尝问弘通博之士，弘乃荐沛国桓谭才学洽闻，几能及杨雄、刘向父子。"①这种比较，当然就不是从作品数量上来说的，而是指桓谭在文学与学术上的思想成就。桓谭《新论》对后世学者影响不小，王充、王符、仲长统等人，皆与其思想一脉相承。刘勰称"桓谭著论，富号猗顿"，据"著论"二字分析，也是从桓谭论述的思想成就来说的。

　　据《新论》篇目而言，桓谭当时的言论，无不涉及到当时政治、文化、学术与文学领域的"热点"话题，并且对当时的文学与学术风气具有一定的引领作用。例如，《本造》涉及到汉代撰述的体例与宗旨，《王霸》涉及到治国理念，《求辅》涉及人才选拔，《言体》涉及治国方略，《见征》涉及谶纬、卜筮，《谴非》揭露历史、政治等方面的弊端，《启寤》辨析当时天文、哲学、生活常识等方面的一些误解，《祛弊》驳斥当时神仙、方士、长生之学，《正经》述古文经学的源流，《道赋》叙学赋之难，《琴道》溯琴制源流与雅乐、新声之旨，等等。其中，谶纬、古文经学、神仙之学、音乐，皆属当时之"显学"。从这个角度来说，刘勰称桓谭之论"富号猗顿"，确实是有道理的。

　　刘勰又称桓谭之文"长于讽论"，其实说的是桓谭作品的文学风格。"讽论"，范文澜《文心雕龙注》称："铃木云：'疑当作谕。'"因为铃木虎雄仅仅是怀疑，故仍以旧文"讽论"为是。《四库全书》本《文心雕龙辑注·隐秀》："陈思之《黄雀》，公干之《青松》，格刚才劲，而并长于讽谕。"陆侃如、牟世金《文心雕龙译注》解释道："讽谕，婉转曲折地表达讽谏之意。讽：不当面说。谕：告晓。"②周振甫先生解释为"讽喻"，"喻"为"比喻"③。结合汉代的文学实际，"讽喻"、"讽谕"的意思差不多④；"谕"为告诉，"喻"则非"比喻"，其意义与"谕"相当。而"论"在当时的意思，恐怕与"谕"、"喻"皆相近。"讽"为讽谏，即委婉表达自己的意思；"论"即言论、论述之意。"谕"、"喻"也有类似于"言"、"说"、"论"等涵义，如此就与"论"完全相同。本此，"讽论"、"讽喻"、"讽谕"异词同义。如庾信《哀江南赋》称："大儒荀况，赋礼智

<hr>

① 《后汉书》卷二六《宋弘传》，第 4 册，第 904 页。
② 陆侃如、牟世金：《文心雕龙译注》，齐鲁书社 1995 年版，第 486 页。
③ 周振甫：《文心雕龙注释》，人民文学出版社 1981 年版，第 435 页。
④ 如郑玄《六艺论》称《诗》为"讽喻之声"，《北堂书钞》卷九五引却作"讽谕之声"。可知唐人即将"谕"、"喻"二字同义。

以陈其情，含章郁起，有讽论之义。"①此"讽论"，其意即"讽喻"或"讽谕"。

但无论是"讽论"、"讽喻"还是"讽谕"，主要意思还是偏重于"讽"。根据桓谭的作品，其作并非皆有"讽论"之意。

首先，桓谭的《仙赋》，不能当"讽论"之说。由于此赋作于桓谭少年之时，乃记神仙之事。就《仙赋》中桓谭所言"余居此焉，窃有乐高眇之志，即书壁为小赋，以颂美"云云，桓谭年少时对神仙之学颇为向往。且此时他年方十七，即为奉车郎中，未必有"讽谏"之志，不可能于其小赋中寄寓"讽论"。何况，辞赋的谶纬化，已经逐渐磨灭了这种文体的讽谏性。

其次，桓谭《陈明政疏》、《抑谶重赏疏》、《上便宜》、《陈便宜》与《启事》等应用文体中，"讽论"的意味不可能很浓。这些奏、启之体②，共同的写作规范即刘勰《文心雕龙·奏启》所言："笔锐干将，墨含淳酖。虽有次骨，无或肤浸。"尤其是"奏"，更以疏通、明晰为要："夫奏之为笔，固以明允笃诚为本，辨析疏通为首。"③这种文体中的"讽论"应该较少。

桓谭"长于讽论"，主要体现在其《新论》一书中。以《新论·王霸》为例，桓谭在论述治国需要选择王道还是霸道之时，完全采用先秦的资料，以古史上对王、霸政策的认识与选用，来说明后世治国应该如何认识王霸，无疑是有其"讽论"意义的。再如《言体》，实际上主要说的是君主治国时言行的"大体"问题，但桓谭也是未直言陈述自己的意见，而是主要取近史如王莽、更始帝刘玄治国"不识大体"等材料，来说明"知大体"的重要性，其"讽论"之意不言自明。这种通过对史料远取近采的方式来阐明文章观点的方法，一方面增加了文章的历史厚度，容易引起读者的阅读兴趣；另一方面，这种做法也使文章显得委婉含蓄，容易为人接受。这就是"讽论"的文学力量。

"讽"源于《诗经》。郑玄《六艺论》称："《诗》者，弦歌讽喻之声也。"④这说明在汉代学者看来，"讽"是儒家思想的传统美德。桓谭《新论》，多寄"讽论"，其源大致有二：

第一，桓谭本来"好郑声"，但其"讽论"之体，当源于《诗经》之"雅乐"，

---

① 《周书》卷四一《庾信传》，第 3 册，中华书局 1971 年版，第 743 页。

② "便宜"亦属"启"体。刘勰称："晁错受书，还上便宜。后代便宜，多附封事，慎机密也。"（范文澜：《文心雕龙注》，下册，第 424 页）

③ 范文澜：《文心雕龙注》，下册，第 424、422 页。

④ 《毛诗正义·诗谱序》，阮元校刻：《十三经注疏》，上海古籍出版社 1997 年版，第 262 页。

说明桓谭后来对"好郑声"颇有悔改之心。据《后汉书》记载：

> 帝尝问弘通博之士，弘乃荐沛国桓谭才学洽闻，几能及杨雄、刘向父子。于是召谭拜议郎、给事中。帝每宴，辄令鼓琴，好其繁声。弘闻之不悦，悔于荐举，伺谭内出，正朝服坐府上，遣吏召之。谭至，不与席而让之曰："吾所以荐子者，欲令辅国家以道德也，而今数进郑声以乱《雅》《颂》，非忠正者也。能自改邪？将令相举以法乎？"谭顿首辞谢，良久乃遣之。后大会群臣，帝使谭鼓琴，谭见弘，失其常度。帝怪而问之。弘乃离席免冠谢曰："臣所以荐桓谭者，望能以忠正导主，而令朝廷耽悦郑声，臣之罪也。"帝改容谢，使反服，其后遂不复令谭给事中。[①]

宋弘责备桓谭"数进郑声以乱《雅》《颂》"，并责问其"能自改邪？将令相举以法乎"，而桓谭"顿首辞谢"、"帝使谭鼓琴，谭见弘，失其常度"，皆可见桓谭对宋弘之言颇为在意。"失其常度"，说明桓谭本人也认可宋弘之说，再度鼓琴涉及"郑声"时，已不能做到心安理得、挥洒自如。光武帝刘秀不再任桓谭为给事中，说明光武帝也采纳了宋弘的建议，不再"好其繁声"。桓谭本来"数进郑声以乱《雅》《颂》"，此后恐怕只能以"《雅》《颂》"正"郑声"了。这是桓谭思想上的一个大变化。《新论·琴道》多有雅乐，也说明了桓谭的这种变化。而这种变化，是桓谭"讽论"之体产生的外在原因。

第二，桓谭曾为掌乐大夫，对郑声尤其喜好，并曾因此受到扬雄责备："扬子云大才而不晓音，余颇离雅乐而更为新弄。子云曰：'事浅易善，深者难识，卿不好雅颂而悦郑声，宜也。'"[②]由桓谭入东汉尚"好郑声"看，他一直没有放弃这种音乐爱好。此时桓谭能抛弃数十年的爱好，说明桓谭的确受到了思想上的深刻触动。个人爱好是很难改变的，而桓谭能够做到这一点，对其后来《新论》的撰述，将产生巨大影响。这也是桓谭之作"讽论"之体产生的思想根源。

刘勰称桓谭"长于讽论"，不仅点出了桓谭的文学风格，而且提醒我们：桓谭以后，这种"博杂"、"长于讽论"的文风，"下开东京"，开创了一个独特的"疾虚妄"学风，从而促成了两汉散文体例的产生，标志着汉代文学由以赋为主到以文为主的方向性转变。王充、王符、仲长统、张衡等人，即与此

---

①《后汉书》卷二六《宋弘列传》，第 4 册，第 904 页。
②《新辑本桓谭新论》，第 61 页。

风一脉相承。但是,我们必须看到,这种"疾虚妄"文风,在东汉甚至以后,是极为少见的。这很大程度上是因为"讽论"的方式,有时候不符合封建帝王的喜好,甚至有时候与帝王的意图相左。这就使得这种文风不可能成为汉代文学的主流,只能逐渐被边缘化,直至被同化,"平衍"、"文弱"的文风即与此有关。

这种情形与入汉以后封建帝王对话语权的掌控不无关系。先秦诸子最大的优势是思想自由、笔随心发、个性鲜明,毫无拘执。他们的文章,既不受门派、政治的制约,也不受其他文人学风的左右。互相辩论、互相驳难,成了当时的主流风气。汉代诸子就没有这种情况。以桓谭为例,他在"好郑声"一事上,屡受非议,其思想逐渐发生变化,其"个性"逐渐被"主流化"。这反映在他的文章中,必然会成为刘咸炘所说的"平衍"。这种"平衍",反映在《新论》中,就是其文虽然有"讽论"之意,但这种"讽论",本质上体现出来的已经属于桓谭所处的"政治生态"之内的"讽谏与议论",或者说属于当时如扬雄、刘歆等学者普遍具有的"集体话语",而非桓谭的"个人发声"。对于扬雄、刘歆而言,桓谭之文不过是刘、扬二人的"传声筒"而已。这种"平衍"和"文弱",就像流在时代文学血管里的血液,是不可救药的。从这里看来,东汉王充、王符、仲长统等人的文学,不会也不可能超越刘歆、扬雄、桓谭等人。在他们所处的时代里,这些人貌似或"耿介不同于俗",或"不矜小节,默语无常,时人或谓之狂生",其文或亦能"释物类同异,正时俗嫌疑",然其说早已为扬雄、桓谭等人所发,并无多少新意。更何况,这些人从骨子里说,其文"疾虚妄"的本质目的,是因为他们"以为俗儒守文,多失其真",故摆出"不同于俗"的学术姿态;他们为文的目的,与刘、扬、桓谭一样,还是为"救时弊"[1]而发,这种声音,当然不会脱离本时代的"政治生态"。这实际上已经沾染上了浓厚的事功色彩。这种"入世"色彩浓厚的诸子文章,当然摆脱不了"平衍"、"文弱"的帽子。

两汉之际形成的这种文学特征,与汉代诸子的"博杂"不无关系。因为,一种并不纯粹的文学书写,或者说一种材料博杂的文学内容,必然大大减弱文学固有的表达张力,大大削弱文学特有的表达气势。汉代诸子的文

---

[1]《后汉书·王充王符仲长统传》"赞曰":"管视好偏,群言难一。救朴虽文,矫迟必疾。举端自理,滞隅则失。详观时蠹,成昭政术。"(《后汉书》卷四九《王充王符仲长统传》,第 6 册,第 1662—1663 页)"成昭政术",一语道出了他们文章的本质。

学叙述,很容易被淹没在博杂的历史掌故、天文地理与学术思想的材料之中。读者为这种"博杂"所吸引的同时,无意中会忽视诸子书写的文学本质。但是,这个时期开创的"以文为主"的风气,却大大开拓了东汉文学的文体空间。此后,出现了一大批散文著作。这个时期,虽然也存在不少辞赋作品,但是《后汉书》中记载的文学体式大大丰富,更增加了书、论、记、议、表等非韵文形式的作品。这体现了前、后汉文人对文学体式认识的变化。尤其是诸多散文体式的介入,必然大大丰富东汉文学的体裁与表达,从而使汉代文学可以摆脱以赋为主的束缚。从这个角度上说来,以"汉赋"来概括两汉文学的总特征,其实有失偏颇。"汉代散文"体式的丰富程度,是先秦诸子散文不能比拟的;而其政治作用与文学意义,也是汉赋所无法替代的。

综上所述,刘勰《文心雕龙》对桓谭的评价,有很多是刘勰时代的思想认识。与桓谭时代相比,刘勰生活的时代,文学理论已经比较发达,因此,以刘勰对桓谭的否定性评价来否定桓谭的文学成就与贡献,是不恰当的。对古人应该具有"同情之理解",这种"同情",实际上就是将历史人物放置到他那个时代,与其同时代人进行比较,看其在当时的成就与贡献,而不能用后人进步之"矛",去攻前人相对落后之"盾"。这是人为地制造历史的不公。从这个角度而言,对前人的文学评论,我们既不能盲目信从,也不能轻易否定。即如本文刘勰评价桓谭之论看,笔者得出的结论是:刘勰评价桓谭"偏浅无才"之说,有失偏颇;"富号猗顿",并非仅指桓谭著述颇丰,还有对桓谭之文引领时代风气的赞誉;"不及丽文",不仅是对桓谭个人文学成就的概括,还涉及到对当时整个时代文学风尚的评价;"长于讽论",则主要是对桓谭《新论》一书的评价,其实指的也是他的散文风格。另外,刘勰称桓谭之论"富号猗顿"、其作"长于讽论",前者是对桓谭文学成就的概括,后者是对桓谭文学风格的归纳。桓谭文学的总特征,也是那个时代文学风貌的总体缩影,一言以蔽之,就是"不及丽文"、"长于讽论"。按照刘咸炘的说法,则是"平衍"、"文弱"和"博杂"。这代表了汉代文风出现了由赋到文的转变。

由于今存桓谭的文学作品很少,桓谭《新论》又属后来辑佚之书,故对桓谭学术、文学成就的研究就显得比较困难。但是,通过对刘勰评价桓谭材料的分析,我们可以从中揭示一段特定时代的文学真相,还原一些文学人物的创作历史。从更广阔的古代文学历史层面上看，这种一分为二的揭示与还原，具有一定的普遍性意义。

文风、文体的转变，与时代风尚具有莫大关系，而社会秩序、政治秩序、文本秩序的稳定与否，又在其中起着重要作用。对于桓谭时代的文风、文体而言，从政治环境看，是不稳定中有稳定；从文本角度看，是稳定中有不稳定。正是在这种"稳定"与"不稳定"的辩证关系中，中国古代文本不断淘汰着旧秩序、酝酿着新秩序。这是中国古代文化不断繁衍生息的重要内因。

第六节　秩序与传承：桓谭论赋与汉赋的"讽谏"传统

上文说过，文本秩序是在"旧秩序"的消亡、"新秩序"的建立过程中不断前进、发展的。文本新秩序中，自然不可能完全抛弃旧传统，这一点正是文本具有传承动力的重要原因。就此而言，"秩序"与"传承"、传统与新变，都是值得在"文本秩序"之下讨论的有趣话题。

文学研究，除了关注作者生平与籍贯、行迹与交游，或其作品数量与流传、真伪与时代等文献问题，还需要关注文学作品本身的文学性问题。钱锺书先生曾云："尽舍诗中所言而别求诗外之物，不屑眉睫之间而上穷碧落、下及黄泉，以冀弋获，此可以考史，可以说教，然而非谈艺之当务也。"①这个话题，确实需要引起文学研究者的思考。

以汉赋研究为例，除了关注文体意义上的发展情况，我们还需要深入到这种文体内部，关注汉赋的学习、创作、评价与发展过程。桓谭《新论·道赋》，虽然材料不多，却皆是对汉赋的评论，为我们思考这些问题提供了很好的线索。

大致说来，汉代学赋、作赋、评赋皆有其一定之规。根据桓谭《道赋》与其他材料的记载，诵读是汉人学赋的基本手段，"拟"与"反"则是汉人学赋、作赋的两种方式。"讽谏"、"劝百讽一"、"实核"、"要约"、"丽文高论"则是汉人对辞赋的基本要求，也是他们评价辞赋优劣的标准。汉赋具有"讽谏"传统，但其"极丽靡之辞，闳侈巨衍"的写作方式，最终削弱了汉赋的"讽谏"

---

① 钱锺书：《管锥编》，生活·读书·新知三联书店 2007 年版，第 109—110 页。

意味。这也是导致扬雄等人在汉赋方面"辍不复为"的主要原因。

一、由《道赋》篇看桓谭时代的学赋与作赋

朱谦之《新辑本桓谭新论》搜集桓谭关于汉赋的文字凡六则。这些材料,有的属于桓谭自叙学赋、作赋的情况,有的是辑自刘勰《文心雕龙》记载桓谭评赋的文献,从中可以看出桓谭对汉赋的认识。

汉人作赋主要是模仿,有两种方式:一个是继承,就是"取其一点而拟之";一个是"反其意而行之",具有创新的意味。这是汉人为赋之"道"。这两点在扬雄身上表现的最突出。《汉书·扬雄传》:"蜀有司马相如,作赋甚弘丽温雅,雄心壮之,每作赋,常拟之以为式。又怪屈原文过相如,至不容,作《离骚》,自投江而死,悲其文,读之未尝不流涕也。以为君子得时则大行,不得时则龙蛇,遇不遇命也,何必湛身哉!乃作书,往往摭《离骚》文而反之,自岷山投诸江流以吊屈原,名曰《反离骚》;又旁《离骚》作重一篇,名曰《广骚》;又旁《惜诵》以下至《怀沙》一卷,名曰《畔牢愁》。"颜师古注"旁"曰:"旁,依也。""畔",李奇曰:"畔,离也。牢,聊也。与君相离,愁而无聊也。"①扬雄一"拟之以为式"、一"摭《离骚》文而反之",是汉代人学赋、作赋的两种不同方式。

但是,作赋不像一般人想象得如此简单。"反学"者由于知识缺陷的原因,容易陷入"画虎不成反类犬"境地。因此,如桓谭"博观他书"一样,"诵读"群书就成了写好辞赋的必要准备。《道赋》记载了扬雄教桓谭学赋、王君大教桓谭学剑的事情:

> 杨子云工于赋,王君大晓习万剑之名,凡器邀观而知,不须手持熟察。余欲从二子学。子云曰:"能读千赋,则善赋。"君大曰:"能观千剑,则晓剑。"谚曰:"伏习象神,巧者不过习者之门。"②

这个故事揭示了汉人学赋的基本途径就是"读赋"。这是写好赋作的首要准备。扬雄《与桓谭》称:"长卿赋不似从人间来,其神化所至耶?大谛能读千赋,则能为之。"③懂得"诵读"的好处,显然是入门者的心得。桓谭此处

---

① 《汉书》卷八七《扬雄传》,第 11 册,第 3515 页。
② 《新辑本桓谭新论》,第 52 页。
③ 扬雄著,张震泽校注:《扬雄集校注》,第 274 页。

所记载的,比较符合当时汉人学赋的过程。

另外,根据史书记载,"诵读"不仅是汉人鉴赏、交流赋作的主要方式,还是一项必要的学习技能。《汉书·司马相如传》记载:"蜀人杨得意为狗监,侍上。上读《子虚赋》而善之。"这个"读",未必是汉武帝亲自诵读,也可能是由身边侍臣诵读。汉赋中存在大量的拟声词,甚至发音响亮的象声词,都是为了适应诵读的需要。扬雄告诉桓谭"能读千赋则善赋",实际上是辞赋词汇的记忆过程。由于汉代文字载体的缺乏,"诵读"反而成了衡量一个人词汇多少与知识水平高低的标志。当初贾谊"以能诵诗书属文称于郡中"、司马迁"年十岁则诵古文"、东方朔上书自称"凡臣朔固已诵四十四万言",都是这种文化现象的反映。

汉赋"诵读",涉及语言的雅、俗问题。根据缪钺先生的研究,"周汉以降,凡著竹帛,悉用雅言"[①]扬雄对桓谭所言"能读千赋",所"读"皆雅言。扬雄后来所作《方言》,并非为汉赋"诵读"而作,实际上有经学目的[②]。例如,刘歆曾言:

> 歆先君数为孝成皇帝言:当使诸儒共集训诂,《尔雅》所及,五经所诂,不合《尔雅》者,诂鞫为病;及诸经氏之属,皆无证验,博士至以穷世之博学者。偶有所见,非徒无主而生是也。会成帝未以为意,先君又不能独集,至于歆身,修轨不暇,何惶更创?属闻子云独采集先代绝言,异国殊语,以为十五卷,其所解略多矣,而不知其目。[③]

由此可见,由于汉代很多经学是以口耳相传形式存在,《方言》是为"解经"需要而作。扬雄《方言》不仅仅是单纯的以雅言写方言,而且有将口耳相传的经学典籍统一为以雅言诵读的目的。汉赋作为一种产生于汉统一后的文体,没有像经学典籍一样由先秦流传而来的经历,它一开始就应该是以雅言诵读、写作的。以司马相如为例,他虽为蜀人,后在京城为郎,必通雅言。后病免赴梁学赋,"梁孝王令与诸生同舍,相如得与诸生游士居,数岁,乃著《子虚之赋》"[④]。司马相如和"诸生同舍","与诸生游士居数岁",这些

---

①缪钺:《周代之"雅言"》,《缪钺全集》第二卷《冰茧庵古典文学论集》,河北教育出版社 2004 年版,第 25 页。

②孙少华:《扬雄的文学追求与文学观念之迁变》,《清华大学学报》2012 年第 1 期。

③周祖谟:《方言校笺》,中华书局 1993 年版,第 91—92 页。

④《史记》卷一一七《司马相如列传》,第 9 册,第 3637 页。

来自各地的人,如果没有雅言的联系,根本没法交流①,更谈不上汉赋的诵读与学习了。

汉人所"诵"之"千赋",一定有一个标准,不会是所见之赋皆可诵之。扬雄称:"能读千赋则善赋。"我们认为,这个"千赋",主要指的是汉武帝至汉宣帝时期,司马相如等人奏上、在汉成帝时代编录而成的赋。这种说法,可以在班固之处得到证明:

> 赋者,古诗之流也。昔成康没而颂声寝,王泽竭而诗不作。大汉初定,日不暇给。至于武宣之世,乃崇礼官,考文章,内设金马石渠之署,外兴乐府协律之事,以兴废继绝,润色鸿业。是以众庶悦豫,福应尤盛,《白麟》《赤雁》《芝房》《宝鼎》之歌,荐于郊庙。神雀、五凤、甘露、黄龙之瑞,以为年纪。故言语侍从之臣,若司马相如、虞丘寿王、东方朔、枚皋、王褒、刘向之属,朝夕论思,日月献纳;而公卿大臣,御史大夫倪宽、太常孔臧、太中大夫董仲舒、宗正刘德、太子太傅萧望之等,时时间作。或以抒下情而通讽谕,或以宣上德而尽忠孝,雍容揄扬,著于后嗣,抑亦雅颂之亚也。故孝成之世,论而录之,盖奏御者千有余篇,而后大汉之文章,炳焉与三代同风。②

"论而录之","论",汉人多解为"编次"。《汉书》匡衡本传"孔子论《诗》,以《关雎》为始",《毛诗注疏》郑玄注:"孔子论《诗》,《雅》、《颂》各得其所",此处之"论",皆为"编次"之义。"录",为"著录"。汉成帝时期,未必有将所有的赋汇集一起总称为"千赋"之书,但将这些人的赋作统一编次、收录,则是可能的事情。班固《两都赋序》因为说的是"武宣之世"的赋作,故在此没有提及扬雄、刘歆等人的作品。但扬雄对桓谭所言之"千赋",可能不包括汉成帝时期赋家的作品。又刘勰《文心雕龙·诠赋》说汉赋"繁积于宣时,校阅于成世,进御之赋,千有余首",汉成帝时期,对这些"千首赋"有校对、核阅之事。由此判断:汉成帝时期,已经具有了系统的汉赋学习教材("千赋"),并且汉人形成了"诵读"赋作的社会风气。扬雄、桓谭等人也许参与了这种活动。

---

① 缪钺:《周代之"雅言"》:"秦、吴、燕、粤之人,对面莫能通语,而达之于书,皆相悦以解,莫逆于心。"(《缪钺全集》第二卷《冰茧庵古典文学论集》,第25页)
② 班固:《两都赋序》,萧统编,李善注:《文选》,上册,第21—22页。

　　除了扬雄所说的"千赋"，《离骚》与《诗经》也是汉人学赋的基本教材。《文心雕龙·辨骚》："若能凭轼以倚《雅》、《颂》，悬辔以驭楚篇，酌奇而不失其真，玩华而不坠其实，则顾盼可以驱辞力，欬唾可以穷文致，亦不复乞灵于长卿，假宠于子渊矣。"范文澜注"假宠于子渊"曰："王褒，字子渊，宣帝时辞家之首，故彦和云然。《北堂书钞》九十七引桓谭《新论》云：'余少时好《离骚》，博观他书，辄欲反学。'亦此意也。"①桓谭的"反学"，有人理解为"返回来再学"、"反复学习"。由桓谭自言"少时好《离骚》"，而"博观他书"之后的"反学"，更接近"反其意而学之"之意。与扬雄不同的是，桓谭"反学"，不像扬雄那样"摭《离骚》文"，而是"博观他书"。这里"他书"的意思，笔者认为指的是《诗经》、《离骚》之外的汉赋作品，甚至是诸子作品。

　　辞赋创作是一个非常复杂、艰辛的过程。桓谭《道赋》记载了桓谭本人作赋的事情。这些材料直接出自桓谭本人之手，对于了解汉人当时创作辞赋的心理过程，很有帮助。首先，创作辞赋是一个非常劳精费神的事情。桓谭《道赋》记载：

> 余少时见扬子云丽文高论，不自量年少新进，猥欲逮及。尝激一事而作小赋，用精思太剧，而立感动致疾病。子云亦言：成帝时，赵昭仪方大幸，每上甘泉，诏使作赋，一首始成，卒暴倦卧，梦五藏出地，以手收内之，及觉，大少气，病一年。由此言之，尽思虑，伤精神也。②

桓谭在这里所言他本人与扬雄作赋致病的事，刘勰也有记载：

> 人之禀才，迟速异分，文之制体，大小殊功：相如含笔而腐毫，扬雄辍翰而惊梦，桓谭疾感于苦思，王充气竭于思虑，张衡研《京》以十年，左思练《都》以一纪。虽有巨文，亦思之缓也。淮南崇朝而赋《骚》，枚皋应诏而成赋，子建援牍如口诵，仲宣举笔似宿构，阮瑀据案而制书，祢衡当食而草奏，虽有短篇，亦思之速也。③

刘勰显然认为司马相如、扬雄、桓谭作赋致病，是由于文人的"文思迟缓"之故。桓谭称"尝激一事而作小赋，用精思太剧，而立感动致疾病"。一篇"小赋"就可以使其"发病"吗？

---

①范文澜：《文心雕龙注》，上册，第48、58页。
②《新辑本桓谭新论》，第52页。
③范文澜：《文心雕龙注》，下册，第494页。

据桓谭《仙赋》小序:"余户此焉,窃有乐高眇之志,即书壁为小赋。"此时桓谭随汉成帝郊祠甘泉、河东,由桓谭"即书壁为小赋"分析,此赋写作时间不可能太久。桓谭发病的"小赋"我们不知其详细内容。桓谭《仙赋》现存,据其意推测此赋写作时间很短,大概有两种原因:第一,其语词、人物、意境多仿宋玉《神女赋》、屈原《惜誓》与司马相如《大人赋》,模拟之作的撰写,显然比较容易。第二,司马相如、扬雄、桓谭、王充、张衡、左思等人,皆是儒家人物,他们的赋作,主要学习屈原《离骚》的风格,为了适应汉代儒学一统与帝王阅读的需要,很多时候有创制新词之举、有引《诗》援《书》之例,近似于一种"学术之赋"的创作路数。刘安、枚皋等人的赋,儒学色彩比较淡薄,走的是辞采华美、浮华相尚的"纯文学"路子。如此说来,当然是前者难而后者易,与文思没有关系。尤其是,桓谭等人作赋的时候,要字斟句酌,将以往记忆中的词汇提取出来并加以反复比较、选择,直至确定使用,是非常复杂的脑力过程。在这种情况下,因作赋"感动发病",并非偶然。

二、桓谭论赋及其评价标准

《文心雕龙·序志》称:"详观近代之论文者多矣:至如魏文述《典》,陈思序《书》,应玚《文论》,陆机《文赋》,仲洽《流别》,宏范《翰林》,各照隅隙,鲜观衢路,或臧否当时之才,或铨品前修之文,或泛举雅俗之旨,或撮题篇章之意。魏《典》密而不周,陈《书》辩而无当,应《论》华而疏略,陆《赋》巧而碎乱,《流别》精而少功,《翰林》浅而寡要。又君山、公干之徒,吉甫、士龙之辈,泛议文意,往往间出,并未能振叶以寻根,观澜而索源。不述先哲之诰,无益后生之虑。"[1]根据这段材料分析,刘勰在这里虽然称桓谭等人"并未能振叶以寻根,观澜而索源",但足以说明,桓谭曾经系统地论述过"为文"的问题。笔者认为,桓谭《道赋》是较早的文论作品。

朱谦之先生从刘勰《文心雕龙》辑得桓谭评论文学的资料三条[2]:

及相如之《吊二世》,全为赋体,桓谭以为其言恻怆,读者叹息。及平章要切,断而能悲也。(《文心雕龙·哀吊》)

文家各有所慕,或好浮华,而不知实核;或美众多,而不见要约。(《文

---

①范文澜:《文心雕龙注》,下册,第726页。
②《新辑本桓谭新论》,第53页。

心雕龙·定势》)

予见新进丽文，美而无采，及见刘、扬言辞，常辄有得。(《文心雕龙·通变》)

另外，我们上文还有桓谭对扬雄辞赋的评价之辞："余少时见杨子云丽文高论，不自量年少新进，而猥欲逮及。"

《文心雕龙》中的这三条材料，虽然并非是针对赋而言，然由此考察桓谭的文学观念，从侧面分析其辞赋理论，也是可行的。由于第一条主要针对哀吊而言，故置而不论。后面两条中，桓谭使用了几组词汇"浮华"与"实核"、"众多"与"要约"、"美而无采"与"丽文高论"。从桓谭的话语中，我们很明显地感觉到他的文学倾向：反对"浮华"、"众多"(实际上就是繁复)、"美而无采"，肯定"实核"、"要约"与"丽文高论"(实际上就是要求"美而有采")。

首先，"浮华"与"众多"、"美而无采"是相辅相成的。这种现象，自汉初就已经存在了。班固《典引》称："司马相如污行无节，但有浮华之辞，不周于用。"[1]可知司马相如赋作在东汉有"浮华之辞"一说。《西京杂记》也记载：

> 司马相如为《上林》《子虚》赋，意思萧散，不复与外事相关。控引天地，错综古今，忽然如睡，跃然而兴，几百日而后成。其友人盛览，字长通，牂柯名士，尝问以作赋。相如曰："合綦组以成文，列锦绣而为质，一经一纬，一宫一商，此赋之迹也。赋家之心，苞括宇宙，总览人物，斯乃得之于内，不可得而传。"[2]

《西京杂记》虽然时代较晚，但其中所言"合綦组以成文，列锦绣而为质，一经一纬，一宫一商"的特征，确实道出了司马相如之赋的主要特征。这种纵横交错的文字排布，的确具有"华丽"的效果。后人称司马相如赋"浮华"也是有来由的。我们看司马相如《子虚》《上林》，琳琅满目的奇字怪辞纷至沓来，令人目不暇接，的确有"美众多"的意思。司马相如《封禅文》自称其为赋"依类托寓"[3]，道出了汉赋的基本写作范式。汉人作赋，基本上都具

---

① 班固：《典引》，萧统编，李善注：《文选》，下册，第682页。
② 成林、程章灿：《西京杂记全译》，第65页。
③ 司马相如：《封禅文》，萧统编，李善注：《文选》，下册，第678页。

有这个特点。司马迁称屈原"举类迩而见义远",又称"连类以争义",枚乘《七发》称"离辞连类",皆为此意。例如,司马相如《子虚赋》:

> 云梦者,方九百里,其中有山焉。其山则盘纡弗郁,隆崇崒崟;岑崖参差,日月蔽亏;交错纠纷,上干青云……其东则有蕙圃衡兰,芷若射干,穹穷昌蒲,江离蘼芜,诸蔗猼且。其南则有平原广泽,登降陁靡,案衍坛曼,缘以大江,限以巫山。其高燥则生葴菥苞荔,薛莎青薠。其卑湿则生藏莨蒹葭,东蔷雕胡,莲藕菰芦,庵闾轩芋,众物居之,不可胜图。其西则有涌泉清池,激水推移;外发芙蓉菱华,内隐巨石白沙。其中则有神龟蛟鼍,瑇瑁鳖鼋。其北则有阴林巨树,楩枏豫章,桂椒木兰,檗离朱杨,栌梨樗栗,橘柚芬芳。其上则有赤猨蠷蝚,鹓雏孔鸾,腾远射干。其下则有白虎玄豹,蟃蜒貙豻,兕象野犀,穷奇獌狿。①

由文字的选用看,字中言草木则多草木偏旁("莲藕菰芦"、"栌梨樗栗"),言虫鸟则多虫鸟偏旁("蟃蜒貙豻"),言水则皆有水("涌泉清池"),言山则皆有山("隆崇崒崟"、"岑崖参差")。这是当时的一种普遍风气。如题名刘歆的《甘泉宫赋》:"深林蒲苇,涌水清泉。芙蓉菡萏,菱荇苹藻。豫章杂木,梗松柞械。女贞乌勃,桃李枣檖。"②也是这种风格。这种文字具有很好的视觉效果,诵读起来也有很好的节奏感,确实能够体现汉赋的气势不凡与铺张扬厉的风格。这是"美众多"造成的"浮华"效果。但是,司马相如之赋由于兼重《诗》之比兴,故尚无"美而无采"之弊。即如上文司马相如列举诸物,皆为表现楚国的富庶与盛人。尤其是此段文字中的奇字、怪辞,皆为当时人所少见。这种"奇",凸显的是汉赋之"丽"的特征,也就是桓谭所言"丽文高论"。而这个由"奇"来体现的"丽",是汉赋最基本的创作要求。桓谭总结的汉赋"丽"的特征,是符合汉赋创作要求的。这一点,在刘勰那里我们可以得到证实:"物以情观,故词必巧丽。"③而"丽"由"奇"显,则在刘熙载处找到证据:"赋取乎丽,而丽非奇不显,是故赋不厌奇。"④此诚一语中

---

① 《史记》卷一一七《司马相如列传》,第9册,第3642—3643页。
② 欧阳询著,汪绍楹校:《艺文类聚》卷六二,上海古籍出版社1965年版,第1113页。
③ 范文澜:《文心雕龙注》,人民文学出版社1958年版,上册,第136页。
④ 刘熙载:《艺概·赋概》,第100页。

的。扬雄之赋，乃学司马相如之赋而来，故扬雄之赋也具有"丽"的特点。桓谭称扬雄、刘歆之赋为"丽文高论"，可知二人之赋继承了司马相如之赋的文学风格。

仅有"奇"，当然也可以称得上"丽文"，故桓谭有"新进丽文"之说。但过分求"奇"，却会导致"不奇"的结果。刘熙载称："赋取乎丽，而丽非奇不显，是故赋不厌奇。然往往有竟体求奇，转至不奇者，由不知以蓄奇为泄奇地耳。"①此即桓谭所言"新进丽文美而无采"的原因。

与桓谭同时的王褒②，其赋曾受到士人讥刺："上令褒与张子侨等并待诏，数从褒等放猎，所幸宫馆，辄为歌颂，第其高下，以差赐帛。议者多以为淫靡不急。"③汉宣帝以赋"第其高下，以差赐帛"的情况，说明此时的汉赋，已经与物质利益紧密联系起来了。汉宣帝喜欢什么样的辞赋呢？《汉书》记载，汉宣帝称："辞赋大者与古诗同义，小者辩丽可喜。辟如女工有绮縠，音乐有郑、卫，今世俗犹皆以此虞说耳目，辞赋比之，尚有仁义风谕，鸟兽草木多闻之观，贤于倡优博弈远矣。"④值得注意的是，汉宣帝虽然前面称"辞赋大者与古诗同义，小者辩丽可喜"，但他后面将汉赋比作"女工有绮縠，音乐有郑、卫"，显然是在为汉赋之"小者"辩解。汉宣帝是喜欢"辩丽可喜"之赋的。"辩丽可喜"之赋，实际上就是文辞华丽之赋，这与"奇"也有关。王褒熟悉"奇字"，其赋必然具有"奇丽"特征。《汉书·王褒传》记载："（汉宣帝）诏使褒等皆之太子宫虞侍太子，朝夕诵读奇文及所自造作。疾平复，乃归。太子喜褒所为《甘泉》及《洞箫颂》，令后宫贵人左右皆诵读之。"⑤"朝夕诵读奇文"，说明王褒等人确实喜欢奇文、奇字。赋颂如何使太子"疾平复"，的确令人惊奇。王褒的《洞箫赋》，刘勰认为"穷变于声貌"⑥。这当然可以说明王褒非常谙熟汉赋创作的技巧。但是这个"穷"字，也泄露了王褒赋的一个瑕疵：过分追求汉赋描写

---

① 刘熙载：《艺概·赋概》，第 100 页。
② 桓谭与王褒生于同年。桓谭生年见孙少华《桓谭生卒年新考》（《淮北师范大学学报》2011 年第 6 期）。王褒生年，见张君房《云笈七籤》："华存师清虚真人王君讳褒，字子登，范阳襄平人也，安国侯七世之孙。君以汉元帝建昭三年九月二十七日诞焉。"（张君房：《云笈七签》卷一〇六《清虚真人王君内传》，齐鲁书社 1998 年版，第 579 页）
③《汉书》卷六四《王褒传》，第 9 册，第 2829 页。
④《汉书》卷六四《王褒传》，第 9 册，第 2829 页。
⑤《汉书》卷六四《王褒传》，第 9 册，第 2829 页。
⑥ 范文澜：《文心雕龙注》，上册，第 135 页。

对象的形貌描写,过分追求"奇",就会破坏汉赋有张有弛的节奏,使文章的表述由于过分紧张而使人读来感觉厌倦,终至沦为"不奇"。《洞箫赋》不是很长,但是读起来有急迫之感。文中大量罗列的典故,容易使读者沉迷于历史掌故的欣赏而游离于文章本身之外,从而忽视此赋的内在美感:

> 钟期牙旷,怅然而愕兮,杞梁之妻不能为其气。师襄严春不敢窜其巧兮,浸淫叔子远其类。嚚顽朱均惕复惠兮,桀跖鬻博儡以顿顇。吹参差而入道德兮,故永御而可贵。①

以上这些文字,与《洞箫赋》咏物的主旨没有直接联系,徒具政治教化意义而无多少文学美感,并且对文章阅读还有相反的阻滞作用。这就是桓谭所说的"美而无采"了。"采"是对汉赋形式的要求。与"美而无采"相对的是"美而有采",其实是对"内容"的要求。在桓谭这里,何为"内容"?笔者认为,实际上就是桓谭所说的"实核"。可见在桓谭之时,已经注意到汉赋形式(即"浮华"、"美众多")需要与内容(即"实核"、"要约")相结合的问题。这个问题与"要约"关系密切。汉赋文字等形式上的过分追求,会削弱其思想内容的力度。一般的初学者,看到的往往首先是汉赋华丽的辞藻("浮华"与"美众多"),而忽视了对其思想内容("实核")的关注与理解。例如,汉赋作品中在选用奇字的时候,往往过多考虑的是其形与声,不太考虑文字涵义的内在逻辑性。有时候因为一篇汉赋文字较长,还会出现文字重复的现象。如上文司马相如《子虚赋》,前有"芷若射干",后有"腾远射干",即是一例。而奇字的大量罗列,当然会使辞赋显得冗长而不"要约"。这一点,刘勰也注意到了:"文虽新而有质,色虽糅而有本,此立赋之大体也。然逐末之俦,蔑弃其本,虽读千赋,愈惑体要。遂使繁华损枝,膏腴害骨,无贵风轨,莫益劝戒:此扬子所以追悔于雕虫,贻诮于雾縠者也。"②由此可见,桓谭"文家各有所慕,或好浮华而不知实核,或美众多而不见要约"之论,确实一针见血地道出了汉代辞赋的弊病。

---

① 赵逵夫主编:《历代赋评注》(汉代卷),巴蜀书社 2010 年版,第 214 页。
② 范文澜:《文心雕龙注》,上册,第 136 页。

三、汉赋"讽谏"传统的式微及其形式变化

桓谭《道赋》针对汉赋提出的各种弊病，主要与汉赋"讽谏"、"劝百讽一"的特点有关。汉赋为了"讽谏"的目的，常对作品中的事物进行曲折、繁复的描绘，而不直白道尽。"曲折"也是汉赋的一个特征①。汉赋铺张扬厉、"好浮华"、"美众多"的特征，与此有关。

汉赋与《离骚》有思想渊源。但实际上，《离骚》除了"委婉而讽"，还有"直谏"的特点。自战国以降，辞赋作者只继承了屈原的"讽谏"，而抛弃了《离骚》的"直谏"传统。《史记·屈原贾生列传》称：

> 屈原既死之后，楚有宋玉、唐勒、景差之徒者，皆好辞而以赋见称；然皆祖屈原之从容辞令，终莫敢直谏。其后楚日以削，数十年竟为秦所灭。②

从这里分析，屈原之赋，既有"从容辞令"，又有"直谏"之作。前者自不待言，后者如《橘颂》，刘熙载评其"不迂而妙"③，得其真旨。

但是，自宋玉等人以降，"皆祖屈原之从容辞令，终莫敢直谏"，明陈第《题九辩》就此解释道："愚谓宋玉诸赋，大抵婉雅之意多，劲奋之气少。"④这说明，学《离骚》者，自宋玉以后，皆继承的仅是屈原文学风格的一个方面而已。入汉以后，至司马迁时，汉人看待《离骚》与辞赋，仅重视其"讽谏"意义。如《史记·太史公自序》："作辞以讽谏，连类以争义，《离骚》有之。"⑤对于《离骚》"直谏"的一面，并没有提及。这与《诗大序》所言"上以风化下，下以风刺上。主文而谲谏。言之者无罪，闻之者足以戒，故曰风"的思想是一致的。因此，汉赋从一开始就是以"风"为目的的。扬雄就具有这种认识："雄以为赋者，将以风之也，必推类而言，极丽靡之辞，闳侈巨衍，竞于使人不能加也，既乃归之于正，然览者已过矣。"⑥

司马相如作《子虚上林赋》，已经使用"风谏"："其卒章归之于节俭，因

---

① 刘熙载称："赋须曲折尽变。"（刘熙载：《艺概·赋概》，第 100 页）
② 《史记》卷八四《屈原贾生列传》，第 8 册，第 3020 页。
③ 刘熙载：《艺概·赋概》，第 90 页。
④ 陈第：《屈宋古音义》卷三，《景印文渊阁四库全书》，第 239 册，第 580 页。
⑤ 《史记》卷一〇三《太史公自序》，第 10 册，第 4022 页。
⑥ 《汉书》卷八七《扬雄传》，第 11 册，第 3575 页。

以风谏。奏之天子，天子大说。"①此处之"风谏"，与《史记·司马相如列传》记载相同②，似可说明司马迁时代，已经认同司马相如赋中的"讽谏"功能③。司马相如其他赋作，也具有"讽谏"的意义，如："常从上至长杨猎，是时天子方好自击熊彘，驰逐野兽，相如上疏谏之。……上善之。"④他的《哀二世赋》也是如此："还过宜春宫，相如奏赋以哀二世行失也。"⑤这里虽未言及"讽谏"，但"哀二世"这个题目，本身就具有以古论今的"讽谏"意思。汉武帝见司马相如赋之后的"大说"、"善之"，并非对"其卒章归之于节俭"等的"讽谏"感到高兴，而是喜欢司马相如赋的华丽与盛大场景。这说明，扬雄认为的赋家在汉赋作品中预设的"讽谏"，在帝王对汉赋作品本身的喜好那里大打折扣。这说明，汉赋"讽谏"的目的，很难实现。其实，司马相如"作赋甚弘丽温雅"（《汉书·扬雄传》），充分证明他的赋作"劝百讽一"的特点非常明显。尤其是，在赋家创作主观上的"讽谏"与帝王无意识忽视的矛盾运动中，汉赋的"讽谏"意味会逐渐减少，从而很容易出现扬雄所言"劝百讽一"的局面。司马相如作《大人赋》时，已经完全没有了"风"，只有"颂"："相如既奏《大人之颂》，天子大说，飘飘有凌云之气，似游天地之间意。"⑥这是司马相如个人辞赋创作的变化，也是整个汉代辞赋创作的新变化。

枚皋之赋，"其文骫骳，曲随其事，皆得其意，颇诙笑，不甚闲靡"⑦。颜师古称："骫，古委字也。骳音被，骫骳，犹言屈曲也。"这里的"骫骳"，与"讽谏"无关，而是说枚皋为增加表达的隐秘，故意使其文字显得曲折、意思显得隐晦，近似于倡优的"隐语"。

王褒之赋，并没有扬雄所言司马相如的"讽谏"，而是完全流入"歌颂"一途。《汉书》王褒本传称"上令褒与张子侨等并待诏，数从褒等放猎，所幸宫馆，辄为歌颂"、"太子喜褒所为《甘泉》及《洞箫》颂"，"颂"亦"赋"体，然正

①《汉书》卷五七《司马相如传》，第8册，第2533页。
②《史记》卷一一七《司马相如列传》，第9册，第3640页。
③但由于《史记·司马相如列传》中阑入了扬雄对赋的"劝百风一"评论，故后世多怀疑是《汉书》班固赞窜入《史记》文本之中。所以，笔者怀疑《史记》记载的司马相如赋的"讽谏"作用，可能是扬雄从赋论中总结出"讽谏"论之后的事情，详考见第七节内容。
④《史记》卷一一七《司马相如列传》，第9册，第3699页。
⑤《史记》卷一一七《司马相如列传》，第9册，第3701页。
⑥《史记》卷一一七《司马相如列传》，第9册，第3711页。
⑦《汉书》卷五一《枚皋传》，第8册，第2367页。

面歌颂之意多、委婉而讽之旨少。可以这样说,在汉赋的"讽谏"功能逐渐丧失的过程中,它作为一种特别"文体"的传统意义也正逐渐减小,历史价值也会相应地大打折扣。历史上任何一种文体,在沦为单纯的"歌功颂德"而丧失最初的批判精神之后,其命运只能是走向衰落。

扬雄作赋,进一步从此前汉赋作品中总结出"讽谏"、"劝百讽一"这一赋论特征,并尝试在辞赋创作中恢复"讽谏"传统。他认为,汉赋必须要求"讽谏",如其"从上甘泉,还奏《甘泉赋》以风"、"上《河东赋》以劝"、"故聊因《校猎赋》以风"、"雄从至射熊馆,还,上《长杨赋》,聊因笔墨之成文章,故借翰林以为主人,子墨为客卿以风";《汉书·游侠传》也记载,"先是黄门郎扬雄作《酒箴》以讽谏成帝,其文为酒客难法度士,譬之于物"[1],皆可说明一点问题。如果"讽谏"不能奏效,起码也要求能够"劝百讽一",是以扬雄称:"讽乎!讽则已,不已,吾恐不免于劝也。"[2]然扬雄又称"劝而不止,明矣",这是扬雄对汉赋性质发生变化的认识。这种认识,在《汉书》扬雄本传也有类似材料:"往时武帝好神仙,相如上《大人赋》,欲以风,帝反缥缥有陵云之志。由是言之,赋劝而不止,明矣。又颇似俳优淳于髡、优孟之徒,非法度所存,贤人君子诗赋之正也,于是辍不复为。"[3]扬雄最后在辞赋方面不得不采取的"辍不复为",实在是一种无奈之举。在汉诗与散文尚不发达的西汉,汉赋确实是一种不错的向帝王进行"讽谏"的方式。但是,汉赋撰写要求的"讽谏"与"劝百讽一",造成了汉赋对词汇的过分依赖与追求。这样的话,汉赋对"辞"的过分铺衍就会掩盖辞赋本身"意"的表达,很容易导致阅读者"取其辞而忘其意"。这就违背了先秦诸子的文学精神[4]。

就汉赋而言,篇幅增大了,奇字怪辞增多了,在"极丽靡之辞,闳侈巨衍"内在气势的推动下,作者很难为"讽"与"劝"留一个合适的位置。因此,扬雄等赋家,只能寄希望于阅读者会在主、客问答或绮丽文辞的行文中体悟这种"讽"与"劝"。这是对阅读者的一个苛求。可以说,在汉赋写作中,过多的"侈俪闳衍之词"与过分的铺张扬厉,会取得相反的"讽谏"效果。即

---

①《汉书》卷九二《游侠传》,第11册,第3712页。

②扬雄著,汪荣宝义疏,陈仲夫点校:《法言义疏》,第45页。

③《汉书》卷八七《扬雄传》,第11册,第3575页。

④《吕氏春秋·离谓》:"夫辞者,意之表也。鉴其表而弃其意,悖,故古之人得其意则舍其言矣。听言者,以言观意也,听言而意不可知,其与桥言无择。"(许维遹:《吕氏春秋集释》,下册,第489页)

使今天我们读司马相如《大人赋》、扬雄《甘泉赋》等，仍然感觉其中"讽"与"劝"的比重很小[①]。难怪王充对司马相如、扬雄之赋提出了尖锐的批评："孝武皇帝好仙，司马长卿献《大人赋》，上乃仙仙有凌云之气。孝成皇帝好广宫室，扬子云上《甘泉颂》，妙称神怪，若曰非人力所能为，鬼神力乃可成。皇帝不觉，为之不止。长卿之赋，如言仙无实效；子云之颂，言奢有害，孝武岂有仙仙之气者，孝成岂有不觉之惑哉？然即天之不为他气以谴告人君，反顺人心以非应之，犹二子为赋颂，令两帝惑而不悟也。"[②]王充距桓谭不远，这个判断，可以反映桓谭时代的辞赋认识。

　　既然如此，汉赋最主要的两个特征："闳侈巨衍"与"劝百讽一"——这种形式与内容的关系——，就只剩下了前者。扬雄对汉赋的认识，此时发生的大变化，就是对汉赋"讽谏"作用的批判："扬雄以为靡丽之赋，劝百而讽一，犹骋郑、卫之声，曲终而奏雅。"[③]班固虽然以此言为"不已戏乎"，但已经不足以改变汉赋本身的性质定位了。他也不得不承认，西汉辞赋至扬雄，其"讽谏"色彩已经大大削弱："大儒孙卿及楚臣屈原离谗忧国，皆作赋以风，咸有恻隐古诗之义。其后宋玉、唐勒，汉兴枚乘，司马相如，下及扬子云，竞为侈俪闳衍之词，没其风谕之义。"[④]班固"下及扬子云"一语，无疑为西汉辞赋的"讽谏"传统写下了一个休止符。

　　屈原骚赋作品体现的"从容辞令"与"直谏"传统，至宋玉等人，只取"直谏"一种；至扬雄时代，"讽谏"作用大大削弱，"劝而不止"，"从容辞令"亦已式微。这样，辞赋必然流为近似"倡优"一途的"隐语"。同时，又像扬雄所言，"非法度所存，贤人君子诗赋之正"，辞赋的创作，就失去了其存在的文学与学术价值。至此，汉赋在汉代的文学任务大致完成。桓谭时代，汉赋的"讽谏"传统被政论性散文接过去，刘向、扬雄、桓谭等人的散文受到重视，西汉散文正式进入文学史。是以刘咸炘总结道：刘向、扬雄"显合诸子、词赋、经学为一，散文成专门，下开东京"[⑤]。这是有道理的。另外，自此以降，汉赋的"讽谏"意味大大减弱，而其文学性反而大大

---

① 但刘勰却认为"子云《甘泉》，构深玮之风"，大概是认为扬雄此赋中的"风"，包含在全赋的遣词用句中。

② 黄晖：《论衡校释》，第 2 册，第 641—642 页。

③ 《汉书》卷五七《司马相如传》，第 8 册，第 3609 页。

④ 《汉书》卷三〇《艺文志》，第 6 册，第 1756 页。

⑤ 刘咸炘：《文学述林》，《刘咸炘学术论集·文学讲义编》，第 124 页。

增强。萧统《昭明文选》将"赋"列于首，并且将班固《两都赋》居首，首先考虑的并非班固赋"讽谏"意味更浓，而是因为班固之赋，一是文学性较多，例如，其中对西汉辞赋作家的胪述，具有文学史的意义；二是班固赋中虽自称"抒下情而通讽谕"，但这个"讽谕"已非西汉"讽谏"可比，其歌功颂德的政治意味更加浓厚。故缪钺先生认为，班固《两都赋》"逢迎帝意，奏上此赋，拥护都洛主张"，"文采虽优，实不免曲学阿世之讥"①。东汉以后，汉大赋之所以流为抒情小赋，魏晋以后之所以出现"大文难作"②的情况，就是因为辞赋中的"讽谏"传统式微以后，辞赋写作没有了以曲、奇、丽、闳侈巨衍、铺张扬厉进行表达的必要，直抒胸臆的抒情小赋，已经成为表达赋家思想的主要方式。

从文学性上看，汉赋的"讽谏"传统对后世文学的直接影响，就是造成了"主文而谲谏"、"言外之意"、"味外之旨"等文学思想的传播。尤其是在儒家思想笼罩的时代，"温柔敦厚"一度成为判断文学性高低的标准，却不知"沉着痛快"亦是文学一大特色。明郑燮曾云：

> 文章以沉着痛快为最，《左》、《史》、《庄》、《骚》、杜诗、韩文是也。间有一二不尽之言，言外之意，以少少许胜多多许者，是他一枝一节好处，非君子本色。而世间娓娓纤小之夫，专以此为能，谓文章不可说破，不宜道尽，遂訾人为刺刺不休。③

郑燮所言此风，至今仍有影响。

通过以上分析，我们判断：汉赋写作的基本要求主要有两个：形式上追求"极丽靡之辞，闳侈巨衍"，内容上要求"从容辞令"、"劝百讽一"。可以肯定的是，"讽"是汉赋写作的第一要求，"劝"则是"风"退而求其次的选择。二者皆不能得，汉赋就失去了政治上存在的价值。徒具形式上的华丽与侈靡的汉赋，缺乏继续存在的"内核"——内容，它必须另外为自己找到一个存在的意义。东汉以后，班固《两都赋》、张衡《二京赋》已经没有西汉时期的"讽谏"传统，而是具有浓厚的政治宣教意味或直接的文

---

① 缪钺：《文选赋笺》，《缪钺全集》第二卷《冰茧庵古典文学论集》，第 40—41 页。
② 陆云：《与兄平原书》，刘运好：《陆士龙文集校注》，凤凰出版社 2010 年版，第 1054 页。
③ 郑燮：《潍县署中与舍弟第五书》，华耀祥、顾黄初：《板桥家书译注》，人民文学出版社 1994 年版，第 66 页。

学讽刺意图①。汉赋必须揭示现实生活、抒发文人真情实感的要求，就上升为主流，成为继"劝百讽一"之后的另一个重要诉求，文学意蕴大大增强。也就是说，汉赋在内容上（"讽谏"）发生变化以后，形式上（"闳侈巨衍"）也会相应随之发生变化。例如，以往的"闳侈巨衍"之辞、恢弘的气势与缥缈的意象，被纤巧、细致、写实的语句代替；以往的"讽谏"与"劝百讽一"在东汉小赋中偶尔也有体现，但这种"讽"与"劝"的对象，已非帝王或其他阅读者，而是更侧重于赋家本人。这说明，东汉的小赋，更注重于赋家本人的内省。以西汉王褒《洞箫赋》与东汉马融《长笛赋》相比，可以明显看出这种差异。但是，这种辞赋性质与功能，与西汉产生之初的汉赋，已经相去甚远。

第七节　文本秩序的成熟：两汉之际
文学理论批评思想的定型

文本秩序的成熟，首先表现在理论与思想的成熟，这也是文本理论与思想秩序成形的标志。两汉之际，文学理论基本定型，从理论层面为这个时期文本秩序的确立，提供了更高的证据。兹以两汉之际的扬雄、桓谭的论述为例，展开讨论。

首先让我们以扬雄对赋的评论入手。扬雄论赋，曾提出两个概念，一个是"壮夫不为"，后人解读为"悔其少作"；一个是"劝百风一"或"不讽则劝"，后人解释为"劝"多于"讽"，即以为赋失其"讽谏"意义，而多对帝王行为的劝勉、鼓励之辞。对扬雄提出的这两个问题，后人也多有研究，大多还是围绕"讽谏"下功夫。如果抛开概念或范畴的争辩，从汉人已经酝酿的汉赋理论批评角度看，扬雄提出的这两个概念，是从赋学批评层面，对此前汉赋发展的一个总结性评论。本此，我们有必要重新检讨这一问题。

"壮夫不为"与"劝百风一"或"不讽则劝"这两个概念，分别见于《史记》、《汉书》、《法言》等记载。如扬雄《法言·吾子》有云："或问'吾子少而好赋'。曰：'然。童子雕虫篆刻。'俄而，曰：'壮夫不为也。'或曰：'赋可以

---

① 按照缪钺先生说法，班固《两都赋》"徒迎合皇帝之意"，张衡《二京赋》"意在讽当时王侯之逾侈"。

讽乎？'曰：'讽乎！讽则已，不已，吾恐不免于劝也。'"①在这里，后世文学批评家注意的两个概念都出现了②。问题来了：既然扬雄"悔其少作"，为何还与人讨论赋的"讽"、"劝"问题？这不是自相矛盾吗？从"壮夫不为"到"不讽则劝"之间，有什么逻辑关系吗？

笔者的理解："壮夫不为"，是从汉赋学习与写作的角度而言的，主要针对各种赋作的阅读、模拟与写作过程，不仅限于献给帝王之作。扬雄曾对桓谭言及"能读千赋则善赋"之言，说明汉赋写作有一个训练、学习的艰苦过程，是如学习"雕虫篆刻"一样，需要在儿童阶段就完成的学习任务。

"不讽则劝"，是扬雄的汉赋批评观，主要针对献给帝王的赋作而言的。他认为，《史记》所言"劝百风一"，汉赋以"讽"归于正，然"劝而不止"，失去了讽谏的本意。这就将"劝"视作"讽"的对立面提出来。可见，"壮夫不为"与"不讽则劝"，并非互为因果的关系，而是有一个内在的发展、演变历程。然而，在此基础上，扬雄是如何理解并诠释汉赋的功用的？这就需要从"讽"（或"风"）与"劝"的内涵与关系入手，进行深入分析。

一、"讽"与"劝"：扬雄理解"靡丽之赋"的两把钥匙

"讽"（或作"风"）与"劝"，屡次出现在《史记》、《汉书》的司马相如、扬雄本传以及扬雄《法言》中。由于《史记》所记，见于"太史公曰"，且称此语为"扬雄以为"，则可知"讽"与"劝"，主要是扬雄对司马相如与此前其他赋的总结性评论，反映了扬雄将这两个关键词作为理解汉赋的核心思想。这可从以下四则关键材料得以证实：

1.《史记·司马相如列传》"太史公曰"："杨雄以为靡丽之赋，劝百风一，犹驰骋郑卫之声，曲终而奏雅，不已亏乎？"③

2.《汉书·司马相如传下》："扬雄以为靡丽之赋，劝百而风一，犹驰骋郑卫之声，曲终而奏雅，不已戏乎！"④

以上二者皆用"风"，其中的"亏"、"戏"之别，不影响对此句的理解。

---

① 扬雄撰，汪荣宝义疏，陈仲夫点校：《法言义疏》卷二《吾子》，第45页。
② 《史记·司马相如列传》称："杨雄以为靡丽之赋，劝百讽一，犹驰骋郑卫之声，曲终而奏雅，不已亏乎？"（《史记》卷一一七《司马相如列传》，第9册，第3722页）这个"劝百讽一"，也印证了扬雄《法言》中的说法。
③ 《史记》卷一一七《司马相如列传》，第9册，第3722页。
④ 王先谦：《汉书补注》卷二七《司马相如传下》，上海古籍出版社2012年版，第8册，第4207页。

需要说明的是,《史记》《汉书》所记扬雄语,前者一般被认为属于后人阑入,后者属于班固"赞曰"。笔者以为,扬雄虽非司马迁时代人,但将"讽"与"劝"归于扬雄对司马相如及此前其他赋的总结性评论,反映了扬雄将这两个关键词作为理解汉赋的核心思想,应无问题。这还可以在下面的《汉书·扬雄传》与扬雄《法言·吾子》中得到证实:

3.《汉书·扬雄传下》:"雄以为赋者,将以风也,必推类而言,极丽靡之辞,闳侈巨衍,竞于使人不能加也。既乃归之于正,然览者已过矣。往时武帝好神仙,相如上《大人赋》,欲以风,帝反缥缥有陵云之志。繇是言之,赋劝而不止,明矣。"①

4.《法言·吾子》:"或曰:'赋可以讽乎?'曰:'讽乎! 讽则已,不已,吾恐不免于劝也。'"

以上二者一用"风"、一用"讽",皆有"劝"字。

综上可见,出现在《史记》、《汉书》、《法言》中以"风(或讽)"、"劝"评价汉赋者,皆为扬雄。由于四次出现场合,三次为"风",故以"风"为是。这充分证明一个问题:至西汉末年,扬雄开始以"风"、"劝"评论汉赋的性质与功能,是他开始从理论层面对汉赋进行总结、批评的标志。

"风(或讽)"的意义比较容易理解,颜师古曰:"风读曰讽,下以讽刺上也。"②"风",即讽谏之意,委婉而讽。"劝"者何意? 仔细想来,"劝"与"讽"经常连用,似乎意义较为接近。那么,扬雄将二者分别提出,是何含义?

《史记》三家注对"劝百风一"未作解释。《汉书·司马相如传》,颜师古注:"奢靡之辞多,而节俭之言少也。"③《汉书·扬雄传》中,颜师古对"劝而不止"未作解释,其解释"既乃归之于正,然览者已过矣"曰:"言其末篇反从之正道,故观览之者但得浮华,而无益于讽谏也。"④此指全文多浮华之辞,末以"正道"作结,却适得其反。《法言·吾子》中,吴秘解释"讽则已,不已,吾恐不免于劝"曰:"讽之,必推类而言,极靡丽之辞,然后讽之以正。如其不已,乃复成劝,言不正也。"⑤《法言》"极靡丽之辞,然后讽之以正",意同

---

① 王先谦:《汉书补注》卷五七《扬雄传下》,第 11 册,第 5394、5395 页。
② 王先谦:《汉书补注》卷五七《扬雄传下》,第 11 册,第 5395 页。
③ 王先谦:《汉书补注》卷二七《司马相如传下》,第 8 册,第 4208 页。
④ 王先谦:《汉书补注》卷五七《扬雄传下》,第 11 册,第 5395 页。
⑤ 扬雄著,李轨等注:《宋本扬子法言》,国家图书馆出版社 2017 年版,第 90 页。

《汉书》"归之于正"；《法言》"如其不已，乃复成劝，言不正也"，意同《汉书》"览者已过"。

由此推知，"劝"的含义，即是"风不已"，而"览者已过"，未能"归之于正"，与"风"的本意相反。"风"，刘熙《释名》称："风，兖、豫、司、冀横口合唇言之。风，氾也，其气博氾而动物也。青徐言风，踧口开唇推气言之。风，放也，气放散也。"①"博氾"，笔者理解为"广泛"；"气放散"，笔者以为即"气息推送"。当用来评价"赋"的时候，"风"的意思近似"以全面、温和之气以动人"，即我们常说的"委婉而讽"、"讽谏"之意。

"劝"，扬雄《方言》卷十称："食阎，怂涌，劝也。南楚凡己不欲喜而旁人说之、不欲怒而旁人怒之谓之食阎，或谓之怂涌。"注引《广雅·释诂》称："怂涌，劝也。"又称："'怂涌'者，从旁动之也。"②在此，"劝"有较为主动的行为目的，有"极力劝说以动人"之意。由此可知，"劝"的意思，已经从"风（或讽）"之讽谏、勉励变为具有贬义的"怂恿"、"劝说"。如果说，"风"是用"靡丽之辞"以"谏"人，"劝"则是径直以个人的主观意见强加于人，具有直接说服对方并接受的强烈目的，具有"劝诫"、"劝勉"之意。然而"风"、"劝"而不止，就会使"劝"走向一个极端，即"劝诱"。可见，"劝"本身即具有两层含义，一同"风"，另一个意思则与"风"相对。但无论是"劝诫"还是"劝诱"之"劝"，显然不如"风"更符合《诗经》之旨。

"风"与"劝"是如何产生的呢？扬雄以为，作者首先通过铺张夸饰的词汇，营造"靡丽之辞"的气象，使读者从类似于视觉疲劳中达到"归之于正"的目的，此即其所言"必推类而言，极丽靡之辞，闳侈巨衍，竞于使人不能加也。既乃归之于正"。其次，如颜师古所言，"劝百风一"的事实，造成了赋作全文皆有靡丽之气，然最后的"归于正道"，并不能使读者收回因阅读"丽靡之辞"带来的奢靡欲念，故出现了"观览之者但得浮华，而无益于讽谏"的结果。本来预设的"风"，终成了意料之外的"劝"。此处之"劝"，即"劝诱"意。

当然，扬雄所言"风"、"劝"，主要说的都是司马相如《子虚上林赋》之类献给帝王的赋作。若属个人命运、生活遭际的抒情小赋，则不在此列。

---

① 刘熙著，任继昉纂：《释名汇校》卷一《释天》，齐鲁书社 2006 年版，第 7 页。
② 华学诚：《輶轩使者绝代语释别国方言汇注》，中华书局 2006 年版，下册，第 699、700 页。

事实上，司马相如之赋，即使他的《子虚上林赋》，在当时也未必真的如扬雄所言，有较为具体的"讽谏"目的，或者"讽劝"特征①。虽然《史记·司马相如列传》记载《子虚上林赋》时称其有"风谏"之目的，但此语与"太史公曰"中的扬雄赋论皆有可疑之处，故笔者怀疑，"不讽则劝"实际上是扬雄尝试从理论层面对此前汉赋性质、功能的一种总结性认识，是在刘向"不歌而颂谓之赋"基础上对汉赋理论的进一步改造；是将汉赋拉下神坛，将其作为普通"文章"的一种方式。

二、扬雄时代赋论思想的变化与"壮夫不为"的由来

如果按照扬雄的理解，汉赋"劝百风一"、"不讽则劝"之后，是否汉赋就失去了在宫廷或上层贵族中存在的意义？何况，扬雄又说"壮夫不为"，似乎汉赋的确远离了宫廷，而走向了民间。事实是否如此呢？

首先，我们应该认识到，"讽谏说"是扬雄的总结。

无论是"劝百风一"，还是"不讽则劝"，其实都是针对帝王之赋而言的。结合汉代以来的辞赋看，如果从辞赋描写的对象或者潜在阅读者来说，大多是帝王、藩王或宫廷显贵。从这个角度说，"讽谏"说很容易被发掘出来。扬雄赋以前，符合这一特征的赋作有：

枚乘《七发》写楚客与吴太子，是对吴太子的劝谏，文末以吴太子"霍然病已"结束，也验证了"讽谏"的效果。

孔臧《谏格虎赋》，明确以"谏"为题，劝谏天子格虎事。然此为小赋，谈不上"极靡丽之辞"。

司马相如《子虚上林赋》，极力夸耀齐王、楚王与当今天子校猎事，最后以子虚、乌有先生"逡巡避席"、"今日见教，谨受命"结束，显然也有通过极力铺陈而实现劝诫的目的。他的《大人赋》，极力描写神仙，并自称较《子虚上林赋》更为"靡丽"："上林之事未足美也，尚有靡者。臣尝为《大人赋》，未就，请具而奏之。"②汉武帝读此赋，"飘飘有陵云气游天地之间意"③。值得注意的是，《史记·司马相如列传》"太史公曰"中出现了扬雄的"劝百风

①孙少华：《皇权与"不死"——汉赋文本书写的原始动因及其文学史意义》，2018 年中国社会科学院文学研究所"周秦汉唐第七次读书会"论文集。
②王先谦：《汉书补注》卷二七《司马相如传下》，第 8 册，第 4178 页。
③王先谦：《汉书补注》卷二七《司马相如传下》，第 8 册，第 4191 页。

一",正文在叙述《子虚上林赋》时,直接出现了"风谏"一词:"其卒章归之于节俭,因以风谏。奏之天子,天子大说。"①这似乎是说,《史记》所记司马相如有以赋作为"风谏"进献天子的初衷。这一点,我们是怀疑的。尤其是,我们看不出司马相如《子虚上林赋》中如何做到的"卒章归之于节俭",更谈不上"因以风谏"了。相反,从该赋中我们看到的是夸饰、神仙;而《子虚上林赋》本质上是写神仙的②,如何会"风谏"呢? 所以《史记》、《汉书》说司马相如《子虚上林赋》有"风谏"的本意,大为可疑。

其次,扬雄以"风(或讽)"、"劝"介入赋评。

司马相如之后出现的献给帝王的大赋,就是扬雄的《甘泉赋》、《河东赋》、《羽猎赋》、《长杨赋》。在扬雄这里,赋被赋予了"风"的功能,如《汉书》称他的这四篇赋,分别有"风"之意义,如史书分别记载扬雄"还奏《甘泉赋》以风"、"还上《河东赋》以劝"、"因《校猎赋》以风"、"上《长杨赋》……以风"③。四篇赋中,三"风"一"劝",体现了扬雄对"风"、"劝"之别的细微体察与使用,这在《史记》、《汉书》记载司马相如《子虚上林赋》、《大人赋》时是少有的现象。

这是从字面意义上看的。从史书记载的扬雄的写作目的看,也是如此,如其《甘泉赋》,写作原因是因为甘泉宫过于奢华,后来汉武帝又有增造之举。此虽非汉成帝所为,然扬雄"欲谏则非时,欲默则不能已,故遂推而隆之";又见赵昭仪从驾甘泉,故为赋"微戒齐肃之事"④。汉成帝读此赋,史书称"天子异焉",可知此赋还是达到了当初的写作目的。这说明,扬雄写作《甘泉赋》时,具有明确的针对性与目的性,也具有很强的政治责任感,非如当初司马相如赋那样,仅仅为了取悦帝王而已。

---

①《汉书》卷五七《司马相如传》,第 8 册,第 2533 页。
②孙少华:《皇权与"不死"——汉赋文本书写的原始动因及其文学史意义》,2018 年中国社会科学院文学研究所《"周秦汉唐读书会"第七次读书会论文集》)。
③王先谦:《汉书补注》卷五七《扬雄传》,第 11 册,第 5319、5340、5348、5367 页。
④王先谦:《汉书补注》卷五七《扬雄传》:"甘泉本因秦离宫,既奢泰,而武帝复增通天、高光、迎风。宫外近则洪崖、旁皇、储胥、弩陆,远则石关、封峦、枝鹊、露寒、棠梨、师得,游观屈奇瑰玮,非木摩而不雕,墙涂而不画,周宣所考,般庚所迁,夏卑宫室,唐、虞棌椽三等之制也。且其为已久矣,非成帝所造,欲谏则非时,欲默则不能已,故遂推而隆之,乃上比于帝室紫宫,若曰此非人力之所为,党鬼神可也。又是时赵昭仪方大幸,每上甘泉,常法从,在属车间豹尾中。故雄聊盛言车骑之众,参丽之驾,非所以感动天地,逆釐三神。又言'屏玉女,却虑妃',以微戒齐肃之事。"(王先谦:《汉书补注》,第 11 册,第 5338—5339 页)

《河东赋》，史书记载"既祭，行游介山，回安邑，顾龙门，览盐池，登历观，陟西岳以望八荒，迹殷周之虚，眇然以思唐虞之风。雄以为临川羡鱼不如归而结网"①。由此可知，扬雄是想通过此赋，将汉成帝"迹殷周之虚"、"思唐虞之风"，转化为汉成帝本人的政治理想或举措。

《校猎赋》，"游观侈靡，穷妙极丽。虽颇割其三垂以赡齐民，然至羽猎、田车、戎马、器械、储偫、禁御所营，尚泰奢丽夸诩，非尧、舜、成汤、文王三驱之意也。又恐后世复修前好，不折中以泉台"②，这说明扬雄写此赋的目的，具有明显的劝诫帝王远离"游观侈靡，穷妙极丽"之事。

《长杨赋》的背景是，"是时，农民不得收敛"③，则此赋劝诫目的亦甚明显。

另外，这四篇赋中有一个现象值得注意，即扬雄上《河东赋》时，使用的是"劝"，上其他三赋用的是"风"。这里很明显，《河东赋》因为是正面进谏，即不必再使用"风"的委婉方式，而是直接采用了"劝"的方式。而其他三赋，分别是劝诫汉成帝远离奢靡之事，故采用的是"风"。此处扬雄"劝"意，即"劝勉"、"劝说"、"劝诫"之意。

这说明，至扬雄之时，其所上皇帝的大赋，已经具有明确的"风劝"目的，并且对"风"、"劝"的使用，也有非常具体的界限或规定。至此，汉赋被赋予了明确的政治目的，并且其写作思想也有了具体的规定。这是汉代文人心态与文学思想发生的一大变化。

最后，扬雄的"壮夫不为"式"悔作"，并非指的是所有的汉赋或者他本人后悔作赋，而是有特殊的指涉。

既然扬雄以为献给帝王的赋作，具有"风劝"的政治功用，为何在《法言》中又说赋"壮夫不为"？并且这个"赋"，似乎泛指的是所有的赋，不仅仅指的是献给帝王之赋。

扬雄以"童子雕虫篆刻"、"壮夫不为"论赋，是针对"或人"所问的"少而好赋"而言。事实上，扬雄曾从汉成帝出巡，并多次上赋，这不是矛盾吗？

最可能的一种情况是，扬雄所论，并非针对所有的汉赋而言，而是紧接着"或人"所问的"少而好赋"而言的，即二人谈论的是扬雄少时所作之赋。

---

① 王先谦：《汉书补注》卷五七《扬雄传》，第 11 册，第 5340 页。
② 王先谦：《汉书补注》卷五七《扬雄传》，第 11 册，第 5348 页。
③ 王先谦：《汉书补注》卷五七《扬雄传》，第 11 册，第 5319、5340、5348、5367 页。

所以，扬雄才对自己的"少作"表现出"悔意"，并认为是"童子雕虫篆刻"、"壮夫不为"。这个评价，并非针对其后来的《甘泉赋》等赋而言的。

那么，扬雄"少时"有何赋作？因为史书未保留此类赋作，我们只能通过史书记载的扬雄少时之事，尝试进行分析。

《汉书·扬雄传》记载其少时之事如下：

> 1. 雄少而好学，不为章句，训诂通而已，博览无所不见。……顾尝好辞赋。
>
> 2. 先是时，蜀有司马相如，作赋甚弘丽温雅，雄心壮之，每作赋，常拟之以为式。
>
> 3. 又怪屈原文过相如，至不容，作《离骚》，自投江而死，悲其文，读之未尝不流涕也。以为君子得时则大行，不得时则龙蛇，遇不遇命也，何必湛身哉！乃作书，往往摭《离骚》文而反之，自岷山投诸江流以吊屈原，名曰《反离骚》；又旁《离骚》作重一篇，名曰《广骚》；又旁《惜诵》以下至《怀沙》一卷，名曰《畔牢愁》。《畔牢愁》、《广骚》文多，不载，独载《反离骚》，其辞曰……①

综合以上三条资料分析，可得出如下两点结论：第一，扬雄少时好学，博览群书，并好辞赋；第二，扬雄在蜀，曾模拟司马相如赋；又拟屈原楚辞，作《畔牢愁》、《广骚》、《反离骚》。很显然，扬雄少时学赋，多模拟司马相如之作。司马相如保存下来的著名赋作，即《子虚上林赋》、《大人赋》，扬雄所模仿者，当即此类赋作。司马相如这两篇赋，扬雄后来以为皆属于"劝百风一"之作，已经对其赋提出了批评；对于自己少时模拟此类赋作，当然也会产生悔意。另外，扬雄对模拟此类赋作后悔的原因还有一个，即司马相如这两篇赋，本来皆为写神仙的题材，如《史记》记载："天子既美子虚之事，相如见上好仙道，因曰：'上林之事未足美也，尚有靡者。臣尝为《大人赋》，未就，请具而奏之。'"②由此处司马相如将"子虚"、"上林"与"好仙道"联系起来看，司马相如《子虚上林赋》，本来是写"神仙"。扬雄虽然后来产生悔意，但至其入京城随汉成帝出巡，其《甘泉赋》中对此类神仙思想仍有体现。这是模仿司马相如的思想遗存。

---

① 王先谦：《汉书补注》卷五七《扬雄传上》，第 11 册，第 5308、5309 页。
② 《史记》卷一一七《司马相如列传》，第 9 册，第 3702—3703 页。

扬雄《反离骚》,当亦在其"悔"之列,除了"拟作"的因素,还有内容上的原因,如《反离骚》,"弃由、聃之所珍兮,跖彭咸之所遗",是用黄老思想反对屈原投江的选择。总体上看,扬雄少时模拟司马相如、屈原作赋,也以黄老神仙为主,其风格、思想同《甘泉赋》。这说明,扬雄少时拟赋,多拟司马相如赋中的神仙题材。这种赋作,其"讽谏"成分要少得多。王充曾批评司马相如、扬雄此举说:"孝武皇帝好仙,司马长卿献《大人赋》,上乃仙仙有凌云之气。孝成皇帝好广宫室,扬子云上《甘泉颂》,妙称神怪,若曰非人力所能为,鬼神力乃可成。皇帝不觉,为之不止。长卿之赋,如言仙无实效;子云之颂言奢有害,孝武岂有仙仙之气者,孝成岂有不觉之惑哉?然即天之不为他气以谴告人君,反顺人心以非应之,犹二子为赋颂,令两帝惑而不悟也。"[1]这是"风"的作用没有奏效,反而出现"劝诱奢靡"的结果的表现,所以王充批评二人赋颂未起到"讽谏"的作用。

扬雄《甘泉赋》也未做到"风",但扬雄提出的"劝百风一"的批评,为王充所接受,并成为批评辞赋的一条标准。所以,扬雄悔者,一在其"少作",一在其"风谏"少、"劝诱"多之赋,后者亦即刘勰所言无关讽谏的"逐末之赋"[2]。

综上,我们可以将扬雄"悔作"的对象归纳为三类:1.悔"少作";2.悔"拟作";3.悔具有"黄老"或神仙长生不死思想的赋作。

虽然,扬雄的"壮夫不为"有"悔作"的一面,但同时证明了汉赋思想至此发生变化的事实。此后,汉赋"劝"的成分的增加、"风"的成分的减少,也带来了一定的文学积极意义,即使得本来的宫廷之赋,转而成为人们学习语言知识、提高赋作撰写水平的工具。桓谭说扬雄"能读千赋则善赋",就是这个原因。在此基础上,汉赋进一步被拉下神坛,由本来专为帝王制作之赋,一变而为文人抒发个人情感与生活感受的士人之赋。这样的话,扬雄就将赋的写作技术化,将其视作一种普通的"文章"体式,不再是娱乐帝王或贵族的游戏之作。汉赋的性质与作用,至此发生了根本性转变。

---

[1] 黄晖:《论衡校释》,第 2 册,第 641—642 页。
[2] 刘勰《文心雕龙·诠赋》:"然逐末之俦,蔑弃其本,虽读千赋,愈惑体要。遂使繁华损枝,膏腴害骨,无贵风轨,莫益劝戒,此扬子所以追悔于雕虫,贻诮于雾縠者也。"(范文澜:《文心雕龙注》,上册,第 136 页)

三、扬雄与两汉之际赋学批评思想的定型

由以上论述可以看出，扬雄提出的"壮夫不为"与"劝百风一"或"不讽则劝"，实际上是从汉赋理论角度，对汉赋理论认识的一种改造。其基本思路是，从汉赋的性质、作用角度，将本来为帝王服务的汉赋，转化为一种普通的"文章"体式，增强了汉赋的抒情效果。

抒情小赋，在汉初即存在，庄忌《哀时命》、贾谊《吊屈原赋》与《鵩鸟赋》，以及《古文苑》保留的枚乘、邹阳、公孙乘等人的小赋，《孔丛子》中保留的孔臧小赋、董仲舒《士不遇赋》、王褒的《僮约》等，都是继承《诗经》、楚辞抒情传统的文人赋。至司马相如出，其《子虚上林赋》、《大人赋》，开启了汉赋为帝王服务之门。

但是，帝王需要汉赋的政治点缀与歌功颂德，所以汉武帝封禅泰山，需要儒术以"文之"[1]，其中当然也有汉赋的作用。然而，赋家本身具有的儒家色彩，又促使他们具有强烈的"帝王师"理想和积极的"入世"观念。这就使得汉赋在帝王与赋家的理想之间产生了一种"离心力"。赋家的"文心"当然无法抗拒帝王的"皇权"，所以枚乘等人产生了"自悔类倡"的羞耻感。

至汉成帝，赋作数量已经急剧增加。扬雄生活的汉成帝时期，汉赋出现了"奏御者千有余篇，而后大汉之文章，炳焉与三代同风"[2]的繁盛局面。这个时候，再要求汉赋皆如汉初一样强调"讽谏"，已不可能。这就需要对积累众多的汉赋进行分类，并从性质上予以定位。也就是说，两汉之际，需要有人出来对汉赋理论进行总结与改造。

首先，汉成帝时期，第一个出来做这个工作的是刘向、刘歆父子。他们的《别录》、《七略》将赋分为"屈原赋"、"陆贾赋"、"孙卿赋"、"杂赋"四类，是对赋作的一种体系化整理。同时，《汉书·艺文志》将赋与《诗经》联系起来，此思想显然也出自向、歆父子[3]。这种做法，是从儒家思想角度，将赋的性质向经学上靠，是将汉赋纳入汉代主流思想体系的尝试。

---

[1]《史记·封禅书》称汉武帝"欲放黄帝以上接神仙人蓬莱士，高世比德于九皇，而颇采儒术以文之"(《史记》卷二八《封禅书》，第4册，第1678页)。

[2] 班固《两都赋序》，萧统编，李善注：《文选》中华书局1977年版，上册，第22页。

[3]《汉书·艺文志》袭自《别录》与《七略》，其中所言"不歌而诵谓之赋"、"聘问歌咏不行于列国，学诗之士逸在布衣，而贤人失志之赋作"、"皆作赋以风，咸有恻隐古诗之义"等，皆以赋来源于《诗经》。

其次,是扬雄对赋论的第二次改造。在刘向、刘歆父子基础上,后来扬雄提出"诗人之赋丽以则,辞人之赋丽以淫"①,也是将赋与《诗经》联系起来,同时提出"辞人之赋",颜师古以为"辞人,言后代之为文辞",是沿袭他将赋视作"文章"的思路。这样看来,扬雄应该是在刘向、刘歆父子的赋学改造基础上,又进行了第二次改造。其意义,就是将赋的源流,分为"《诗经》之赋"与"文章之赋",扩大了赋的表现形式与领域。

再次,扬雄与桓谭论赋,提出"读赋"②,是将"赋"等同于《诗经》与"文章"的开始。这是对汉赋理论的第三次尝试性改造。

扬雄、桓谭的这种"读赋"认识,还有一种意义,即对赋的源流进行了深入考察。刘向称"不歌而颂谓之赋",实际上是强调汉赋具有《诗经》"颂"的意义;扬雄强调"讽","讽"同"风","风"本亦为《诗经》六义之一,这实际上是扬雄与刘向的"颂"一样,皆将赋的源流上溯至《诗经》。但扬雄又强调"劝",这较"讽"更为直接,其抒情性与说理性更强,而其渊源则在楚辞。据目前笔者所见资料可以说,将赋与《诗经》、楚辞并列联系起来考察,扬雄是首倡者。这是汉赋在文学史上的一大变化,说明至少在刘向、扬雄、桓谭时代,文学以及文学批评的意识已经出现。魏晋南北朝较为发达的文学理论观念,在此已经开始酝酿成熟。

我们这样说,是有根据的。如果将汉武帝召见司马相如并推崇其赋,看作是汉赋正式进入大汉王朝上层社会③,并以合法身份参与皇权与社会、成为汉代文学主流的开始,那么刘向、刘歆父子的工作,就属于运用主流文化思想,进一步将汉赋纳入汉代主流文化系统的尝试。将"赋"与《诗》联系起来,就使赋与"经"具有了血缘关系,其身份更加合法。但扬雄将赋分为"诗人"、"辞人"之赋,除了继承刘向等人的思想,还接续先秦屈原等人的楚辞思想。"则"属于《诗》,"淫"即属于楚辞。如扬雄《法言》称:

> 或问:"景差、唐勒、宋玉、枚乘之赋也,益乎?"曰:"必也,淫。""淫,则奈何?"曰:"诗人之赋丽以则,辞人之赋丽以淫。"④

①扬雄撰,汪荣宝义疏,陈仲夫点校:《法言义疏》,第49页。
②桓谭《新论》引扬雄之言"能读千赋,则善赋"(《新辑本桓谭新论》,第52页),是扬雄教桓谭学赋由"读千赋"入门。
③参见孙少华:《皇权与"不死"——汉赋文本书写的原始动因及其文学史意义》。
④扬雄撰,汪荣宝义疏,陈仲夫点校:《法言义疏》,第49页。

　　在此,扬雄将景差、唐勒、宋玉、枚乘之赋皆归入"淫"之列,而此数人,包括庄忌、司马相如,在《汉书·艺文志》中皆属"屈原赋之属",可知扬雄的确以"淫"之源归于屈原。扬雄对"诗人之赋丽以则,辞人之赋丽以淫"的认识,其实也源于刘向等人。但是,扬雄的一个进步,是提出"则"与"淫"的概念,是对汉赋功能的理论化尝试。何为"则"? 李轨注:"陈威仪,布法则。"是从汉赋对社会秩序的角度,提出的理论概念。何为"淫"? 李轨注:"奢侈相胜,靡丽相越,不归于正也。"①这是从赋的文学功能角度提出的概念,与上文"风"正相对。如果说,扬雄提出的"则",接续的是《诗》的传统,那么"淫"就是接续楚辞传统。同时,扬雄对"淫"是一种陈述,并非反对,而是将其作为赋的一种风格提出来。从这里说,扬雄对"淫"的重视,其实是从赋的"文章"功用与性质的角度,将"赋"提到了与其他文章体式并列的高度。这是扬雄对汉代文学批评思想的一大贡献。

　　最主要的是,扬雄并无刘向、刘歆、桓谭、王莽的政治身份或家庭出身。他以出身底层的文人身份对汉赋理论的总结,对汉赋具有非同寻常的意义。这表明,"赋"被出身下层的文人所注意,并被下层文人以理论化形式进行总结,一方面说明了汉赋开始进入"文学"轨道,并被文人所注意的事实;另一方面,也说明汉赋开始脱离皇权的控制,不再仅仅成为文人歌功颂德的工具,从而为下层文人使用汉赋表达个人感情提供了更大的空间。

　　在这里,扬雄的"赋心"(或者说文学责任),强烈干预了"皇权"对汉赋的控制,将"赋"送上了正常的文学轨道。其后,桓谭《道赋》篇中的汉赋批评思想,即与扬雄一脉相承,是对刘向、刘歆、扬雄赋学思想进一步发挥②。汉代文艺批评思想初具雏形。就此而言,扬雄对汉赋批评思想的贡献,绝对不容忽视。

　　结合扬雄自觉继承刘向、刘歆的赋学思想,以及扬雄与桓谭往来书信中对当时语言、文学的评论看,尤其是结合桓谭步刘向、刘歆、扬雄之后,在《新论·道赋》中体现出较为成熟的汉赋写作、批评思想看,两汉之际尤其是东汉初年,较为成熟的文学批评已经基本定型。后来王充、班固大多继承了他们的赋学思想。魏晋六朝时期挚虞、陆机、钟嵘、刘勰等人非常成熟的文学批评著作,其渊源至少应追溯至西汉末年或两汉之际。而在西汉末

---

①扬雄撰,汪荣宝义疏,陈仲夫点校:《法言义疏》,第49—50页。
②桓谭称:"予观新进丽文,美而无采;及见刘、扬言辞,常辄有得。"(《新辑本桓谭新论》,第53页)这个"见刘、扬言辞"之后的"常辄有得",就是一种阅读感悟之后的思想体验。

年至六朝之间,到底有无或者究竟有多少类似于《文章流别论》、《诗品》、《文心雕龙》的理论著作,由于文献无征,我们虽然不得而知,但有一点是肯定的,六朝时期的文学理论批评著作,定非向壁虚造,而是有其汉代文学的思想渊源,至少它们曾经以亡佚的汉魏同类书目作为参照。

第八章　秩序的边缘（上）：桓谭"形神"论与两汉之际的仙道思想

"文本秩序"成熟的标志，是"思想秩序"的成熟。两汉之际的谶纬、神仙、阴阳五行等思想，已经非常发达、成熟，桓谭等人对此类思想的记录、解读，就是对这种文本、思想秩序的呈现。但我们也应看到，就文本秩序而言，如果说正经、正史属于对文本秩序具有正面稳定的作用，神仙、方术等思想则对文本秩序具有一定消解作用，原因就在于它们基本上在"主流文本"之外，并且对主流文本的秩序具有一定的冲击作用。或者说，它们居于主流文本秩序之外，但其思想成果又进入主流文本，故可称之为文本秩序的边缘。

秦汉以降，神仙、养生思想盛行。根据目前所见出土的大量汉画像石可以看出，神仙题材的突出，说明此类思想已经深刻影响到汉人的日常生活。例如，西王母或东王公题材，分别见于汉代不同地区。较早的有目前考证在公元前136至前118年之间的河南永城柿园西汉早期墓，墓室顶部有"四神云气图"，具有"升仙"意识①。而自西汉就已经出现的"西王母"或"东王公"题材，更是表明了神仙、养生思想对汉人的深刻影响。例如，江苏徐州出土的《西王母图》，有西王母批发戴胜像、墓主人日常生活像等（如图一）。

《拜见西王母图》，有青鸟献食、仙人捣药、人首蛇身等四位神仙拜见西王母图像②（如图二）。

山东济宁出土的汉画像石中的西王母题材，其中的西王母形象与徐州出土的稍有不同：西王母头戴山字型冠，跪首端坐，有两青鸟为其取食、传信，两侧是人首蛇身的伏羲、女娲③（如图三）。

---

① 齐东方：《生与死——墓葬壁画中的世界》，上海博物馆主编：《壁上观——细读山西壁画》，北京大学出版社2017年版，第359页。图五、六转引自该文。
② 徐州汉画像石艺术馆编著，武利华主编：《徐州汉画像石》，线装书局2011年版，第11、31页。图一、二皆转引自该书。
③ 济宁博物馆：《汉碑汉画精拓本》，出版信息不详。图三转引自该书。

(图一)

(图二)

安徽萧县收藏的汉画像石《王公王母食丹图》中的西王母,为东汉末年形象,其中有玉兔、吴刚捣药图,两侧为西王母、东王公,还有麒麟、仙鹿、羽人等形象[1](如图四)。

---

[1]冯其庸题评,刘辉解读:《汉画解读》,文化艺术出版社2006年版,第144页。图四转引自该书。

（图三）

（图四）

　　我们从文人著作中看到的材料可能极为有限,但汉画像石丰富的神仙题材,证明汉人神仙、养生思想非常浓厚。根据上文四图,可以清楚看出这种思想的体现及其发展变化。另外,我们可以看出,虽然两汉之际对神仙、方术、长生等思想的记载不是很多,但具有艺术审美性质的汉画像石中的神仙题材,除了证明汉人生活中对此类思想的接受,也证明汉人已经从艺术审美的角度对此类思想有了另种理解。要知道,汉画像石的分布地域,是比较广泛的;汉画像石的制作,应该具有一定的模具,其生产也应有一定规模。这样的话,神仙、方术、养生思想,就影响到了汉人精神与物质生活的方方面面。

　　据目前所见墓室壁画,新莽时期,也有大量的"西王母"等神仙题材,如河南偃师辛村出土的新莽墓壁画《宴乐图》、《西王母凤鸟图》等(如图五、图六),就与上述两汉神仙题材一致。

(图五)

(图六)

如图六中的《西王母凤鸟图》,有西王母、玉兔、凤鸟形象,充分证明两汉之际也是神仙、养生思想非常盛行的时期。诸如此类,可以给我们如下信息:第一,两汉之际流行神仙、长生思想,并且广泛影响到他们的日常生活;第二,两汉之际的人们,相信"灵魂转世"、"另一个世界"的存在,并且在其画像石、墓室壁画中有所体现[①];第三,基于以上两种认识,可知两汉之际相信"来生",相信"灵魂复生"或鬼神,相信在人世间的生活可以在"来世"复现。这些观点,桓谭或认同,或反对,在其《新论》中皆有所涉及。我们将以桓谭为例,对此展开讨论。

钟肇鹏等认为,桓谭人生观吸取了儒家的现实观,生死观上则接受了道家的自然无为[②]。董俊彦认为:"桓谭的基本态度是反对图谶、反对迷信、反对天命、反对仙道,这些都根源于他的哲学看法。他的哲学看法主要建立在他的形神论,以反对精神可以离开形体而存在,精神对形体起决定作用的当时神仙方术迷信。"[③]本此,我们拟以其"形神"论为切入点,研究桓谭与两汉之际的养生、生死、仙道等观念及其对后世神仙思想的影响。

第一节　边缘与边界:桓谭与两汉之际的神仙、养生观

在汉代社会的政治秩序之外,还有一种独立于社会现实之外的精神境界,虽然与人们的物质生活秩序有所距离,但却与人们的精神追求有着密切关系,这就是汉代的神仙、养生思想营造的特殊世界。这种对长生不死的追求,其实蕴含着对现实秩序的超越。所以,此类思想在"文本秩序之外",但又以思想成果的形式进入文本,显示着与文本秩序的"边界"的特殊关系。

根据《新论》的记载,桓谭不相信神仙不死与长生不老之说[④]。《新论·祛蔽》记载了大量相关文献,由此可以看出桓谭的神仙、养生观念。另

---

① 《汉书·王莽传》记载,刘歆死后,"殿中钩盾土山仙人掌旁有白头公青衣,郎吏见者私谓之国师公"(《汉书》卷九九《王莽传》,第 12 册,第 4185 页),也是此类思想的体现。刘歆此行为,或者就是桓谭所说的"形解仙去"。这个时期,正是我们研究的"两汉之际"。

② 钟肇鹏、周桂钿:《桓谭王充评传》,上册,第 23 页。

③ 董俊彦:《桓谭研究》,第 79 页。

④ 张华《博物志》卷五记载"扬雄又云'无仙道',桓谭亦同"(祝鸿杰:《博物志全译》,贵州人民出版社 1992 年版,第 137 页),就证明晋代已经流传着桓谭不信仙道的说法。

外,王充《论衡》之《道虚》《无形》多有继承桓谭养生思想处,说明两汉之际这种思潮较为盛行,故置于一处,一并讨论。

桓谭反对"却老"之说。他认为："炮,犹人之耆老,齿坠发白,肌肉枯腊,而精神弗为之能润泽,内外周遍,则气索而死,如火烛之俱尽矣。"①这一点,王充《论衡·道虚》也有类似表述：

> 毛羽之效,难以观实。且以人髦发、物色少老验之。物生也色青,其熟也色黄；人之少也发黑,其老也发白。黄为物熟验,白为人老效。物黄,人虽灌溉壅养,终不能青；发白,虽吞药养性,终不能黑。黑青不可复还,老衰安可复却?②

二人在此皆用人之毛发为例,说明长生不老虚妄的道理。但桓谭有一点与王充不同,即认同"养性"也能使白发变黑,但绝对不会与长生不老相提并论：

> 今人之养性,或能使坠齿复生,白发更黑,肌颜光泽,如彼促脂转烛者,至寿极亦死耳。③

这从另一个方面可以证实：当时之所以盛行"养性却老"思想,与汉代确实存在"坠齿复生,白发更黑,肌颜光泽"的现象有关。淮南王刘安曾经召集一大批术士研究长生不老之术,很大出程度上推动了养生思想的流行。我们怀疑,当时应该有较为成功的案例。

难能可贵的是,桓谭以"灯烛"为例,说明人死不能复生的道理：

> 伯师曰："灯烛尽,当益其脂,易其烛。人老衰亦如彼自蹎续。"余应曰："人既禀形体而立,犹彼持一灯烛,及其尽极,安能自尽易,尽易之乃在人。人之蹎傶亦在天,天或能为他,其肌骨血气充强,则形神枝而久生,恶则绝伤,犹火之随脂烛多少长短为迟速矣。欲灯烛自尽,易以不能,但促敛傍脂,以染渍其头,转侧蒸干,使火得安居,则皆复明焉。及本尽者,亦无以燃。"④

---

① 《新辑本桓谭新论》,第32页。
② 黄晖：《论衡校释》,第1册,第318—319页。
③ 《新辑本桓谭新论》,第34页。
④ 《新辑本桓谭新论》,第34页。

桓谭认为，人的衰老不能如"灯烛尽，当益其脂，易其烛"一样，能"自蹶续"。所以桓谭的结论是："生之有长，长之有老，老之有死，若四时之代谢矣。而欲变易其性，求为异道，惑之不解者也。"①由此可知桓谭的观点是：第一，养性无益；第二，神仙不可学。这反映在他与刘歆等人的辩论中。另外，由此也可证明，两汉之际已经有"人死可以复生"或"灵魂转世"的说法。

桓谭与刘伯玉讨论过"养性无益"的问题：

> 余与刘子骏言养性无益，其兄子伯玉曰："天生杀人药，必有生人药也。"余曰："钩吻不与人相宜，故食则死，非为杀人生也。譬若巴豆毒鱼，礜石贼鼠，桂害獭，杏核杀猪，粉鳅畏椒，蜈蚣畏油，天非故为作也。"②

这里"养性"之"性"通"生"，"养性无益"实际上说的是"养生无益"。针对刘伯玉提出的"天生杀人药，必有生人药"，桓谭认为并非"为杀人生"，而是"钩吻不与人相宜"之故，他连续提出"巴豆毒鱼，矾石贼鼠，桂害獭，杏核杀猪，粉鳅畏椒，蜈蚣畏油"六个例子，证明自己的说法。以后世的眼光看，养性虽然不能使人长生不老，但对延年益寿还是有益无害的。

但结合王充的资料分析，他们当时可能比较反对道家"延年药"之"服药延寿"说，而相信"服食延寿"说。桓谭《新论》有"延年药"记载：

> 史子心见署为丞相史官，架屋发吏卒，及官奴婢以给之，作金不成，丞相自以力不足，又白傅太后，太后不复利于金也，闻金成可以作延年药，又甘心焉。乃除之为郎，舍之北宫中，使者待遇。宁有作此神方，可于宫中而令凡人杂错共为之者哉？③

桓谭反对这种"延年药"，提出的"宁有作此神方，可于宫中而令凡人杂错共为之者哉"批评，确实是非常尖锐的诘问。王充承认服药可以除百病，但不可能延年益寿：

> 道家或以服食药物，轻身益气，延年度世。此又虚也。
> 夫服食药物，轻身益气，颇有其验。若夫延年度世，世无其效。

---

① 《新辑本桓谭新论》，第34页。
② 《新辑本桓谭新论》，第35页。
③ 《新辑本桓谭新论》，第58页。

> 百药愈病,病愈而气复,气复而身轻矣。凡人禀性,身本自轻,气本自长,中于风湿,百病伤之,故身重气劣也。服食良药,身气复故,非本气少身重,得药而乃气长身更轻也;禀受之时,本自有之矣。故夫服食药物除百病,令身轻气长,复其本性,安能延年?①

由此分析,王充认为"服药"之效,只在于"服食药物除百病,令身轻气长,复其本性",却并无"延年度世"之功。他进一步认为,"服食"则可以延寿:"芝草延年,仙者所食,往世生出,不过一二,今并前后凡十一本,多获寿考之征,生育松、乔之粮也。"②后世道教皆相信服食延年之说,唐代李白曾有诗"我来采菖蒲,服食可延年",也是这种思想的反映。这里的"服药"、"服食",在汉画像石中皆有体现。如前文所说徐州、萧县汉画像石中的"仙人捣药"题材③,即证明这一点。让我们感到奇怪的是:在汉画像石中大量出现的神仙故事与题材,为何在汉人著作中的表现不是很多? 笔者推测:大概神仙思想中的"怪力乱神",与以儒家为主的两汉主流价值思想相悖所致。

例如,桓谭的儒家思想也较为浓厚,故他曾与刘歆讨论过"神仙可学不可学"的问题,其中的有关论述,涉及到两汉之际的许多重要的神仙思想:

> 刘子骏信方士虚言,谓神仙可学。尝问人言:"人诚能抑嗜欲,阖耳目,可不衰竭乎? 圣人何不学仙而令死耶? 圣人皆形解仙去,言死示民有终也。"余见其庭下有大榆树,久老剥折,指谓曰:"彼树无情欲可忍,无耳目可阖,然犹枯槁朽蠹;人虽欲爱养,何能使不衰?"④

桓谭与刘歆在这里的讨论,其实涉及到三个方面的问题:

其一,"抑嗜欲,阖耳目"与养生的问题。这一点,桓谭也有深入讨论。据《新论》记载,当时还有以龟鹤长寿而学却老之术的风气。《新论》称:

> 曲阳侯王根迎方士西门君惠,从其学养生却老之术。君惠曰:"龟

---

① 黄晖:《论衡校释》,第 2 册,第 337—338 页。
② 黄晖:《论衡校释》,第 3 册,第 844 页。
③ "西王母"题材中,玉兔、吴刚捣药形象的增加,应与汉代产生的"服食养生"思想有一定关系,但具体如何产生,如何演变,还值得深入讨论。
④《新辑本桓谭新论》,第 37 页。

称三千岁，鹤言千岁，以人之材，何乃不及虫鸟耶？"余应曰："谁当久与龟鹤同居，而知其年岁耳？"①

当时人之所以有此认识，是以龟鹤日常动作为例而得出的结论，如《文选》所录郭璞《游仙诗》中的李善注称：

> 《养生要论》曰：龟鹤寿有千百之数，性寿之物也。道家之言，鹤曲颈而息，龟潜匿而噎，此其所以为寿也，服气养性者法焉。②

汉人以龟鹤寿龄为例讲究长生却老，大概也与"鹤曲颈而息，龟潜匿而噎"思想相通。但桓谭的反驳似乎过于浮泛，如称"谁当久与龟鹤同居，而知其年岁耳"，有点强为之辩的意思。但他对简单认为通过"抑嗜欲，阖耳目"就可以长生不老的说法提出的质疑，无疑在当时是有进步意义的。

其二，关于"抑嗜欲"致长生，其实就是老子所说的"恬淡养性"与养生的问题，这大概是两汉之际非常流行的思想。在桓谭其他论述中，也有相似的辨析。桓谭反对认为老子之道术可以养性致长生之说，就是如此：

> 余尝过故陈令同郡杜房，见其举火夜坐，燃炭干墙，读《老子》书，言："老子用恬淡养性，致寿数百岁，今行其道，宁能延年却老乎？"余应之曰："虽同形名，而质性才干乃各异度，有强弱坚脆之姿焉。爱养适用之，直差愈耳。譬犹衣履器物，爱之则完全乃久。"③

桓谭以"虽同形名，而质性才干乃各异度"，回答了杜房提出的"老子用恬淡养性，致寿数百岁，今行其道，宁能延年却老乎"的疑问④。桓谭又以"精神居形体，犹火之然烛矣。如善扶持，随火而侧之，可无灭而竟烛。烛无火，亦不能独行于虚空"，说明"养性"或可，"延年"未必的道理。对这个问题，王充《论衡·道虚》的分析，较桓谭更为深入细致：

> 世或以老子之道为可以度世，恬淡无欲，养精爱气。夫人以精神为寿命，精神不伤，则寿命长而不死。成事：老子行之，逾百度世，为真

①《新辑本桓谭新论》，第37页。
②郭璞《游仙诗》，萧统编，李善注：《文选》，上册，第307页。
③《新辑本桓谭新论》，第31—32页。
④所谓"却老"，还并非后世所说的"不老"，实际上就是桓谭所言的"致寿数百岁"。而老子被赋予此形象，也是汉代神仙、长生思想影响的结果。另外，由此处桓谭所言推测，两汉之际大概尚未形成"长生不老"的说法，只不过提出了"养性却老"或"养性延寿"的说法。

人矣。夫恬淡少欲，孰与鸟兽？鸟兽亦老而死。鸟兽含情欲，有与人
相类者矣，未足以言。草木之生何情欲？而春生秋死乎？夫草木无
欲，寿不逾岁；人多情欲，寿至于百。此无情欲者反夭，有情欲者寿也。
夫如是，老子之术，以恬淡无欲、延寿度世者，复虚也。或时老子，李少
君之类也，行恬淡之道，偶其性命亦自寿长。世见其命寿，又闻其恬
淡，则谓老子以术度世矣。[1]

王充所言"无情欲者反夭"、"草木之生何情欲"云云，与桓谭所言"树无情欲
可忍，无耳目可阖，然犹枯槁朽蠹"完全相同。王充的这种认识，显然来自
于桓谭。他以"草木无欲，寿不逾岁；人多情欲，寿至于百"为例，反证"恬淡
无欲、延寿度世"之说的荒谬。值得注意的是，桓谭《新论》所论之事，多见
于王充《论衡》一书，疑王充书多袭桓谭《新论》。

其三，"形解"、"仙解"或"尸解"问题。《新论》称："圣人何不学仙而令
死邪？圣人皆形解仙去，言死者，示民有终也。"董俊彦认为此出桓谭言，故
称他"似又未反对仙道，还有点鼓励学仙"[2]。担按照朱谦之辑本的说法，
此语显然出于刘歆之口[3]，并非桓谭鼓励学仙，而是刘歆在鼓励学仙。但
根据后文桓谭以"树无情欲可忍，无耳目可阖，然犹枯槁朽蠹"为例看，他其
实反对学仙，反对形解之说。由于此处所言"圣人何不学仙而令死耶？圣
人皆形解仙去，言死示民有终也"，在《文选》注与《意林》中只表明出于桓谭
《新论》，并未说明出于刘歆之口，故董俊彦、朱谦之的说法，仅是一说而已。
但无论如何，"形解仙去"这一说法，却可以证明两汉之际已经接受了"人死
复生"的说法。刘歆死后被认为化为"白头公青衣"，亦可证明。

土充的很多说法，来自桓谭。根据他对"尸解"的认识，我们可以探寻
桓谭的态度。《论衡·道虚》：

世学道之人，无少君之寿，年未至百，与众俱死，愚夫无知之人，尚
谓之尸解而去，其实不死。所谓"尸解"者，何等也？谓身死精神去乎，
谓身不死得免去皮肤也？如谓身死精神去乎，是与死无异，人亦仙人

---

[1] 黄晖：《论衡校释》，第 2 册，第 334 页。
[2] 董俊彦：《桓谭研究》，第 77 页。
[3] 《新论·祛蔽》："刘子骏信方士虚言，谓神仙可学。尝问人言：'人诚能抑嗜欲，……圣人何不学
仙而令死耶？圣人皆形解仙去，言死示民有终也。'"(《新辑本桓谭新论》，第 37 页)

也；如谓不死免去皮肤乎，诸学道死者，骨肉具在，与恒死之尸无以异也。夫蝉之去复育，龟之解甲，蛇之脱皮，鹿之堕角，壳皮之物解壳皮，持骨肉去，可谓尸解矣。今学道而死者，尸与复育相似，尚未可谓尸解。何则？案蝉之去复育，无以神于复育。况不相似复育，谓之尸解，盖复虚妄失其实矣。太史公与李少君同世并时，少君之死，临尸者虽非太史公，足以见其实矣。如实不死，尸解而去，太史公宜纪其状，不宜言死。其处座中年九十老父为儿时者，少君老寿之效也。或少君年十四五，老父为儿，随其王父。少君年二百岁而死，何为不识？武帝去桓公铸铜器，且非少君所及见也。或时闻宫殿之内有旧铜器，或案其刻以告之者，故见而知之。①

王充对"尸解"的辩论较为深入细致，对"身死神去"提出了批判。桓谭的观点也大致如此。

但事实上，两汉之际，还是较为流行"人死复生"之事，或者人死化为动植物的说法，如《汉书·王莽传》记载，刘歆自杀之后，"后日殿中钩盾土山仙人掌旁有白头公青衣，郎吏见者私谓之国师公"。《新论》则称：

> 吕仲子婢死，有女年四岁，数来为沐头浣濯。道士云："其家青狗为之，杀之则止。"杨仲文亦言：所知家姬死，忽起饮食，醉后而坐祭床上，如是三四，家益厌苦。其后醉行坏垣，得老狗，便打杀之。推问乃里头沽家狗。②

这种观念，与"形解"、"尸解"尚不相同，说明人死之后有"神通"。桓谭如此记载，似乎对此类事情也是半信半疑，是以董俊彦提出疑问："这些玄虚怪诞之事，皆出自历史故事，桓谭记录之，文中亦无反对评论之语，何以能作为反对仙道之证据？"③

其实，此类记载，与仙道关系不大，而与《汉书·五行志》中记载的物怪、变怪事非常接近。《左传》已有此类故事，后来的《搜神记》记载的此类故事更多。这说明，在养性求仙、长生却老问题上，桓谭表现出了较为坚定的反对态度，但在人死之后是否有鬼神的问题上，他思想中还是带有那个

---

①黄晖：《论衡校释》，第2册，第331—332页。
②《新辑本桓谭新论》，第56页。
③董俊彦：《桓谭研究》，第77页。

时代的局限性。

以上关于养生、却老的问题，其实属于汉人现实社会之外对生命、人生意义的积极思考。这种思考，可以说是文本秩序、社会秩序之外的产物，但由于其思考之后形成的思想性结论，在文本内有所体现，无形之中对文本秩序形成了补充作用，所以我们又可称其为"文本秩序"的"边缘"。但这种边缘，是有一个"边界值"，当此类思想成果突破这个"边界值"进入文本的时候，它们又成为维护文本秩序的一部分。所以，对于文本秩序而言，边缘、边界与秩序之间是发展的、辩证的关系。

第二节　从秩序到秩序：刘伶饮酒、服饵思想与桓谭"隐沦"之渊源

两汉之际除了神仙、养生，还有一种与之相关的"隐沦"思想，见载于桓谭《新论》。这是一种什么样的思想？当时是一种什么情况？对汉魏及其以后有无影响？由此出发，我们甚至可以对魏晋时期非常流行的神仙思想进行溯源的工作。

桓谭《新论·辨惑》称："天下神人五：一曰神仙，二曰隐沦，三曰使鬼物，四曰先知，五曰铸凝。"[1]可知桓谭将神人分为五类，其中一种为"隐沦"之术[2]。从这种记载可以看出，桓谭后来可能对神仙产生了怀疑，但早期一定对神仙思想颇有研究，否则不会对神仙思想如此熟悉。

《新论》记载的这种早期神仙之学，至魏晋南北朝则体现了浓厚的道教色彩，并成为道教修炼的主要方术之一。尤其是其"隐沦"思想，对当时的饮酒、服饵甚至文学创作，皆有一定影响。例如，魏晋时代刘伶的《酒德颂》记载的"隐沦"，即与此有关。

刘伶，魏晋名士，"竹林七贤"之一，以饮酒闻名。桓谭与刘伶的生活相距二百余年，但桓谭《新论》中记载的"隐沦"、"形解"等思想，却直接影响了刘伶及其以后的南北朝士人。从文本秩序的角度看，这其实是一个非常有意思的话题。

---

①《新辑本桓谭新论》，第53页。
②朱谦之认为："隐沦即隐形，铸凝谓黄白术也。"（《新辑本桓谭新论》，第54页）

如果说，桓谭处于文本秩序稳定的时代，对此前学术思想有较为稳定的阐释；但他对其所在时代的新事物、新思想的记录，却以"新"的形象进入个人文本，逐渐在文本的长河中固定下来，被后人确立为一种新的文本秩序。从刘伶的《酒德颂》到颜延之的《五君咏》，以及刘伶与阮籍、嵇康等人讨论的服饵、饮食与养生问题，皆是对桓谭"隐沦"文本秩序的进一步确认或再确立，体现了文本从"新秩序"到"旧秩序"，再到另一种"新秩序"的演变过程。

为了说明以上问题，我们需要将历史推进二百年，以魏晋时期的刘伶《酒德颂》为例，来反观并尝试分析桓谭时代的"隐沦"思想的意义。

一、酒与德：刘伶《酒德颂》的核心要旨

文学作品作为一种历史产物，必然带有其所处历史时期的物质生活与生产的典型特征，也带有当时历史、学术、文学、艺术等不同的文化色彩。因此，对文学作品的解读，就离不开对当时历史生活的深刻理解。否则，我们对文学所谓的"还原"，或者对"大文学史"的理解，就是不全面的。本节我们以刘伶《酒德颂》为例，来说明这个问题。

刘伶，或作刘灵，字伯伦，曹魏时任建威将军。刘伶今传作品，唯存《酒德颂》一篇。《新唐书·艺文志》录其文集三卷，盖宋后亡。钱大昕曾引刘知几言："旧《晋史》本无《刘伶》、《毕卓传》，皇家新撰，以补前史之阙。"[①]这说明《刘伶传》乃唐人所补入。《酒德颂》，见《晋书》刘伶本传与《文选》，其中展现的"大人先生"狂荡不羁、沉湎于酒而傲然世外的个性形象，以及本文蕴含的丰富的中国文化传统，成为后世文人吟诵的对象。《酒德颂》，将"酒"与"德"联系起来，体现了特定的时代思想与社会生活，具有独特的文化价值。

宋朱弁《风月堂诗话》称："东坡云：'诗文岂在多，一《颂》了伯伦。'是伯伦他文字不见于世矣。予尝阅《唐史·艺文志》，刘伶有文集三卷，则伯伦非无他文章也，但《酒德颂》幸而传耳。"[②]由此可知，刘伶文集在南宋已经亡佚，但刘伶以一篇《酒德颂》，奠定了自己在后世文人心目中的文学地位。

---

① 钱大昕：《钱大昕全集·廿二史考异下》卷二一，江苏古籍出版社1997年版，第472页。
② 朱弁：《风月堂诗话》卷三，《景印文渊阁四库全书》，第1479册，第18页。

严可均先生曾结合《文选》、《晋书》、《艺文类聚》与《世说新语注》等，整理《酒德颂》如下：

> 有大人先生者，以天地为一朝，万期为须臾，日月为扃牖，八荒为庭衢。行无辙迹，居无室庐，幕天席地，纵意所如。止则操卮执瓢，动则挈榼提壶，唯酒是务，焉知其余。有贵介公子，缙绅处士，闻吾风声，议其所以，乃奋袂攘襟，怒目切齿，陈说礼法，是非锋起。先生于是方奉罂承槽，衔杯漱醪，奋髯箕踞，枕曲藉糟。无思无虑，其乐陶陶，兀尔而醉，慌尔①而醒。静听不闻雷霆之声，熟视不见太山之形，不觉寒暑之切肌，利欲之感情。俯观万物之扰扰，如江汉之载浮萍。二豪侍侧，焉如蜾蠃之与螟蛉。②

通过分析《酒德颂》，我们一般对"大人先生"的形象可形成三层解读：第一，好酒；第二，借酒隐藏自己的真实感情，托己保身；第三，折辱缙绅公子，不遵礼法。后世对刘伶及其《酒德颂》的认识，也大多与"大人先生"的这三种解读联系起来。我们可以将这三种解读，作为认识刘伶及其《酒德颂》的三条路径。

对刘伶的这三种认识，在历代文人作品中都有不同程度的反映。据《晋书》刘伶本传与《酒德颂》的记载，刘伶爱酒、醉酒，是众所周知的事情。他以"好酒"这一形象，进入了中国文学史的书写，成为诗歌、散文、戏曲、小说、书画等不同体裁描述的对象。唐以前，刘伶与阮籍、陶渊明一起成为嗜酒、狂放的典型；唐宋以后，刘伶与陶渊明、李白、苏轼等人的生活状态，一起成为文人向往的以醉酒而博得恣肆、潇洒生活的人生境界。对刘伶为文、为人的倾慕与赞扬，义、诗、词、曲、画，尤不宛然成章。可以这样说：自东晋开始，刘伶及其《酒德颂》的"好酒"形象，已经成为文学、艺术关注的主题。

刘伶写作《酒德颂》，与"竹林七贤"嗜酒的共同爱好有关。沈约曾认为，"竹林七贤"之好酒，目的有所不同。嵇康、阮籍之好酒，乃在以酒隐其本性而保身，故他们不爱寂寞、不喜独酌，只好呼朋引伴、把臂成欢。沈约《七贤论》有云：

---

① 《文选》作"豁尔"。
② 严可均辑：《全晋文》，《全上古三代秦汉三国六朝文》，第 2 册，第 1835 页。

> 彼嵇、阮二生,志存保己,既托其迹,宜慢其形。慢形之具,非酒莫可。故引满终日,陶瓦尽年。酒之为用,非可独酌。宜须朋侣,然后成欢。

从饮酒的境界上来说,沈约也认为他们七人有所差异:

> 刘伶酒性既深,子期又是饮客,山、王二公,悦风而至。相与莫逆,把臂高林,徒得其游。故于野泽衔杯,举樽之致,襄中妙趣,固冥然不睹矣。自嵇、阮之外,山、向五人,止是风流器度,不为世匠所骇。①

《世说新语》《晋书》等记载七贤饮酒文献不少,然按照沈约的观点,七贤中嵇、阮饮酒是将酒作为"托其迹"之"慢形之具",刘伶以下五人,只不过是或自觉,或被招参与嵇、阮之会,"徒得其游"以"风流气度"为世人激赏,而"不为世匠所骇"。如果按照沈约的说法,就饮酒境界而言,嵇康、阮籍带有浓厚的政治目的与明哲保身的算计,至多算饮酒者中之"贤人";山涛、王戎"悦风而至",可谓酒中"君子",而刘伶与向秀,一个"酒性既深",一个"又是饮客",可为酒中"圣者"。阮咸不独好"朋侣""成欢",且与群猪共饮,可谓酒中"豪杰"②。

　　按照沈约的认识,刘伶饮酒较阮籍、嵇康境界为低。然而,如果从刘伶《酒德颂》来看,刘伶不独为酒中之"圣",且为酒中之"仙"。虽然,酒中之"圣"、"贤"、"君子"、"豪杰"有借酒浇块磊以逃世、避世、保身、存己的意味,但还皆与社会保持着密切的联系。酒中之"仙"则不然。在很大意义上来说,"酒仙"已经与社会现实保持了一定的悬隔。唐人称其为"酒龙",除了赞其海量,也有"酒仙"寓意③。文学作品将刘伶及其《酒德颂》阐释为"酒仙",自是有其道理。

　　自南朝以降,文人多将刘伶及其《酒德颂》视作"避世隐逸、托己保身"。沈约《七贤论》,称阮籍、嵇康饮酒是为了"志存保己"。后人对刘伶的认识,也未尝不是如此。苏轼《放鹤亭记》也称:"周公作《酒诰》,卫武公作《抑

---

① 《艺文类聚》卷三七,董治安主编:《唐代四大类书》第二卷,第 1017 页。
② 《世说新语·任诞》:"诸阮皆能饮酒,仲容至宗人间共集,不复用常杯斟酌,以大瓮盛酒,围坐相向大酌,时有群猪来饮,直接去上,便共饮之。"(徐震堮:《世说新语校笺》,中华书局 1984 年版,第 394 页)
③ 陆龟蒙《正月十五惜春寄袭美》诗:"花匠碍寒应束手,酒龙多病尚垂头。"《自遣诗三十首》:"思量北海徐刘辈,枉向人间号酒龙。"

戒》。以为荒惑败乱，无若酒者，而刘伶、阮籍之徒以此全其真而名后世。"①"酒"是刘伶等人"全其真而名后世"的道具。但是，如果刘伶撰写《酒德颂》的目的，仅仅是为了"托己保身"，似乎与后面他对"贵介公子、缙绅处士"的羞辱产生了矛盾。阮籍也纵酒且不遵礼法，但由于他"虽不拘礼教，然发言玄远，口不臧否人物"，又加上有司马昭的特意保护②，故一直没有生命危险，然而刘伶未必在政治与生活上受到如阮籍一样的特殊待遇。在当时的政治形势下，他未必真的敢与礼法之士公然对抗，他对"贵介公子，缙绅处士"的申斥，或者另有隐情。

其实，《酒德颂》中的"贵介公子、缙绅处士"，并非真正的儒家学者，也不能代表儒家学者。这是因为，"缙绅处士"的含义，本身就是指徘徊于儒、道之间，奔走于利禄之门的势利之徒。他们既想当官，又想当隐士，不能算是真正的儒家人物。他们"陈说"的"礼法"，也当然不是真正的儒家思想。

阮籍《达庄论》中，对这些"缙绅处士"也有描述："先生徘徊翱翔，迎风而游，往遵乎赤水之上，来登乎隐岌之丘，临乎曲辕之道，顾乎泆潒之州，……于是缙绅好事之徒相与闻之，共议撰辞合句，启所常疑。乃窥鉴整饰，嚼齿先引，推年蹉踏，相随俱进。奕奕然步，腩腩然视，投迹蹈阶，趋而翔至。差肩而坐，恭袖而检，犹豫相林。莫肯先占。"③这些"缙绅好事之徒"，以儒者身份，质问庄周之学。他们自诩"生乎唐虞之后，长乎文武之裔，游乎成康之隆，盛乎今者之世，诵乎六经之教，习乎吾儒之迹，被沙衣、冠飞翮、垂曲裾、扬双鹝有日矣"，但是并非真儒，而是阮籍所言"儒墨之后，坚白并起，吉凶连物，得失在心，结徒聚党，辩说相侵"之遗留。在这里，阮籍也有借阐述庄子之道，对"竞逐趋利，舛倚横驰，父子不合，君臣乖离"与"名利之涂开，则忠信之诚薄；是非之辞著，则醇厚之情烁"进行揭露和鞭挞的意思。这些"贵介公子，缙绅处士"，往往以真孔子传人面目示人，私下对神仙丹药与利禄之途趋之若鹜，自然引起阮籍的鄙薄。通过寥寥数笔，阮籍就把"缙绅好事之徒"在仙人面前逡巡扭捏的作态，真实描画出来。

①苏轼：《放鹤亭记》，《苏轼文集》，中华书局1986年版，第2册，第360—361页。
②《晋书》阮籍本传："及嵇喜来吊，籍作白眼，喜不怿而退。喜弟康闻之，乃赍酒挟琴造焉，籍大悦，乃见青眼。由是礼法之士疾之若仇，而帝每保护之。"（《晋书》卷四九《阮籍传》，中华书局1974年版，第5册，第1361页）嵇康《与山巨源绝交书》："（阮嗣宗）为礼法之士所绳，疾之如仇，幸赖大将军保持之耳。"（《晋书》卷四九《嵇康传》，第5册，第1371页）
③阮籍：《达庄论》，严可均辑：《全三国文》，《全上古三代秦汉三国六朝文》，第2册，第1310页。

沈约称阮、嵇二人之外，其余五人"不为世匠所骇"，从反面说明了他们与上层社会还是保持了一定的和谐关系。以何晏为首的儒家学者，也参与到谈玄论道之中，他们在个人思想内部，肯定对儒、道有着自己的一套协调与平衡方式。宋人有"庄周之学因于田子方，子方之学因于子夏"①之说，黄宗羲有"子夏之徒流而为庄周"、"荀况、庄周、吴起、田子方之徒，皆学于孔子，而自为偏见"与"庄周不读孔子《鲁论》之书，又安知心斋由于博而后得于约"②等说，这当然是后儒对庄周之学的认识。但在晋代，士人心中对儒、道肯定皆有接受，并且有其不同于后人的思想协调方式。

本此，将《酒德颂》简单地理解为明哲保身、托己保身或不遵礼法之作，可能与事实不符。相反，在当时，刘伶还是得到了很多"时辈"的认同的③。问题是，刘伶《酒德颂》如果并非为"不遵礼法"或"托己保身"之作，就将前面我们所说的认识刘伶及其作品的三条路径中的两条排除在外了。这样，我们不得不选择刘伶"好酒"这条路径，来认识刘伶及其《酒德颂》了。

二、《酒德颂》与饮酒、服饵之关系

在谈刘伶与"酒"的关系之前，我们首先需要解决两个问题：第一，《酒德颂》中的"大人先生"，是刘伶自称还是另有其人？第二，《世说新语》称刘伶著《酒德颂》乃"意气所寄"④，这个"意气"指的是什么？

元刘祁《归潜志》卷八："伯伦《酒德颂》有'大人先生'，是寓言。后'闻吾风声'，'吾'当作'其'。"⑤如此说来，《酒德颂》或者即如刘祁所言，"大人先生"乃寓言，非实指。既然如此，我们就不能简单地将《酒德颂》中的"大人先生"与刘伶等同起来。

何为"大人"或"大人先生"？"大人"，早见于《周易》"乾"卦"见龙在田，利见大人"。高亨认为，《易经》所有"大人"，都指王侯贵族⑥。王肃解释为

---

① 郑汝谐：《论语意原》卷一，《景印文渊阁四库全书》，第 199 册，第 116 页。
② 黄宗羲：《明儒学案》卷一四、二七、五一，《黄宗羲全集》，浙江古籍出版社 2012 年版，第 7 册，第 348、722 页；第 8 册，第 526 页。
③《晋书》刘伶本传称其"泰始初对策，盛言无为之化。时辈皆以高第得调"（《晋书》卷四九《刘伶传》，第 5 册，第 1376 页），这个"时辈"中，未必没有儒生。
④《世说新语·文学》："刘伶著《酒德颂》，意气所寄。"（徐震堮：《世说新语校笺》，第 173 页）
⑤ 刘祁：《归潜志》卷八，《景印文渊阁四库全书》，第 1040 册，第 281 页。
⑥ 高亨：《周易大传今注》，齐鲁书社 1979 年版，第 57 页。

"圣人在为之目"；孔颖达疏："利见大人，以人事托之。言龙见在田之时，犹似圣人久潜稍出，虽非君位，而有君德，故天下众庶，利见九二之大人，故先儒云：若夫子教于洙泗，利益天下，有人君之德，故称大人。案《文言》云：'九二德博而化'。又云：'君德也。'王辅嗣注云：'虽非君位，君之德也。'是九二有人君之德，所以称大人也。"①据此可知，孔颖达等皆将"大人"解作"圣人"。圣人，不惟儒家独有，道家亦有此称呼。庄子称"至人无己，神人无功，圣人无名"，即此。

秦汉以后，仙道流行，为与儒家"圣人"相别，仙家称其道行高深者为"大人"。《史记·司马相如列传》："相如拜为孝文园令。天子既美子虚之事，相如见上好仙道，因曰：'上林之事未足美也，尚有靡者。臣尝为《大人赋》，未就，请具而奏之。'相如以为列仙之传居山泽间，形容甚癯，此非帝王之仙意也，乃遂就《大人赋》。"②对司马相如《大人赋》中的"大人"，各家注解不同。《史记索隐》称："张揖云：'喻天子。'向秀云：'圣人在位，谓之大人。'张华云：'相如作《远游》之体，以大人赋之也。'"③颜师古注《汉书》称："大人，以谕天子也。"④这里，将"大人"解作"天子"实不通；解作"圣人"，乃儒家之辞；张华之解释，最近事实。今人有的将其解作"志行高尚之人"⑤，恐不确切。此"大人"，应该泛指仙家中的高人。即如汉赋"乌有先生"之类，非实指。刘伶《酒德颂》中的"大人先生"，用法即同司马相如之"大人"。

"先生"，《仪礼注疏》卷二《士冠礼》郑玄注："乡先生，乡中老人，为卿大夫致仕者。"卷一三《乡射礼》郑玄注："乡先生，乡大夫致仕者也，君子有大德行不仕。"孔颖达疏："注释曰：云'乡大夫致仕者也'者，此即《乡饮酒》注云：'先生，谓乡中致仕者。'云'君子有大德行不仕者'，大德行，谓六德、六行，可贡而不仕者，此即居士锦带，亦曰处士。"⑥汉代的"乡先生"，应即辞官隐居或乡中不仕而隐者。

"先生"本来也是儒家、道家皆可称呼的词汇。先秦时期，诸子百家皆

①《周易正义》卷一，阮元校刻：《十三经注疏》，第 13 页。

②《史记》卷一一七《司马相如列传》，第 9 册，第 3702—3703 页。

③《史记》卷一一七《司马相如列传》，第 9 册，第 3704 页。

④《汉书》卷五七《司马相如传》，第 8 册，第 2593 页。

⑤赵奎夫主编：《历代赋评注》(汉代卷)，第 173 页。

⑥《仪礼注疏》卷一三，阮元校刻：《十三经注疏》，第 953、1009 页。

将"先生"作为对君子的尊称。为与儒家相别，仙家将"大人"、"先生"合称，故自魏晋以来的道家，皆以"大人先生"称操行高洁、真心修道者。如宋晁迥《昭德新编》卷上："愚闻古有大人先生，天真之心诚而明，天和之气虚而清，混而为一，莫之与京。愚当思古，自明而诚。"①但是，后来儒家与释家也借用了这个称呼。释迦称其佛法高深者为"大人先生"，宋晁迥《法藏碎金录》卷九：

> 前辈有诗云："尘海茫茫万古深，是非波浪至于今。其中名利为香饵，钓尽人间不了心。"又有诗句云："举世尽遭名利染，何人不带是非行。"因知名利之生是非，如形声之有影响，古今皆然。若有天赋至奇大士，豁然而悟理，挺然而抗志，跃出此四者之域，特立独行于妙妙之道者，吾当尊之曰大人先生。②

入宋以后，儒家也称其圣贤者为"大人先生"，真德秀《西山读书记》卷三十有"而世无大人先生如孔子、孟子者"之言。再至后世，"大人先生"有时可自称其父祖。

落实在刘伶《酒德颂》中的"大人先生"，即应指真心修道的得道高人。所以，本文显然与神仙有关。也就是说，刘伶显然也好神仙，其《酒德颂》当与神仙修炼有关。阮籍《大人先生传》称"大人先生盖老人也，不知姓字"，也是指的道家高人，与司马相如《大人赋》之"大人"一脉相承。

司马相如之"大人"与阮籍、刘伶之"大人先生"，皆以天地为小、追求长生为务。故司马相如称"大人"："宅弥万里兮，曾不足以少留。……历唐尧于崇山兮，过虞舜于九疑。……必长生若此而不死兮，虽济万世不足以喜。"③阮籍《大人先生传》称"大人先生"："陈天地之始，言神、黄帝之事，昭然也。……其视尧、舜之所事，若手中耳。以万里为一步，以千岁为一朝。……先生以应变顺和，天地为家，运去势颓，魁然独存。自以为能足与造化推移，故默探道德，不与世同。自好者非之，无识者怪之，不知其变化神微也。"④而刘伶《酒德颂》中的"大人先生"也是如此心游天外、

①晁迥：《昭德新编》，《景印文渊阁四库全书》，第849册，第270页。
②晁迥：《法藏碎金录》，《景印文渊阁四库全书》，第1052册，第572页。
③《汉书》卷五七《司马相如传》，第8册，第2592、2596页。
④陈伯君校注：《阮籍集校注》，中华书局1987年版，第161—162页。

纵意所如："以天地为一朝，万期为须臾，日月为扃牖，八荒为庭衢。行无辙迹，居无室庐，幕天席地，纵意所如。……静听不闻雷霆之声，熟视不见太山之形，不觉寒暑之切肌，利欲之感情。俯观万物之扰扰，如江汉之载浮萍。"

这种"大人先生"，一心追求长生久视，不问俗事，与一心追求利禄或者以长生、隐逸为借口真心追求利禄的假隐士——也就是刘伶所言"贵介公子，缙绅处士"——当然形成鲜明对比。应该说，这种人所"陈说礼法"，恐非儒家真意，而实际上是利禄之说。本此，刘伶之"大人先生"，反对的非儒家礼法，而是假隐士、伪道学所持的陋俗之见。这一点，与阮籍《大人先生传》的观点是一致的。《大人先生传》中，俗儒规劝大人先生应该："颂周、孔之遗训，叹唐、虞之道德，唯法是修，为礼是克。"大人先生斥之曰："怀欲以求多，诈伪以要名；君立而虐兴，臣设而贼生。坐制礼法，束缚下民。欺愚诳拙，藏智自神。强者睽视而凌暴，弱者憔悴而事人。假廉而成贪，内险而外仁，罪至不悔过，幸遇则自矜。驰此以奏除，故循滞而不振。……汝君子之礼法，诚天下残贼、乱危、死亡之术耳！而乃目以为美行不易之道，不亦过乎！"阮籍在这里排斥的儒家，非真儒家，实俗儒、陋儒无疑。故《晋书》本传称其："籍又能为青白眼，见礼俗之士，以白眼对之。""礼俗"之士，与刘伶所言"贵介公子，缙绅处士"意思相通。

从《酒德颂》看，刘伶除了"贵介公子，缙绅处士"与"礼法"等称呼，并没有与儒家礼法尖锐对抗的言辞。因此，刘伶《酒德颂》并非托己保身、不遵礼法之作，而是借书写饮酒反映道教神仙生活，是一篇与道教思想密切相关的作品。唐王绩《祭杜康新庙文》称："眷兹酒德，可以全身。杜明塞智，蒙垢受尘。阮籍遂性，刘伶保真。以此避世，于今几人。"[1]道出了阮籍、刘伶与道教全性、保真、养气的关系。这也就是《世说新语》所说的《酒德颂》的"意气"。这种"意气"，一方面指作者胸怀之意趣与气度[2]。另一方面，"意气"之"气"，还指道教养气、炼气之"气"。这就是《酒德颂》的写作主旨：既非为托己保身，也非为对抗儒家礼法，实际上是为了追求真正的仙道之

---

[1] 董诰编：《全唐文》卷一三二，中华书局1983年版，第2册，第1329页。
[2] 《竹林七贤论》称："籍归，遂著《大人先生论》，所言皆胸怀间本趣，大意谓先生与己不异也。观其长啸相和，亦近乎目击道存矣。"(徐震堮：《世说新语校笺》，第355页)刘伶"意气"，与阮籍"胸怀间本趣"相通。

"道存"，为了养气固神，对俗儒、陋儒发出的指斥之言；其渊源在汉武求仙与司马相如《大人赋》。后人以为《酒德颂》旨在借醉酒退保其身，非真醉酒，其实乃以己意猜度前人①。

魏晋人好神仙者多好酒。他们或将酒作为炼制丹药的作料，或将酒作为修仙之途，如辟谷、隐沦②、长生、不死等，皆借助酒来实现。《北堂书钞》引《神仙传》、《异苑》、《十洲记》等记载酒的功能：有"饮之不竭"、"饮之不饥"、"饮之长生"等说，而酒还可以"策勋饮至，降神合人"③。

魏晋人好酒与神仙有关，是因为饮酒一般被认为是与服食五石散（寒食散）相伴而行的一种社会风气。李国文先生称当时"就在社会上产生出一批所谓的名士，或过度饮酒，终月不醒，或装痴作狂，全无心肝，或赤身裸体，满街横卧，或长啸狂歌，凡人不理……于是，在名士们竞相比赛地放浪形骸之下，社会风气也日益随之败坏"④。问题是，魏晋人的药与酒，有着密不可分的联系。服药者，多好饮酒，相反亦然。

另外，魏晋风度的一个特征，就是药、酒不分家。嵇康好酒，更好服药，《晋书》称他"常修养性服食之事"、"康尝采药游山泽"，沈约《七贤论》也称他"故始以饵术黄精，终于假涂托化"。"竹林七贤"中，阮籍、嵇康是魏晋风度的代表。一般认为，他们二人是魏晋时期服药与饮酒不同派别的代表。然而，"竹林七贤"，就是因"酒"而集中在一起的一个群体。沈约的"酒之为用，非可独酌。宜须朋侣，然后成欢"，就点出了"竹林七贤"相聚一起的中介就是"酒"。所以，"竹林七贤"，未必在服药与饮酒方面区分的那么清楚。他们对饮酒与服药，很多时候可能是皆有所好。

---

① 叶梦得《石林诗话》："晋人多言饮酒有至于沉醉者，此未必意真在于酒。盖时方艰难，人各惧祸，惟托于醉，可以粗远世故。盖自陈平、曹参以来，已用此策。《汉书》记陈平于刘、吕未判之际，日饮醇酒，戏妇人，是岂真好饮邪？曹参虽与此异，然方欲解秦之烦苛，付之清净，以酒杜人，是亦一术。不然，如前通辈无事而献说者，且将日走其门矣。流传至嵇、阮、刘伶之徒，遂全欲用此为保身之计。此意惟颜延年知之，故《五君咏》云：'刘伶善闭关，怀情灭闻见。韬精日沉饮，谁知非荒宴。'如是，饮者未必剧饮，醉者未必真醉也。后世不知此，凡溺于酒者，往往以嵇、阮为例，濡首腐胁，亦何恨于死邪！"（叶梦得：《石林诗话》，《景印文渊阁四库全书》，第 1478 册，第 1007—1008 页）此说未必皆是。
② 《后汉书·方术传下·解奴辜》："皆能隐沦，出入不由门户。"（《后汉书》卷八二《方术传》，第 10 册，第 2749 页）
③ 《抱朴子》云："一瓶之醪倾，而三军之众悦。解毒之觞行，而盗马之属感。消忧成礼，策勋饮至，降神合人，非此莫也。"（杨明照：《抱朴子外篇校笺》，中华书局 1991 年版，上册，第 589 页）
④ 李国文：《中国文人的非正常死亡》，人民文学出版社 2004 年版，第 59 页。

"服食"又称"服饵"、"饵药",嵇康应该属于魏晋时期道教的"丹道服饵派",而其锻铁也与服食五十散有关①。晋士大夫无不服饵②。在这种风气影响下,好酒的阮籍与刘伶,未必能逃得过这种风气的影响。

晋人相信服食金丹可以成仙③。"丹道服饵派"所服丹药有三类:天元丹、地元丹与人元丹。天元丹是矿物质炼制的丹药,地元丹多指植物性药材,人元丹主要指养神服气或古代房中术。根据南怀瑾先生的研究④,服饵丹药有三个程序:第一,服用地元丹强筋健骨为修炼养生做准备;第二,修炼人元丹,以达到庄子所说:"登高不栗,入水不儒,入火不热"、"其寝不梦,其觉无拢,其食不甘,其息深深"的境界,从而实现不饥不竭、辟谷不食,昼夜不眠的境界,也就是《庄子·大宗师》所说的:"古之真人,不知说生,不知恶死,其出不欣,其入不距,倏然而往,倏然而来而已矣。不忘其所始,不忘其所终;受而喜之,忘而复之,是之谓不以心捐道,不以人助天。"⑤第三,服食天元丹。从嵇康采药,以及刘伶与阮籍笔下的大人先生之"服气"分析,"竹林七贤"对酒、药皆有所好,并且已经修炼到地元丹、人元丹的境界。

阮籍、嵇康与刘伶,应该是竹林七贤中修炼丹道较为积极的人。他们的好酒、能酒,就与服饵有关。我们说刘伶的好酒与服药有关,有如下四个证据可兹证明:

其一,魏晋人服药⑥,多和酒吞饮。《御定渊鉴类函》卷三百九十二就引《世语》记载:

　　白子高少好隐沦之术,尝为美酒给道客。一旦,有四仙人赍药,集其舍求酒。子高知非凡,乃欲取他药杂之。仙人云:'我亦有仙药。'于是宾主各出其药。仙人谓子高曰:'卿药陈久,可服吾药。'子高服之,因随仙人飞去。'子高仙酒',至今称之。⑦

①范子烨:《嵇康锻铁与服散养生》,《陕西师范大学学报》1994年第3期。
②《太平御览》卷七二二:"晋朝士大夫无不服饵,皆获异效。"(李昉:《太平御览》卷七二二,第3册,第3200页)
③葛洪《抱朴子·金丹》:"服此而不仙,则古来无仙矣。"(王明:《抱朴子内篇校释》,中华书局1985年版,第70页)颜之推《颜氏家训·养生》也说:"神仙之事,未可全诬。"
④南怀瑾:《道家、密宗与东方神秘学》,《南怀瑾选集》,复旦大学出版社2003年版,第4卷,第367页。
⑤郭庆藩:《庄子集释》,中华书局1961年版,第229页。
⑥《后汉书》卷八二《方术列传》记载:"若疾发结于内,针药所不能及者,(华佗)乃令先以酒服麻沸散。"(《后汉书》卷八二《方术传》,第10册,第2736页)可知,麻沸散也是和酒服下。
⑦《御定渊鉴类函》卷三九二,《景印文渊阁四库全书》,第992册,第599页。

仙人求酒服药的事实，说明魏晋修仙服药，酒是不可或缺的重要成分。

其二，古人认为，酒是"百药之长"，是制造丹药的重要配料。《汉书》王莽诏曰："酒者，百药之长，嘉会之好。"①《编珠》卷三引《抱朴子》曰："黄帝酒泉法，以曲米和药成丹，一斗酒内一升水，藏之千岁，其味常好。"晋代炼丹的《羡门子丹法》，更是体现了酒在炼制丹药过程中的作用："以酒和丹一斤，用酒三升和，曝之四十日，服之一日，则三虫百病立下；服之三年，仙道乃成。"②《小饵黄金法》、《两仪子饵销黄金法》与《饵丹砂法》介绍的丹药，都是将药与酒混合煎制而成③。

其三，晋人修仙服药必饮酒，是因为他们认为酒有加速融化丹药的功能。以"玉"为例，葛洪认为"玉亦仙药"，而"玉可以乌米酒及地榆酒化之为水"；服"银"，"服之法，以麦浆化之，亦可以朱草酒饵之"④。在晋代修仙的过程中，酒与药往往是不分家的。而酒的作用，恰好可以加速药效。但以酒服药之后，或者导致人的精神更加恍惚，行为比较怪诞，所以刘伶才出现了"静听不闻雷霆之声，熟视不见太山之形，不觉寒暑之切肌，利欲之感情"的幻觉。这在旁观者看来，不仅不利于养生，而且其癫狂的行为，肯定会对家庭或周围其他人员造成很多不便与不适。刘伶妻称："君酒太过，非摄生之道，必宜断之。"但刘伶醉心神仙之术，仍然"一饮一斛，五斗解醒"⑤。

其四，服药之后，除了行散，酒还是散解体内燥热的重要方法。刘伶服药之后，除了"脱衣裸形"，还需要借助酒。刘伶"尝渴甚，求酒于其妻"，舍"水"求"酒"，与药在体内产生的燥热有关。服药之后，服食者全身发热，这时候解决燥热的办法之一，就是饮热酒、清酒："凡是五石散先名寒食散者，言此散宜寒食冷水洗取寒，唯酒欲清，热饮之，不尔，即百病生焉。"⑥对这一点，鲁迅说得很明白："走了之后，全身发烧，发烧之后又发冷。普通发冷宜多穿衣，吃热的东西。但吃药之后的发冷刚刚要相反：衣少，冷食，以冷水浇身。倘穿衣多而食热物，那就非死不可。因此五石散一名寒食散。只

---

①《汉书》卷二四《食货志》，第 4 册，第 1183 页。

②王明：《抱朴子内篇校释》，第 79 页。

③王明：《抱朴子内篇校释》，第 210 页。

④王明：《抱朴子内篇校释》，第 204、205 页。

⑤《晋书》卷四九《刘伶传》，第 5 册，第 1376 页。

⑥孙思邈：《千金翼方》卷二二《飞炼》，《道藏精华》第十三集之七，自由出版社 1976 年版，第 265 页。

有一样不必冷吃的，就是酒。"①1965 年，山东东晋大墓中，发现了 200 余粒"红色药丸"，大者 0.468 克，小者 0.275 克，平均每粒重约 0.372 克。据考证，这就是晋代士人趋之若鹜的五石散。专家考证，其成分就是石钟乳、白石英、石硫磺、赤石脂、紫石英等五种矿物质。服食这种药丸之后，必须饮好酒、醇酒、热酒，方能将体内燥热之气散解掉。"服药须好酒"，或者也是"酒分圣贤"思想盛行的一个原因。可见，魏晋修仙，药、酒并用，二者不可或缺。

在这里，还有一个问题需要解决：刘伶平常所饮之酒，与魏晋时期修炼神仙需要的酒是否相同？据刘伶《酒德颂》"枕曲藉糟"，其意为"枕着酒曲，垫着酒糟"，此处显示刘伶所饮之酒为曲酒无疑。曲酒的特点之一是：无色透明，第二个特点就是醇：窖香浓郁，入口绵甜；第三个特点就是有提神、舒筋活血、温胃祛寒的作用。这非常符合服食之后需饮清、醇之酒的要求。刘伶饮酒，当为米酒，与《抱朴子》中的乌米酒、地榆酒，皆属曲酒。因此，刘伶饮酒，确与服药有关。

魏晋士人服药有其内在的成仙期望的要求。据《云笈七签·服药论》："夫五脏通荣胃之气，六腑资水谷之味。今既服气，则脏气之有余。又既绝谷，则腑味之不足。《素问》曰：'谷不入半日则气衰，一日则气少。'故须诸药以代于谷，使气味兼致，脏腑两全也。"②服药的作用，是辟谷者调和五脏六腑，达到不饥、不竭、长生的目的。服药时间有明确规定，葛洪云："服治病之药，以食前服之；养性之药，以食后服之。"③刘伶"常乘鹿车，携一壶酒，使人荷锸而随之，谓曰：'死便埋我。'"④这实际上是他服药之后的边行散、边饮酒的事情。服药之后，本来燥热难当，加之热酒作用，其痛苦如死的感受是可以想象的。刘伶称"死便埋我"，或者是他服药、饮酒之时的真实感受。我们怀疑，阮籍"当其得意，忽忘形骸"与其母卒犹"散发坐床"⑤，以及刘伶"纵酒放达"、"脱衣裸形"⑥，很像是服药之后散解体内燥热的

---

①《鲁迅全集》，人民文学出版社 1981 年版，第 3 卷，第 507 页。

②张君房：《云笈七签》，齐鲁书社 1988 年版，第 319 页。

③王明：《抱朴子内篇校释》，第 208 页。

④《晋书》卷四九《刘伶传》，第 5 册，第 1376 页。

⑤《晋书》卷四九《阮籍传》，第 5 册，第 1359 页；徐震堮：《世说新语校笺》，第 394 页。

⑥徐震堮：《世说新语校笺》，第 392 页。服药之后，人必须通过减少衣服或者浇冷水来散解体内燥热。

行为。

刘伶好酒，并非酗酒，更不是酒鬼，而是他服药之后散解体内燥热的需要。《晋书》本传称他"陶兀昏放，而机应不差"，就说明他并非沉醉不问世事之徒。《酒德颂》，应该是刘伶描写自己服药之后的感受。如《酒德颂》"无思无虑，其乐陶陶，兀尔而醉，慌尔而醒。静听不闻雷霆之声，熟视不见太山之形，不觉寒暑之切肌，利欲之感情"，就是服药之后的幻觉。尤其是"静听不闻"、"熟视不见"，与庄子、广成子所言"目无所见，耳无所闻，汝神将守形，形乃长生"[1]极为相似。实际上，这也就是古人所说的宇宙初萌时的"混沌"[2]状态。颜延之以"怀情灭闻见"评论刘伶，也与这种神仙修炼有关。有人认为，"静听"以下四句为"大人先生"醒后的心态，其实不然。我们看刘伶，似乎处于一个半醉半醒的状态：此时人的大脑虽然思维混沌，甚至还处于麻木状态，听觉、嗅觉、感觉不甚灵敏，视觉模糊。然而其心智却有所清醒，全身处于一种激情四溢而无所释放的亢奋状态。故"不闻"、"不见"、"不觉"之意识尚在。这是半醒的状况。而半醉的状况则是：个人极度膨胀，故方有"俯观万物之扰扰，如江汉之载浮萍"。因此，刘伶这种半醉半醒的状态，实际上就是庄子、广成子所言"守形"、"守神"、"长生"，也就是颜延之所言之"怀情灭闻见"。

三、"隐沦"之术

神仙之学，在古代或者具有直接的实践效果或实际应用，所以才能成为一种历久不衰的文化现象。长沙马王堆女尸千年不腐，很难说与神仙、丹药毫无关系。1994 年，荆门纪山楚墓出土的不腐女尸，比马王堆汉墓女尸还要早 200 多年。这说明一个问题：长生不老的神仙之术可能无法真正实现，但神仙之学促进了当时的古尸保存技术，或者合其事实。这说明，中国的神仙思想，应该具有很早的起源。据说，神仙思想，早在西周时期已经存在[3]。汉武帝时期，已经有成熟的饵食、尸解、化丹、炼金等神仙之术。

---

① 萧统编，李善注：《文选》卷二一，上册，第 303 页。
② 孙毂《古微书》卷二四："万物怀任，交易变化始起，先有太初，然后有太始，形兆既成，名曰太素。混沌相连，视之不见，听之不闻，然后剖判。清浊既分，精耀出布，庶物各精者为三光，为五行。五行生情性，情性斗中为神明。神明生道德，道德生文章。"（孙毂：《古微书》卷二四，《景印文渊阁四库全书》，第 194 册，第 975 页）
③ 南怀瑾：《中国道教发展史略》，《南怀瑾选集》，第 5 卷，第 468 页。

根据葛洪的说法，炼制丹药的两个条件是："入名山，绝人事。"①在他列举的众多"名山"中，云台山赫然名列其中。可以说，"竹林七贤"选择云台山作为优游之地，仙道信仰与炼制丹药，是一个重要原因。

桓谭将神仙分为五等："天下神人五：一曰神仙，二曰隐沦，三曰使鬼物，四曰先知，五曰铸凝。"②隐沦即隐形，铸凝即黄白术。可见至少在汉代，神仙之学已经形成了一套完整的理论体系，神仙修炼也被分为五个层次。刘伶好神仙，其好酒与服药，皆与神仙之术有关。具体到刘伶来说，当时他修炼的具体是哪种神仙之术？

晋人好静，视闲居为仙居，多好"隐沦"。我们有理由相信，"竹林七贤"，尤其是刘伶与嵇康，对桓谭所说的"隐沦"之术修炼最专心，进度也最快。如阮籍好"栖神导气之术"③，山涛"每隐身自晦"，王戎"视日不眩"④，嵇康"以为神仙禀之自然，非积学所得，至于导养得理，则安期、彭祖之伦可及"，向秀有"箕山之志"、"雅好老庄之学……又与康论养生，辞难往复，盖欲发康高致也……"，阮咸"任达不拘，与叔父籍为竹林之游"等等。另外，导引、导气是修炼人元丹的必要过程，或者也是修炼"隐沦"的重要方法。《云笈七签·导引论》称："夫肢体关节，本资于动用，经脉荣卫，实理于宣通。今既闲居，乃无运役事，须导引以致和畅。户枢不蠹，其义信然。"⑤像他们要修炼此术，养气、炼气，长时间的静坐是免不了的课程。这样，"导引"就必然成为他们修炼仙道的方式。而这又与"隐沦"术密切相关⑥。可以说，除了服饵丹药，"竹林七贤"的竹林之游，还与桓谭所言"隐沦"有关。

南朝颜延之《五君咏》，就多涉及五人的"隐沦"思想。颜延之吟咏"竹林七贤"中的五人，可能带有个人的思想寄托。但是，这五个人应该具有一个共同的特点为山涛、王戎所未有，否则，颜延之完全可以作《七君咏》，而

①王明：《抱朴子内篇校释》，第85页。
②《新辑本桓谭新论》，第53页。
③《晋书》阮籍本传称阮籍"籍尝于苏门山遇孙登，与商略终古及栖神导气之术"（《晋书》卷四九《阮籍传》，第5册，第1362页）。
④养气蓄精之故。
⑤张云房：《云笈七签》，第318页。
⑥修炼"隐沦"术与成仙的要义之一，就是需要"含精养神"。彭晓《周易参同契通真义》卷下《惟昔圣贤章第七十九》称："惟昔圣贤，怀玄抱真，伏炼九鼎，化迹隐沦，含精养神，通德三光，津液腠理，筋骨致坚，众邪辟除，正气长存，积累长久，变形而仙。"（彭晓：《周易参同契通真义》，《景印文渊阁四库全书》，第1058册，第546页）

不会因为二人的入仕舍弃他们入诗。我们可以就此进行以下分析。《五君咏》诗如下：

阮步兵

阮公虽沦迹，识密鉴亦洞。沉醉似埋照，寓辞类托讽。长啸若怀人，越礼自惊众。物故不可论，途穷能无恸？

嵇中散

中散不偶世，本自餐霞人。形解验默仙，吐论知凝神。立俗迕流议，寻山洽隐沦。鸾翮有时铩，龙性谁能驯？

刘参军

刘灵[①]善闭关，怀情灭闻见。鼓钟不足欢，荣色岂能眩？韬精日沉饮，谁知非荒宴？《颂酒》虽短章，深衷自此见。

阮始平

仲容青云器，实禀生民秀。达音何用深？识微在金奏。郭弈已心醉，山公非虚觏。屡荐不入官，一麾乃出守。

向常侍

向秀甘淡薄，深心托豪素。探道好渊玄，观书鄙章句。交吕既鸿轩，攀嵇亦凤举。流连河里游，恻怆《山阳赋》。[②]

以上五人诗中的"沦迹"、"沉醉"、"餐霞"、"隐沦"、"形解"、"闭关"、"探道"、"好玄"等，皆与神仙、道教有关，而揭示五人道教形迹的莫过于咏嵇康一首，其中的"餐霞人"、"隐沦"二词，直接点明了嵇康信仰道教、通晓"隐沦"之术的事实。《文选》各家注意思大致相同。"餐霞"，李善注称：

按孙盛《晋阳秋》曰："嵇康性不偶俗。"《吕氏春秋》曰："沈君筮谓孙叔敖曰：'偶世接俗，子不如我。'"餐霞，谓仙也。《楚辞》曰："漱正阳而餐朝霞。"司马相如《大人赋》曰："呼吸沆瀣餐朝霞。"[③]

"隐沦"，李善称：

---

① 颜延之《五君咏·刘参军》、李商隐《假日》、《文选》五臣注引臧荣绪《晋书》、《文中子》、《语林》等皆作"灵"，而《晋书》本传作"伶"。河南修武县云台山上保存的宋代遗迹"刘灵醒酒台"，亦作"灵"。可知唐宋人多写作"刘灵"。

② 诗文与注释，皆见《文选》卷二一，上册，第303—304页。

③ 萧统编，李善注：《文选》卷二一，上册，第303页。

《竹林七贤论》曰："嵇康非汤武，薄周孔，所以近世。"《尔雅》曰："近，逆，犯也。"《非有先生论》曰："欲闻流议。"《神仙传》曰："王烈年已二百三十八岁，康甚爱之，数与共入山游戏采药。"桓子《新论》曰："天神人五，二曰隐沦。"①

在这里，李善引用桓谭《新论》中的"天神人五，二曰隐沦"来注解"寻山洽隐沦"时，可见颜延之所言嵇康之"隐沦"，确属修炼神仙之术，非"隐居"之义，且与桓谭之"隐沦"思想具有直接关系。

关于"形解"，李善注：

顾凯之《嵇康赞》曰："南海太守鲍靓，通灵士也，东海徐宁师之。宁夜闻静室有琴声，怪其妙而问焉。靓曰：'嵇叔夜。'宁曰：'嵇临命东市，何得在兹？'靓曰：'叔夜迹示终而实尸解。'桓子《新论》曰：'圣人皆形解仙去。言死，示民有终。'孙绰《嵇中散传》曰：'嵇康作《养生论》，入洛，京师谓之神人。向子期难之不得屈。"②

此处李善注引桓谭《新论》之"形解"释嵇康之"形解验默仙"，亦证此时之神仙思想，源自桓谭时代总结的神仙思想。又上文已证，嵇康信奉道教，修炼丹道。此处的"尸解"，应属后人之辞。但"隐沦"之术，是嵇康时代已经存在的道术。刘伶等其他四人，也应与此相关。

阮籍的"沦迹"，《文选》李善注："《广雅》曰：'沦，没也。'识心之别名，湛然不动谓之心，分别是非谓之识。"《文选》张铣注："沦，沉也。"此与"隐沦"有关。

刘伶"闭关"、"怀情灭闻见"、"韬精"等，显然是修炼人元丹的过程。其"《颂酒》虽短章，深衷自此见"，体现了他以酒服药，修炼"天元丹"的过程。这一点，《文选注》有详细解释。对于"怀情灭闻见"，李善称：

言道德内充，情欲俱闭，既无外累，故闻见皆灭。臧荣绪《晋书》曰："灵潜嘿少言。"老子曰："善闭者无关键而不可开。"王弼曰："因物自然，不设不施，故不用关键绳约，而不可开解。"《说文》曰："怀，藏也。"庄子、广成子曰："目无所见，耳无所闻，汝神将守形，形乃长生。"③

①萧统编，李善注：《文选》卷二一，上册，第303页。
②萧统编，李善注：《文选》卷二一，上册，第304页。
③萧统编，李善注：《文选》卷二一，上册，第303页。

李善既然在这里引用了庄子、广成子的"目无所见，耳无所闻，汝神将守形，形乃长生"来解释"怀情灭闻见"，显然是认为刘伶确实有修炼神仙的行为。对于"韬精日沉饮"，李善注：

> 《广雅》曰："韬，藏也。"贾逵《国语》注曰："精，明也。"臧荣绪《晋书》曰："灵常乘鹿车，携一壶酒。"《尚书》曰："羲和沉湎于酒。"孔安国曰："沉，谓醉冥也。"《毛诗》曰："好乐无荒。"郑玄曰："荒，废乱也。"①

"韬精"显然与敛气藏精、修炼人元丹有关，而将"饮酒"与"韬精"连用，显然以为二者有内在关联。

阮咸也与神仙有关。"郭奕已心醉，山公非虚觏"，李善注：

> 《名士传》曰："阮咸哀乐至，过绝于人，太原郭奕，见之心醉，不觉叹服。"列子曰："有神巫自齐而来，处于郑，名曰季咸，列子见之而心醉。"向秀曰："迷惑其道也。"山涛《启事》曰："咸若在官之职，必妙绝于时。"②

向秀注《庄子》，自是好神仙。因为道教的养气、炼气思想，就是经庄子由方士处继承、发展而来的③。"探道好渊玄"，李善注："谓注庄子也。《世说》曰：'初，注庄子者数十人，莫能究其指要。向秀于旧注外为解义，妙析奇致，大畅玄风。'"

综上，我们有理由相信，"竹林七贤"中除山涛、王戎二人之外，其余五人皆修炼神仙中的"隐沦"之术。这种仙术，与"竹林七贤"避世竹林的初衷也相吻合。葛洪《抱朴子·杂应》：

> 神道有五，坐在立亡其数焉。然无益于年命之事，但在人间无故而为此，则致诡怪之声，不足妄行也。可以备兵乱危急，不得已而用之，可以免难也。④

"隐沦"之术，既然如葛洪所言，有备"兵乱危急"与可以"免难"的作用，相信此术应该是当时最为盛行的神仙术。"竹林七贤"中，嵇康与刘伶服食丹

---

① 萧统编，李善注：《文选》卷二一，上册，第303—304页。
② 萧统编，李善注：《文选》卷二一，上册，第304页。
③ 南怀瑾：《道家、密宗与东方神秘学》，《南怀瑾选集》，第4卷，第362页。
④ 王明：《抱朴子内篇校释》，第270页。

药、修炼神仙的境界是最高的。这是因为,嵇康生时,即以其言行、气度被时人称为"神"[①];刘伶则"盛言无为之化,时辈皆以高第得调"。他们对神仙、道教的理解,是得到了当时士人的认可的。另外,道教将嵇康列入"尸解仙",后世又将刘伶视作"下八仙"的"酒仙",都说明"竹林七贤"就是以神仙面目出现在民间的[②]。尤其是刘伶,被视作神仙的原因竟然是"酒",且被命名为"酒仙",本身说明了"酒"在他服食成仙中的重要作用。南朝士人是将"竹林七贤"作为得道升仙的典范看待的。1961年,在南京的一处南朝墓室中,出土了《竹林七贤与荣启期》画像砖。荣启期是春秋时代的名士,《列子》与《孔子家语》对其有记载。荣启期与"竹林七贤"相距近千年,南朝人将二者联系起来,显然寄托了他们对"竹林七贤"得道成仙的美好愿望。

那么,颜延之《五君咏》为何将山涛、王戎排除在外？《宋书》卷七三颜延之本传称"(颜延之)出为永嘉太守。延之甚怨愤,乃作《五君咏》以述竹林七贤,山涛、王戎以贵显被黜"云云[③],显然沈约以为颜延之黜山、王的原因,在于二人投身仕途"以贵显"之故。然而,沈约的记载,未必合乎事实,因为沈约与山涛具有类似的宦途经历,故他的记载很可能体现了沈约本人的想法。如宋叶适称：

> 《沈约传》称其"自负高材,昧于荣利,乘时藉势,颇累清谈";谢混、张绪之风流,至是以绝,然而清谈之在天下自不废也。又言约"每进一官,辄殷勤请退,而终不能去,论者方之山涛"。当时能为此论者亦岂易得！颜延之作《五君咏》,山涛、王戎不预,殆是晋、宋旧语相传耶？[④]

叶适认为颜延之黜山涛,是因为当时"论者"将其方于沈约之故。然王戎又为何不预其流？钱舜举在其《白描五君咏图》中所言"颜延年作《五君

[①]《晋书》嵇康本传记载："戎自言与康居山阳二十年,未尝见其喜愠之色。康尝采药游山泽,会其得意,忽焉忘反。时有樵苏者遇之,咸谓为神。"(《晋书》卷四九《嵇康传》,第5册,第1370页)从王戎"未尝见其喜愠之色"分析,嵇康服食人元丹已经达到很高境界。被呼为神,则是服食地元丹产生的效果。

[②]明朝无名氏杂剧《贺升平群仙庆寿》中指的下八仙是王乔、陈戚子、徐神翁、刘伶、陈抟、毕卓、任风子、刘海蟾。

[③]《宋书》卷七三《颜延之传》,第7册,第1893页。

[④]叶适：《习学记言序目》卷三二,中华书局1977年版,第472页。

咏》,乃黜山涛、王戎,以其贵显,有负初志也"[1],其中的"有负初志",道出了一点本意。问题是,这个"初志"究竟是什么? 我们认为,应该指的是"丹道服饵"一事。

颜延之没有将山涛、王戎列入咏诵对象,可能还与酒有关。丹药和酒制成,同时服饵天元丹既然需要酒来辅佐,服饵者必有好酒量。竹林七贤中,山涛酒量可至八斗,然此时已醉,恐不能为服药、行散之事[2]。王戎酒量,史书未有记载,但从其他史料推测,其酒量恐不及阮籍、山涛之辈[3]。因此,山涛、王戎最后脱离了竹林七贤的神仙,步入仕途,除了利禄之心,应该还有不胜酒力从而无法服食天元丹的挫折。他们二人,丧失了最初修炼丹道的信心。另外,嵇康《与山巨源绝交书》体现的是双方在神仙之学观念上的断绝,而非现实生活与个人感情关系上的完全断绝。所以,嵇康被诛前,才对其子嵇绍有"巨源在,汝不孤"之说。

四、刘伶"酒德"观的儒家思想及其文体渊源

让我们再回到原来那个话题。我们认为刘伶《酒德颂》并非"不遵礼法"之作,还有一个原因,就是刘伶的"酒德"观,与儒家思想有着很深的渊源。

《说文解字》:"酒,就也,所以就人性之善恶。"段玉裁注:"宾主百拜者,酒也。淫酗者,亦酒也。"[4]酒除了可以作为服食丹药的佐助,还与人性之善恶有关。这应该是儒家思想的看法。从这里看来,刘伶《酒德颂》之"酒德"观,除了来自道教神仙之学,还有深刻的儒家思想之渊源。

王楙《野客丛书》云:

> 皇甫嵩[5]作《醉乡日月》,有曰:凡酒以色清味重而甜者为圣,色浊

---

[1] 赵琦美:《赵氏铁网珊瑚》卷一三,《景印文渊阁四库全书》,第815册,第697页。

[2]《晋书》山涛本传:"涛饮酒至八斗方醉,帝欲试之,乃以酒八斗饮涛,而密益其酒,涛极本量而止。"(《晋书》卷四三《山涛传》,第5册,第1228页)

[3]《晋书》王戎本传有"戎尝与阮籍饮,时兖州刺史刘昶字公荣在坐,籍以酒少"(《晋书》卷四三《王戎传》,第5册,第1232页)之说,就他们的政治身份而言当不至于有"酒少"之事,颇疑王戎惧阮籍海量而故意减少之。

[4] 段玉裁:《说文解字注》,上海古籍出版社1981年版,第747页。

[5] "嵩",据《说郛》,应当作"崧"。皇甫嵩乃东汉人。陈振孙《直斋书录解题》以为皇甫崧之子皇甫奇所作。

如金而味醇且苦者为贤，色黑而酸醨者为愚，以家醪糯筋醉人者为君子，以家醪黍筋醉人者为中庸，以巷醪麦筋醉人者为小人。

其说虽不同，然以酒分圣贤者，其意祖魏人庾语所谓"清者为圣，浊者为贤"之说。然又考之魏人之说，又有所自。邹阳赋曰："清者为酒，浊者为醨。清者圣明，浊者顽骏。"仆尝评之，酒之清者为圣可也，若与浊者为贤何哉？当为顽愚。魏人庾语与夫《醉乡日月》，其说有疵，不若邹阳之语为善也。《魏略》以白酒为贤。[①]

王楙以为酒分圣贤，源出"魏人庾语"。《三国志》卷二七《魏书》徐邈本传记载：

> 徐邈字景山，燕国蓟人也。太祖平河朔，召为丞相军谋掾，试守奉高令，入为东曹议令史。魏国初建，为尚书郎。时科禁酒，而邈私饮至于沉醉。校事赵达问以曹事，邈曰："中圣人。"达白之太祖，太祖甚怒。度辽将军鲜于辅进曰："平日醉客谓酒清者为圣人，浊者为贤人，邈性修慎，偶醉言耳。"竟坐得免刑。[②]

王楙提出的这个疑问："酒之清者为圣可也，若与浊者为贤何哉?"其实还是与魏晋神仙有关。酒之清浊，皆可入药，故有圣、贤之分。从汉魏人对酒的评价上，可见"酒"在汉魏人生活中地位甚高。

但是，士人好酒，并非皆为神仙之故。儒家也确实有"圣贤能酒"的说法，刘伶"酒德"观除了神仙思想，应该还有更早的儒家文化思想的影响。

中国士人好酒，具有悠久的历史传统，古人即有"殷尚醴"、"周好酒"之说。战国、秦汉时期，流传着圣人好酒、能酒的传闻。如《孔丛子》记载：

> 平原君与子高饮，强子高酒，曰："昔有遗谚，尧舜千钟，孔子百觚，子路嗑嗑，尚饮十榼。古之贤圣，无不能饮也，吾子何辞焉?"子高曰："以穿所闻，贤圣以道德兼人，未闻以饮食也。"平原君曰："即如先生所言，则此言何生?"子高曰："生于嗜酒者。盖其劝厉奖戏之辞，非实然也。"平原君欣然曰："吾不戏子，无所闻此雅言也。"[③]

---

① 王楙著，王文锦点校：《野客丛书》，中华书局1987年版，第173页。
② 《三国志》卷二七《魏书》，第3册，第739页。
③ 傅亚庶：《孔丛子校释》，第297页。

尧舜、孔子饮酒故事，最早见于《孔丛子》。此传闻在汉代或久有流传。宋咸注称："觚，饮器，受三升。"百觚即为九百升。孔子饮酒百觚，确实不太可能。按照孔穿与王充说法，这确实是好酒者妄造之言，不可信。王充《论衡·语增》也记载：

> 传语曰："文王饮酒千钟，孔子百觚。"欲言圣人之德盛，能以德将酒也。如一坐千钟百觚，此酒徒，非圣人也。①

此处王充云："圣人之德盛，能以德将酒"，可知"酒"与圣人之德有某种联系，或者说圣人之"德"足以盛"酒"，而"酒"足能养圣人之"德"。这样说来，《孔丛子》记载圣人饮酒事不必为真，但该故事体现出来的"圣人能饮"的情节，却成为后世士人行为旷达、思想纵肆的追求，也成为汉魏诸子将酒、德、学与行为方式、学术风格联系起来的思想渊源。

根据前、后《汉书》的记载，汉人好酒，由下层小吏至上层士人，风气极浓。《汉书》记汉高祖："好酒及色。常从王媪、武负贳酒，时饮醉卧，武负、王媪见其上常有怪。高祖每酤留饮，酒雠数倍。"②此汉高祖在秦时之事，可知底层小吏有饮酒之风。又记曹参："日夜饮酒。卿大夫以下吏及宾客见参不事事；来者皆欲有言。至者，参辄饮以醇酒，度之欲有言，复饮酒，醉而后去，终莫得开说，以为常。"③此时曹参为丞相史，算得上是身处上层士人群体，依然有醉酒机会。此处之"醇酒"，可见其所饮之酒的品质上乘。

东汉时期，士人多喜饮酒，或以酒为题著书。《后汉书》记载，大儒郑玄"身长八尺，饮酒一斛"；通《梁丘易》而被称为"说经铿铿杨子行"的杨政"为人嗜酒，不拘小节"；裴骃有《酒警》一篇；孔融"为人嗜酒，不拘小节"。逸民戴良母丧后"独食肉饮酒，哀至乃哭"；少数民族，此风亦浓，如"东夷率皆土著，喜饮酒歌舞"。

魏晋时期，士人饮酒之风更浓。曹氏父子其实也好酒，曹操"对酒当歌"，曹植"任性而行，不自雕励，饮酒不节"等，皆可证。其他如满宠"饮酒至一石不乱"（《世说新语》注）；《三国志》裴松之注引《吴书》记载吴人郑泉德、酒兼备："博学有奇志，而性嗜酒，其闲居每曰：'愿得美酒满五百斛船，以四时甘

---

① 黄晖：《论衡校释》，第 2 册，第 346 页。
② 《汉书》卷一《高祖纪》，第 1 册，第 2 页。
③ 《汉书》卷三九《曹参传》，第 7 册，第 2019 页。

脆置两头,反覆没饮之,愈即住而啖肴膳。酒有斗升减,随即益之,不亦快乎!'权以为郎中。"①期间或有禁酒之时,然可见士人好酒之风尚一直未辍。

由以上资料足以看出,无论是王侯、儒生,还是逸民,都认为酒不乱德、不悖礼法、无害国政,且利于养生与修道。修仙、养生,前已论述,之所以说酒不悖礼法、无害国政,是因为儒家典籍对其多有褒扬。《诗经》称其可"以洽百礼"(《周颂·丰年》)、"以介眉寿"(《豳风·七月》、"以祈黄耇"(《大雅·行苇》)等等;可"以温妻子"(《北堂书钞》:"应璩诗曰:'酌彼春酒,上得供养亲老,下得温饱妻子。'")、"送往劳来"(《北堂书钞》:"《梦书》云:'酒为送往劳来相候也。'")等。至于有益治国,张协《七命》则称酒:"可以流湎千日,单醪投川,可使三军告捷。"②

以"酒"为题,最早见于《尚书·酒诰》。刘伶《酒德颂》以"颂"为题,反映了魏晋时期对"酒"的特殊认识。刘勰《文心雕龙》称:"颂者,容也,所以美盛德而述形容也。"③魏晋时期,"颂"体仍然继承了汉代以前"颂"体的写作规则④,然刘勰认为曹植《皇太子生颂》与陆机《汉高祖功臣颂》"褒贬杂居,固末代之讹体"(《文心雕龙·颂赞》)。刘伶《酒德颂》,没有这种"褒贬杂居"的情况,仍然符合"颂"体的写作规范。"颂"乃《诗经》"四始"之一,有"容告神明"(刘勰语)之功能。刘伶以"颂"写"酒德",与其道教神仙的思想倒符合。

汉代以降,以"酒"为题的文学作品为数不少,体裁各异。西汉邹阳与扬雄各有《酒赋》,后曹植拟扬雄而为《酒赋》,西晋张载有《鄙酒赋》;东汉孔融有《难魏武帝禁酒书》;东晋陶渊明《饮酒诗》二十首,非常有名;庾信有《报赵王赐酒诗》,等等。与"颂"相近的还有"引"(梁朱异《田饮引》)、"诫"(庾阐《断酒诫》)、"启"(刘孝仪《谢晋安王赐宜城酒启》)、"警"(裴骃《酒警》)、"箴"(扬雄、刘悛《酒箴》)、赞(东晋戴逵《酒赞》),等等。下面我们重点分析一下与"颂"有关的几个文体。

赞,刘勰称:"赞,明也,助也。"其来源与"虞舜之祀,乐工重赞"有关。其写作法则就是刘勰所说的"约举以尽情,昭灼以送文"。刘勰称"赞"乃"颂家

---

① 《三国志》卷四七《吴书·吴主传》,第 5 册,第 1129 页。
② 萧统编,李善注:《文选》,中册,第 497 页。
③ 范文澜:《文心雕龙注》,上册,第 156 页。
④ 即刘勰所称"及魏晋辨颂,鲜有出辙"。

之细条"①,则其或也有"告神明"之功能。颂、赞二体之作,多属褒赞之文。

箴,刘勰称:"箴者,所以攻疾防患,喻针石也。斯文之兴,盛于三代。"②"箴"的特点,刘勰说得很明白:"夫箴诵于官,铭题于器,名目虽异,而警戒实同。箴全御过,故文资确切;铭兼褒赞,故体贵弘润:其取事也必核以辨,其摛文也必简而深,此其大要也。"③刘勰对"警"未作说明,但与"箴"一样,多为劝诫饮酒之文。

启,刘勰称:"启者开也。高宗云'启乃心,沃朕心',取其义也。孝景讳启,故两汉无称。至魏国笺记,始云启闻。奏事之末,或云'谨启'。自晋来盛启,用兼表奏。陈政言事,既奏之异条;让爵谢恩,亦表之别干。必敛饬入规,促其音节,辨要轻清,文而不侈,亦启之大略也。"④

引,刘勰《文心雕龙》未有说明。我们看看梁朱异的《田饮引》:

> 卜田宇兮京之阳,面清洛兮背修邙。属风林之萧瑟,值寒野之苍茫。鹏纷纷而聚散,鸿冥冥而远翔。酒沉兮俱发,云沸兮波扬。岂味薄于东鲁,鄙蜜甜于南湘。于是客有不速,朋自远方。临清池而涤器,辟山牖而飞觞。促膝兮道故,久要兮不忘。间谈希夷之理,或赋连翩之章。⑤

从全文主旨看,"引"显然也是一种褒扬的文体,性质与颂、赞接近。

以上这些文体,多具有儒家色彩,可知儒家与酒,也有着深刻的渊源。《酒德颂》的某些思想,应该与儒家有着千丝万缕的联系。

秦汉诸子,直至魏晋文人,大多将著书立说作为反映本门、本派、本人学术思想的工具。曹丕《典论·论文》称:"盖文章经国之大业,不朽之盛事。"⑥这主要从政治、道德、伦理与历史的角度理解文章的各项功能,还没有文学的主体意识。南朝刘宋时期,雷次宗在鸡笼山讲经学、玄学、史学、文学,才第一次将"文学"从经学与史学的夹缝中剥离出来。因此,我们可以这样理解:魏晋及其以前的文人及其作品,没有脱离秦汉诸子思想、经

---

①范文澜:《文心雕龙注》,上册,第159页。

②范文澜:《文心雕龙注》,上册,第194页。

③范文澜:《文心雕龙注》,上册,第195页。

④范文澜:《文心雕龙注》,下册,第423—424页。

⑤《艺文类聚》卷七二,董治安主编:《唐代四大类书》第二卷,第1227页。

⑥萧统编,李善注:《文选》卷五二,下册,第720页。

学、史学以及后来玄学、道教思想的深刻影响。他们的作品，都带有他们生活的那个时代的思想烙印。刘伶《酒德颂》，并非是逃避政治迫害的产物，而是对当时神仙道教思想，尤其是对丹道服饵派思想的反映。由此我们想到一个问题：我们提倡"大文学史"，这个"大"，并非指的是简单的地域之"大"、时代之"长"、民族之"众"、作家与作品之"多"，而是包含了丰富的时代思想、学术风尚、社会习俗、天道人事等众多内涵的量与质的复合体。中国古代文学的一个特征，就是很少有单纯的"为文而文"，而是将"为文"作为一种理想追求与理论阐述的载体，即对实现个人的人生目标与社会价值，实现社会的政治理想或国计民生等大事的重要手段的理论阐释。刘伶《酒德颂》，无疑具有一定的文学与思想的个案研究价值。

两汉之际的"隐沦"思想我们已经不易说清楚，但结合魏晋时期刘伶的《酒德颂》，我们可以看出魏晋时期的神仙思想的源头当在两汉之际，并且已经较为发达。虽然目前所见资料较为缺乏，但桓谭的记载，却为我们了解这个时期的"隐沦"思想提供了切入点。

由以上梳理可以看出，自桓谭"隐沦"至刘伶《酒德颂》之间，一直存在一种思想上的内在联系。如果说，桓谭时代相对于其前之时代，已经是一种"新表述"，对于刘伶等人而言，则是沿着桓谭的表述在继续"说"，不过已经又有变化而已。这充分体现了一种从"旧秩序"到"新秩序"，再从"新秩序"到"旧秩序"的螺旋式发展过程。

第九章　秩序的边缘(下)：桓谭与
两汉之际的方术思想

对于正统的经学、史学文本而言,方术基本上也属于一种主流秩序的边缘。但是,方术文本,也属于对当时主流文本的一个必要补充。桓谭对此类文本,有其深入理解与诠释,反映了两汉之际文本秩序的复杂情况。

所谓"方术",是方技和术数的统称。"方技"是研究性命之学,包括神仙、长生不死、房中、炼丹等术数,"术数"是研究"天道"之学,包括天文、历法、五行、占卜、相术等。本文所论,主要涉及天文、历算、养生等思想;其中的谶纬、灾变、怪异,并非全属方术,但为研究方便,放在此处一并讨论。

桓谭虽以谶获罪,但他对谶纬、符命、神仙、天文、历算等,皆有深刻认识。《新论》一书,多有记载,由其中材料我们可以看出桓谭复杂的谶纬、符命与天文观念。

第一节　秩序的"三脚架"：桓谭与两汉之际的
天文、历算与阴阳五行思想

天文、历算与阴阳五行,与汉代作为主流的经学相比,看似处于"边缘"地位,但却是汉代经学秩序得以建立的重要支撑。因此,从文本秩序的稳固性上看,处于"边缘"的文本,实际上是主流文本秩序建立的有力"三脚架"。

桓谭《新论》记载了不少有关天文、历算、阴阳五行的思想,这些都是两汉之际非常重要的哲学或科技思想。分析此类材料,不仅可以看出桓谭本人的学术认识,而且可以让我们观察两汉之际的学术思想动向,以及桓谭本人在其中的位置与作用。

一、天文

桓谭《新论》记载了不少与天文有关的史料,除了说明当时他非常熟悉天文知识,还能反映汉代天文学的发展情况。

桓谭懂天文，因其曾任漏刻郎。《新论》记载："余为郎，典漏刻，燥湿寒温辄异度，故有昏明昼夜。昼日参以晷景，夜分参以星宿，则得其正。"[①]这种"昼日参以晷景，夜分参以星宿"的天文观察活动，为桓谭获得天文学知识提供了很好的学习机会。吴则虞曾经重新命名桓谭《新论》材料，将与天文有关的文献汇集一处，作为《新论》第一卷，题名《天文》。

桓谭以"孔子东游，见两小儿辩斗"与关子阳之解释，讨论了天地之间的距离问题：

余小时闻间巷言，孔子东游，见两小儿辩斗，问其故。一儿曰："我以日始出时近，日中时远。"一儿以日初出远，日中时近。长水校尉平陵关子阳以为天去人，上方远，而四旁近。何以知之？以星宿昏时出东方，其间甚疏，相去丈余，及夜半在上方视之甚数，相去惟为一二尺。以准度望之，逾益明白，故知天上之远于傍也。日为天阳，火为地阳，地阳上升，天阳下降。今置火于地，从旁与上诊其热，远近殊不同，乃差半焉。日中正在上覆盖人，人当天阳之冲故热。于始出时，又从太阴中来，故复凉于其西；在桑榆间，大小虽同，气犹不如清晨也。桓君山曰："子阳之言，岂其然乎？"[②]

此处桓谭以关子阳"天去人，上方远，而四旁近"之说为是。这种讨论，深层次涉及的其实是地球的形状问题。以"上方远，而四旁近"，实际上已经具有地球为圆的不自觉认识。

此"两小儿辩日"事，又见于《列子·汤问》：

孔子东游，见两小儿辩斗，问其故。一儿曰："我以日始出时去人近，而日中时远也。一儿以日初出远，而日中时近也。"一儿曰："日初出大如车盖；及日中，则如盘盂：此不为远者小而近者大乎？"一儿曰："日初出沧沧凉凉，及其日中如探汤：此不为近者热而远者凉乎？"孔子不能决也。两小儿笑曰："孰为汝多知乎？"[③]

一般的认识，认为《列子》乃东晋张湛采集各书而成；杨伯峻更从汉语语法

---

①《新辑本桓谭新论》，第46页。
②《新辑本桓谭新论》，第28—29页。
③ 杨伯峻：《列子集释》，中华书局1979年版，第168—169页。

角度考证，其中多两汉甚至魏晋以后的词汇①。从桓谭《新论》记此事看，《列子》中的词汇或有后世窜入之可能，但其事传说则在汉代已有流传。

《列子》中小儿所言"日初出大如车盖"，以及《新论》关子阳所言天之形状，实际上还涉及到扬雄的"天圆地方"之盖天说问题。桓谭《新论》记载：

> 通人扬子云因众儒之说天，以天为如盖转，常左旋，日月星辰，随而东西。乃图画形体行度，参以四时历数昏昼夜，欲为世人立纪律，以垂法后嗣。②

此说明，扬雄初信"盖天说"，以为天如盖，"常左旋，日月星辰，随而东西"，并且画有图形，欲图为后世作一标准。对此，桓谭提出了自己的反对意见，他认为：

> 春秋昼夜欲等平，旦日出于卯，正东方；暮日入于酉，正西方。今以天下之占视之；此乃人之卯酉，非天卯酉。天之卯酉，当北斗极。北斗极天枢，枢天轴也，犹盖有保斗矣。盖虽转而保斗不移，天亦转周帀，斗极常在，知为天之中也。仰视之，又在北，不正在人上，而春秋分时，日出入乃在斗南。如盖转，则北道近，南道远，彼昼夜刻漏之数，何从等平？③

桓谭提出的疑问是："春秋分时昼夜相等，……如果是盖转，就近于北道而远于南道，昼夜刻漏之数，怎么会相等呢？"④大概在这种情况下，扬雄求教于制作浑天仪的黄门老工，但并未得到满意的答案：

> 扬子云好天文，问之于黄门作浑天老工，曰："我少能作其事，但随尺寸法度，殊不晓达其意。后稍稍益愈。到今七十，乃甫适知已，又老且死矣。今我儿子爱学作之，亦当复年如我，乃晓知已，又且复死焉。"其言可悲可笑也。⑤

"黄门作浑天老工"，朱谦之辑本作"洛下黄闳"，并据阮元《畴人传》卷二"落

---

① 杨伯峻：《列子集释》，第299—348页。
② 《新辑本桓谭新论》，第29页。
③ 《新辑本桓谭新论》，第29页。
④ 董俊彦：《桓谭研究》，第127页。
⑤ 吴则虞：《桓谭〈新论〉》，第5页。本段文字，吴则虞说是，故不取朱谦之本。

下阂"孙星衍引《史记索隐》中《益部耆旧传》"阂字长公,明晓天文,隐于落下"的说法,以为"阂乃姓黄而隐于落下"①。吴则虞考证:"朱考洛下黄阂之名甚是。《书钞》引谓子云所问即黄阂,则失之。洛下阂制浑天,见《汉书·律历志》、《晋书·天文志》、《隋书·天文志》。……雄以王音召入为门下史,音卒于永始二年,雄入京,当在鸿嘉之时。鸿嘉去太初八十余年,其时阂早已物故。雄所问者乃老工,非阂本人也。"②吴则虞所言是。故知朱谦之本辑扬雄"问之于洛下黄阂"之说有误。由此可知,西汉天文学家洛下阂(又作落下阂)姓黄,字长公,隐于落下。又据文意,老工只知道制作浑天仪的方法,但并不懂得浑天的道理③。对此,桓谭却以自己的见解说服了扬雄:

> 后与子云奏事,坐白虎殿廊庑下,以寒故,背日曝背。有顷,日光去,背不复曝焉。因以示子云曰:"天即盖转而日西行,其光影当照此廊下而稍东耳。无乃是,反应浑天家法焉!"子云立坏其所作。则儒家以天为左转,非也。④

董俊彦据此认为:"桓谭藉此告诉扬雄说,如果天是盖转,这个时候日西行,它的光影应该照在东边才是啊! 这不是更能显现浑天家说法的正确呢! 从此扬雄就放弃原先他所主张的盖天说,而相信了浑天说。"⑤

桓谭曾对"五星聚箕"事有所记载:

> 维四月,太子发上祭于毕,下至孟津之上,此武王已毕三年之丧,欲卒父业,升舟而得鱼,则地应也;燎祭降乌,天应也。二年,闻纣杀比干、囚箕子,太师、少师抱乐器奔周。甲子,日月若合璧,五星若连珠。昧爽,武王朝至于南郊牧野,从天以讨纣,故兵不血刃,而定天下。⑥
>
> 从上古天元已来,讫十一月甲子夜半朔冬至,日月若连璧。⑦

"连珠"指五星,"合璧"指日月。"甲子,日月若合璧,五星若连珠",似乎就是汉代讨论的"五星聚"。有关"五星聚"的较早的记载见于《汉书·律历志》:

---

①《新辑本桓谭新论》,第 28 页。
②吴则虞:《桓谭〈新论〉》,第 6 页。
③董俊彦:《桓谭研究》,第 127 页。
④吴则虞:《桓谭〈新论〉》,第 1 页。
⑤董俊彦:《桓谭研究》,第 127 页。
⑥《新辑本桓谭新论》,第 4—5 页。
⑦《新辑本桓谭新论》,第 46 页。

> 前历（《颛顼历》）上元泰初四千六百一十七岁，至于元封七年（即太初元年），复得阏逢摄提格之岁，中冬十一月甲子朔旦冬至，日月在建星（即斗、牛间），太岁在子，已得太初本星度新正。……宦者淳于陵渠复覆《太初历》晦朔弦望，皆最密，日月如合璧，五星如连珠。[①]

后来，《宋书·天文志》又详细记载了"五星聚"的情况：

> 今案遗文所存，五星聚者有三：周汉以王齐以霸。周将伐殷，五星聚房。齐桓将霸，五星聚箕。汉高入秦，五星聚东井。[②]

其事在汉武帝太初年间，当时因陵渠奏状，乃诏用邓平所造八十一分律历。颜师古注"合璧"、"连珠"，引孟康曰："谓太初上元甲子夜半朔旦冬至时，七曜皆会聚斗、牵牛分度，夜尽如合璧、连珠也。""上元"的推算和设置，各家历法不一，然推之往古，所谓"五星聚"当只是一种观念上的存在，古人实不能逆推其真。又查《史记·历书》，当初汉武帝诏书只称"以（元封）七年为太初元年，年名'焉逢摄提格'，月名'毕聚'（指月在毕宿及室宿、壁宿间），日得（十一月）甲子，夜半朔旦冬至"[③]，并无"五星聚"之说。所以我们怀疑，"五星聚"的话题只是到《太初历》颁行以后才为历算家所重，前此难征。其说大约到西汉末刘歆改造《太初历》而为《三统历》之后始得广传。如桓谭《新论》云："从上古天元已来，讫十一月甲子夜半朔冬至，日月若连璧。"《史记·历书》索隐亦引虞喜云："天元之始，于十一月甲子夜半朔旦冬至，日月若连珠，俱起牵牛之初。"[④]这一类说法，显然都是附和《太初历》、《三统历》而来的。司马迁的《史记》成书于太初年间以后，所记高祖元年"五星聚于东井"很可能也出于《太初历》编制前后的造说，而并非是汉初史官的实录。其言托于"甘公"，这个"甘公"大约也只是星占家的一种泛称，有如善医者即称"扁鹊"，未必实有其人。

二、历算

桓谭《新论》中与历算有关的史料，也与天文有关。尤其是桓谭对太初

---

① 《汉书》卷二一《律历志》，第 4 册，第 975、976 页。

② 《宋书》卷二五《天文志》，第 3 册，第 735—736 页。

③ 《史记》卷二六《历书》，第 4 册，第 1505 页。

④ 《史记》卷二六《历书》，第 4 册，第 1507 页。

历的计算方法与说法，与当时人相同。据《新论》记载，称述桓谭：

> 通历数家算法推考其纪，从上古天元已来，讫十一月甲子夜半朔
> 冬至，日月若连璧。①

此条材料证明，桓谭熟知历算。后来《江南通志》著录桓谭有《太初历法》三卷，或与此有关。桓谭的说法是"从上古天元已来，讫十一月甲子夜半朔冬至"②，此时"日月若连璧"。这种星象，或称作"珠星"、"璧月"。此又见于《汉书》："宦者淳于陵渠复覆《太初历》晦、朔、弦、望，皆最密，日月如合璧，五星如连珠。"③这种算法，与桓谭"甲子，日月若连璧，五星若连珠"之说相同。此可见当时对太初历的算法，很多人是相同的。

三、阴阳五行

两汉之际正是阴阳五行思想十分盛行的时期，但与汉初相比，也有很大变化。汉初董仲舒之流，将阴阳五行与经学联系起来。后来又有将其与音乐、谶纬等思想联系起来者。桓谭时代，又有变化。

桓谭时代，以五行思想解释音乐，更为理论化，此即其《新论》所言："五声各从其方，春角，夏徵，秋商，冬羽，宫居中央而兼四季，以五音须宫而成，可以殿上五色锦屏风谕而示之。望视则青赤白黄黑，各各异类，就视则皆以其色为地，五色文饰之，欲其为四时五行之乐，亦当各以其声为地，而用四声文饰之，犹彼五色屏风矣。"④这种思想，可能早已有之，但桓谭的解释更加理论化、体系化。详见前文论述。

桓谭时代，阴阳五行思想与生死观念联系起来，使得本来抽象的思想生活化。阴阳五行思想进入人们生活，说明这种本来在上层知识分子中间流行的思想，开始具有方术化倾向。如《新论·祛蔽》："又有草木五谷，以阴阳气生于土，及其长大成实，实复入土，而后能生，犹人之与禽兽昆虫，皆以雄雌交接相生，生之有长，长之有老，老之有死，若四时之代谢矣。而欲

---

①《新辑本桓谭新论》，第46页。
②《孝经援神契》曰："斗指子为冬至，至有三义：一者阴极之至，二者阳气始至，三者日行南至，故谓为至。"（赵在翰辑，钟肇鹏、萧文郁点校：《七纬》，中华书局2012年版，下册，第689页）
③《汉书》注引孟康曰："谓太初上元甲子夜半朔旦冬至时，七曜皆会聚斗、牵牛分度，夜尽如合璧连珠也。"颜师古曰："言其应候不差也。"（《汉书》卷二一《律历志》，第4册，第977页）
④《新辑本桓谭新论》，第45页。

变易其性,求为异道,惑之不解者也。"①桓谭认为,阴阳气生于土,草木因之而生。长成之后,归入土中,重新又有生命。人与禽兽昆虫,亦因阴阳相生("雄雌交接相生")。不同的是,人之生有长、有老、有死,如四时之代谢。这是一种自然规律,不可改易其性。阴阳与人之生死联系,与汉初神仙观念有关系,但此时的神仙已经沦为仙道(即桓谭所言之"异道")。

桓谭《新论》,将五行(木金火水土)与人之"五事"(貌、言、视、听、思)以及庶征(雨、旸、燠、寒、风、时)、休征(肃时雨若、乂时旸若、哲时燠若、谋时寒若、圣时风若)、咎征(狂恒雨若、曰僭恒旸若、曰豫恒燠若、曰急恒寒若、曰蒙恒风若)②联系起来,具有更深层次的哲学意义:

> 人抱天地之体,怀纯粹之精,有生之最灵者也。是以貌动于木,言信于金,视明于火,听聪于水,思睿于土。五行之用,动静还与神通。貌恭则肃,肃时雨若;言从则乂,乂时旸若;视明则哲,哲时燠若;听聪则谋,谋时寒若;心严则圣,圣时风若。金木水火皆载于土,雨旸燠寒皆发于风,貌言视听皆生于心。(《五行大义》卷四第十九《论治政》)③

这里当然有哲学上的"体用"之辨,但是却深入分析了"阴阳"来源于《洪范》"咎征"的思想④。尤其值得注意的是桓谭的五行顺序,是木、金、火、水、土,这与《汉书·五行志》"经"曰之"水、火、木、金、土"不同,与"传曰"之"木、火、土、金、水"也有不同,但却与"经曰"中之"貌言视听思"之"五事"顺序相同。"五行"与"五事"之关系,《汉书·艺文志》说得明白:"五行者,五常之形气也。《书》云'初一曰五行,次二曰羞用五事',言进用五事以顺五行也。貌、言、视、听、思心失,而五行之序乱,五星之变作,皆出于律历之数而分为一者也。"⑤桓谭此处所论,与《汉书·五行志》多有重合:

> 经曰:"羞用五事。五事:一曰貌,二曰言,三曰视,四曰听,五曰思。貌曰恭,言曰从,视曰明,听曰聪,思曰睿。恭作肃,从作乂,明作

---

① 《新辑本桓谭新论》,第 34 页。
② 此材料又见《汉书·五行志》。
③ 《新辑本桓谭新论》,第 44—45 页。
④ 《汉书·五行志》称:"则《乾》、《坤》之阴阳,效《洪范》之咎征,天人之道粲然著矣。"(《汉书》卷二七《五行志》,第 5 册,第 1316 页)
⑤ 《汉书》卷三〇《艺文志》,第 6 册,第 1769 页。

哲，聪作谋，睿作圣。休征：曰肃，时雨若；艾，时阳若；哲，时奥若；谋，时寒若；圣，时风若。咎征：曰狂，恒雨若；僭，恒阳若；舒，恒奥若；急，恒寒若；霿，恒风若。"①

这种思想，除了与五行有关，也是桓谭时代普遍流行的《尚书》学思想。这样看来，这个时期的五行思想，已经是融合了经学、政治、礼制、时则、天文、方术等在内的综合的意识形态。这种思想变化的最主要的原因，就在于汉代礼制与政治的实用性要求。经学、礼制与神圣方术，是保障汉代社会政治稳定的三大要素。它们被内化在阴阳五行思想之中，成为汉代士人学习、阐释的主要内容。

某一种文本秩序的稳定性，不可能完全依赖自身的内部力量保持秩序的平衡，而是依靠来自于外部的、边缘的"三脚架"才能维持其稳定。从这里说，文本秩序的"边缘"，并非是一种可有可无的存在。

第二节　秩序边缘的深处：星象变化与历史疑案

虽然，我们能够通过目前看到的一些文献，解析文本秩序相关问题，但有些问题，因为处于秩序边缘的深处，依然无法得以圆满解决。例如，桓谭《新论》记载了他与刘歆讨论汉高祖刘邦"平城之围"如何脱困的问题，依照桓谭与刘歆的解读，无疑是正常的文本秩序内部的一种讨论，但未必符合历史事实。如果从秩序边缘的深处考虑，结合方术进行分析，或者会有不一样的答案。

下面我们即以此为例，尝试分析。

汉高祖七年(前200)，刘邦被匈奴围困于白登山，七日方脱困，此次事件，史称"白登之围"，又称"平城之围"。这次战争，对西汉政治决策与社会思想带来了深刻而久远的影响，包括后来的和亲政策，以及汉武帝对匈奴的经年用兵，都与白登之围有着千丝万缕的联系。但是，两千年以来，陈平帮助刘邦从匈奴四十万大军的围困中顺利脱逃的"秘计"，究竟是什么，却成为一大疑案。

《史记·陈丞相世家》称"高帝用陈平奇计，使单于阏氏，围以得开"，然

---

① 《汉书》卷二七《五行志》，第5册，第1351页。

又称"其计秘,世莫得闻"①。两汉之际,桓谭首倡陈平献"美人计"说,颇为后人诟病。此计究竟为何秘而不宣,后人皆有不同推测,颜师古认为"其事丑恶,故不传"②,又引郑氏语曰"以计鄙陋,故秘不传"③;胡三省认为"余谓秘计者,以其失中国之体,故秘而不传"④;柏杨认为"可以肯定该秘计一定严重影响刘邦的尊严,使子孙和中国人蒙羞"⑤,等等。诸如此类的说法,其实皆由桓谭"美人计"思路发展而来。

桓谭是揭露白登之围陈平秘计的第一人,我们先来看看他的说法:

> 或云:"陈平为高帝解平城之围,则言:'其事秘,世莫得而闻也。'此以工妙踔善,故藏隐不传焉。子能权知斯事否?"吾应之曰:"此策乃反薄陋拙恶,故隐而不泄。高帝见围七日,而陈平往说阏氏。阏氏言于单于而出之,以是知其所用说之事矣。彼陈平必言:汉有好丽美女,为道其容貌天下无有,今困急,已驰使归迎取,欲进与单于。单于见此人,必大好爱之;爱之则阏氏日以远疏,不如及其未到,令汉得脱去,去亦不持女来矣。阏氏妇女,有妒媢之性,必憎恶而事去之。此说简而要,及得其用,则欲使神怪,故隐匿不泄也。"刘子骏闻吾言,乃立称善焉。⑥

刘宋裴骃《史记集解》称:"《汉书音义》应劭说此事大旨与桓《论》略同,不知是应全取桓《论》,或别有所闻乎? 今观桓《论》似本无说。"⑦据此可知,东汉应劭《汉书音义》亦有此说,然裴骃并未落实其来源。至唐颜师古,则认为应劭之说,即取自桓谭《新论》。《汉书》注称:

> 应劭曰:"陈平使画工图美女,间遣人遗阏氏,云汉有美女如此,今皇帝困厄,欲献之。阏氏畏其夺己宠,因谓单于曰:'汉天子亦有神灵,得其土地,非能有也。'于是匈奴开其一角,得突出。"郑氏曰:"以计鄙陋,故秘不传。"师古曰:"应氏之说出桓谭《新论》,盖谭以意测之,事当

---

①《史记》卷五六《陈丞相世家》,第 6 册,第 2500 页。

②《汉书》卷九四《匈奴传》,第 11 册,第 3813 页。

③《汉书》卷一《高帝纪》,第 1 册,第 63 页。

④司马光编著,胡三省注:《资治通鉴》卷一一,上册,第 76 页。

⑤柏杨:《柏杨曰——读〈通鉴〉·论历史》,中国友谊出版公司 1999 年版,第 109 页。

⑥《新辑本桓谭新论》,第 59—60 页。

⑦《史记》卷五六《陈丞相世家》,第 6 册,第 2500 页。

然耳,非纪传所说也。"①

根据颜师古的说法,桓谭对"平城之围"的解释,实际上是"以意测之"、"非纪传所说",即桓谭说非出自《史记》。孙楷第先生也认为,桓谭之说乃推测之辞。他在引桓谭《新论》记载陈平秘计一段材料之后,说:"据此文,则陈平奇计非谭所能知,所设陈平说阏氏之言,纯为想当然之词。"②针对应劭引陈平事,他又说:"应劭生汉末,所言如此。知陈平奇计解围,至是已由猜想而变成事实。"③据此可知,孙楷第先生认为应劭之说袭自桓谭,并且桓谭时代,这个故事尚属桓谭推测之词,至应劭已被坐实。

根据此类说法,桓谭之言显然属于推测之辞。具体分析桓谭言陈平所献"美人计",确实大为可疑。例如,陈平"汉有好丽美女,为道其容貌天下无有。今困急,已驰使归迎取,欲进与单于。单于见此人,必大好爱之,爱之则阏氏日以远疏"云云,即有可疑处。因匈奴实行一夫多妻制,即使阏氏能去汉美女,岂能去本民族或其他民族美女之夺爱?"阏氏妇女有妒媢之性,必憎恶而事去之"云云,更为鄙陋,因"妒媢"乃人类天性,岂独匈奴阏氏所独有? 因此,桓谭所言陈平语,大有漏洞。

但是,桓谭自称刘歆对其说"立称善",如果纯属推测,作为当时的大学者刘歆,似乎没有"立称善"的必要。即使颜师古之说,也自相矛盾。如他认为桓谭之说"以意测之,事当然耳,非纪传所说也",但在《汉书·匈奴传》注中又称:"谓自免之计,其事丑恶,故不传。"似乎他又认可桓谭之说。

结合史书,让我们看看桓谭所言有几分可靠性。桓谭引"其事秘,世莫得而闻也"一语,与《史记·陈丞相世家》"其计秘,世莫得闻"大致相同,可知桓谭曾见《史记》关于此事的记载。

桓谭称:"高帝见围七日,而陈平往说阏氏。阏氏言于单于而出之,以是知其所用说之事矣。"《史记·高祖本纪》称:"匈奴围我平城,七日而后罢去。"④这说明桓谭所言"七日"匈奴罢围,与史书记载相合。

桓谭称陈平之计:"此说简而要,及得其用,则欲使神怪,故隐匿不泄也。"《史记·陈丞相世家》:"高帝用陈平奇计,使单于阏氏,围以得开。高

①《汉书》卷一《高帝纪》,第 1 册,第 63 页。
②孙楷第:《傀儡戏考原》,《沧州集》,中华书局 2009 年版,第 139 页。
③孙楷第:《傀儡戏考原》,《沧州集》,第 139 页。
④《史记》卷八《高祖本纪》,第 1 册,第 484 页。

帝既出，其计秘，世莫得闻。"①"隐匿不泄"与"世莫得闻"颇相合。

　　此计具体内容，桓谭有详细介绍，《史记》则无具体记载，这使得我们很难判断桓谭所言之真伪。从常理看，桓谭所言陈平之计，并没有什么值得隐匿的必要，先秦时期的美人计还少吗？"美人计"一说，不合《史记》所言"其计秘"记载。桓谭认为隐匿此计的原因是"欲使神怪"，显然是他认为有故意神秘化的意图。郑氏则认为"以计鄙陋，故秘不传"。其他"其事丑恶"、"其失中国之体"等说，似乎都能说得过去。

　　其实，据《史记·韩信卢绾列传》，陈平之计颇为平凡，看不出有何"鄙陋"、"丑恶"或"失中国之体"之处，更无"秘而不传"的必要：

> 居七日，胡骑稍引去。时天大雾，汉使人往来，胡不觉。护军中尉陈平言上曰："胡者全兵，请令强弩傅两矢外乡，徐行出围。"入平城，汉救兵亦到，胡骑遂解去。汉亦罢兵归。②

由此可见，陈平是在大雾天气，"汉使人往来，胡不觉"的情况下，"请令强弩傅两矢外乡，徐行出围"。从这里看，陈平根本没有"往说阏氏"，更没有"秘而不传"的可能。桓谭所言似乎不太准确。

　　但桓谭之说，也有其合理之处。《史记·夏侯婴列传》记载："追北至平城，为胡所围，七日不得通。高帝使使厚遗阏氏，冒顿开围一角。高帝出欲驰，婴固徐行，弩皆持满外向，卒得脱。"③这里所言"高帝使使厚遗阏氏"，与《史记·韩信卢绾列传》矛盾，但却又验证桓谭"陈平往说阏氏"之言有合理之处。况且，《史记·匈奴列传》的记载，与《夏侯婴列传》颇为相近：

> 高帝先至平城，步兵未尽到，冒顿纵精兵四十万骑围高帝于白登，七日，汉兵中外不得相救饷。匈奴骑，其西方尽白马，东方尽青駹马，北方尽乌骊马，南方尽骍马。高帝乃使使间厚遗阏氏，阏氏乃谓冒顿曰："两主不相困。今得汉地，而单于终非能居之也。且汉王亦有神，单于察之。"冒顿与韩王信之将王黄、赵利期，而黄、利兵又不来，疑其与汉有谋，亦取阏氏之言，乃解围之一角。于是高帝令士皆持满傅矢

---

①《史记》卷五六《陈丞相世家》，第 6 册，第 2500 页。
②《史记》卷九三《韩信卢绾列传》，第 8 册，第 3194 页。
③《史记》卷九五《夏侯婴列传》，第 8 册，第 3231 页。

外乡,从解角直出,竟与大军合,而冒顿遂引兵而去。①

此处记载,出自匈奴一方,说明汉高祖确曾遣使通匈奴,并"厚遗阏氏"。这证明桓谭称"陈平往说阏氏"并非臆测之言,只不过桓谭将《史记》的"使者"换作了"陈平"。

非常奇怪的是,既然桓谭所言,有与《史记》相同之处,为何刘歆还对桓谭之说"立称善"而未采纳《史记》诸说? 桓谭之解释,以及刘歆之"立称善",说明两汉之际的学者,不太相信《史记》的记载。扬雄《上书谏勿许单于朝》:

> 会汉初兴,以高祖之威灵,三十万众困于平城,士或七日不食。时奇谲之士石画之臣甚众,卒其所以脱者,世莫得而言也。②

"世莫得言",说明桓谭所言"隐匿不泄"是准确的。当时人对此事,确实知之甚少。

综上,桓谭所言陈平秘计,有合理一面,也有不合理一面。尤其是,既然桓谭称陈平"隐匿不泄",他为何敢于外泄呢? 他所言"欲使神怪"说,有可能并非如字面意思那样简单,其中可能隐含着其他文化或政治背景,或者某些不能直接言说的暗示——而这正是解决白登之围秘计真相的重要线索。

在此,我们需要注意《史记·匈奴列传》所记阏氏劝冒顿解围的两个理由:第一,"两主不相困。今得汉地,而单于终非能居之也";第二,"汉王亦有神,单于察之"。在这种情况下,冒顿怀疑汉降将"有谋",又"取阏氏之言","乃解围之一角"。根据这两点具体分析:阏氏的第一个理由比较勉强,冒顿的怀疑也不是关键原因。但阏氏所言第二个理由不能忽视,因为,古人比较迷信,阏氏称"汉王亦有神",与桓谭所言"欲使神怪",有点不谋而合,倒显得桓谭之言有欲盖弥彰之嫌。

关于白登之围的记载,史书所言较为混乱,桓谭所言不知所出。我们需要从其他途径寻找线索。白登山的具体位置,通行说法在今山西省大同市东北马铺山;靳生禾、谢鸿喜《汉匈白登之战古战场考察报告》考证在今

---

① 《史记》卷一一〇《匈奴列传》,第 9 册,第 3499 页。
② 《汉书》卷九四《匈奴传》,第 11 册,第 3813 页。

采凉山①，其说可信。

白登之围时的天象状况，《史记·天官书》记载曰："平城之围，月晕参、毕七重。"《史记索隐》称：

> 按《天文志》："其占者：'毕、昴间天街也。街北，胡也；街南，中国也。昴为匈奴；参为赵；毕为边兵。'是岁高祖自将兵击匈奴，至平城，为冒顿所围，七日乃解。"则天象有若符契。七重，主七日也。②

根据这段文字分析，天街二星主国界，又"月晕参、毕七重"，应发生在白登之围之时，当时月亮靠近参、毕或在二者之间。按照今天的科学知识理解，"月晕"是月亮穿过薄云层产生的光学现象。另外，据《史记·韩信卢绾列传》，当时的天气状况是：天有大雾，非常严寒。我们知道，大雾天气一般发生在深秋、初冬的凌晨。结合《资治通鉴》的记载，白登之围，当发生在高祖七年（前200）冬（十月）凌晨。月晕大多发生在满月时，因为此时月亮亮度最高，更容易发生月晕。这就说明，白登之围大致发生在十月中下旬凌晨时分的满月之后。又，满月之后，很容易发生一种天文现象："月掩星"，即月亮靠近某个恒星之后，该恒星会消失在月亮明亮部分的边缘。

据上文《史记索隐》，月晕之初，"其占者毕、昴间天街也"。毕宿为西方白虎七宿之第五宿，昴宿为第四宿。七日之后，月亮很可能发生了向昴宿移动的现象。

根据现代虚拟天文馆（stellarium）系统，我们可以观测到汉高祖七年（前200）平城地区十月十五日以后的星空变化情况：十五日晚上十一点五十分③，月亮完全落下，平城地区看不到月亮，参、毕在东方；此后，月亮与参、毕逐渐靠拢，大约在二十四日凌晨三点开始，从平城上空看，月亮与毕逐渐靠近、重合，此时"毕、昴间天街"为月亮所遮掩；从地球上看，就是"月犯昴"④。唐李益《从军夜次六胡北饮马磨剑石为祝殇辞》"毕昴不见胡天阴"，就是说的这种情况。二十五日凌晨五时三十分之后，月亮运行到参、毕之间；之后，月亮与参、毕渐行渐远。

---

①靳生禾、谢鸿喜：《汉匈白登之战古战场考察报告》，《中国历史地理论丛》2006年第4期。
②《史记》卷二七《天官书》，第4册，第1606—1607页。
③需要说明的是，这个虚拟天文馆所用的时间，皆为公历。
④中国古代天文学中，在月五星流彗等逼近某天体或新星等突现在某天体旁时，称为"犯"（参看刘次沅、吴立昱：《古代"荧惑守心"再探》，《自然科学史研究》2008年第4期）。

实际上,即使月亮尚未完全运行到参、毕之间,但由于地球与月球之间的距离遥远,以目测的话,二十三日晚七时左右,平城上空看到的月亮几乎在参、毕二星之间。据虚拟天文馆系统,我们会看到,当时月亮与参、毕附近,有鬼星团、锥状星云、双星云等。史书记载的"月晕参、毕七重",疑在此时。由此我们进一步推测:二十四日凌晨三时,月亮在参、昴之间;之后逐渐向昴星移动,将会产生"月入昴"、"月犯昴"的情况。因此,"白登之围"当发生在十月十六日之后、二十四日凌晨三时之前的七天内。更确切说,白登之围很可能就发生在十月十六日至二十三日之间。又据虚拟天文馆所见,在这个时间段内,一般凌晨五时三十分左右,辰星(水星)先升自东方,其后太白(金星)方升,然此时太阳已经升起,从东方看不到太白升起的情况,从而出现了二星"不相从"的状况。《汉书·天文志》记载:"辰星与太白不相从,虽有军不战。"[①]笔者认为:这正是匈奴对汉军围七日而不攻的主要原因。

但是,匈奴为何仅仅围七日,就解围而去,轻易放走了被重重包围的刘邦呢? 这还需要从天象寻找答案。我们知道,"月入昴"、"月犯昴",是发生"白衣会"天象的预兆。所谓"白衣会",是昴星宿因星团浓厚产生的似云非云、似烟非烟的白气,后来被附会为国丧象征[②]。汉代"白衣会",一般被认为具有"胡王死"的象征意义。《史记·天官书》:"昴曰髦头,胡星也,为白衣会。毕曰罕车,为边兵,主弋猎。其大星旁小星为附耳。附耳摇动,有谗乱臣在侧。昴、毕间为天街。其阴,阴国;阳,阳国。"[③]据此可知,昴星有"白衣会"之象,即匈奴大丧之兆。《后汉书》注:"《韩扬占》曰:天下有丧,一曰有白衣之会。"瞿昙悉达《开元占经》则曰:"石氏曰:'月入昴中,胡王死。'《河图帝览嬉》曰:'月犯昴,天子破匈奴,不出五年中,若有白衣会。'……又占曰:'月行触昴,匈奴扰扰。'……石氏曰:'月出昴北,天下有福,一曰胡王死。'"[④]可见,如果发生"月犯昴",就会发生有利于中国、不利于匈奴的情况。

又匈奴军马布列,亦犯星象。"其西方尽白马",《尔雅》称:"西陆,昴也。"《六壬大全》卷五:"凡四课,上下无相克,又无遥克,取从魁;上下神为

①《汉书》卷二六《天文志》,第 5 册,第 1283 页。
②赵贞:《汉唐天文志中的"白衣会"小考》,《中国典籍与文化》2011 年第 3 期。
③《史记》卷二七《天官书》,第 4 册,第 1558 页。
④瞿昙悉达:《开元占经》卷一三,李零:《中国方术概观》,人民中国出版社 1993 年版,第 297 页。

用，曰昴星。课昴星者，酉中有昴宿也，酉位西方白虎金位，性主刑杀，义司决断，死生出入之门户。"①可知昴星在西，又合"白衣会"之兆，不利匈王。白登之围，陈平（或其他使者）很可能抓住这种天象变化的机会，在往见阏氏之时，预言"月犯昴"并进言匈奴不吉利的骑兵布置。

据阏氏"汉王亦有神"分析，匈奴对此类方术亦较为熟悉。《史记》卷一二八《龟策列传》记载："蛮夷氐羌虽无君臣之序，亦有决疑之卜。或以金石，或以草木，国不同俗。然皆可以战伐攻击，推兵求胜，各信其神，以知来事。"②此言卜筮，然当时胡汉交往频繁，匈奴对星象亦应通晓。司马迁称："自初生民以来，世主曷尝不历日月星辰？"汉人当然比匈奴更为熟悉并使用此类知识。刘邦作为楚人，对楚地文化较为熟悉，而楚文化的核心内容，就是黄老、卜筮、天文等③。天文、历数之学，乃源自南方楚地。因此，当时陈平或其他使者可能向阏氏谏言"汉王有神，不退兵将有白衣会"、"匈奴西方骑兵皆白马似白衣会"云云。否则，阏氏如何称"汉王亦有神"？冒顿又为何轻易"解围一角"？在匈奴四十万大兵围困的白登山，如果没有非常严重的利害关系，匈奴冒顿绝对不会轻易放走已成瓮中之鳖的汉高祖刘邦。据《史记·匈奴列传》"取阏氏之言，乃解围之一角"记载，匈奴所解方向，当在西方。《史记》记载，刘邦从白登山脱逃后，进入平城。平城即今大同市，在采凉山的西南，刘邦一众只能从白登山西方才能顺利进入平城。我们考证匈奴解围方向在西是有道理的。

包括桓谭在内，当时人之所以不敢记载或揭秘此事，主要与当时的政治文化政策有关。两汉之际，大致同时的扬雄、桓谭、刘歆对谶纬、星象、天文、历算，无不通晓。《新论》对三人这方面的"辩析异疑"之事，颇多记载。如《新论·启寤》记扬雄与桓谭辩盖天、浑天说；《隋书·天文志》记载扬雄难盖天八事，"其后桓谭、郑玄、蔡邕、陆绩，各陈《周髀》考验天状，多有所违"。诸如此类，皆可知扬雄、桓谭非常通晓天文。然刘歆善言谶纬、星象等，并应用于政治。扬雄、桓谭对谶纬、天文却很少谈及，更谈不上将其与政治联系起来。

---

① 《六壬大全》卷五，《景印文渊阁四库全书》，第 808 册，第 590 页。
② 《史记》卷一二八《龟策列传》，第 11 册，第 3917 页。
③ 蒙文通先生曾言："辞赋、黄老和卜筮、历数才是巴蜀文化的特点。"（蒙文通：《巴蜀史的问题》，《四川大学学报》1959 年第 5 期）

即使如此,他们的结局仍然比较悲惨:刘歆子女被杀,刘歆本人自杀,扬雄投阁"几死",桓谭却因"不言谶"几乎被斩。这种情况,主要是由当时的政治环境所决定的。

《汉书·扬雄传》记载:

> 王莽时,刘歆、甄丰皆为上公,莽既以符命自立,即位之后欲绝其原以神前事,而丰子寻、歆子棻复献之。莽诛丰父子,投棻四裔,辞所连及,便收不请。时雄校书天禄阁上,治狱使者来,欲收雄,雄恐不能自免,乃从阁上自投下,几死。[①]

王莽以符命篡汉,即位之后,杜绝他人再有献符命之举。《汉书·王莽传》记载:"王舜、王邑为腹心,甄丰、甄邯主击断,平晏领机事,刘歆典文章,孙建为爪牙。丰子寻、歆子棻、涿郡崔发、南阳陈崇皆以材能幸于莽。"[②]甄丰父子、刘歆父子,皆为王莽近臣,仍然因符命不能幸免,可见当政者对治符命者相当敏感。

尤其是,涉及"白衣会"诸事,更为王莽所不容。《汉书·王莽传》又记:

> 临妻愔,国师公女,能为星,语临宫中且有白衣会。临喜,以为所谋且成。后贬为统义阳王,出在外第,愈忧恐。……赐临药,临不肯饮,自刺死。……愔亦自杀。[③]

临即王莽太子王临,愔即刘歆女刘愔。王莽对自己太子尚且如此,何况他人? 刘愔通星象,知"白衣会",此术显然得自乃父刘歆无疑。而刘歆自杀,也与天文谶记有关。《汉书·王莽传》记载:

> 先是,卫将军王涉素养道士西门君惠。君惠好天文谶记,为涉言:"星孛扫宫室,刘氏当复兴,国师公姓名是也。"涉信其言,以语大司马董忠,数俱至国师殿中庐道语星宿,国师不应。后涉特往,对歆涕泣言:"诚欲与公共安宗族,奈何不信涉也!"歆因为言天文人事,东方必成。……刘歆、王涉皆自杀。[④]

---

① 《汉书》卷八七《扬雄传》,第 11 册,第 3584 页。
② 《汉书》卷九九《王莽传》,第 12 册,第 4045—4046 页。
③ 《汉书》卷九九《王莽传》,第 12 册,第 4165 页。
④ 《汉书》卷九九《王莽传》,第 12 册,第 4184—4185 页。

刘歆、王涉自杀，与参与谶记、星语不无关系。由此可见，两汉之际与王莽新朝，对天文谶记思想的控制极为严厉。天文谶记，是当时谋取天下的重要理论武器。即使至东汉光武帝时期，天文谶记仍然属于"禁学"。如《后汉书》卷二三《窦融传》："臣融年五十三。有子年十五，质性顽钝。臣融朝夕教导以经艺，不得令观天文，见谶记。诚欲令恭肃畏事，恂恂循道，不愿其有才能，何况乃当传以连城广土，享故诸侯王国哉？"①此处可知两点：第一，窦融教育其子"朝夕教导以经艺，不得令观天文，见谶记"，以儒家学术为主，而不许学习天文谶记；第二，"不愿其有才能"，知在时人看来，知天文谶记属于"有才能"表现，但这种"才能"，当属"异能"。由此看来，方术可能属于当时方士掌握之术，士人识此者，多被禁止。而东汉初年学术由谶到经的回归，预示着社会思想的重大转变。

因此，"白登之围"匈奴围七日而不攻，主要与辰星、太白"不相从"有关；陈平"秘计"使匈奴"解围一角"，帮助刘邦顺利脱困的具体原因，主要与"白衣会"星象有关。对此，桓谭心知而隐约言之，扬雄、刘歆意会而不敢言之，后人不懂此类方术而不能言之，故使此类资料逐渐湮没在历史文献之中。由此可知，文本秩序的背后，秩序的边缘之外，皆有历史真相或文本史料被湮没其中。

第三节　桓谭与两汉之际的灾变、怪异思想

先秦时期，已经产生了灾变、怪异思想，《汉书·五行志》对此多有记载。桓谭生活的两汉之际，存在大量灾变、怪异。王充《论衡·谴告》称："论灾异，谓古之人君为政失道，天用灾异谴告之也。灾异非一，复以寒温为之效。人君用刑非时则寒，施赏违节则温。天神谴告人君，犹人君责怒臣下也。"②汉代的灾异，主要目的就在于"谴告"。

桓谭对灾异的认识，也是如此，桓谭《新论》称："夫异变怪者，天下所常有，无世而不然，逢明主贤臣、智士仁人，则修德善政，省职慎行以应之，故咎殃消亡，而祸转为福焉。"③这种修德而转祸为福的观念，最早就来自于

---

①《后汉书》卷二三《窦融传》，第 3 册，第 807 页。
②黄晖：《论衡校释》，第 2 册，第 634 页。
③《新辑本桓谭新论》，第 22 页。

《尚书》的"越有雊雉"之记载，与《尚书大传》、《史记》中"雊雉升鼎"的思想一致。由此进一步推知，桓谭此处"修德善政，省职慎行以应之，故咎殃消亡，而祸转为福"的思想，即本于《尚书》。

这是因为，桓谭在进一步的解释中，明确引"雊雉升鼎"为例说明自己的观点：

> 昔大戊遭桑谷生朝之怪，获中宗之号；武丁有雊雉升鼎之异，身享百年之寿；周成王遇雷风折木之变，而获反风岁熟之报；宋景公有荧惑守心之忧，星为徙三舍。由是观之，则莫善于以德义精诚报塞之矣。故《周书》曰："天子见怪则修德，诸侯见怪则修政，大夫见怪则修职，士庶见怪则修身。神不能伤道，妖不能害德。"及衰世薄俗，君臣多淫骄失政，士庶多邪心恶行，是以数有灾异变怪，又不能内自省视。畏天戒，而反外考谤议，求问厥故，惑于佞愚，而以自迕误，而令患祸得就，皆违天逆道者也。①

桓谭在此所引《周书》文字，又见于《后汉书·杨赐传》，其中的"天子见怪则修德，诸侯见怪则修政，大夫见怪则修职，士庶见怪则修身"，实际上说的是一种"践行"精神。而"神不能伤道，妖不能害德"之观念，说明灾异变怪，皆不违天道、人道，但这种"道德"，也是以"行"为中心。

这种观念，应该是两汉之际普遍的思想，如《论衡·变虚》称：

> 人君有善言、善行，善行动于心，善言出于意，同由共本，一气不异。宋景公出三善言，则其先三善言之前，必有善行也。有善行，必有善政。政善，则嘉端臻，福祥至，荧惑之星，无为守心也。使景公有失误之行，以致恶政，恶政发，则妖异见，荧惑之守心，桑谷之生朝。高宗消桑谷之变，以政不以言；景公却荧惑之异，亦宜以行。景公有恶行，故荧惑守心。不改政修行，坐出三善言，安能动天？天安肯应？何以效之？使景公出三恶言，能使荧惑守心乎？夫三恶言不能使荧惑守心，三善言安能使荧惑退徙三舍？以三善言获二十一年，如有百善言，得千岁之寿乎？非天祐善之意，应诚为福之实也。②

---

① 《新辑本桓谭新论》，第 22 页。
② 黄晖：《论衡校释》，第 1 册，第 205 页。

在这里,王充以宋景公"荧惑守心"为例,说明"行大于言"的意义。这种说法,大概由于当时流传着"三善言"之说,《论衡·感类》记载:"难曰:'伊尹死,雾三日。天何不三日雷雨,须成王觉悟乃止乎? 太戊之时,桑谷生朝,七日大拱。太戊思政,桑谷消亡。宋景公时,荧惑守心,出三善言,荧惑徙舍。使太戊不思政,景公无三善言,桑谷不消,荧惑不徙。何则? 灾变所以谴告也,所谴告未觉,灾变不除,天之至意也。今天怒为雷雨,以责成王,成王未觉,雨雷之息,何其早也?'"①"出三善言,荧惑徙舍",显然过分强调"言"的作用,而忽视了"言"背后"行"的意义。王充想说明的也是这个问题。

但桓谭的认识,与王充还有差异。桓谭所言"大戊遭桑谷生朝之怪,获中宗之号;武丁有雊雉升鼎之异,身享百年之寿;周成王遇雷风折木之变,而获反风岁熟之报;宋景公有荧惑守心之忧,星为徙三舍",其重点在于阐明"修德善政,省职慎行以应之,故咎殃消亡,而祸转为福"的道理。也就是说,桓谭认同史书记载的"桑谷生朝"、"雊雉升鼎"、"雷风折木"、"星徙三舍"等怪异之事的记载。王充反复对"星徙三舍"、"桑谷生朝"进行了反驳。上文他提出的"三恶言不能使荧惑守心,三善言安能使荧惑退徙三舍"的质疑,是很有道理的。再如,王充对"桑谷生朝"时修德弭祸也是心存怀疑的。《论衡·异虚》:

> 殷高宗之时,桑谷俱生于朝,七日而大拱。高宗召其相而问之,相曰:"吾虽知之,弗能言也。"问祖己,祖己曰:"夫桑谷者,野草也,而生于朝,意朝亡乎?"高宗恐骇,侧身而行道,思索先王之政,明养老之义,兴灭国,继绝世,举佚民。桑谷亡。三年之后,诸侯以译来朝者六国,遂享百年之福。高宗,贤君也,而感桑谷生,而问祖己,行祖己之言,修政改行,桑谷之妖亡,诸侯朝而年长久。修善之义笃,故瑞应之福渥。此虚言也。

> 祖己之言,朝当亡哉! 夫朝之当亡,犹人当死。人欲死,怪出;国欲亡,期尽。人死命终,死不复生,亡不复存。祖己之言政,何益于不亡? 高宗之修行,何益于除祸? 夫家人见凶修善,不能得吉;高宗见妖改政,安能除祸? 除祸且不能,况能招致六国,延期至百年乎? 故人之

---

① 黄晖:《论衡校释》,第 3 册,第 794 页。

死生，在于命的夭寿，不在行之善恶；国之存亡，在期之长短，不在于政
之得失。案祖己之占，桑谷为亡之妖，亡象已见，虽修教行，其何益哉？
何以效之？①

王充在此以为"殷高宗之时，桑谷俱生于朝"，与桓谭所言"大戊遭桑谷生朝
之怪"不同。殷高宗即武丁，大戊即殷中宗太戊。汉代存在此二说，即使王
充《论衡》也记载了两种不同说法，如《论衡·顺鼓》称："殷太戊，桑谷俱生。
或曰高宗。"②但王充所言"国之存亡，在期之长短，不在于政之得失"，与桓
谭及王充本人的说法矛盾。

　　王充这里的有些说法，似乎融合了桓谭"昔大戊遭桑谷生朝之怪，获中
宗之号；武丁有雊雉升鼎之异，身享百年之寿"的说法，即殷高宗时期的"桑
谷生朝"，不仅除祸，尚且"享百年之福"。但无论如何，桓谭是相信这些说
法，王充则提出了"家人见凶修善，不能得吉；高宗见妖改政，安能除祸？除
祸且不能，况能招致六国，延期至百年乎"的说法。王充自相矛盾的记载，
说明此书多截取他人之说，而未暇深思。

　　下面，我们结合桓谭所说的"大戊遭桑谷生朝之怪，获中宗之号；武丁
有雊雉升鼎之异，身享百年之寿；周成王遇雷风折木之变，而获反风岁熟之
报；宋景公有荧惑守心之忧，星为徙三舍"四个灾异故事，分析桓谭的"修
德"观念与两汉之际的灾变、怪异思想的关系。

　　"桑谷共生"与"雊雉升鼎"，是汉代非常流行的灾异故事。《汉书·艺
文志》记载："《春秋》之说妖也，曰：'人之所忌，其气炎以取之，妖由人兴也。
人失常则妖兴，人无衅焉，妖不自作。'故曰：'德胜不祥，义厌不惠。'桑谷共
生，大戊以兴；雊雉登鼎，武丁为宗。"③这里的"德胜不祥"，与桓谭所言"修
德"正相合。

　　"桑谷生朝"，见于《书序》，《汉书·五行志》记载：

　　　　《书序》曰："伊陟相太戊，亳有祥，桑谷共生。"《传》曰："俱生乎朝，
　　　七日而大拱。伊陟戒以修德，而木枯。"刘向以为殷道既衰，高宗承敝
　　　而起，尽凉阴之哀，天下应之，既获显荣，怠于政事，国将危亡，故桑谷

---

① 黄晖：《论衡校释》，第 1 册，第 213—215 页。
② 黄晖：《论衡校释》，第 2 册，第 683 页。
③《汉书》卷三〇《艺文志》，第 6 册，第 1773 页。

之异见。桑犹丧也,谷犹生也,杀生之秉失而在下,近草妖也。一曰,野木生朝而暴长,小人将暴在大臣之位,危亡国家,象朝将为虚之应也。①

刘向的解释是:"殷道既衰,高宗承敝而起,尽凉阴之哀,天下应之,既获显荣,怠于政事,国将危亡,故桑谷之异见",这其实还是将灾变与"修德"联系起来了。王充《论衡·顺鼓》记载此事,也强调"修德"的重要意义:

> 殷太戊,桑谷俱生,或曰高宗。恐骇,侧身行道,思索先王之政,兴灭国,继绝世,举逸民,明养老之义,桑谷消亡,享国长久。此说者《春秋》者所共闻也。水灾与桑谷之变何以异? 殷王改政,《春秋》攻社,道相违反,行之何从?②

这里的"侧身行道,思索先王之政",即有桓谭所言"内自省视"的意思。从天道与人事的关系而言,灾变是自然现象,但与之对应的社会、人事,只要顺应自然规律,"内自省视",符合天道,一样可以转祸为福。

"雊雉升鼎"的说法,出自《尚书序》。但《尚书》作"越有雊雉",这似乎说明与"雊雉升鼎"有关的灾异,也是后世逐渐累加起来的说法。《汉书·五行志》记载:

> 《书序》又曰:"高宗祭成汤,有蜚雉登鼎耳而雊。"祖己曰:"惟先假王,正厥事。"刘向以为雉雊鸣者雄也,以赤色为主。于《易》,《离》为雉,雉,南方,近赤祥也。刘歆以为羽虫之孽。《易》有《鼎卦》,鼎,宗庙之器,主器奉宗庙者长子也。野鸟自外来,入为宗庙器主,是继嗣将易也。一曰,鼎三足,三公象,而以耳行。野鸟居鼎耳,小人将居公位,败宗庙之祀。野木生朝,野鸟入庙,败亡之异也。武丁恐骇,谋于忠贤,修德而正事,内举傅说,授以国政,外伐鬼方,以安诸夏,故能攘木鸟之妖,致百年之寿,所谓"六沴作见,若是共御,五福乃降,用章于下"者也。一曰,金沴木曰木不曲直。③

刘向的解释是"以赤色为主"、"《离》为雉,雉,南方,近赤祥",赤祥,即指兵

---

① 《汉书》卷二七《五行志》,第 5 册,第 1410 页。
② 黄晖:《论衡校释》,第 2 册,第 683 页。
③ 《汉书》卷二七《五行志》,第 5 册,第 1411 页。

火干旱等灾变,《尚书大传》卷二称:"时则有赤眚、赤祥,维水沴火。"即赤祥为火,需水克之。刘歆则认为"羽虫之孽。《易》有《鼎卦》,鼎,宗庙之器,主器奉宗庙者长子也。野鸟自外来,人为宗庙器主,是继嗣将易"。但《五行志》也曾经对刘歆的解释进行了反驳:"刘歆视传曰有羽虫之孽,鸡祸。说以为于天文南方喙为鸟星,故为羽虫;祸亦从羽,故为鸡;鸡于《易》自在《巽》。说非是。"①这就是说,《汉书》认为刘向的解释中,"离"为火,符合《尚书大传》的说法,有其道理。桓谭认为"天子见怪则修德"、"内自省视"可以"身享百年之寿"。在心为德,"修德"与"内自省视"意思一致。这种天道与人事之间,应该有其特定的对应关系。

"周成王遇雷风折木之变,而获反风岁熟之报",其实也是强调"修德"的重要性。桓谭在此没有明言,我们可从王充《论衡·顺鼓》得到答案:

> 周成王之时,天大雷雨,偃禾拔木,为害大矣。成王开金縢之书,求索行事周公之功,执书以泣过,雨止,风反,禾、大木复起。大雨久湛,其实一也。成王改过,《春秋》攻社,两经二义,行之如何?②

王充在此所言"成王开金縢之书,求索行事,周公之功,执书以泣",说的也是"修德"。

"宋景公有荧惑守心之忧,星为徙三舍"的分析,已经见上文,兹不赘述。《史记》记载此"荧惑守心"发生在宋景公三十七年(前480),但据黄一农的推算,本年并未发生"荧惑守心"现象,而是应该在宋景公二十三年③。他进一步认为,历史上记载的"荧惑守心"事件,多属虚构。至于"星为徙三舍"事,黄一农认为,"若由现代的天文知识判断,荧惑并不可能在当天就从守心变成'移离三舍'"④。但是,无论发生在宋景公三十七年,还是二十三年,此事毕竟确实存在,当无疑问。桓谭时代对此事的关注,其实不再关注其真实性,而是关注此事本身蕴含的社会秩序、道德价值与政治意义。

从以上桓谭所言灾异四事,可见其对灾异的认识及其以"修德"转祸为福观念的思想,其中具有将天道与人事相对应的哲学观念,也就是董仲舒

---

① 《汉书》卷二七《五行志》,第5册,第1406页。
② 黄晖:《论衡校释》,第2册,第684页。
③ 黄一农:《社会天文学史十讲》,复旦大学出版社2004年版,第30页。
④ 黄一农:《社会天文学史十讲》,第40页。

的"天人感应"说。董俊彦认为桓谭"摆脱了天人感应说"，其实是一种误解。他认为："由桓谭所举的例子当中，可以看出自然现象的怪异，不一定带来灾害，只要以德义精诚报塞之，可以收到完全相反的结果。这样把自然现象与社会政治看成毫无因果关系的观点，已指斥那些根据种种自然现象所编造出来的'图谶'与'符命'之说，为虚妄和骗人的。这种站在明天人之分的立场上，摆脱天人感应的观点，在当时是相当进步的，而且是十分难能可贵的。"①董俊彦前面说"只要以德义精诚报塞之，可以收到完全相反的结果"，与其后所言"把自然现象与社会政治看成毫无因果关系"实际上存在逻辑上的矛盾。我们认为，桓谭此处所举四例，实际上反映的还是与"天人感应"相符合的哲学理念。直到王充，提出有些"修德"并非皆有转祸为福的效力，才发生了"把自然现象与社会政治看成毫无因果关系"的变化。所以说，在这个问题上，王充比桓谭走得更远，更彻底。但是就天道与个人身心修养的关系而言，桓谭的说法，对于儒家的"内省"思想具有重要启示意义。从这个角度来说，汉代灾异思想与儒家"内省"之间的关系，是值得我们探索的话题。

第四节　桓谭"抑谶"与两汉之际的"黄白"之术

谶纬一般被认为正式出现于西汉成、哀之际，但其相关思想的出现，则早于此时。桓谭生活的时期，正好是谶纬思想孕育、发生、成长的历史阶段，即使他后期反对王莽、光武帝的谶纬、符命，但其早期，必然对谶纬、符命有着长期的学习和认识的过程。

桓谭因谶获罪最著名的历史事件，就是他回答汉光武帝"不读谶"的记载。据《后汉书·桓谭传》：

> 其后，有诏会议灵台所处，帝谓谭曰："吾欲以谶决之，何如？"谭默然良久，曰："臣不读谶。"帝问其故，谭复极言谶之非经。帝大怒曰："桓谭非圣无法，将下斩之。"谭叩头流血，良久乃得解。②

汉光武帝认为"桓谭非圣无法"的原因，就在于他"极言谶之非经"。要进一

---

① 董俊彦：《桓谭研究》，第70页。
② 《后汉书》卷二八《桓谭传》，第4册，第961页。

步认识桓谭的这种思想,需要借助他的给汉光武帝所上《抑谶重赏疏》来分析。

桓谭上《抑谶重赏疏》,主要是他看到"帝方信谶,多以决定嫌疑。又酬赏少薄,天下不时安定"①。由此可知,光武帝"以谶决定嫌疑",是桓谭"抑谶"的重要原因。

那么,桓谭认为"谶之非经"的根据何在?据《抑谶重赏疏》,桓谭认为,经属于"先王之所记述,咸以仁义正道为本,非有奇怪虚诞之事",而谶则为"诸巧慧小才伎数之人,增益图书,矫称谶记,以欺惑贪邪,诖误人主";他还认为,谶"其事虽有时合,譬犹卜数只偶之类",光武帝应该"屏群小之曲说,述《五经》之正义,略雷同之俗语,详通人之雅谋"②。

从这里我们可以分析出桓谭的认识:在桓谭眼里,谶不过是"卜数只偶之类",其成书不过是"巧慧小才伎数之人","增益图书,矫称谶记"而成;它们皆为"奇怪虚诞之事",违背了"先王之所记述"和"仁义正道"。在光武帝这里,他信从"欺惑贪邪,诖误人主"之谶,是不明也;不能"屏群小之曲说,述《五经》之正义,略雷同之俗语,详通人之雅谋",是不智也。这实际上桓谭是从儒家"帝王师"立场讽谏光武帝。后文桓谭所言"诸所降下,既无重赏以相恩诱,或至虏掠夺其财物,是以兵长渠率,各生狐疑,党辈连结,岁月不解"云云,实际上批评光武帝"酬赏少薄"与"重爵轻赏",不懂用兵之道。这种上疏,范晔认为导致"帝省奏,愈不悦",笔者认为是一种曲笔,其结果必然招致光武帝的愤怒与忌恨。后来光武帝称桓谭"非圣无法,将下斩之",其因并非在于他所言"不读谶",实肇端于早前所上《抑谶重赏疏》。按道理说,桓谭对光武帝的上疏,实际上还是抱着为汉家天下长治久安的美好理想,但他这种持续的批评,在光武帝看来不过是一种犯上行为。桓谭大概也意识到了这点,后来在光武帝"议灵台"时,以较为委婉的"不读谶"表达反对态度,就体现了桓谭内心的细微变化。但光武帝的"大怒",一方面表现了光武帝对个人权威的维护,另一方面也表现了此时士风的一个转变。

东汉初年的政治气氛,使得士人在谶纬一类的问题上已经不容置喙。

①《后汉书》卷二八《桓谭传》,第4册,第959页。
②《后汉书》卷二八《桓谭传》,第4册,第960页。

整个东汉时代，能直言反对谶纬的，只有桓谭、尹敏、张衡数人。徐天麟认为：

> 若夫谶纬之学，托于六经，以文其私说，杂之以图记，证之以占验，始自哀、平，盛于建武。上意所好，下争趋之，由是东京之士，波流风靡，虽贾逵、曹褒之伦，亦且溺其习而不自觉。独桓谭、尹敏、张衡数君子，奏议慷慨，以为宜见藏摈。呜呼！若数子者，可谓障百川而东之，回狂澜于既倒者欤？[①]

从这里的"上意所好，下争趋之，由是东京之士，波流风靡"分析，西汉末年与光武帝时期的士风，已经与王莽时期的"附逆"心态完全一致，其特征就是再无人敢直言上谏。即使桓谭，也是"独自守，默然无言"，可以说明王莽时期君臣之间的紧张关系。这种风气，对士人的心态影响不小。光武帝时期，桓谭大概以为刘秀作为开国"明君"，当有纳谏的政治雅量，所以他犹豫良久，还是委婉地以"臣不读谶"的方式说出了自己的意见。但即使如此，仍然使得光武帝勃然大怒。这种情况说明：光武帝对于那些委婉方式的进谏，也已不能接受。这就杜绝了士人直言进谏的想法。从桓谭的遭遇，我们还认识到，光武帝初期，桓谭等人可能以刘秀为明君，对其怀有政治上的幻想，所以才敢直言进谏。而桓谭差一点因言获罪，使得桓谭等人认识到，儒家的"帝王师"不过是一种幻想[②]。在帝王面前，士人的进谏，包括他们对经与谶纬关系的认识，都要符合帝王的政治需要。从东汉王朝建立（25），至桓谭因非谶获罪（34）[③]，不过区区十年之内，东汉政治与士风就发生了如此重要的变化，甚至可以说又回到了王莽时期的政治环境。这对经历过西汉末年与王莽新朝的桓谭等人来说，不啻是一种沉重的思想打击。桓谭、尹敏与光武帝等人在谶纬、符命上的不同态度，主要是因为桓、尹二人是王莽时代符命制作的见证者，知其荒谬不经之弊。而光武帝等人在当时是符命思想的被动接受者，并有利用谶纬谋取政治利益的需要，当然信而不疑。

中国古代士风的转变，与封建帝王的士人政策具有直接的关系。秦始皇、二世时期对"客"、"客卿"的不同政治态度，导致了秦代士风的不断变

---

① 徐天麟：《东汉会要》卷一三，中华书局 1955 年版，第 137 页。

② 桓谭《新论》中的《王霸》、《求辅》、《言体》，主要讲"帝王之学"，可知他具有"帝王师"思想。

③ 孙少华：《桓谭年谱》，第 253、294 页。

化。入汉以后，汉高祖至汉武帝时期，对待文人的态度相对温和，士人基本上处于政治权力的中心，所以他们入仕、进谏的机会都比较大。虽然汉景帝诛晁错是一个悲剧，然而也反证当时士人能够直接参与政治①。宣、元以后，尤其是汉成帝时期，刘向、刘歆、扬雄等人虽然官位不显，但依然能够以文进谏。西汉末年以后，王氏擅权，文人基本上被边缘化（如扬雄之流只能躲在天禄阁校书，甚至于被逼投阁），士风一变而为消沉。汉光武帝刘秀初期，政权初创，百废待举，重要的是不再有外戚干政的情况，故吸引了大批文人归附。然而，刘秀等人以武力统一天下，以军功封侯者正当盛年，不可能听从士人在经学、谶纬方面的解释，更不允许他们以此干政。从桓谭的奏疏，我们可以看到他对国家管理的认识。他的"非谶"之举（包括他人之"言谶"），实际上有"干政"之嫌。这是刘秀和其他因军功起家者所不能容忍的。

这种风气，后来影响到了整个东汉时代。整个东汉，反对谶纬者，不过寥寥数人。谶纬之学，被官方逐渐推动，成为"内学"，一方面限制了士人进谏的机会，另一方面使得"谶纬"成为东汉政治统治的主流意识。这从另一个角度说明：东汉立国的基本思想，其实延续的是西汉末年与王莽时期的谶纬、符命之学，如马端临就认为：

> 谶纬之说，起于哀、平、王莽之际，莽以此济其篡逆，公孙述效之，而光武绍复旧物，乃亦以《赤伏》自累，笃好而推崇之，甘心与莽、述同智，于是佞臣陋士，从风而靡。贾逵以此论左氏学，曹褒以此定汉礼，作大予乐。大儒如郑元，专以谶言经，何休又不足言矣。二百年间，惟桓谭、张衡力非之而不回也。魏晋以革命受终，莫不傅会符命，其源实出于此。隋唐以来其学浸微矣。②

这里所说的"甘心与莽、述同智"，说明东汉立国的思想，就由此而来；"魏晋以革命受终，莫不傅会符命"，说明这种思想影响之远。而"佞臣陋士，从风而靡"，则反映了东汉士风的败坏。如果说，西汉时代，文人还可以借助辞赋实现"委婉而讽"的目的，东汉时期基本上绝迹了。政治气氛的变化，也

----

① 桓谭将晁错比作龙逢、比干、伍员，并称其为"忠臣高节"，可知桓谭将士人的参预政治，视作"忠"（《新辑本桓谭新论》，第11页）。
② 马端临：《文献通考》卷一八八，中华书局1986年版，第1604页。

是导致文学体式发生变化的重要原因。"二百年间,惟桓谭、张衡力非之而不回",进一步说明了东汉士风败坏的严重程度。

另外,桓谭《抑谶重赏疏》,有"臣谭伏闻陛下穷折方士黄白之术,甚为明矣,而乃欲听纳谶记"之语,将"方士黄白之术"与"谶记"对应,说明前者与"谶记"有关,但并非完全相同。道理很简单,如果二者完全没有关系或完全一致,就都没有被措置一处加以比较的必要。

"黄白",《汉书·淮南衡山济北王传》注:"张晏曰:黄,黄金;白,白银也。"一般是黄金和白银的简称,指的是道家的炼丹术,桓谭《新论》也有多处炼制"金银"的记载,如:

> 淮南王之子娉迎道人作金银,云:"鈆字金与公,鈆则金之公,而银者,金之昆弟也。"①

> 史子心见署为丞相史官,架屋发吏卒,及官奴婢以给之,作金不成,丞相自以力不足,又白傅太后,太后不复利于金也,闻金成可以作延年药,又甘心焉。乃除之为郎,舍之北宫中,使者待遇。宁有作此神方,可于宫中而令凡人杂错共为之者哉?②

《新论》此二处烧炼"金银",皆指炼丹术③。这种方术,希望借金石的精气,使人长生不老、得道成仙,与延年益寿有关,而与谶无关。《抑谶重赏疏》中的"方士黄白之术",《后汉书·桓谭传》李贤注:"黄白谓以药化成金银也。方士,有方术之士也。"④显然也是将此处桓谭所言"黄白之术"视作"炼丹术"。按照上文我们所说的,如果此处"黄白"指炼丹术,与"谶记"毫无关系,桓谭何以用"而乃欲听纳"将二者放在一起比较呢?

苏诚鉴认为,李贤的注释有问题,他指出:"从桓谭全疏内容来看,他的中心思想是揭露谶纬的不可轻信,讲求仁义大道,那里扯得上什么炼金术呢?"他的这种分析有其道理。在此,苏诚鉴进一步推测:"可见刘秀'穷折'的'黄白之术'决不是什么炼金术,而是公孙述所宣扬的'黄承赤而白继黄',以及童谣所谓'黄牛白腹'的'黄白之术',是所谓'五德之运'中的那一

---

① 《新辑本桓谭新论》,第57页。
② 《新辑本桓谭新论》,第58页。
③ 任广《书叙指南》卷一二引桓谭语称:"烧炼法曰黄白之术。"(任广:《书叙指南》卷一二,《景印文渊阁四库全书》,第920册,第538页)
④ 《后汉书》卷二八《桓谭传》,第4册,第960页。

类方士的学说。"①他的证据是：王莽自称"黄帝"，代汉之"赤帝"，而建武元
年四月，公孙述自立为天子，号"成家"，色尚白，认为自己代新莽之"黄帝"
而为"白帝"。桓谭所言"穷折方士黄白之术"，即指此事。

苏诚鉴所言此事，在《后汉书·公孙述传》有详细记载：

> 蜀中童谣言曰："黄牛白腹，五铢当复。"好事者窃言王莽称"黄"，
> 述自号"白"，五铢钱，汉货也，言天下当并还刘氏。述亦好为符命鬼神
> 瑞应之事，妄引谶记。以为孔子作《春秋》，为赤制而断十二公，明汉至
> 平帝十二代，历数尽也，一姓不得再受命。又引《录运法》曰："废昌帝，
> 立公孙。"《括地象》曰："帝轩辕受命，公孙氏握。"《援神契》曰："西太
> 守，乙卯金。"谓西方太守而乙绝卯金也。五德之运，黄承赤而白继黄，
> 金据西方为白德，而代王氏，得其正序。又自言手文有奇，及得龙兴之
> 瑞。数移书中国，冀以感动众心。帝患之，乃与述书曰："图谶言'公
> 孙'，即宣帝也。代汉者当涂高，君岂高之身邪？乃复以掌文为瑞，王
> 莽何足效乎！君非吾贼臣乱子，仓卒时人皆欲为君事耳，何足数也。
> 君日月已逝，妻子弱小，当早为定计，可以无忧。天下神器，不可力争，
> 宜留三思。"署曰"公孙皇帝"。述不答。②

根据这段记载，"述亦好为符命鬼神瑞应之事，妄引谶记"，其所言与王莽有
关的"黄白之术"，实际上属于"谶记"一类。刘秀"患之"，并给公孙述写信
辩称："图谶言'公孙'，即宣帝也。代汉者当涂高，君岂高之身邪？乃复以
掌文为瑞，王莽何足效乎！君非吾贼臣乱子，仓卒时人皆欲为君事耳，何足
数也。君日月已逝，妻子弱小，当早为定计，可以无忧。天下神器，不可力
争，宜留三思。"其实就是针对公孙述所称"五德之运，黄承赤而白继黄，金
据西方为白德，而代王氏，得其正序"而言；桓谭所言"穷折方士黄白之术"，
主要是认为刘秀所言，针对的是《录运法》、《括地象》、《援神契》等方士之
书。从这里详细分析，苏诚鉴的说法，是合理的。

由此看来，刘秀反对与"谶记"相关的"黄白之术"，是为了其政治需要；
而相信"黄白之术"之外的其他"谶记"学说，仍然是为了维护其统治的需
要。与刘秀相比，桓谭反对谶纬的立场是坚定的、态度是彻底的。

---

① 苏诚鉴：《桓谭》，第82—83页。
② 《后汉书》卷一三《公孙述传》，第2册，第537—538页。

但奇怪的是,桓谭似乎对传统的梦占或占字,较为相信。如《新论·见征》:"博士弟子谭生居东寺,连三夜有恶梦,以问人。人教使晨起厕中祝之三旦,而人告以为咒咀,捕治,数日死。"①《汉书·艺文志》:"杂占者,纪百事之象,候善恶之征。《易》曰:'占事知来。'众占非一,而梦为大,故周有其官。"②梦占悠久的文化传统,可能是桓谭相信梦占的主要原因。

又《新论·见征》:"待诏景子春素善占,坐事系狱,其妇父朱君至狱门,通言遗襦袴。子春惊曰:'朱君来言与?朱为诛,袴而襦,中绝者也。我当诛断也。'后遂腰斩。"③这种应验,被桓谭写入《新论》,显示他对此类事情也是信从的。当然,这种文化,与汉代的谶纬有所不同。《左传》中广为记载的预言式文化,或者在汉人眼里就是后世的"科学"。这说明,桓谭反对谶纬的神秘化,信奉先秦时期的梦占与预言,还是学术复古思想的表现。这种"复古"思想,与王莽、刘歆、扬雄等人在经学上的"复古"是一致的。"两汉之际",实际上是学术"复古"的时代。

两汉之际,桓谭与扬雄、刘歆、王莽等主流学者多有交往,他们对当时的主流文本非常熟悉,基本上引领了那个时代主流文本的发现、创造与阐释。另外,从他们四人对谶纬、方术、阴阳五行、神仙等非主流思想的熟悉程度看,这些思想虽然一度居于经学等主流秩序之外,但却并非与主流文本、主流秩序毫无关系。相反,他们在旧秩序的破坏、新秩序的创造过程中,有时能够起到传统主流文本无法实现的作用,所以这种本来属于"边缘"的文本,反而在特定时期成为"主流"。就此而言,文本与秩序的"主流"或"边缘"关系,也是相对的、辩证统一的。

---

①《新辑本桓谭新论》,第17页。
②《汉书》卷三〇《艺文志》,第6册,第1773页。
③《新辑本桓谭新论》,第17页。

第十章　秩序"余波":两汉之际文本阐释思想的文学影响

处于稳定的文本秩序下的桓谭,为后人开启了正确的文本阐释方式;而后来的文本阐释,基本上没有超越两汉之际以桓谭为首的学者确立的规范。这实际上说明一个问题:两汉之际形成的文本秩序与诠释思想,基本上规定了魏晋六朝甚至更晚的文本诠释方向。

桓谭与两汉之际的重要学者如扬雄、刘歆皆有深入交往;后世学者如王充、刘勰等,对桓谭的学术与文学贡献,皆有较高评价。从这些方面,我们可以看出桓谭在两汉之际的学术交往及其对后世的文学影响。从文本秩序的角度看,这种影响可以算得上是桓谭时代文本秩序的"余波"。

第一节　秩序中的人与文:桓谭在两汉之际的学术交游

两汉之际的学者,自有其学术交游的渠道与方式,所以他们能够在经学、谶纬、天文、历法、阴阳五行甚至经济、军事、政治领域进行自由辩论。这种学术现象,只有在文本秩序建立的前提下才能出现。本此,我们将该时期学者的学术交游活动,也视作汉代文本秩序的"余波"。

桓谭在两汉之际的学术活动,可以从他本人与其他文人的交往中探寻一二。桓谭与扬雄、刘歆皆有深入交往,《新论》的记载各有偏重;另从一些记载中,可看到桓谭与班嗣、刘伯玉等人也有交往,其间并有学术讨论。

桓谭与扬雄的学术交往,反映出来两个方面的情况:一个是桓谭从扬雄处咨询问学的记载;另一个是桓谭不同意扬雄说法,反驳扬雄观点的记载,内容主要涉及天文学、文学等方面。

《后汉书》记载桓谭"数从刘歆、扬雄辩析疑异",这是桓谭在西汉末年的学术活动。王莽新朝时期,扬雄著《剧秦美新》,桓谭曾受王莽之命,颁布其《大诰》于天下①。这说明，在王莽执政初期，三人与王莽皆有密切联系。

一、桓谭与扬雄的学术交往

　　桓谭与扬雄有书信往来，据《文选》注，扬雄有《与桓谭书》、《答桓谭书》，桓谭有《答扬雄书》。根据目前所存文献，二人所谈，主要是辞赋写作与风格问题，如扬雄《答桓谭书》称："长卿赋不似从人间来，其神化所至邪？大谛能读千赋，则能为之。谚云：'伏习象神，巧者不过习者之门。'"②这是扬雄与桓谭讨论司马相如赋的成就，从中推测，桓谭在给扬雄的信中，大概非常推崇司马相如赋，扬雄对此较为赞同，认为司马相如赋"不似从人间来"、"神化所至"。但扬雄也提出学习作赋的方法，就是"能读千赋，则能为之"。这在桓谭《新论》中也有反映，如桓谭记载扬雄说："能读千赋，则善赋。"③并且也引用了"谚云'伏习象神，巧者不过习者之门'"这句话。这两则记载或者本来就是一个文本，但无论如何，说明二人确实在作赋过程中，讨论过学习作赋的方法问题。此事在《西京杂记》曾有转述，不过问扬雄如何为赋者为"或人"④，有人以为此人即桓谭。无论《西京杂记》出于何时、何地或何人之手，也不管"或人"是否即为桓谭，此处反映的汉魏六朝人对"读赋"与"作赋"关系的讨论，体现了时人对"赋"的文学认识。

　　扬雄与桓谭双方互相欣赏。扬雄《与桓谭书》有"望风景附，声训自结"，笔者怀疑是扬雄称赞桓谭的话；桓谭《答扬雄书》有"子云勤味道脁"，这是桓谭称赞扬雄的话。《文选》卷四六任昉《王文宪集序》："公不谋声训，而楚夏移情。"李善注引扬雄《与桓谭书》："望风景附，声训自结。"张铣注："训，教也。言不作声誉教示而下人感其道德，已移情于善道矣。"⑤由其赞辞分析，乃扬雄称赞桓谭的道德品行，并赞扬桓谭的声誉会迅速流传⑥。而《文选》卷四五班固《答宾戏》："慎修所志，守尔天符，委命供己，味道之

①《汉书·王莽传》："莽惶惧不能食，昼夜抱孺子告祷郊庙，放《大诰》作策，遣谏大夫桓谭等班于天下，谕以摄位当反政孺子之意。"（《汉书》卷九九《王莽传》，第 12 册，第 4087 页）

②严可均：《全后汉文》，《全上古三代秦汉三国六朝文》，第 1 册，第 411 页。

③《新辑本桓谭新论》，第 52 页。

④成林、程章灿：《西京杂记全译》，第 68 页。

⑤《六臣注文选》，中华书局 2012 年版，第 878 页。

⑥桓谭在西汉已经声名在外，《后汉书·桓谭传》说"及董贤为大司马，闻谭名，欲与之交"，即可为证。

腴。"李善注："项岱曰：'腴，道之美者也。'"①这是桓谭称赞扬雄坚守其道的处世方式。由二人生活、政治经历看，桓谭长期居于宫内，虽与外戚傅晏、近臣董贤等人共事，但仍然保持了自己的政治节操，并时刻注意着西汉的学术发展，与扬雄、刘歆在学术上保持着密切的交往；扬雄则出身底层，与当时的外戚保持着一定距离，不辍著述。共同的性格、兴趣和爱好，是桓谭、扬雄长期交往、书信往来的主要原因。另外，桓谭与刘歆等人，对扬雄的人品、生活方式与学问非常敬佩，所以《汉书》称扬雄"用心于内，不求于外，于时人皆忽之；唯刘歆及范逡敬焉，而桓谭以为绝伦"②。扬雄当时弟子众多，如刘歆子刘棻从其学奇字，"时有好事者载酒肴从游学"。扬雄当时所撰之书，也能够很快为时人所见到，所学习，如扬雄《太玄》、《法言》，"巨鹿侯芭常从雄居，受其《太玄》、《法言》"；刘歆批评扬雄《太玄》"空自苦"、"吾恐后人用覆酱瓿也"；扬雄卒后，大司空王邑、纳言严尤则向桓谭询问扬雄书情况，桓谭答以"必传"③，等等。由此可见，在王莽新朝，扬雄虽然没有政治上的特殊地位，但在学术上一直居于当时的中心地位。他的书完成后，能很快流传，说明了时人对其学术地位的认同。

在政治上，桓谭与扬雄的一个共同点，就是都长期得不到升迁。晋常璩《华阳国志》卷十称："雄历三帝，独不易官，年七十一卒。自刘向父子、桓谭等深敬服之。"④《汉书》则称其"有以自守，泊如也"、"默然独守"⑤。桓谭"哀、平间，位不过郎"，王莽时"谭独自守，默然无言"⑥，这种政治遭际、政治态度（或者说政治个性）与人生选择，与扬雄完全相同。这也是桓谭、扬雄交往密切的一个原因。

从某种意义上说，扬雄、桓谭在两汉之际的政治漩涡中，即使有条件也不违背本心而屈从外戚、佞臣去谋取高位，而是采取了"默然独守"、"默然无言"的态度。笔者认为：这并非简单的明哲保身之举，更非效仿老庄的"大隐隐于朝"，而是他们在经过精深的学术磨砺之后，获得了真正的精神上的淡泊与心灵上的宁静。刘歆虽然学问也很大，但一直处于权力风暴的

①《六臣注文选》，第 850 页。
②《汉书》卷八七《扬雄传》，第 11 册，第 3583 页。
③《汉书》卷八七《扬雄传》，第 11 册，第 3585 页。
④常璩著，任乃强校注：《华阳国志校补图注》，上海古籍出版社 1987 年版，第 533 页。
⑤《汉书》卷八七《扬雄传》，第 11 册，第 3565—3566、3573 页。
⑥《后汉书》卷二八《桓谭传》，第 4 册，第 956 页。

中心，所以名利心就比较重。他批评扬雄的《太玄》"吾恐后人用覆酱瓿也"，其实并非他不理解扬雄撰作本书的目的，而是他不理解扬雄专心致力于学术的真实做法。或者在刘歆看来，扬雄的醉心学术，不过也是为了功名利禄。这应该也是他对桓谭的认识。但事实上，从后来桓谭因"非谶"被汉光武帝差点诛杀看，他们二人还真的对"利禄"有了不同于一般汉儒的认识。学术，或者用现代的话来说，读书，对他们来说只是一种爱好。这是两汉之际学术中的一股"清流"。

刘歆为汉家宗室，扬雄起于民间，桓谭出于中层官吏之家。这就决定了刘歆必然一直处于政治漩涡的中心地带，扬雄则退守于政治权力的边缘，桓谭则在政治中心与边缘之间不断徘徊。从扬雄、刘歆、桓谭三人的出身与政治结局看，说明了他们在政治地位上的差异，最终源于他们的门第与出身。

桓谭对扬雄的评价，可以从两个方面进行分析。

第一，桓谭对扬雄学术成就的认同与赞扬。首先桓谭将扬雄比作"孔子"，这是两汉之际以桓谭为代表的学者给扬雄的最高评价。《新论·闵友》称：

> 张子侯曰："杨子云，西道孔子也，乃贫如此？"吾应曰："子云亦东道孔子也。昔仲尼岂独是鲁孔子，亦齐、楚圣人也。"①

"西道"、"东道"，都是一个泛称，实际上桓谭将扬雄比作当时天下的一代圣人，与其他士人嘲笑扬雄并非圣人而拟经截然不同②。

其次，桓谭对扬雄的著作给予了高度评价，认为他的书必传后世。《汉书·扬雄传下》记载：

> 时大司空王邑、纳言严尤闻雄死，谓桓谭曰："子尝称扬雄书，岂能传于后世乎？"谭曰："必传。顾君与谭不及见也。凡人贱近而贵远，亲见扬子云禄位容貌不能动人，故轻其书。……今扬子之书文义至深，而论不诡于圣人，若使遭遇时君，更阅贤知，为所称善，则必度越诸

---

① 《新辑本桓谭新论》，第 62 页。
② 《汉书·扬雄传》："诸儒或讥以为雄非圣人而作经，犹春秋吴楚之君僭号称王，盖诛绝之罪也。"（《汉书》卷八十《扬雄传》，第 11 册，第 3585 页）

子矣。"①

"必度越诸子"，这与桓谭评价扬雄为"圣人"思想一致。

最后，桓谭对扬雄的辞赋写作水平给予了充分肯定，并主动向其学习辞赋制作。"扬子云工于赋"，这是对扬雄写作辞赋的肯定。"子云曰：'能读千赋，则善赋。'"这是桓谭对扬雄学写辞赋方法的肯定。"余少时见扬子云之丽文高论，不自量年少新进，而猥欲逮及"，这是桓谭阅读扬雄辞赋之后，主动仿扬雄而作赋。由此可见，桓谭对扬雄的学问道德，尤其是对他在经学、子学、辞赋上的贡献，是十分钦敬的。

第二，桓谭对扬雄个性与学术缺点的批评。

桓谭对扬雄的"拟圣"之作与辞赋才能给予了高度评价，但对他的生活、音乐与天文上的能力则并不认可。

例如，扬雄虽然在长安为郎，然非常贫困。他的两个儿子死后，都迁葬回蜀，以此更加困乏，桓谭认为扬雄"察达圣道，明于死生，宜不下季札，然而慕恋死子，不能以义割恩，自令多费"，实在是"通人之弊"②。桓谭是从"察达圣道，明于死生，宜不下季札"这个层面来要求扬雄的。然而，生于蜀地，熟悉蜀文化的扬雄，无法效仿季札将死去的儿子埋葬于异乡的做法。从这一点上说，桓谭的批评未必正确。

音乐上，桓谭称其"大才而不晓音"，而扬雄则讥笑桓谭说："事浅易喜，深者难识。卿不好雅颂而悦郑声，宜也。"③由此可见，二人应该皆好乐，只不过喜好的对象不同而已：桓谭爱好流行的"郑声"，扬雄则好"雅乐"。这种互相讥笑，只不过算是生活中的小插曲，并不代表二人从内心真的排斥对方。

天文方面，"扬子云好天文"，曾经"问之于黄门作浑天老工"，然而此位"老工"只能根据尺寸法度制作浑天仪（"作其事，但随尺寸法度"），但却不懂得"浑天"学说的道理（"殊不晓达其意"）。在这种情况下，扬雄只能沿用其他儒生的"盖天说"，以为天左转（"因众儒之说天，以天为如盖转，常左旋，日月星辰随而东西"）。桓谭对此予以反驳道：

---

① 《汉书》卷八七《扬雄传》，第 11 册，第 3585 页。
② 《新辑本桓谭新论》，第 44 页。
③ 《新辑本桓谭新论》，第 61 页。

春秋昼夜欲等平，旦日出于卯，正东方；暮日入于酉，正西方。今以天下之占视之，此乃人之卯酉，非天卯酉。天之卯酉，当北斗极，北斗极天枢，枢天轴也，犹盖有保斗矣。盖虽转而保斗不移，天亦转周匝，斗极常在，知为天之中也。仰视之，又在北，不正在人上，而春秋分时，日出入乃在斗南。如盖转，则北道近，南道远，彼昼夜刻漏之数，何从等平？①

对此，扬雄无言以对（"子云无以解也"）。后来二人同坐白虎殿廊庑下，背对太阳晒而取暖，桓谭借此又说："天即盖转而日西行，其光影当照此廊下而稍东耳，无乃是反应浑天家法焉。"闻听此言，"子云立坏其所作"，"则儒家以为天左转非也"②。

另外，桓谭与扬雄还曾讨论过宫内事："谭谓扬子曰：'君之为黄门郎，居殿中，数见舆辇、玉瑶、华芝及凤皇、三盖之属，皆玄黄五色，饰以金玉、翠羽、珠络、锦绣、茵席者也。'"③玉瑶即玉饰，华芝即灵芝，三盖为车名④，皆宫内所见之物。

从这里我们可以得出两点认识：第一，桓谭与扬雄在生活、学术上关系非常密切，二人都喜好音乐，但一好"郑声"，一好"雅乐"，欣赏的内容不同而已；第二，扬雄在学问、辞赋上比桓谭高明，但在天文、音乐的才能上则不及桓谭。但扬雄善于闻过则改，最后听从了桓谭的解释。就此而言，桓谭、扬雄在当时都是非常了解科学技术与学术前沿的学者，这或者与他们所处的位置有关；但归根结底，还是他们对当时的学术、科技发展保持着浓厚的兴趣，并时刻予以关注和学习的结果。

二、桓谭与刘歆的学术交往

桓谭记载了很多与刘歆论学的事情，主要反映的是桓谭对刘歆提出的困惑的解释，似乎说明桓谭在这些方面比刘歆更有识见。如果将刘歆与扬雄相比，我们会发现，桓谭对刘歆的批评较多，且主要集中在方术、养生、神

① 《新辑本桓谭新论》，第29页。
② 《新辑本桓谭新论》，第28—30页。
③ 《新辑本桓谭新论》，第50页。
④ 《后汉书·舆服上》："耕车，其饰皆如之。有三盖，一曰芝车。"注："农舆三盖，所谓耕根车也。"（《后汉书》志二九《舆服上》，第12册，第3646页）

仙方面。桓谭与扬雄讨论的是音乐、辞赋、经学、天文，这是较为纯正的学术；他与刘歆讨论的则是求雨、养生、神仙之学，这是当时皇室上层关注的话题，并且属于儒家一贯反对的"旁门左道"之学。从这里说，刘歆更关心的，可能还是与政治关系最密切的学问。

桓谭反对刘歆的"神仙可学"说。刘歆"方士虚言，谓神仙可学"，以为"人诚能抑嗜欲，阖耳目，可不衰竭"。桓谭质问他："彼树无情欲可忍，无耳目可阖，然犹枯杭朽蠹，人虽欲爱养，何能使不衰？"另外，桓谭与刘歆讨论"养性无益"，刘歆的侄子刘伯玉信从刘歆之说，以为"天生杀人药，必有生人药也"。桓谭反对养性长生不死之说："钩吻不与人相宜，故食则死，非为杀人生也。譬若巴豆毒鱼，礜石贼鼠，桂害獭，杏核杀猪，粉鼠畏椒，蜈蚣畏油，天非故为作也。"[1]在两汉之际这个时代，桓谭能有如此思想，是很了不起的。

桓谭反对刘歆的"作土龙"以"求雨"。《新论》记载："刘歆致雨具，作土龙、吹律及诸方术，无不备设。"桓谭问刘歆："求雨所以为土龙，何也？"刘歆答："龙见者辄有风雨兴起，以迎送之，故缘其象类而为之。"刘歆以为，雨从龙，所以模仿其形状可以致雨。但另一则材料说："难以顿牟磁石，不能真是，何能掇针取芥，子骏穷无以应。"[2]意思是说，如果不是真正的琥珀、磁石，怎么能够吸引芥菜籽或针呢？桓谭的这个质疑，是很有道理的，反驳得刘歆无言以对。

桓谭还向刘歆解释了一些历史疑难问题。如关于"陈平为高帝解平城之围，则言其事秘，世莫得而闻"事，桓谭以陈平美女计解释，刘歆"立称善"。无论桓谭此种解释有无道理，起码获得了刘歆的认同。

桓谭、刘歆二人，也有不同的学术认识。如关于扬雄《太玄》问题，刘歆以为"不啻覆酱瓿而已"，而桓谭以为"其书必传"；关于扬雄之评价，桓谭以扬雄为："才智开通，能入圣道，卓绝于众，汉兴以来未有此人也。"刘歆问："何以言之？"[3]这一问，说明桓谭、刘歆对扬雄的认识不一致，也说明了二人与扬雄关系的疏密程度。对于《左传》，刘歆父子、刘伯玉都非常精通，并

---

[1]《新辑本桓谭新论》，第 35 页。
[2]《新辑本桓谭新论》，第 57 页。《论衡·乱龙》："刘子骏掌雩祭，典土龙事，桓君山亦难以顿牟、磁石不能真是，何能掇针、取芥？子骏穷无以应。"（黄晖：《论衡校释》，第 3 册，第 695 页）
[3]《新辑本桓谭新论》，第 41 页。

且教家中子孙、妇女"无不读诵"。桓谭认为"此亦蔽也"。大概在桓谭看来，过于执着、迷信某书，可能会导致误读，不利于该书的正常研究与传播。

三、桓谭与班嗣的交往

《汉书·叙传》记载班嗣事迹，有"桓生欲借其书"之语，颜师古注"桓生"为"桓谭"；《艺文类聚》卷三十六径题"桓君山从借《庄子》嗣报曰"。如果此说不误，则"嗣报曰"之下文，当为班嗣写给桓谭的信。明梅鼎祚将此文收录于《西汉文纪》，题名《报桓谭书》；严可均则将此文题名《报桓谭》，收录于《全后汉文》。

班嗣，楼烦人，班彪之从兄。《汉书》记载的桓谭"欲借其书"，乃为老庄之书。班嗣拒绝借书给桓谭，其理由是："今吾子已贯仁谊之羁绊，系名声之缰锁，伏周、孔之轨躅，驰颜、闵之极挚，既系挛于世教矣，何用大道为自眩曜？昔有学步于邯郸者，曾未得其仿佛，又复失其故步，遂匍匐而归耳！恐似此类，故不进。"①班嗣父班斿，曾与刘向一起校秘书，则班嗣与桓谭大致同龄并少长。而从本段材料看，如果向班嗣借书的"桓生"确实是桓谭，似乎桓谭较早属于正统的儒家人物。后来不信神仙、方术、养生等，也属于正宗的儒家思想。《新论》曾记载，桓谭见杜房读《老子》学养性，并予以批判。这说明，两汉之际的人读老庄，多留意养生、长寿之道。这是桓谭反对的。班嗣不借给桓谭老庄之书，或者也是因为桓谭不信此类思想之故。但是，这并不能说班嗣不借书给桓谭，桓谭就没有读过老庄之书。

另外，《汉书》卷一〇〇《叙传上》记载班彪称："幼与从兄嗣共游学，家有赐书，内足于财，好古之士自远方至，父党扬子云以下莫不造门。"②由此推测，与扬雄交往密切的桓谭，虽然未必属于班彪"父党"，但或亦在"莫不造门"之列。

综上可知，结合桓谭与扬雄、刘歆等人的学术活动，可知桓谭在儒学、辞赋、老庄之学以及天文、历算等皆有研究。尤其是他反对当时的谶纬、神仙、养生长寿之学，也是对两汉之际主流社会思潮的反映。

在刘向、刘歆父子校书之后，扬雄也一直在从事校书的工作。如果说

---

① 《汉书》卷一〇〇《叙传上》，第 12 册，第 4205—4206 页。
② 《汉书》卷一〇〇《叙传上》，第 12 册，第 4205 页。

向、歆父子校书是官方指派的工作,扬雄校书则属私人行为。尤其是入新莽以后,扬雄的校书,很大程度上是在从事向、歆父子未尝重视的对同时代新书的搜集、保存工作。结合扬雄新造《太玄》《法言》看,由于产生时代较晚,此类书籍不可能进入刘歆《七略》之中。这就提示我们,在向、歆父子完成官方校书工作之后,同时代或稍晚产生的书籍,已经被排斥在他们的《别录》《七略》之外,但扬雄接续了这一工作。向、歆等人的校书,主要是整理古书、收录此前汉代"新书",总体上是在建立属于汉代的文本秩序。扬雄(当然也包括同时代其他人)则主要是收录汉代"新书",兼及整理先秦古书(如《左传》),实际上是在汉家官方文本秩序之外,再建新的文本秩序。班固著《汉书》,曾补入不少著作,不排除是扬雄时代的学者搜集、整理的文献。所以,今天我们看到的先秦古书,绝大多数不可能是向、歆父子整理过的原貌,必然经过了后来者的再度整理。对于这种现象,如果能从"文本秩序"的层面予以理解,或者能够接受文本秩序不断被重建、文本文字不断被修改的事实,而能对文本研究的方法与价值予以重新思考。

第二节　秩序的巩固与延续：桓谭对王充学术思想的影响

两汉之际的文本秩序稳定下来之后,很快为东汉学者所接受,并在他们的著述中进一步确定并巩固下来。从此,中国古代的学术思想与文本秩序基本定型。例如,桓谭的学术思想,对东汉王充有深刻影响。这既是王充对两汉之际学术秩序的一种继承,也推动了后世文本秩序的进一步确立与发展。

王充《论衡》对桓谭极为推崇,对桓谭在学术上的贡献也不吝褒词,并将其提高到与扬雄、刘歆同等的地位,由此可见桓谭对王充本人的重要影响。由此可知,桓谭本人包括其所在时代的文本秩序、学术思想,已经为王充及其所在时代的学者所接受,并予以充分阐释。

大致说来,桓谭对王充的学术影响,主要集中在以下几个方面:

一、桓谭的学术地位及其《新论》的学术价值,得到了王充的高度认同。由于王充《论衡》是对此前整个古代学术发展的反思,故他这种认识,大致可以代表东汉初年对桓谭的学术评判。

从王充的论断看，桓谭与刘向、扬雄三人，被视作等同于周文王、武王、周公"并出一时"的人物。对于东汉人来说，他们和同时代其他人相比，"譬珠玉不可多得，以其珍也"①。这种评价是很高的，同时可见包括桓谭在内三位学者对东汉学术发展的重要意义。可以说，在王充看来，桓谭等三人处于复杂的政治、社会环境中，具有引领时代先进思想、开风气之先的重要作用。

桓谭本人对扬雄的评价也很高，他认为扬雄是"汉兴以来，未有此人"。对于桓谭这种对汉代人物的评价，王充认为符合当时文人的实际情况（"君山差才，可谓得高下之实矣"），并且认为桓谭这种评价人物的才能，要比同时代很多学者贤明（"能差众儒之才，累其高下，贤于所累"）。在某些方面，他甚至比扬雄等人还要出色（"彼子长、子云说论之徒，君山为甲"）。就此而言，王充进一步认为桓谭之流的人物，具有非凡的著述才能，属于当时之"人杰"（"自君山以来，皆为鸿眇之才，故有嘉令之文。笔能著文，则心能谋论，文由胸中而出，心以文为表。观见其文，奇伟俶傥，可谓得论也。由此言之，繁文之人，人之杰也"）②。

王充对桓谭《新论》评价很高，可见该书对王充影响甚深。客观上说，王充认为《新论》的价值主要体现在两个方面：

第一，可定是非。王充认为《新论》有利于帮助人们评定是非、判断正误（"辩照然否，虚妄之言，伪饰之辞，莫不证定"）③。这是以往子书中很少见的评价。《墨子》有《非儒》，《孔丛子》有《诘墨》，但多属于诸子思想的争辩，偶有史实之考辨。《孔丛子》中关于《韩非子》一则文献真伪的考证，属于对子书真伪的分析，但此类文献不成体系。王充将《新论》评价为"辩照然否，虚妄之言，伪饰之辞，莫不证定"，这是不同于以往的认识。因为此前刘向编纂《说苑》《新序》等，尚未关注史料的真伪问题，说明至少在刘向生活的时代，子书的撰述或编纂，尚无完整、系统的怀疑思想。王充的"疾虚妄"精神，明显与《新论》具有一定的思想渊源。

第二，《新论》与其他子书一样，具有一定的社会效用。东汉有人认为文人的治国才能未必与其文章名实相副（"著书之人，博览多闻，学问习熟，

---

①黄晖：《论衡校释》，第 2 册，第 606 页。
②黄晖：《论衡校释》，第 2 册，第 608—609 页。
③黄晖：《论衡校释》，第 2 册，第 609 页。

则能推类兴文。文由外而兴，未必实才与文相副也"），尤其是在治乱之际，文人大多不能做出实际的贡献（"安危之际，文人不与，无能建功之验，徒能笔说之效也"）①。王充不认可这种观点，他认为，文人的心中所想、文中所写、情见乎辞、意验于言（"心思为谋，集扎为文，情见于辞，意验于言"），故陆贾之谋，与《新语》的见解一致；桓谭改变晁错之策，与《新论》的思想一致（"陆贾消吕氏之谋，与《新语》同一意；桓君山易晁错之策，与《新论》共一思"）②。在这里王充得出两个认识：第一，文章有一定的社会作用，并非无用之谈；第二，文章是从内心发出来的真情实感，并非"博览多闻，学问习熟"就可以写得出来的。

王充还认为，桓谭与司马相如、扬雄等人之所以能够写出优秀的作品，主要是因为他们没有身居高位；假设不是如此，他们就不会写出这么多著作，也引不起帝王的注意（"孝武善《子虚》之赋，征司马长卿。孝成玩弄众书之多，善杨子云，出入游猎，子云乘从。使长卿、桓君山、子云作吏，书所不能盈牍，文所不能成句，则武帝何贪？成帝何欲？"）。王充据此说，一个人如果拥有桓谭之书（应该主要说的是《新论》），就比历史上著名富翁的财富还要富有（"挟桓君山之书，富于积猗顿之财"）③。

二、桓谭的一些理论判断或学说，对王充有所影响，并且他本人接受了桓谭的思想。

如上文所说桓谭诘难刘歆"土龙求雨"事，王充记载称"子骏穷无以应"，随后又评论说："子骏，汉朝智囊，笔墨渊海，穷无以应者，是事非议误，不得道理实也。"④王充这种"崇实"，既是他本人的思想，也是对桓谭此类思想的评价。所以，在东汉王充看来，桓谭已经开始具有"重实"思想。

关于"圣人"的理解，王充也采纳了桓谭、扬雄的说法。《论衡·讲瑞》记载桓谭与扬雄讨论"前圣"、"后圣"问题，以为后世同时代者多知其才能胜过自己，但不知道后出圣人究竟是否为"圣人"（"如后世复有圣人，徒知其才能之胜己，多不能知其圣与非圣人也"）。王充就此认为，"圣人"是很

---

① 黄晖：《论衡校释》，第 2 册，第 610、611 页。
② 黄晖：《论衡校释》，第 2 册，第 611、612 页。"桓君山易晁错之策"，黄晖注曰"未详"。他怀疑可能与桓谭上疏中所言"夫更张难行而拂众者亡，是故贾谊以才逐，晁错以智死"有关。
③ 黄晖：《论衡校释》，第 3 册，第 864 页。
④ 黄晖：《论衡校释》，第 3 册，第 695 页。

难被认同的，即使桓谭、扬雄这样有智慧的人尚且如此，其他人更可想而知了（"夫圣人难知，知能之美若桓、杨者，尚复不能知，世儒怀庸庸之知，赍无异之议，见圣不能知，可保必也"）①。这种认识，有"贵古贱今"的意思。中国有"文人相轻"的弊病，同时代之贤明者多被轻视，却被后世人所认同或尊重。这是因为，古代经史子集四部，多属于后世人文学科的范围，而这种学科的社会效益，又往往是很久之后才显现出来，见效不像自然科学那么直接、迅速。另外，虽然王充在《讲瑞》篇提倡"君子在世，清节自守，不广结从"②，但这只不过是一种理想而已。古今中外，非其"附从"者，往往被视作"异端"，何尝被同时代人视作"圣人"？即使扬雄、桓谭，亦是如此。

三、桓谭文章的"质定世事，论说世疑"特点，对以王充为代表的"疾虚妄"学说，影响很大。王充曾多次赞扬桓谭文章的"得实"、"质定世事，论说世疑"等观点。

桓谭的文章，应该具有王充所说的"实"的特征。这大概与桓谭多次反对谶纬、神仙、养生、"土龙求雨"等有关，同时也与他对某些天文、历算、历史事件的正确解释有关。王充在《论衡·超奇》中以"论世间事，辩照然否，虚妄之言，伪饰之辞，莫不证定"评价桓谭《新论》，应该是一种超越同时代认识的高度评价。

桓谭对"文"、"为文者"的认识和看法，"可谓得实"。这实际上是王充对桓谭学识、才能的一种评价。他认为，"论文"就应该要"察实"，以此为准，桓谭称得上是汉代的"贤人"（"论文以察实，则君山汉之贤人也"）。王充以陈平做丞相之前分肉均匀为例，证明这是陈平能够做丞相的证据（"分均若一，能为丞相之验也"）；而桓谭"论文"与陈平"分肉"一样（"夫割肉与割文，同一实也"），也具备了治理国家的才能（"如君山得执汉平，用心与为论不殊指矣"）。进一步而言之，王充以为，孔子的"素王之业"都体现在《春秋》一书中，桓谭的"素丞相之迹"，也都体现在他的《新论》一书中（"孔子不王，素王之业，在于《春秋》。然则桓君山，素丞相之迹，存于《新论》者也"）③。这是对桓谭各方面才能及其《新论》价值的最高评价。桓谭曾将

---

①黄晖：《论衡校释》，第3册，第723页。

②"从"，刘盼遂取章士钊"从为徒之误"说，并引《定贤》"广交多徒"以证（黄晖：《论衡校释》，第3册，第727页），但后文有"人不附从"说，又有"群鸟附从"说，可知作"从"未必非。

③黄晖：《论衡校释》，第4册，第1122页。

扬雄比作"西道孔子"，是将扬雄的作用等同于孔子。孔子有"素王"之称，此处王充以桓谭比作"素丞相"，是将桓谭之才亚于孔子、等同于陈平。就此而言，王充是以为桓谭本人具有一定的政治管理才能，同时以为他的《新论》就是桓谭政治才能的体现，并且其中更多体现了"实"的特点。这恰是王充最为推崇的学术思想，也是后来东汉"疾虚妄"思想的源头之一。

　　与这种"实"相应，桓谭《新论》的最主要贡献，就是在"褒贬善恶"、"辨疑难"、"定是非"方面，继承了先秦的文章风格。首先，王充以为，桓谭《新论》的"褒贬善恶"，与孔子《春秋》完全一致（"案孔子作《春秋》，采毫毛之善，贬纤介之恶。可褒，则义以明其行善；可贬，则明其恶以讥其操。《新论》之义，与《春秋》会一也"）[1]，这是了不起的评价。其次，王充以为，在考订世事、辨说疑难方面，西汉没有人能够超过桓谭（"质定世事，论说世疑，桓君山莫上也"）。所以王充以为，董仲舒之"文"可以学得到，而桓谭之"论"则很难达到（"仲舒之文可及，而君山之论难追"）[2]。王充又以为，韩非的《四难》、桓宽的《盐铁论》，就属于桓谭《新论》之类（"韩非之《四难》，桓宽之《盐铁》，君山《新论》之类"）[3]，但从篇幅规模或者内容的性质上看，韩非、桓宽之书，或者都不如桓谭的《新论》更为系统、全面、深刻。桓谭以扬雄为"时之圣人"（因其作《太玄》），王充又以桓谭为"时之圣人"（因其作《新论》），但笔者以为，这并非简单地就一部著作而言的，而是从其思想迥异于时代（甚至迥异于前代）而言的。

　　四、分析《新论》产生的原因，并对《新论》之"论"做出辨析。这说明，王充时代的文人，已经对文章之"体"有所思考与探索。这也算是桓谭《新论》之"论"的一个影响。

　　之所以说王充时代对"文体"已有辨析，是从他对文章的内容而言的，并非完全从文章的形式上而言。王充说"仲舒之文可及，而君山之论难追"，就是从二人"文"、"论"之内容而言。但无论如何，"论"这种体式，已经被明确提出来，并且被提到很高的地位。

　　桓谭《新论》之前，有桓宽《盐铁论》，但后者主要是各方针对"盐铁政策"开展的政治辩难，与桓谭《新论》主动从学术层面批判当时的各种虚妄

[1]黄晖：《论衡校释》，第4册，第1172—1173页。
[2]黄晖：《论衡校释》，第4册，第1172页。
[3]黄晖：《论衡校释》，第4册，第1172页。

学说不同。

王充将桓谭《新论》之作，比作"距杨墨"之孟子、救法度之韩非、献《新语》之陆贾。他认为，桓谭《新论》之作，就是因为"众事失实"、"议论坏乱"（"众事不失实，凡论不坏乱，则桓谭之论不起"）[①]。这是从本书的内容上而言的。从古书撰述传统而言，王充将"论"定义为与"作"、"述"不同的一种文章写法。有人提出："圣人作，贤者述。以贤而作者，非也。《论衡》、《政务》，可谓作者。"王充认为不是"作"，他解释说，五经属于"作"，司马迁的《史记》属于"述"，桓谭的《新论》属于"论"[②]。这种分类法，是文章发展到桓谭时代之后出现的新现象。对于桓谭之"论"，王充以为"君山为甲"；同时，他认为，桓谭《新论》是"得论"（"观见其文，奇伟俶傥，可谓得论也"），与此前王充称赞其"得实"相比较，一个是从形式上说的，一个是从内容上说的。从文章学发展的意义上说，王充显然将桓谭《新论》之"论"，与孔子所说的"述而不作"中的"述"、"作"联系起来，体现了周、秦至两汉之际文章撰述的发展进程，显然具有文章学上的总结意义。

王充继承了桓谭《新论》的思想，提倡"疾虚妄"，并说明他写作《论衡》的目的，就是因为这个原因（"是故《论衡》之造也，起众书并失实，虚妄之言胜真美也"）。同时，王充以为其作《论衡》，就在于"议论"真伪、"权衡"轻重（"故《论衡》者，所以铨轻重之言，立真伪之平，非苟调文饰辞，为奇伟之观也"）[③]。

从王充《论衡》引用桓谭《新论》如此频繁看，桓谭的文章，从形式、内容上都对王充产生了重要影响。甚至我们可以大胆推测，王充《论衡》大量袭用了桓谭《新论》一书。在当时，笔者认为这种"为文"思想，不仅仅对王充一个人有影响，对王充之后的王符、仲长统等人，应该都有或多或少的启发。从这个意义上说，可以认为，桓谭为东汉开创了一种新的文章观念。

第三节　秩序的理论化：桓谭对刘勰《文心雕龙》的影响

桓谭对魏晋南北朝文学的影响是多方面的，而文论方面的影响，集中

[①] 黄晖：《论衡校释》，第 4 册，第 1178 页。
[②] 黄晖：《论衡校释》，第 4 册，第 1180—1181 页。
[③] 黄晖：《论衡校释》，第 4 册，第 1179 页。

体现在刘勰《文心雕龙》的记载中。刘勰《文心雕龙》与萧绎《金楼子》、颜之推《颜氏家训》等，对桓谭皆有记载。尤其是《文心雕龙》，评论桓谭材料近十条，皆为与文学有关的重要资料，可以使我们看到桓谭对刘勰文学思想的影响；结合萧绎、颜之推等人的认识，又可以进一步考察桓谭对魏晋南北朝文学思想的作用。

从文本秩序的角度看，对文学、史学、经学的影响，可以看做是秩序的"余波"，那么对文学理论的影响，尤其是对刘勰《文心雕龙》的影响，则应视作是刘勰对此前包括桓谭所处时代的文本秩序的理论化总结。零散的文论，自先秦文本中已经有所体现，但较为系统的论述，则始于两汉之际的扬雄、桓谭等人。至三国曹丕《典论·论文》出，开始有明确的文论专著，而刘勰时代，则是文论的大总结时代，称此时为文本秩序的理论化时代，应有其道理。

结合刘勰《文心雕龙》对桓谭的论述看，我们可以尝试对这种文本秩序的理论化予以简单说明。

一、桓谭的文学主张或文章观念，被刘勰吸收，成为当时诗文评的参考资料。

桓谭《新论》中，已经有较为精辟的文论表述，刘勰《文心雕龙》对此皆有继承与发挥。例如，对东汉以谶纬"通经"、"定礼"之举，桓谭、尹敏、张衡、荀悦都有反对，刘勰据此称其为"四贤"[1]。桓谭"非谶"之文章观念，在当时无疑是振聋发聩之举。因为作为带有皇权性质的谶纬思想，在当时具有独一无二的政治地位。"经"都需要借助"纬"来辅佐，何况其他学术思想。桓谭首先提出这种认识，对于文章内容来说，不仅具有"定是非"、"辨真伪"的正本清源意义，而且为后来王充等人的撰述，带来了重大影响。刘勰《文心雕龙》篇，提出"正纬"之说，并将桓谭放在首位，无疑也是承认他在文章观念上的这种开拓意义。

在辞赋的用韵上，桓谭与刘歆一样，具有"百句不迁"即一韵到底的特点。这与西汉贾谊、枚乘"两韵辄易"有所不同[2]。桓谭存世文章不多，刘

---

[1] 《文心雕龙·正纬》："至于光武之世，笃信斯术，风化所靡，学者比肩，沛献集纬以通经，曹褒撰谶以定礼，乖道谬典，亦已甚矣。是以桓谭疾其虚伪，尹敏戏其深瑕，张衡发其僻谬，荀悦明其诡诞，四贤博练，论之精矣。"（范文澜：《文心雕龙注》，上册，第30—31页）

[2] 《文心雕龙·章句》："若乃改韵从调，所以节文辞气：贾谊、枚乘，两韵易；刘歆、桓谭，百句不迁；亦各有其志也。"（范文澜：《文心雕龙注》，下册，第571页）

勰所言"百句不迁"，不知究竟指的是什么类型的作品。但有一点不容置疑，刘勰的这个发现很重要。虽然刘勰认为这种对句子组织的形式变化是出于个人爱好（"各有其志"），并且以为各有弊端，但从中我们应该可以发觉，这种用韵句式的变化，可能体现了诗歌、韵文在文章句式中比重的变化。尤其是东汉以后出现的骈文，虽然也有换韵，但不必"两韵辄易"了。桓谭与刘歆的"百句不迁"，恰好处于这两种变化之间，其文学意义值得探究。

刘勰强调评论的重要性，认为不能轻易对文学作品进行批评，此即所谓"音实难知，知实难逢"。桓谭曾经批评楼护所言司马迁著书咨询东方朔的话（"至如君卿唇舌，而谬欲论文，乃称史迁著书，咨东方朔；于是桓谭之徒，相顾嗤笑"），刘勰借此说："彼实博徒，轻言负诮，况乎文士，可妄谈哉！"[1]由此可知两点：第一，朱谦之《新辑本桓谭新论·本造》中有一条"太史公造书，书成示东方朔。朔为平定，因署其下。太史公者，皆东方朔所加之者也"[2]，由刘勰之言知此非桓谭本人语，而是出于楼护之口，桓谭批评的话没有出现。第二，刘勰提出的"音实难知，知实难逢"之论，应该是基于桓谭等人的认识。这种文学批评思想，应该值得后世注意，即古代任何与诗文评有关的资料，或者说前人提出的诗文评观点，大多是他们深思熟虑或者结合前贤认识基础上得出的，具有一定的总结性经验。

二、桓谭的文学评论，成为刘勰借鉴的文学史料。

刘勰《文心雕龙》吸取了桓谭的文学批评思想，对我们今天理解古代作品很有帮助。首先是桓谭对某些文体的评论。如关于"吊"，刘勰以为此首发于贾谊，后司马相如改为"赋"体，桓谭评价其文"其言恻怆，读者叹息；及卒章要切，断而能悲"，意思是司马相如此赋写得较为悲伤，能使读者叹息；其卒章具有重要含义，能使人感到悲痛[3]。桓谭对司马相如此赋的这种评价，应该是"吊"体的共同特点，荀悦《冯唐论》所言"贾谊过湘水吊屈原，恻凄凄动怀"，即可为证。另外，桓谭这种评价"吊"的方式值得我们借鉴：即由"吊"一体的前后变化，观察作品语言给读者带来的不同感受，最后归结到

---

① 范文澜：《文心雕龙注》，下册，第714页。
② 《新辑本桓谭新论》，第2页。
③ 詹锳：《文心雕龙义证》（上），《詹锳全集》卷一，河北教育出版社2016年版，第359—360页。"卒章"，他本作"平章"。

风格的变化。我们目前研究文体,总是局限于单纯的"**体**"的性质、特征、变化,并没有将具体作品在接受、传播过程中的风格差异呈现出来。这是很不应该的事情。

其次,刘勰吸取了桓谭提出的文学风格差异来自于作家才性、习惯或偏好的观点。桓谭提出两种文学倾向:"或好浮华,而不知实核;或美众多,而不见要约。"①此论被刘勰《文心雕龙·定势》所引用。这句话的意思是,作家有的喜欢"浮华"而不知朴实,有的喜欢铺衍侈丽而不知道简约,这种原因,桓谭以为是"文家各有所慕"。这就将作家的偏好对于作品形式的决定意义提到很高的地位。其实,桓谭所说的这两种认识,指的是形式、内容两个方面,即结构、语言使用上的文章形式美、风格美。桓谭在这里虽然有夸大作家个人作用的嫌疑,但却是符合文学作品的生产规律的。因为,在文学作品的创作过程中,作家对文章形式、内容的选择和使用,其实就反映了他本人的喜好和习惯。今天我们在研究古代文学作品的时候,往往非常关注其内容、形式的丰富性与多样性,而忽视了造成这种风格的"人"的作用。这是非常片面的。我们有时候强调文学研究的"人"的意义,但总被简单理解为"人格"与"文格"的统一与否,而没有关注到作家本人的个性、习惯、喜好在作品中的反映,更不用说去关注作家寄予作品的更高的人文精神或理想了。如何在文学研究中,实现"文"与"人"的全面的揭示与协调,是一门很深的学问。目前我们的"人"的研究,一般局限在历史文本,从文学文本的准确解释还比较缺乏。

最后,刘勰吸收了桓谭关于文章的"继承"与"革新"的思想。刘勰时代,有一种"厚今薄古"的现象,即刘勰所言"近附而远疏"(《通变》)。他引用桓谭话说:"予见新进丽文,美而无采;及见刘扬言辞,常辄有得。"指出桓谭尊奉刘向、扬雄,是重视西汉文章的写法②。另外,刘勰此处所言,仅仅是说出了桓谭的一个方面。《汉书》曾记载桓谭批评时人"凡人贱近而贵远"③,可见桓谭对"古今"之变有一个较为清醒的认识。这种观点,其实涉及文章撰述是"学今"还是"学古"的问题,也就是继承和革新的关系问题。

---

① 《新辑本桓谭新论》,第53页。
② 詹锳:《文心雕龙义证》(中),《詹锳全集》卷二,第397—399页。
③ 《汉书》卷八七《扬雄传》,第11册,第3585页。

根据刘勰的认识,这其实还涉及文章的"质文"和"雅俗"问题①。"贵古贱今"与"厚今薄古"思想,历代皆有,即使今天仍然存在这种现象。二者其实不可偏废。刘勰借用桓谭的话,并非突出"古"的重要性,而是强调应该向古人的作品学习,向汉代作品学习。"尊古"的意义,就在于"古"的人与文,已经形成了可以看得到的规律和经验,而当下的文艺作品正在形成过程之中,其经验和规律尚未显现或者尚无人总结。"厚今"的出现,就在于当下的作品,是对现实的直接反映,具有一定的现实意义,所以能够很快为人所接受。我们今天的文学研究,应该在对"古"的批判继承和对"今"的"革新创造"之间,找到一个很好的平衡点,才是文学研究的正确方向。这也就是刘勰所说的"通变"的重要性。今天来说,这个"通",既指"古今通变",还要指"中外通变"。

三、刘勰在前人基础上,品评桓谭的诗文才能。《文心雕龙·神思》谈到作家才性、文章篇幅差异导致的写作快慢的差异,以司马相如、扬雄、桓谭、王充、张衡、左思为例,说明"思之缓"(构思迟缓)的问题。桓谭在创作小赋的时候,遇到的是"疾感于苦思"②,此又见于《新论·道赋》:

> 余少时见扬子云之丽文高论,不自量年少新进,猥欲逮及,尝激一事而作小赋,用精思太剧,而立感动致疾病。子云亦言:成帝时,赵昭仪方大幸,每上甘泉,诏使作赋,一首始成,卒暴倦卧。梦五藏出地,以手收内之,及觉,大少气,病一年。由此言之,尽思虑,伤精神也。③

这说明刘勰所言有据。但是我们看桓谭的小赋,其实篇幅很小,那为何他还"用精思太剧,而立感动致疾病"? 刘勰在《才略》中解释道,这是因为桓谭"长于讽谕,不及丽文"④。当然,刘勰的这种评论,可能忽视了当时具体的学术背景,但也是有道理的(详见第七章第五节的相关论述)。

虽然刘勰采用了不少桓谭关于诗文品评的理论,但他仍然指出,包括桓谭在内的一些学者议论文章的意见,"并未能振叶以寻根,观澜而索源",所以他说:"不述先哲之诰,无益后生之虑。"⑤前文我们说过,刘勰认为桓

---

① 陆侃如、牟世金:《文心雕龙译注》,第388页。
② 詹锳:《文心雕龙义证》(中),《詹锳全集》卷二,第321页。
③ 《新辑本桓谭新论》,第52页。
④ 詹锳:《文心雕龙义证》(下),《詹锳全集》卷三,第338页。
⑤ 詹锳:《文心雕龙义证》(下),《詹锳全集》卷三,第443页。

谭提倡学习西汉的文章，重视学习刘向、扬雄，但据此处刘勰所言，桓谭仅仅是指出了一个方向，但未能就文章发展、演变的源头发表看法。这是桓谭本人的局限性，也是他所在的那个时代的局限性所决定的。毕竟那个时候，诗文批评的思想并未成熟。但无论如何，刘勰说桓谭、刘桢、应贞、陆云都曾经"泛议文意，往往间出"，说明两个事实：第一，这些人都曾经有诗文批评的言论；第二，桓谭在其中是时代最早者，充分证明桓谭在文学批评方面，应该有一定的贡献。这是中国古代文学批评发轫的最早源头之一。

四、汉魏六朝人评论桓谭及其《新论》的价值。除了刘勰，汉魏六朝对桓谭及其《新论》的关注还有很多。例如，萧绎《金楼子》曾经提及关于《新论》的拟作问题："桓谭有《新论》，华谭又有《新论》；扬雄有《太玄经》，杨泉又有《太玄经》。谈者多误，动形言色。或云桓谭有《新论》，何处复有华谭？扬子有《太玄经》，何处复有《太玄经》？此皆由不学使之然也。"①这说明，桓谭《新论》对后世的文章撰述观念，具有深刻影响。

颜之推《颜氏家训·文章》曾以为"桓谭以胜老子，葛洪以方仲尼，使人叹息"，即认为桓谭以为扬雄胜过老子是错误的认识，并提出扬雄"其遗言余行，孙卿、屈原之不及，安敢望大圣之清尘"②？颜之推以荀子、屈原与扬雄相比很奇怪，笔者怀疑，很可能还是以其附逆王莽而鄙视之。另外，汉魏六朝其他典籍如晋张华《博物志》、晋葛洪《抱朴子》、梁任昉《述异记》等，都曾引用桓谭《新论》的文字，这说明桓谭《新论》对汉魏六朝博物、杂传、志怪、儒道思想皆有影响。桓谭应该是两汉之际一个近似于"杂家"的人物，但他同时非常熟悉儒家典籍，又与一般杂家完全不同。在两汉之际各方面发生重要转变的时期，桓谭确实是一个领先于其时代的学术人物。

由此可见，两汉之际的文本秩序，在后世一直处于不断的稳固与更新换代之中，然主流的文本仍然保持着两汉之际确立的秩序与阐释思想，并对后世不同文本产生着深刻影响。魏晋南北朝文论著作的兴起，则是对两汉之际以来文本秩序与阐释思想定型之后的理论大总结，对南朝之前的文

---

① 萧绎著，陈志平、熊清元疏证校注：《金楼子疏证校注》卷六《杂记》，第 1115 页。
② 王利器：《颜氏家训集解》，中华书局 1993 年版，第 260 页。

本发展具有重要的理论总结意义。唐宋以后,学者对先秦、两汉文本有不同的复古或反省,但总体上并未彻底脱离两汉之际确立的文本秩序与阐释思想。从这个意义上说,我们认为,两汉之际是中国古代文本发展的关键阶段,从文本秩序、阐释思想方面规定了后来文本发展的总范式。

结　语

　　文本、思想有秩序吗？文本、思想需要秩序吗？本书只是提出这个命题，并未从理论上进行论证与总结。但从桓谭为首的两汉之际的学者对学术、文学思想的解释来看，文本、思想都是有秩序的。这种"秩序"，其意义体现在两个方面：一是将此前不稳定的文本、思想，从形式、内容上固定下来，完成一个将"旧传统"改造为"新秩序"过程；一是从已经确立的"新秩序"出发，为后世文本的阅读者、解释者提供一种文本解读规范，从而使得后世的文本解读形成大致相同的认识或规矩，进而构建另一个时代的文本"新秩序"，同时也是一个完成"文本秩序"更新换代的过程。古今中外的文本，皆有此特征。

　　通过我们的考察，可以看出，文本有秩序，但这种秩序并非一成不变，而是不断处于运动、变化之中，所以秩序有"新"、"旧"之别。文本秩序的稳定性，不仅需要自身的稳定，还依靠边缘文本的力量，因此文本又有主流、边缘之别。但文本的新与旧、主流与边缘，也都是一种相对的概念。这一点，我们必须用辩证的眼光去看待它们。

　　王莽新朝是一个非常特殊的王朝，后世传统观念对其篡汉的认识与判断，对这个时期的学术、文学、哲学等思想的发展状况，起到了不可避免的人为的遮蔽作用。客观上说，王莽新朝，是两汉之间一个不可否认的历史王朝，并且在各方面都有其历史贡献和意义，值得我们进一步开展研究。虽然《汉书》将王莽单列，置于书后，但其特殊的体例，恰恰反映了班固对王莽新朝这段历史的无法回避与纠结处理。

　　桓谭与王莽、刘歆、扬雄生活同时，且多有交往，通过研究桓谭及其思想，可以使我们对这个时代的学术与文学有一个大致的了解。虽然有些问题还不是很清楚，但是毕竟桓谭的思想与两汉之际的交集，为我们揭开了王莽时期学术、文学、哲学、科技发展的神秘面纱。

　　经学上。毫无疑问，王莽摄政与新朝时期，正是古文经学产生与发展的重要阶段。刘歆、桓谭等人推动古文经学，有学术上的原因，也有政治上的考虑。但无论如何,他们对古文经学的这种倡导,对于古文经学的兴起具有重要意义,对两汉之际经学思想的裂变与革新,更是具有重要作用。桓谭等人在这种经学革新活动中的个人作用,是显而易见的;同时,个人学术与政治命运随着经学思想变化而变化的轨迹,同样有迹可循。

从史学观念上说,两汉之际桓谭等人的史学思想,基本上继承了孔子《春秋》学思想,这是汉代史学思想的基石。但从史学正统观念上看,桓谭、刘歆等人还是有所变化的。甚至可以说,他们根据"五德终始"观念推导出来的结论,使得他们认为"历史循环"本应如此。这与其说是他们对"历史宿命"观念的认识,不如说是对"五德终始"思想运用与推演的自信。从这里我们更应该理解古人:他们历史观的局限性,更多原因实际上在于其历史观指导思想的局限性。

政治与军事方面。在王莽代汉建立新朝的过程中,除了涉及到传统的史学传统,还会涉及到政治统治、社会管理、军事思想等各方面内容。从桓谭与两汉之际政治、军事思想的性质看,其思想来源,主要来自战国以至西汉初年一直在讨论的王、霸之辩。但军事思想上,桓谭《新论》几个例子,多以西汉与王莽时期的事例为主,说明桓谭本人非常重视最新的军事胜败战例。

两汉之际另一个重要的学术思想,就是方术。桓谭《新论》中不仅有此类材料记载,还有一些涉及到方术在当时日常生活中的实践应用。方术影响到汉人生活的方方面面。如果不能深入了解方术的思想本质尤其是被应用情况,可能很难理解汉代社会的风俗习惯与行为方式。我们借助天文、五行等思想对汉代社会现象的尝试解释,有助于深入了解汉代的社会与文化。

音乐文献常常被用来作为研究文学的重要工具。然而,如果不了解音乐与阴阳五行的关系、音乐与古代礼制的关系,可能很难深入到音乐的本质,更不可能解决文学的本质。这是我们研究桓谭思想得出来的经验。

文学上来说,桓谭《新论·道赋》对汉赋撰写思想与体式变化,皆有精辟总结。有一些概括性较强的结论,足以反映两汉之际的文学现实与发展变化,如"短书"、"不及丽文"等。桓谭及其时代政论散文的成就,得到了刘咸炘的高度重视。他认为两汉之际才正式出现后世意义上的散文,说法可能有点绝对,但也足以反映这个时代散文的重要地位。东汉王充、南朝刘勰等人对桓谭学术与文学观点的重视,也能够反映桓谭在汉魏六朝的学术地位。

可以说,自此开始,中国古代的经学、文学、史学、子学文本与思想,都有了“秩序”与“规矩”,并为后世开启了“秩序”与“规矩”。试想,我们今天对先秦、西汉学术思想的认识,能够超越两汉之际划定的界线吗?如果不能,我们只有承认这种文本、思想秩序的存在及其影响。

由于资料缺乏,我们以往对桓谭本人及其所处时代的学术与文学的了解少得可怜。但通过我们的观察,桓谭与两汉之际,是中国古代文学史上非常重要的时期;王莽新朝,也是中国古代历史上确实存在的王朝,其产生与灭亡前后思想的剧烈变动,必然赋予这个特殊时代以鲜明的、迥异于异代的思想与文化特征。如果由桓谭入手,能够让我们管窥蠡测这个特殊时代的学术与文学风貌,进而接续两汉文化传统的断链,那就大致实现了我们的研究目的和预期目标。

事实上这是很难做到的,目前的成果也远远未到达笔者的预期。未来笔者需要在不断深入思考的过程中,更加细致认识桓谭时代的学术与文学。

本书将对桓谭与两汉之际的研究置于“文本秩序”的统摄下,其实是从理论层面对文献分析的一种尝试。而对“文本秩序”来说,本书只是提出了一些概念或问题,还有很多细节有待于进一步挖掘、补充。

参考文献

阮元校刻:《十三经注疏》,中华书局1980年版。

高亨:《周易大传今注》,齐鲁书社1979年版。

孙星衍撰,陈抗、盛冬铃点校:《尚书今古文注疏》,中华书局2004年版。

阎若璩:《尚书古文疏证》,上海古籍出版社1987年版。

朱彬撰,饶钦农点校:《礼记训纂》,中华书局1996年版。

朱载堉:《乐律全书》,《景印文渊阁四库全书》,台湾商务印书馆1986年版。

陈旸:《乐书》,《景印文渊阁四库全书》,台湾商务印书馆1986年版。

冯复京:《六家诗名物疏》,《景印文渊阁四库全书》,台湾商务印书馆1986
  年版。

扬雄著,周祖谟校笺:《方言校笺》,中华书局1993年版。

许慎著,段玉裁注:《说文解字注》,上海古籍出版社1981年版。

刘熙著,任继昉纂:《释名汇校》,齐鲁书社2006年版。

司马迁:《史记》,中华书局2014年版。

司马迁著,泷川资言注:《史记会注考证》,新世纪出版社2009年版。

班固:《汉书》,中华书局1962年版。

王先谦:《汉书补注》,上海古籍出版社2012年版。

范晔:《后汉书》,中华书局1965年版。

刘珍等撰,吴树平校注:《东观汉记》,中华书局2005年版。

陈寿著,裴松之注:《三国志》,中华书局1959年版。

房玄龄等:《晋书》,中华书局1974年版。

沈约:《宋书》,中华书局1974年版。

令狐德棻:《周书》,中华书局1971年版。

魏征:《隋书》,中华书局1973年版。

徐天麟:《东汉会要》,中华书局1955年版。

王应麟:《汉艺文志考证》,《景印文渊阁四库全书》,台湾商务印书馆1986

年版。

王应麟著,张三夕、杨毅点校:《汉制考 汉艺文志考证》,中华书局 2001
  年版。

顾实:《汉书艺文志讲疏》,上海古籍出版社 1987 年版。

张舜徽:《汉书艺文志通释》,湖北教育出版社 1990 年版。

陈国庆:《汉书艺文志注解汇编》,中华书局 1983 年版。

姚振宗:《后汉艺文志》,王承略、刘心明主编:《二十五史艺文经籍志考补萃
  编》第七卷,清华大学出版社 2011 年版。

曾朴:《补后汉书艺文志并考》,王承略、刘心明主编:《二十五史艺文经籍志
  考补萃编》第八卷,清华大学出版社 2011 年版。

陈振孙:《直斋书录解题》,上海古籍出版社 2015 年版。

林夕主编,煮雨山房辑:《中国著名藏书家书目汇刻(明清卷)》,商务印书馆
  2005 年版。

谭戒甫:《公孙龙子形名发微》,中华书局 1963 年版。

王琯:《公孙龙子悬解》,中华书局 1992 年版。

郭象注,成玄英疏:《庄子注疏》,中华书局 2011 年版。

郭庆藩:《庄子集释》,中华书局 1961 年版。

傅亚庶:《孔丛子校释》,中华书局 2011 年版。

王利器:《新语校注》,中华书局 1986 年版。

何宁:《淮南子集释》,中华书局 1998 年版。

刘向撰,向宗鲁校证:《说苑校证》,中华书局 1987 年版。

扬雄著,汪荣宝义疏,陈仲夫点校:《法言义疏》,中华书局 1987 年版。

扬雄著,李轨等注:《宋本扬子法言》,国家图书馆出版社 2017 年版。

《桓谭及其新论》,安徽大学中文系桓谭《新论》校注小组 1976 年版。

桓谭:《新论》,上海人民出版社 1976 年版。

苏诚鉴:《桓谭》,黄山书社 1986 年版。

钟肇鹏、周桂钿:《桓谭王充评传》,南京大学出版社 1993 年版。

桓谭撰,朱谦之校释:《新辑本桓谭新论》,中华书局 2009 年版。

吴则虞:《桓谭〈新论〉》,社会科学文献出版社 2014 年版。

白兆麟:《桓谭新论校注》,黄山书社 2017 年版。

黄晖：《论衡校释》，中华书局 1990 年版。

陈立撰，吴则虞点校：《白虎通疏证》，中华书局 1994 年版。

应劭著，王利器校注：《风俗通义校注》，中华书局 1981 年版。

应劭著，吴树平校释：《风俗通义校释》，天津人民出版社 1980 年版。

葛洪著，王明校释：《抱朴子内篇校释》，中华书局 1985 年版。

张君房：《云笈七签》，齐鲁书社 1998 年版。

董治安主编：《唐代四大类书》，清华大学出版社 2003 年版。

李昉：《太平御览》，中华书局 1960 年版。

成林、程章灿：《西京杂记全译》，贵州人民出版社 1993 年版。

扬雄著，张震泽校注：《扬雄集校注》，上海古籍出版社 1993 年版。

陈伯君校注：《阮籍集校注》，中华书局 1987 年版。

祝鸿杰：《博物志全译》，贵州人民出版社 1992 年版。

陆云著，刘运好校注：《陆士龙文集校注》，凤凰出版社 2010 年版。

徐震堮：《世说新语校笺》，中华书局 1984 年版。

萧统编，李善注：《文选》，中华书局 1977 年版。

《六臣注文选》，中华书局 2012 年版。

范文澜：《文心雕龙注》，人民文学出版社 1958 年版。

陆侃如、牟世金：《文心雕龙译注》，齐鲁书社 1995 年版。

詹锳：《文心雕龙义证》，《詹锳全集》，河北教育出版社 2016 年版。

苏轼：《苏轼文集》，中华书局 1986 年版。

叶适：《习学记言序目》，中华书局 1977 年版。

曾慥：《类说》，《景印文渊阁四库全书》，台湾商务印书馆 1986 年版。

薛季宣：《浪语集》，《景印文渊阁四库全书》，台湾商务印书馆 1986 年版。

王应麟：《玉海》，广陵书局 2016 年版。

章樵注：《古文苑》，《景印文渊阁四库全书》，台湾商务印书馆 1986 年版。

全祖望著，朱铸禹汇校集注：《全祖望集汇校汇注》，上海古籍出版社 2000
　　年版。

钱大昕：《钱大昕全集》，江苏古籍出版社 1997 年版。

刘熙载：《艺概》，上海古籍出版社 1978 年版。

严可均：《全上古三代秦汉三国六朝文》，中华书局 1958 年版。

逯钦立:《先秦汉魏晋南北朝诗》,中华书局 1988 年版。

饶宗颐:《饶宗颐二十世纪学术文集》,中国人民大学出版社 2009 年版。

钱穆:《钱宾四先生全集》,联经出版事业公司 1998 年版。

钱锺书:《管锥编》,生活·读书·新知三联书店 2007 年版。

缪钺:《缪钺全集》,河北教育出版社 2004 年版。

赵奎夫主编:《历代赋评注》(汉代卷),巴蜀书社 2010 年版。

刘跃进:《秦汉文学编年史》,商务印书馆 2006 年版。

周大任:《桓谭见知著述探考》,《台大中文学报》第 34 期(2011 年)。

董俊彦:《桓谭研究》,文史哲出版社 1986 年版。

孙少华:《桓谭年谱》,社会科学文献出版社 2012 年版。

孙少华:《孔丛子研究》,中国社会科学出版社 2011 年版。

尹玉珊:《汉魏子书研究》,中国社会科学出版社 2018 年版。

《刘咸炘学术论集·子学编》,广西师范大学出版社 2007 年版。

《刘咸炘学术论集·校雠编》,广西师范大学出版社 2010 年版。

徐州汉画像石艺术馆编著,武利华主编:《徐州汉画像石》,线装书局 2011
　年版。

高文主编:《中国巴蜀新发现汉代汉画像砖》,四川美术出版社 2016 年版。

中国社会科学院考古研究所编:《中国考古学·秦汉卷》,中国社会科学出
　版社 2010 年版。

[德]扬·阿斯曼著,金寿福、黄晓晨译:《文化记忆:早期高级文化中的文
　字、回忆和政治身份》,北京大学出版社 2015 年版。

[日]大久保隆郎:《桓谭年谱考》,《福岛大学教育学部论集(人文科学)》第
　21 号之 2,1969 年 11 月。

后　记

2003 年,我进入曲阜师范大学攻读硕士学位。在这里,我遇到了对我的专业学习影响至深的两位恩师:刘跃进先生和郑杰文先生。后来,他们先后成为我的博士生导师和博士后合作导师。

在硕士一年级下学期和二年级的上学期,郑杰文先生给我们讲授治学方法与诸子学术,将我带入了一个从未认识的学术世界。从那时起,我就立志从事诸子研究。硕士论文选题则是听从了刘跃进先生的建议,以《孔丛子》为题,开始了初期的学术训练。

2006 年我进入中国社会科学院研究生院,师从刘跃进先生攻读博士学位,题目就是《孔丛子研究》。与刘老师问学、磨炼的博士三年,是我最愉快、最难忘的时光! 刘老师与师母驾车去研究生院看我,并赠我衬衣的情景恍如昨日,而至今不觉已逾十年,岁月真如白驹过隙!

2010 年,刘老师支持我到山东大学跟从郑老师做博士后研究工作,选题是《桓谭及其〈新论〉的研究》。本来,郑先生建议我研究七十子后学,但因为此前我已经开始了桓谭年谱资料的搜集整理,故未暇考虑郑先生的建议。后来仔细想想,郑先生提出的这个选题非常有生机,并且具有很高的学术史意义。将来如果条件允许,我想我会在这个题目上做点工作。

在博士后报告撰写过程中,郑先生悉心指导,在文章撰写、结构安排诸方面,都给予了细致入微的指点,很多地方提出了非常具体的修改意见。报告能够顺利完成,与郑先生的教诲与指导分不开。山东大学王培元先生、林开甲先生、戚良德先生、王承略先生与山东师范大学吴庆峰先生,后来参加了我的中期考核与博士后答辩,并提出了非常具体而细致的意见,在此致以衷心感谢!

我的师弟俞林波,在很多事情上给了我很大帮助。博士后出站报告的打印、装订,联系出站报告答辩老师等工作,都出自他的辛勤劳动。这本来是我个人的事情,麻烦他去做,让我非常不安。好在他是一个非常热心的人,对我的每一点要求,他都毫无怨言,这让我难以忘怀。另外,山东大学文学院沈文老师、刘淑明老师,在我博士后两年中提供了很大帮助,在此一并致谢!

博士后出站以后,我又赴澳门,师从杨义先生继续深造。在此过程中,我不断完善、补充博士后出站报告,最后形成了以《两汉之际的学术与文学——以桓谭为中心的考察》的书稿。2014年,在周口师范学院的支持下,我以此为题,成功申报国家社科基金后期资助项目。目前,全部成果已经按照预期计划顺利完成,感谢中华书局罗华彤先生的信赖,接受并帮助出版我的书稿;也感谢本书稿的责任编辑葛洪春先生,为我的书稿耗费了不少心血。

书名最初定为《桓谭研究》,因台湾已有同名书出版,故后来计划改为《两汉之际的学术与文学——以桓谭为中心的研究》。后来在不断修改、思考过程中,意识到在经过了刘向、刘歆父子对先秦、西汉文献的大整理之后,汉代的典籍基本稳定下来,对这些典籍的诠释也基本上形成了较为稳定的秩序。就此而言,生活在这个时代的桓谭其实是一个非常有代表性的人物。另外,这种秩序中,也有“微澜”。刘歆、王莽提倡的古文经学,就是这种秩序下的“反动”。桓谭没有参与刘向、刘歆父子的古书整理工作,基本上处于“文本秩序”幕后,但他也高度关注过刘歆等人提出的古文经学,所以他也是一个“秩序”中有“变动”的代表人物。所以,最后与罗华彤先生商议,书名即确定为《文本秩序:桓谭与两汉之际阐释思想的定型》,以期给读者提供一个方法上的思考。

本书自2010年开始撰写,到最后出版,耗时9年之久,而后人所辑桓谭《新论》不过区区两三万字。这除了本人愚钝的因素,亦可见诸子研究之艰难。而作为从事诸子研究者而言,一生能有几个9年?本人初步计划从事诸子研究,从2003年攻读硕士至今,时间已经过去了16年,本人在诸子研究方面,不过初步完成了《孔丛子》、桓谭《新论》两家而已,这还不包括尚未完成的对二者文献整理的工作。奈何人生琐事多有,能全身心投入学习的时间少之又少,想来令人惆怅。

2015年,在女儿高考最紧张的阶段,我除了给她送饭,陪她学习,以及完成必要的工作和其他课题,另一个主要任务就是坐在电脑前,继续进行本书稿的完善工作。这是一个艰辛但令人难忘的经历。小区旁边的公园,成了我休息、散步的好地方。经冬历夏,小园中的花草树木,给了我不少快乐的记忆。公园东门有一块碑石，上有文字说，这里是当年蜀汉皇帝刘禅被俘囚禁的安乐城。此说未必准确，然而却给人无尽的历史想象。三国风云早已散去，但历史的遗迹依稀尚存。在历史的遗迹上从事汉魏六朝的文史研究，于我来说似乎很有意义。当然，更是一种责任。

　　未来的个人研究如何展开，苦思良久，一直未有理想的思路。若继续进行诸子个案的研究，似无穷尽；若进行诸子思想的理论总结，又学力不逮。人到中年，读书与治学亦需有一转向为是，然而学术转向却并非如此简单。古人治学，有"修"、"悟"二途，年轻时于"修"上用功甚勤，中年后是否该在"悟"上下点功夫呢？然中年后又俗务缠身，读书时间锐减，想学古人"枕思"以"悟"亦难。

　　但无论如何，学问须谨严，亦须"有趣"为好。否则，于无趣之生活，再增无趣之学术，这样的人生岂不无趣过甚？

戊戌仲秋初稿，己亥孟春定稿于北京寓所